本书由上海文化发展基金会图书出版专项基金资助出版

"十二五"国家重点图书出版规划项目

中国经济运行风险研究报告

Research on the Risk of Chinese Macroeconomic Operation 2014

2014

唐海燕　贾德奎等／著

立信会计出版社
LIXIN ACCOUNTING PUBLISHING HOUSE

图书在版编目(CIP)数据

中国经济运行风险研究报告. 2014 / 唐海燕等著.
—上海：立信会计出版社，2014. 9
ISBN 978 - 7 - 5429 - 4352 - 1

Ⅰ. ①中… Ⅱ. ①唐… Ⅲ. ①中国经济—经济运行—风险评价—研究报告—2014 Ⅳ. ①F123

中国版本图书馆 CIP 数据核字(2014)第 230578 号

责任编辑 赵新民
封面设计 周崇文

中国经济运行风险研究报告 2014

出版发行	立信会计出版社		
地　　址	上海市中山西路 2230 号	邮政编码	200235
电　　话	(021)64411389	传　　真	(021)64411325
网　　址	www. lixinaph. com	电子邮箱	lxaph@sh163. net
网上书店	www. shlx. net	电　　话	(021)64411071
经　　销	各地新华书店		
印　　刷	上海中华印刷有限公司		
开　　本	787 毫米×1092 毫米	1/16	
印　　张	20. 5	插　　页	4
字　　数	490 千字		
版　　次	2014 年 9 月第 1 版		
印　　次	2014 年 9 月第 1 次		
书　　号	ISBN 978 - 7 - 5429 - 4352 - 1/F		
定　　价	68. 00 元		

中国经济运行风险研究报告课题组

课题组负责人 唐海燕　贾德奎

课题组成员（按姓氏笔画排序）

王双成　王淑贞　王楚明　邓小洋

朱为华　毕玉江　邵　军　张丕强

张会清　张志谦　张利兵　赵迎春

袁　敏　贾德奎　曹惠民　黄　波

程新章　裴　瑱

课题组秘书 卞世博　冯晓楠

前　言

2013 年 10 月,《中国经济运行风险研究报告 2013》顺利出版发行，这是我们连续出版的第七本年度报告，报告对中国经济运行的总体风险状况的持续性跟踪研究，赢得了较好的社会评价。

从 2014 年前两个季度的实际经济运行状况来看，2013 年的研究报告较好地刻画了中国经济运行中的主要风险因素及其特征。而且，报告对于中国经济运行态势的关键分析和判断，也与后来的实际经济发展状况基本吻合。但是，由于报告的资料周期为一年，因此对全球范围内新出现的可能影响中国经济运行的一些风险因素，难以在研究中及时、全面地反映出来。并且，由于报告的研究和写作时间要早于实际经济运行，因此在研究侧重点的安排、视角的选择以及具体风险因素的识别方面，也可能难以完全反映中国实际经济运行中正在显现的各种新情况、新特点。

为较好地解决上述问题，自 2010 年开始，研究院在年度风险研究报告的基础上，同时组织研究并按季度出版了《中国经济运行风险指数季报》，通过风险指数季报的发布，一方面尽可能弥补年度报告在时效性上的不足，另一方面也便于重点聚焦于某个正在显现中的风险问题，从而努力使研究更为系统和深入。已经出版的 18 期《中国经济运行风险指数季报》，较好地跟踪和预测了中国宏观经济运行中的主要风险因素的动态变化，并对经济运行的总体风险状况和宏观调控政策的可能变化进行了前瞻性把握，持续发布的《中国经济运行风险指数季报》因其具有更好的时效性和准确的预测表现，赢得了良好的社会反响。

《中国经济运行风险研究报告 2014》在研究思路和基本框架上，与上一年的研究基本保持一致。即采用“4＋1＋X”的基本架构，在选取宏观政策调控的四大最终目标作为基本因素（“4＋1＋X”中的“4”）的基础上，再根据当年经济运行中的热点问题或重要领域（“4＋1＋X”中的“X”）及微观经济主体运行状况（“4＋1＋X”中的“1”）确定若干有代表性的扩展特征因素，通过深入研究这些因素引致宏观经济运行风险的传导机制和风险水平，以最终反映中国宏观经济运行的总体风险状况。

经过几年的锻炼和磨合，中国立信风险管理研究院围绕年度报告构建了一支稳定的研究团队，即以校内的教授、博士等学术骨干为主体，通过风险专题研究项目的形式，充分整合了国内各大高校中有志于风险管理研究的优秀中青年学者，组建了项目团队以开展研究工作。

具体负责研究和报告撰写的人员为：总论，贾德奎；有关经济增长风险，程新章、毕玉江、张会清、裴瑱和王双成；中国宏观经济运行中的通货膨胀风险，贾德奎；就业风险，黄波；国际收支失衡风险，张丕强；金融运行风险，王楚明、张利兵；财税风险，赵迎春；低碳视角下中国能源经济发展风险，何亚群；中国经济运行的微观主体风险，邵军、袁敏。

本报告严格遵循风险识别、风险度量和风险管理的基本研究范式，力图全面、准确地回答中国宏观经济运行的风险来源、风险大小及风险管理对策等关乎国计民生的重大现实问题，并期待能够为中国宏观经济运行风险方面的学术研究注入活力，为经济工作者和决策者提供有益参考。

最后需要指出的是，尽管本报告努力以数据为基础、以事实为依据，但部分风险主题的研究却不可避免地存在着主观推理和判断的成分，这有可能会在一定程度上影响到本报告研究结果的准确性。除此之外，本研究报告也许还存在着诸多我们尚未意识到的问题或缺陷，希望各位同仁能不吝指正，以便于我们在今后的研究中继续探索、完善和解决。

唐海燕

2014 年 9 月于立信园

目　　录

Contents

第一章　总　　论

一、绪论

经济运行风险，主要指实际经济运行相比较其正常（或均衡）状态而产生显著偏离的可能性。在实践中，宏观经济各个目标的实现程度通常被用于衡量经济运行的实际状况，因此经济运行风险的大小程度，也主要表现为反映经济运行质量的各关键经济变量对其正常值的偏离程度。

自从2013年宏观经济降速运行以来，中国经济弱势发展的趋势越来越明显。结构调整进程中的各种摩擦不断显现：商业银行长期过度依赖存贷差生存，当利差缩小或流动性下降时，其盈利能力和风险管理能力令人担忧；影子银行问题和互联网金融问题逐渐被纳入监管层的视野，说明目前金融市场正面临更多的潜在风险；再考虑到房地产市场的低迷，市场普遍预计房地产价格会出现较大幅度的下调，由此引发的经济下滑风险和金融领域内的系统性风险，都可能成为中国经济运行的巨大隐忧。

在消费市场上，统计数据显示消费增速仍然平稳，但是居民收入增长机制尚未确立，收入分配差距的逐渐拉大以及社会保障机制的不完善，都对消费的持续增长形成不小的压力；网络销售不时会给消费市场带来惊喜，但是网络销售的增长未必能够在短期内有效调动中国整体内需上扬，更多的是对实体店铺的负面冲击效应。

2014年以来，中国外贸进出口数据好于预期，但是在国内用工成本不断上涨、外需持续疲弱的背景下，进出口继续以两位数的幅度增长是有很大困难的。2014年新增就业人数将再创历史新高，而近期PMI主要指标的下挫预示企业用工需求将不会显著增长，摩擦性失业将继续显著作用于中国就业市场，未来就业压力也不断增加。

进入2014年，外围经济环境有所改善，但是世界经济复苏步伐依然艰难。美国债务上限再度提高，财政平衡压力减轻，经济有望复苏，但是美国坚持小幅、逐步缩减QE的政策基调预示着其对未来经济运行持谨慎乐观态度，而退出QE可能会延缓其他经济体的复苏进度。欧元区有复苏迹象，但是经济恢复的速度非常缓慢。日本政府2013年年末债务又创纪录，其财政可持续性问题可能在不远的将来成为经济复苏的最大风险因素。综合目前信息判断，2014年中国经济将整体趋弱，宏观经济运行风险继续有所上升。

在接下来对中国经济运行风险进行研究时，我们将严格遵循风险相关问题的规范研究思路而展开。首先，识别中国经济运行风险的主要引致因素，并探讨这些因素引致风险的传导机制；其次，在对中国经济运行中的风险状况进行定性描述的基础上，通过设计风险衡量指数，尝试对中国经济运行中所面临的风险大小程度进行量化，以提供反映中国经济未来所面临风险大小的数量结果；最后，基于前述风险因素识别及影响机制分析，提出相应的管理中国经济运行风险的政策建议。

本研究的主要内容有中国经济运行中的风险引致因素识别，中国经济运行风险的量化研究以及管理风险的对策建议等。在对经济运行风险的基本概念进行界定后，主要的后续研究内容具体安排如下：

第一部分，通过对 2014 年以来中国的居民消费、固定资产投资、就业状况、各类价格指数、国际收支、货币信贷增长、政府财政收入支出和居民未来预期等方面的变化进行分析，以对中国当前经济运行现状进行描述，并识别和归纳影响经济运行的主要风险因素。

第二部分，筛选衡量经济运行风险的经济指标，并计算不同指标引致经济运行风险的相对权重，以构建经济运行风险的衡量指数。

第三部分，利用所构建的经济运行风险指数，对中国经济运行风险进行预测，并在此基础上对未来的宏观调控政策进行展望。

二、中国经济运行中的风险因素及特征表现

（一）经济增长率延续下滑趋势

2014 年以来，中国经济延续了上一年的运行态势，经济增长率在 7.5%左右小幅波动，在深入调整经济结构的大背景下，中国宏观经济已经基本告别了高速增长时代，而转向追求经济发展质量和提升人民福利。总体来看，中国经济仍处于较为健康稳定的发展态势，消费、投资和进出口均呈现出比较稳定的增长态势。但需要注意的是，从统计数据上也可以看出，在总体保持稳定的情况下，中国经济的运行环境仍然复杂多变，面临的不确定性也依然较大。

如图 1-1 所示，中国 2014 年第一季度的 GDP 增长率出现了较明显的回落，从图 1-2还可以看出，中国工业增加值同比增长率也出现了持续下滑的迹象；与此相对应，中国第二产业对 GDP 的贡献率自 2010 年以来出现了明显下降，如图 1-3 所示，自 2013 年下半年开始，第三产业对 GDP 的贡献率开始超过第二产业，这一趋势自 2014 年以来更加明显，这意味着中国经济转型的效应正在逐渐显现。

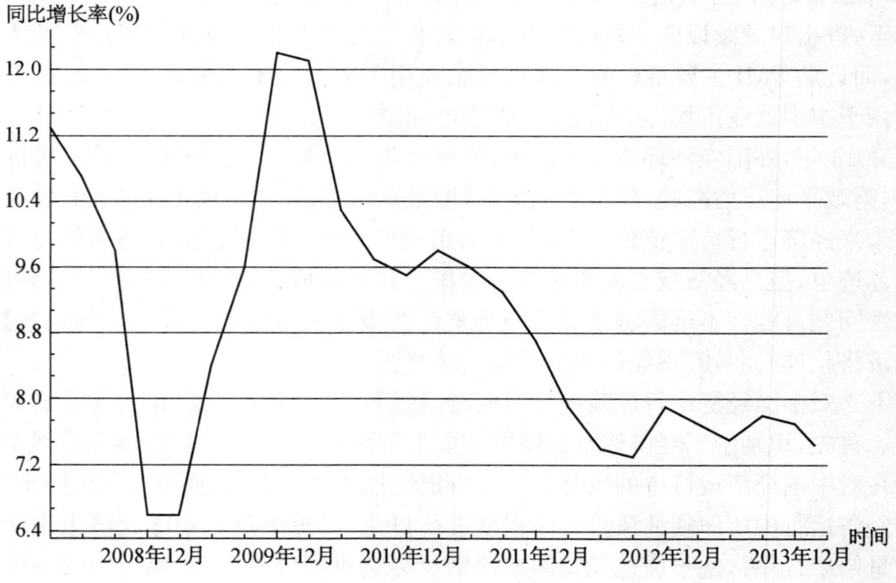

图 1-1　中国 GDP 同比增长率

数据来源：Wind 资讯。

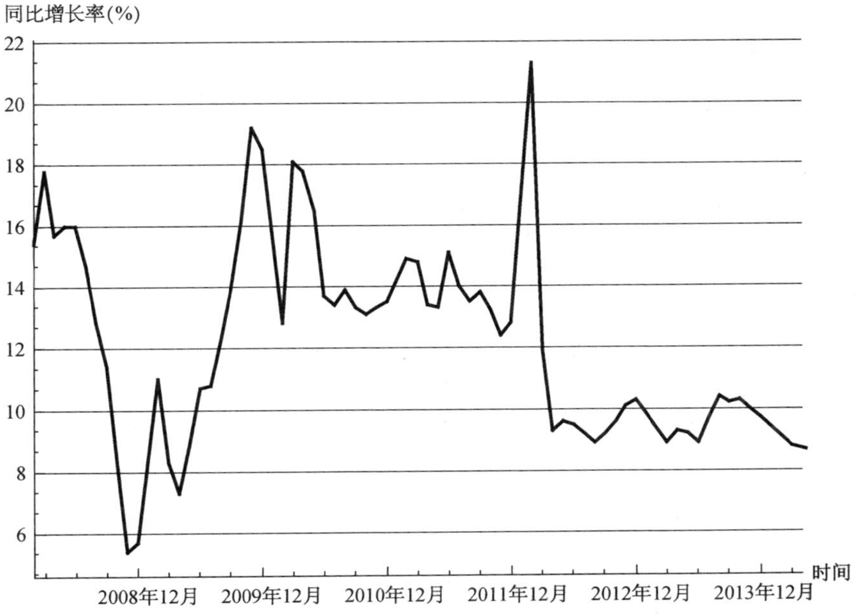

图 1-2 中国工业增加值同比增长率

数据来源:Wind 资讯。

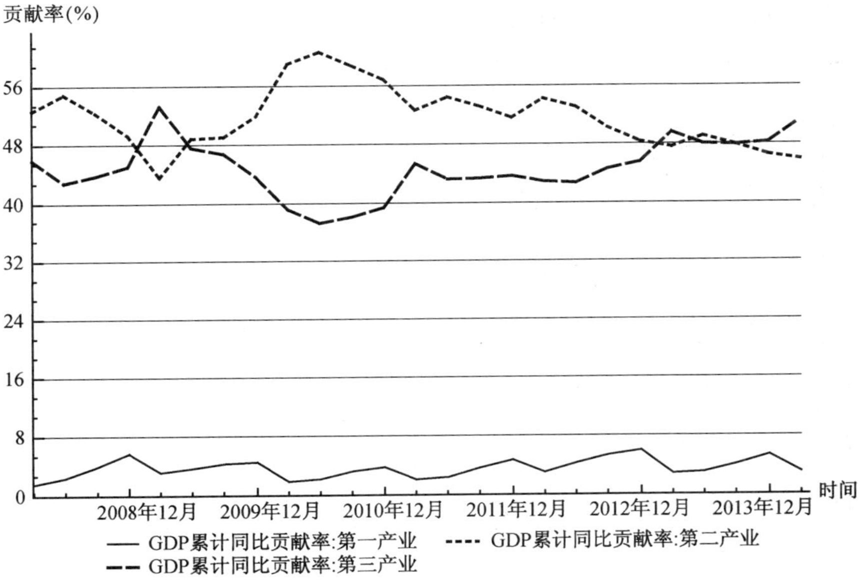

图 1-3 三大产业对 GDP 的贡献率

数据来源:Wind 资讯。

2014 年以来,中国国内消费增长总体上稳定。如图 1-4 所示,2014 年第一季度社会消费品零售总额同比增长 12%。扣除价格因素,实际增长 10.9%,比 2013 年同期高 0.1 个百分点,其中,城镇和乡村消费品零售额分别增长 11.8%和 12.8%。

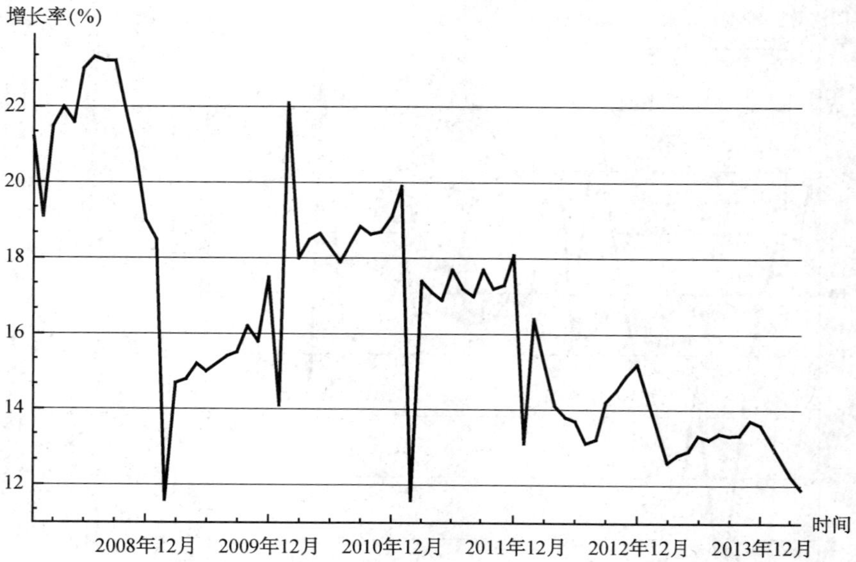

图 1-4　中国社会消费品零售总额增长状况

数据来源：Wind 资讯。

2014 年以来，中国国内固定资产投资完成额增长仍保持稳定，但同比增速有所下降。如图 1-5 所示，2014 年第一季度固定资产投资完成 6.8 万亿元，同比增长 17.6%，比 2013 年同期低 3.3 个百分点；分地区看，中部和西部投资增速仍然要明显快于东部，东、中、西部地区固定资产投资同比分别增长 16.4%、20.2%和 19.1%。

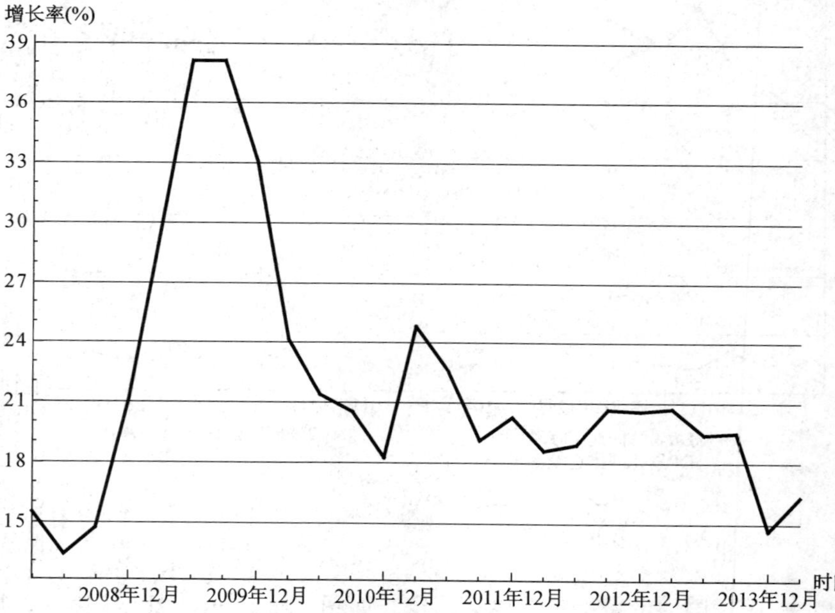

图 1-5　中国国内固定资产投资完成额增长状况

数据来源：Wind 资讯。

2014 年以来,中国进出口贸易与 2013 年同期相比,都表现出较明显的下滑态势,但总体上仍然处于合理的区间。如图 1-6 所示,2014 年的 1～4 月,中国的出口贸易与 2013 年同期相比出现了下滑,其中 2 月份同比下降 18.1%,3 月份的进口则同比下降了 11.27%。从总体贸易额上来看,2014 年第一季度,中国进出口贸易总额为 9 658.8 亿美元,同比下降 1%;其中出口4 913.1亿美元,同比下降 3.4%;进口 4 745.7 亿美元,同比增长 1.6%;贸易顺差 167.4 亿美元,较 2013 年同期减少 253 亿美元。

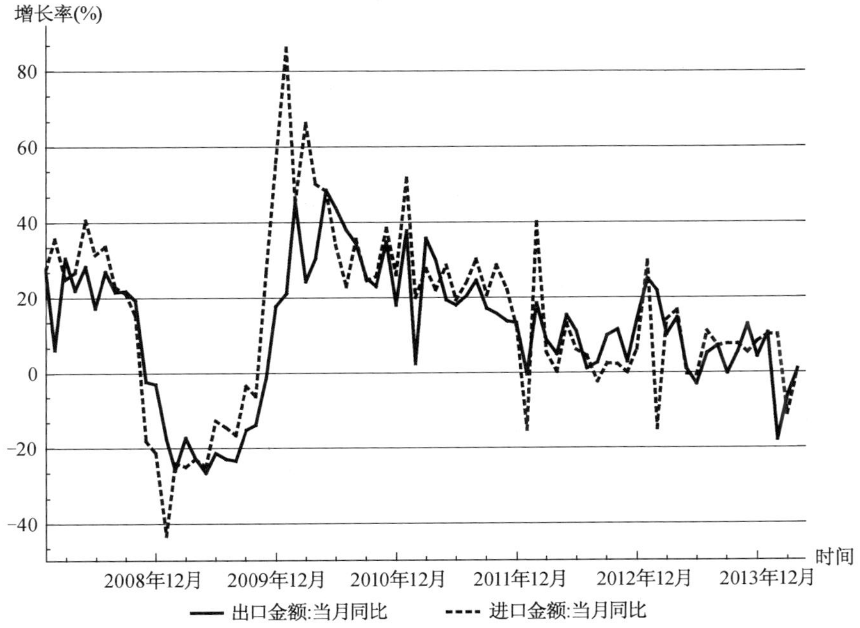

图 1-6　中国进出口金额增长状况

数据来源:Wind 资讯。

(二) 结构性就业风险仍然存在

如图 1-7 所示,中国国内就业状况总体良好,城镇失业人数变化不大,与经济增速有所放缓相比较,中国的就业形势总体上仍表现平稳,就业市场并没有显现出随着经济增长速度明显下降的态势。

如图 1-8 所示,进入 2014 年以来,中国职业供求总体保持平衡。但不容忽视的是,就业市场上的"就业难"和"招工难"现象并存,这说明中国国内的就业风险主要表现为结构性风险,即经济结构调整使得不同产业或行业的就业出现结构性波动;不仅如此,2014 年高校毕业生的规模突破 700 万人,就业需求与岗位供给的缺口进一步放大,这些都将是中国国内就业风险的主要来源。

(三) 通货膨胀上行压力趋缓

如图 1-9 所示,2014 年以来,随着经济增长速度的回落,中国主要价格指标延续了 2013 年的小幅波动态势,居民消费价格指数 CPI 基本稳定在 2.5%左右,并且经济主体普遍预期中国的 GDP 增幅会有进一步减缓,来自供求方面的压力将有所减轻,有利于减缓物价上涨的压力。因此,2014 年中国出现全局性的较大通货膨胀风险的可能性不大,国内将有望延续 2013 年以来的低通货膨胀水平。

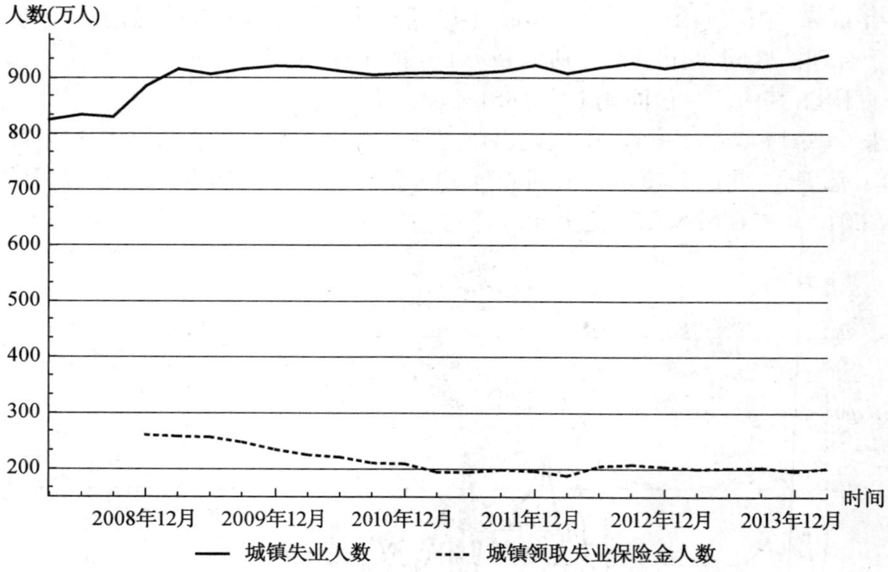

图 1-7 中国城镇失业人数变化

数据来源:Wind 资讯。

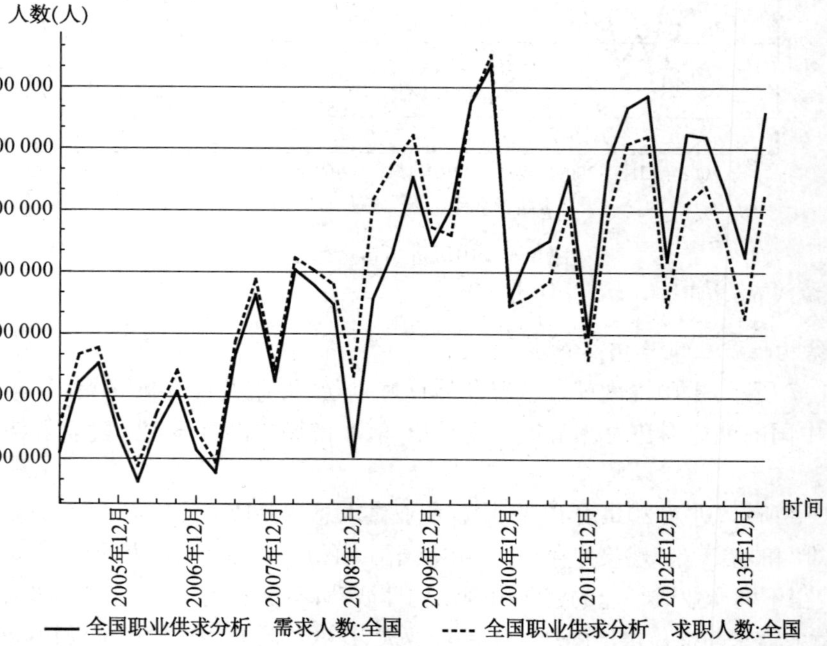

图 1-8 全国职业供求状况变化

数据来源:Wind 资讯。

但需要引起人们注意的是,在物价水平总体上保持稳定的同时,受气候等自然条件影响较大的食品价格仍有可能发生较大的波动;并且,国内劳动力价格和水、天然气等资源类产品价格仍有较大上升压力,再加上国内较为宽松的流动性因素和居民通胀预期的不确定性,这些都将可能是推动物价水平走高的主要风险因素。

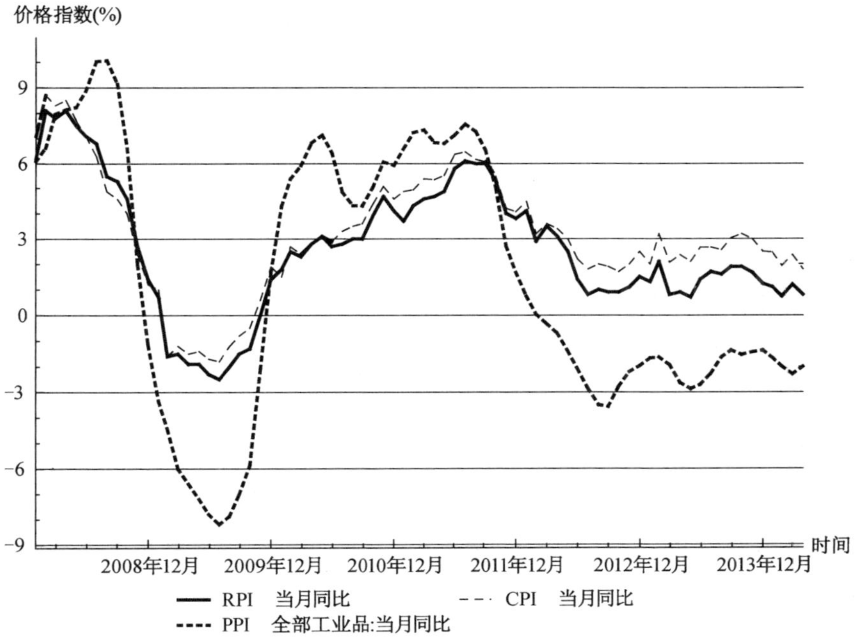

图 1-9 中国各种价格指数变化

数据来源：Wind 资讯。

(四) 货币信贷增速有所放缓

近几年，中国各层次的货币供应量增长速度都有所放缓，如图 1-10 所示，自 2013 年以来的 M2 同比增速出现较明显的下降趋势。进入 2014 年以来，在通货膨胀上涨得到有效控制的

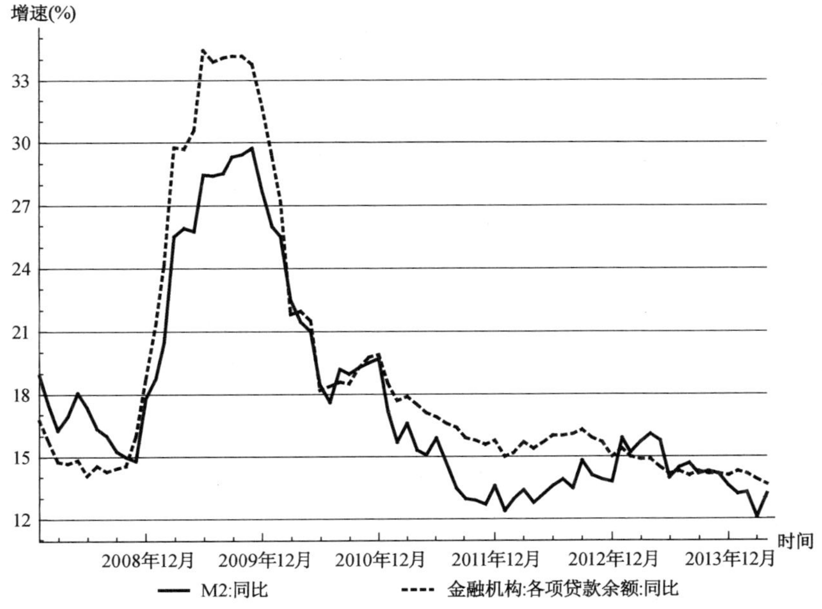

图 1-10 中国货币信贷变化状况

数据来源：Wind 资讯。

情况下，面对实体经济出现的下滑趋势，中国货币当局在继续实施稳健货币政策的基础上，根据经济形势的变化进行前瞻性的预调微调。总体而言，2014 年以来中国国内银行体系流动性较为充裕，货币信贷和社会融资增长较快，金融市场运行总体平稳。

在货币供应及信贷数据方面，2014 年 4 月末，中国广义货币供应量（M2）余额为 116.88 万亿元，同比增长 13.2%，增速比 2013 年同期低 2.9 个百分点；狭义货币供应量（M1）余额为 32.45 万亿元，同比增长 5.5%，增速比 2013 年同期低 6.4 个百分点；流通中货币（M0）余额为 5.86 万亿元，同比增长 5.4%，增速比 2013 年同期低 6.4 个百分点。2014 年 4 月末，中国全部金融机构本外币贷款余额为 80.91 万亿元，同比增长 13.4%，人民币贷款余额为 75.68 万亿元，同比增速都有所下降。

总体来看，中国国内中长期贷款的增长速度比较平稳，但银行系统乃至金融市场仍面临三方面的潜在风险：其一是与影子银行相关的各种风险；其二是房地产市场下滑可能带来的金融风险；其三是地方政府融资平台可能引发的金融风险。上述三个风险来源都将是影响中国金融市场持续健康发展的巨大不确定性。

（五）外汇储备风险增大

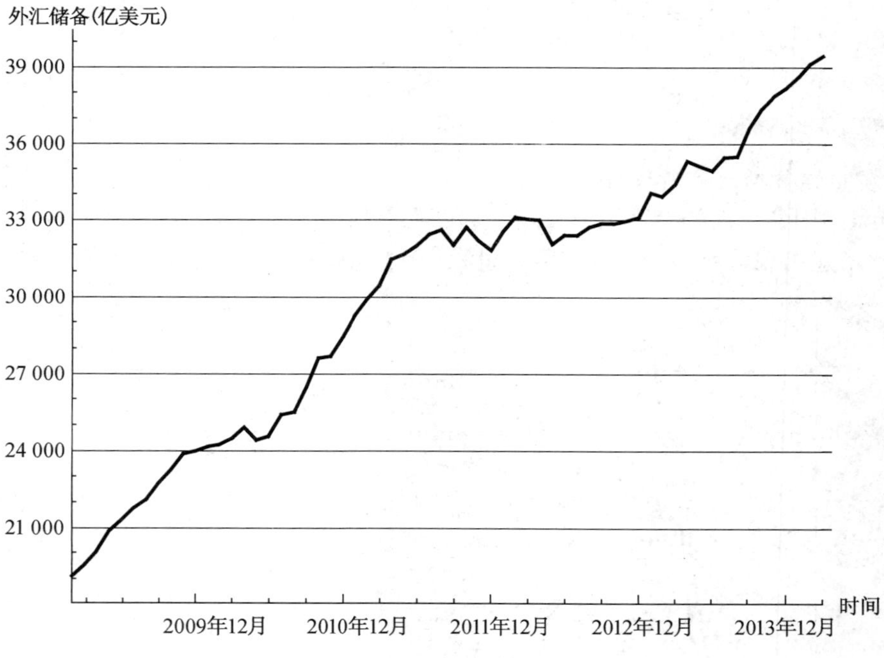

图 1-11 中国外汇储备余额增长状况

数据来源：Wind 资讯。

在过去几年中，中国外汇储备余额仍然延续了增长趋势，如图 1-11 所示，截至 2014 年第一季度末，中国外汇储备余额约为 3.95 万亿美元，预计在本报告正式出版时，这一数据将轻松突破 4 万亿美元。中国外汇储备规模过大，一方面，在投资回报率偏低的情况下，造成很大的机会成本；另一方面，巨额的外汇储备客观上导致人民币基础货币的被动投放，再加上货币乘数作用，不但会加剧通货膨胀压力，而且不利于中央银行对国内的宏观经济进行调控。

2014年以来,中国经济运行的内外部环境依然复杂,外部需求增长的不确定性以及经济结构转型都将对出口产生持续的负面影响。另外,人民币汇率自2014年以来较大幅度的下行也会影响市场的升值预期和热钱流入,这些因素都将有利于中国控制外汇储备的继续增加,但是已经形成的巨额外汇储备存量所带来的潜在风险仍有增无减,并且逐渐成为中国经济持续健康运行的负担。

(六)财政收支弱势增长趋势明显

进入2014年,中国房地产市场呈现出明显的走弱迹象,因而,与房地产交易直接相关的房地产营业税和企业所得税、契税等收入构成对地方财政增收的贡献有明显回落。如图1-12所示,2013年以来中国财政收支的增长速度都出现了下降态势。统计数据显示,2014年1~4月累计,中国财政收入为47 507亿元,比2013年同期增加4 042亿元,增长9.3%。在支出方面,2014年1~4月,中国财政支出39 842亿元,比2013年同期增加3 498亿元,增长9.6%。进入2014年第二季度,财政收入有小幅回升趋势。2014年4月财政收入增速回升至9.2%,关税和企业所得税维持10%以上增速,营业税、增值税、消费税以及非税收入增速低迷。4月全国财政收入1.25万亿元,中央财政收入5 812亿元,同比增长8.5%;地方财政收入6 669亿元,同比增长9.8%。中央财政收入增幅回升主要受2013年同月收入基数较低影响。从支出方面来看,2014年4月财政支出仅增1.02%,达到9 410亿元,其中中央财政支出增长21.35%,地方财政支出增长-3.07%。

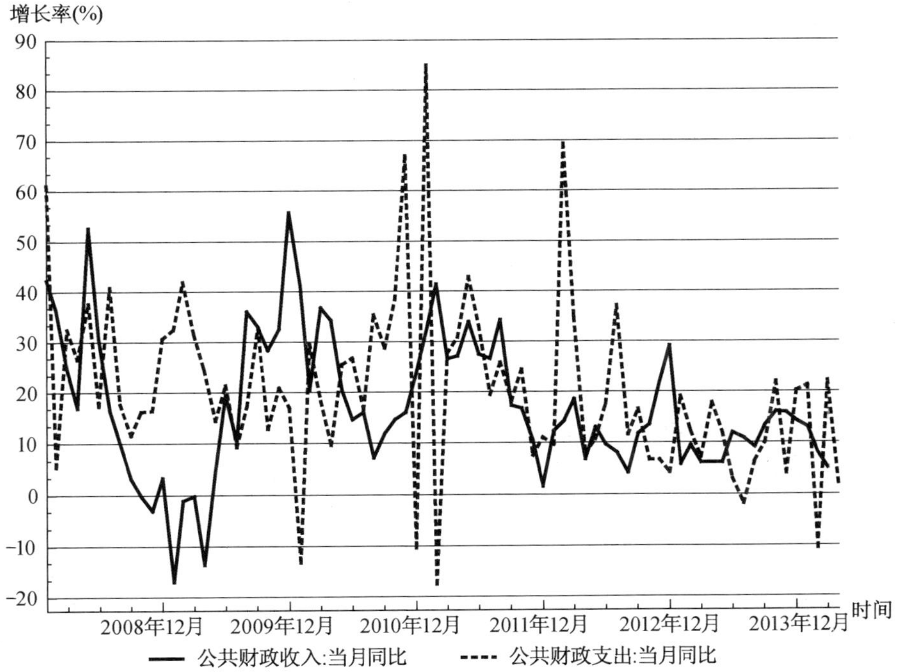

图1-12 中国财政收支变化状况

数据来源:Wind资讯。

从目前经济运行发展态势来看,宏观经济走势趋弱将削弱财政收入增长的基础,而未来利用财政政策调控宏观经济稳定增长的压力将持续上升,整体财政风险也将有所增加。

（七）居民未来预期有所好转

2014 年以来，中国居民的收入感受和收入信心指数与 2013 年相比均有所下降。如图 1-13所示，2014 年第一季度，中国居民的收入感受指数和未来的收入信心指数分别为 50.7 和 53.0，指数值相比较上年同期分别下降 3.9 和 2.8。由于居民收入的增长与经济增长水平、就业水平以及企业的盈利水平有着密切的关系，考虑到中国经济增长速度可能会有所回落，就业市场和企业盈利增长均存在较大不确定性。因此，居民对未来收入增长的信心相对有所不足，这很有可能会进一步导致居民消费支出的回落。

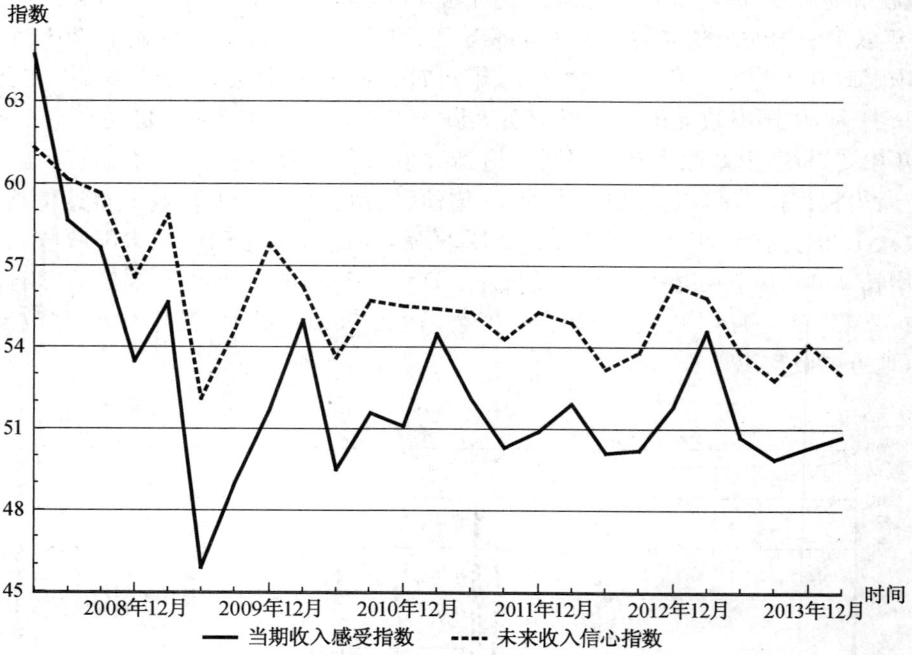

图 1-13　中国居民收入感受和收入信心指数变化状况

数据来源：Wind 资讯。

2014 年以来，中国国内的物价水平相对比较平稳，前四个月的 CPI 数据显示，经济运行中的通货膨胀压力不大，总体物价水平的上涨幅度处于居民的可接受范围。如图 1-14 所示，中国居民的物价预期指数有所下降，而对当前物价的满意指数有所上升。

总体来看，如果中国经济能够顺利实现结构转型，长期积累下来的制度弊病能够得到有效根治，无论是居民还是企业的未来预期都将有所好转，从而有助于降低经济运行风险。

进入 2014 年以来，中国经济延续了 2013 年的调整态势，并且在 2013 年年底的中央经济工作会议上，政府进一步将化解产能过剩及大力调整产业结构作为 2014 年经济工作的重点之一，在此背景下，经济增长速度进一步放缓将是大概率事件。虽然数据显示消费增速仍然平稳，但是这一趋势能否继续仍存在变数。2014 年第一季度，外贸进出口数据好于预期，但是在汇率波动加剧、国内用工成本不断上涨、外需持续疲弱的背景下，进出口继续稳定增长仍有很大困难。2014 年新增就业人数将再创历史新高，而近期 PMI 主要指标的下挫预示企业用工需求将不会显著增长，摩擦性失业将继续显著作用于中国就业市场，未来就业压力也不断增

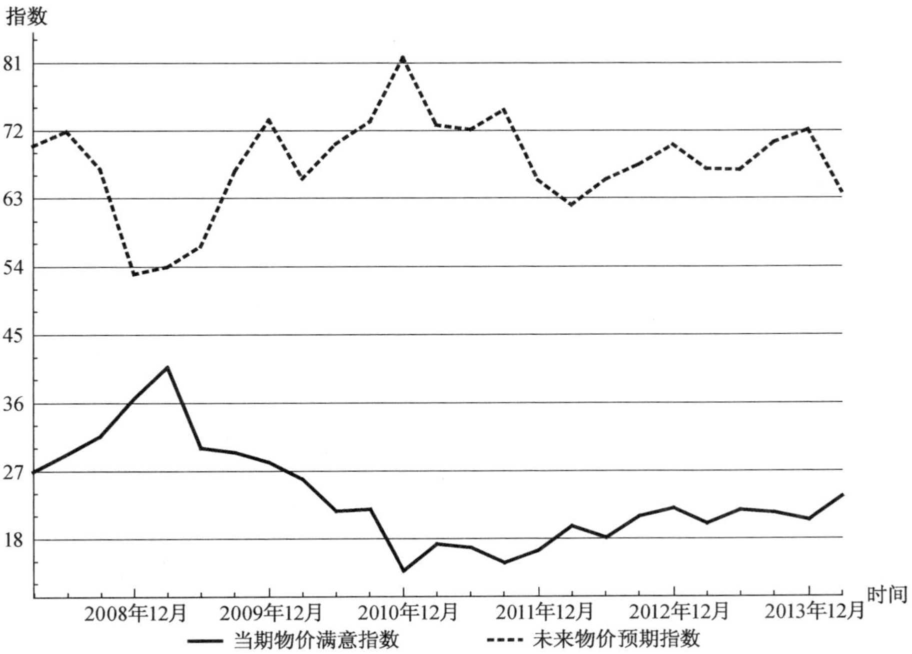

图 1-14　中国居民物价预期和物价满意指数变化状况

数据来源：Wind 资讯。

加。不仅如此，在经济结构调整进程中，国内商业银行长期过度依赖存贷差生存，应对流动性波动及市场风险的能力还不强，房地产市场泡沫有可能破裂而引发的信贷风险，再加上影子银行问题逐渐被纳入监管层的视野，进一步显示中国金融市场的风险在逐渐凸显。除此之外，进入 2014 年，外围经济环境虽有所改善，但是世界经济复苏的前景仍不明朗。综合上述信息判断，2014 年及之后一段时间内，中国经济将整体趋弱，宏观经济运行风险将继续有所上升。

三、中国经济运行风险指数构建

本报告尝试在 2013 年报告的基础上，继续通过构建中国经济运行风险指数（Risk Index of Economic Operation，RIEO），以对中国经济的总体运行态势进行前瞻性把握。经济运行风险指数的编制过程如下：首先，筛选一组能够较好地反映经济运行态势的代表性指标，以构建风险测度模型；其次，利用上述模型考察宏观经济在一定时间范围内的变动趋势，得到风险测度结果；再次，对测度结果及相应的风险区间进行标准化处理；最后，得到风险指数值，以反映宏观经济在未来一段时间内的可能运行状况。

（一）指标选取

由于本报告所涉及的风险测度实际上是一种对经济运行态势的综合评价，因此所建立的风险测度指标体系要遵循相关性、全面性、可测性、稳定性、重要性和独立性等原则。经济运行风险指数的构建是否具有科学性，以及在实际应用中能否有较好的风险指示和预警功能，其首要的决定因素就是合适的指标选择。然而，指标体系的全面性不可避免地会影响指标的相互独立，造成指标间的信息重叠，指标的个数越多，指标间信息重叠的程度就可能越高；反之，指标个数越少，越是可以提高指标的独立性，但会影响指标的全面性。因此，需要在指标体系的全面性和独立性之间需求得一种平衡，这也是本研究选择风险测度指标的基本原则。

对于经济运行风险测度指标选取而言，上述原则中的相关性是指所选取的指标，其变动状况在很大程度上能够直接反映出宏观经济在未来一段时间内的变化趋势；全面性是指测度指标的选取尽可能做到不遗漏各种能够影响或反映宏观经济运行态势的因素；可测性是指所选的指标必须是可以量化的，并且相对应的数据是现行统计核算体系中可以获取的；稳定性是指对所选指标变化幅度进行不同状态划分后，划分的标准能够保持相对的稳定；重要性是指选择尽量少的关键指标来反映经济运行的风险状况，而不刻意追求指标选择的全面性和系统性；独立性是指所选取的各指标之间尽可能没有显著的相关关系或因果关系。

在实际经济发展过程中，对经济运行状况的评价，很大程度上反映为宏观政策调控目标的实现程度。而根据宏观经济学的一般原理，宏观政策调控的主要目标是经济增长、物价稳定、充分就业和国际收支平衡。除此之外，现实的政策实践中，一国内部的财政收支平衡、金融系统的稳定以及经济主体的未来预期也常常是政策当局所重点关注的目标。因此，在具体构建经济运行风险指数时，用于反映经济运行状况的指标应当涵盖以上几个方面的内容。

根据上述经济运行状况的评价目标，初步选择的指标如表 1-1 所示。

表 1-1　　**构建经济运行风险指数的指标初选结果**

经济增长	物价稳定	充分就业
固定资产投资增长率(X1) 消费品零售增长率(X2) 出口增长率(X3)	居民消费价格指数(X4) 工业品出厂价格指数(X5)	城镇登记失业率(X6) 城镇单位就业增长率(X7)
国际收支平衡	财政收支	金融稳定
进出口商品差额(X8) 外汇储备/GDP(X9)	各项税收完成比率(X10) 财政赤字/GDP(X11)	金融机构各项贷款增长率(X12) 货币供应量 M2 增长率(X13) 股票市值/GDP(X14)
经济主体预期	企业家信心指数(X15) 居民消费意愿指数(X16)	

与 2013 年此项研究相同的是，2014 年的研究保留了反映经济主体预期的指标，这样能够更为全面地刻画宏观经济运行的潜在风险状况，并且，在反映就业状况的指标初步选择上，2014 年的研究将继续拟用城镇登记失业率①和城镇单位就业增长率指标来反映就业状况。

接下来进行指标筛选，分析所用数据来源均为 Wind 宏观经济数据库，时间范围为 2001 年 1 月至 2014 年 3 月。即首先对表 1-1 中 16 个指标进行相关分析，从相关系数较大的指标中选取相对更重要的指标；接下来进行 Granger 因果关系检验分析以进一步精简指标，选择作为 Granger 成因的指标，如果指标间互为 Granger 成因或不存在因果关系，则依据定性分析来选取指标；一些与其他指标相关系数较小的指标则直接作为暂时的评价指标。

对初选指标进行相关分析后，筛选后的指标包括：消费品零售增长率(X2)、出口增长率

① 由于中国失业率数据一直具有争议，因此此处在 RIEO 指数的编制时暂时放弃城镇登记失业率指标，而参考城镇单位就业人数、就业增长率等数据以估计失业状况。

(X3)、居民消费价格指数(X4)、城镇单位就业增长率(X7)、外汇储备/GDP(X9)、各项税收完成比率(X10)、财政赤字/GDP(X11)、金融机构各项贷款增长率(X12)、股票市值/GDP(X14)和企业家信心指数(X15)。

对上述指标进行 Granger 因果关系检验分析，并选择有显著 Granger 因果关系的成因指标，最后筛选出的 9 个指标包括：消费品零售增长率(X2)、出口增长率(X3)、居民消费价格指数(X4)、城镇单位就业增长率(X7)、外汇储备/GDP(X9)、财政赤字/GDP(X11)、金融机构各项贷款增长率(X12)、股票市值/GDP(X14)和企业家信心指数(X15)。

消费品零售增长率进入指标体系，其原因在于，在拉动经济增长的三个最主要的因素中，消费支出的变化更能够真实地反映经济主体对未来经济发展趋势的预期，并且消费拉动经济增长的贡献效率要比投资和进出口更大。由于中国目前的经济增长在很大程度上仍依赖于对外贸易的增长，并且外贸企业、尤其是出口企业的经营状况会直接影响到劳动力的就业水平，因此出口增长率能够直接反映宏观经济的运行状况。基于此，出口增长率被选为风险指数构建的一个主要指标。固定资产投资增长率从指标体系中被剔除，这在理论上可以作如下解释，即中国长期以来为保持经济增长速度的稳定，在消费和进出口受到各种冲击时，政府就会通过促进固定资产投资增长来避免外来冲击造成的经济下滑或恶化，据此可以推知，固定资产投资增长率在某一时期的迅速上升，某种程度上可间接反映出消费增长和进出口增长在此时期有较大波动，所以为避免因素重叠，可将固定资产投资增长率指标剔除。

在反映物价水平的变动状况方面，居民消费价格指数(CPI)被认为是最具有代表性的指标，并且实际统计分析也证实了这一点，因此居民消费价格指数将成为构建风险指数的另一个重要指标。

另外，在反映就业状况的指标中，由于城镇登记失业率的可靠性较差，因此需选择其他指标来替代就业率指标。而在劳动力稳定供给的情况下，城镇单位就业增长率如果出现较大的波动，则在很大程度上可以反映出宏观经济中的就业变化，因此，城镇单位就业增长率可选为反映就业状况的指标。

在中国目前的国际经济往来和外汇管制制度下，国际收支状况的变化会直接反映为外汇储备的增长变动。不仅如此，在中国目前的财政收支预算体系下，经济正常运行情况下财政赤字会相对较小并且稳定，如果经济过热(或过冷)，则会表现为财政收入增长速度加快(或降低甚至负增长)，因此财政赤字的变动及大小能够间接反映经济运行的变化状况。基于此，外汇储备/GDP 和财政赤字/GDP 可作为构建风险指数的指标选择。

在现代经济发展中，金融系统的运行状况会对经济运行产生重要影响，而在反映金融稳定状况的指标中，金融机构各项贷款的变动，一方面，会在未来一段时间内直接反映为实体经济的变化；另一方面，中国政策当局会根据经济调控需要来对金融机构的贷款发放施加影响，因此金融机构各项贷款的变化能够反映出政府对未来经济运行态势的判断；除此之外，由于股票市场一般被认为是经济运行状况的“晴雨表”，随着股票交易价格的波动，相应发生变化的股票市值就能够较好地反映出市场主体的未来经济预期。基于此，金融机构各项贷款增长率和股票市值/GDP 被选为风险指数构建的另外两个指标。

企业家信心指数反映了经济主体对未来经济运行的预期，这种预期将直接影响到投资增长乃至实体经济的运行状况，因此可用于反映宏观经济运行的风险状况。最后得到用于经济运行风险指数计算的指标体系，重新编号的指标选取结果如表 1-2 所示。

表 1-2 **指标选择结果**

对应的经济调控目标	指 标 选 取
经济增长	消费品零售增长率(S_1)
	出口增长率(S_2)
物价稳定	居民消费价格指数(S_3)
充分就业	城镇单位就业增长率(S_4)
国际收支平衡	外汇储备/GDP(S_5)
财政收支平衡	财政赤字/GDP(S_6)
金融稳定	金融机构各项贷款增长率(S_7)
	股票市值/GDP(S_8)
经济主体预期	企业家信心指数(S_9)

(二) 指标权重确定

由于上面所选取的 9 个指标对经济运行风险影响的重要性和代表性不尽相同,这需要确定各因素对经济运行风险影响的相对权重。下面采用层次分析法(AHP)进行权重计算。在具体确定不同指标之间相对重要程度时,主要参考中国政策当局公开的官方表述及货币当局在政策实施中对不同政策目标的倾向性。按上述原则无法确定相对重要程度的指标间的关系时,则采用德尔菲法(Delphi Method)来进行确定。最终采用层次分析法算出各指标的权重系数如表 1-3 所示。

表 1-3 **经济运行风险指数中各指标的权重系数**

构 成 指 标	权 重 系 数
消费品零售增长率(S_1)	0.188 9
出口增长率(S_2)	0.187 5
居民消费价格指数(S_3)	0.217 3
城镇单位就业增长率(S_4)	0.122 4
外汇储备/GDP(S_5)	0.070 2
财政赤字/GDP(S_6)	0.025 6
金融机构各项贷款增长率(S_7)	0.103 3
股票市值/GDP(S_8)	0.046 2
企业家信心指数(S_9)	0.038 6

(三) 模型构建及风险区间设定

将各个指标与其权重相乘再求和便可得到经济运行风险的加权评价模型,根据前面的指标确定及权重计算结果,最后得出的评价经济运行状况的风险指数模型为:

$$RIEO = 0.188\,9S_1 + 0.187\,5S_2 + 0.217\,3S_3 + 0.122\,4S_4 + 0.070\,2S_5 + 0.025\,6S_6 + 0.103\,3S_7 + 0.046\,2S_8 + 0.038\,6S_9 \quad (1\text{-}1)$$

利用式(1-1)进行经济运行风险的评价,对模型中每一个指标都将根据其预测值进行评分和划分风险状态,以便对经济运行风险作标准化处理,方便最终进行综合评价。

在本研究中,单个指标的评分将采用百分制,并拟将风险状况划分为“无风险”(0～20

分)、“风险关注”(20～50 分)、“有风险”(50～70 分)、“较高风险”(70～90 分)和“高风险”(90～100 分)五个级别。各个划分级别界限值的确定主要参照国际上通用的警戒值设置及现有的研究成果,对于目前尚没有可参考界限值的指标,则结合中国实际情况按近期的经济预测目标值的平均数调整而得。为综合衡量经济运行风险,需要对指标进行标准化处理,指标对应的风险状态是由区间表示的,因此可采用映射法将指标原始数据还原成分数值。

由于不同的指标有不同的性质且取得原始数据的方式不一,故映射的原理一样但方法上有差异。在评价指标中,基本上分为正取向(指标值越大,对应区间显示的风险越大)、逆取向(指标值越小,对应区间显示的风险越大)和中性(指标数值对应某一区间风险最小,偏离该区间程度越大,风险越大)指标三大类。对于正取向和中性评价指标,在数据处理时,首先找出指标值对应的风险状态区间,根据该风险状态区间的警戒上限和下限的相对位置,按照相同的比例把原始指标值映射到分值上限和下限的对应百分位位置。对于逆取向指标评分使用的原理与前者相同,只是在映射时初始对应区间需要从上限开始对应。对于单个指标的风险临界值的确定,将分两种情况而定:其一,在国际上有可参考警戒值的指标,将参考已有标准,并结合中国实际情况进行适当调整后确定(如居民消费价格指数、外汇储备/GDP、财政赤字/GDP和股票市值/GDP 等指标);其二,对于没有可参考标准的指标,将根据这些指标在近年来的实际波动与其平均值的离差状况进行确定(如消费品零售增长率、出口增长率、城镇单位就业增长率、金融机构各项贷款增长率和企业家信心指数等)。具体映射及赋值结果参见表 1-4。

表 1-4 **经济运行风险指数所选指标的风险状态界定**

指标名称	无风险	风险关注	有风险	较高风险	高风险
消费品零售增长率(S_1)	13%～18%	10%～13% 18%～22%	5%～10% 22%～25%	0～5% 25%～30%	0 以下 30%以上
出口增长率(S_2)	10%～25%	0～10% 25%～30%	−10%～0 30%～35%	−10%～−20% 35%～40%	−20%以下 40%以上
居民消费价格指数(S_3)	1%～3%	3%～5% 0～−1%	5%～7% −1%～−3%	7%～10% −3%～−5%	10%以上 −5%以下
城镇单位就业增长率(S_4)	2.5%以上	1.5%～2.5%	0.5%～1.5%	−0.5%～0.5%	−0.5%以下
外汇储备/GDP(S_5)	10%～30%	30%～40% 8%～10%	40%～50% 5%～8%	50%～60% 3%～5%	60%以上 3%以下
财政赤字/GDP(S_6)	2%以下	2%～4%	4%～7%	7%～10%	10%以上
金融机构各项贷款增长率(S_7)	13%～15%	10%～13% 15%～18%	8%～10% 18%～23%	5%～8% 23%～28%	5%以下 28%以上
股票市值/GDP(S_8)	20%～30%	15%～20% 30%～50%	10%～15% 50%～70%	5%～10% 70%～100%	5%以下 100%以上
企业家信心指数(S_9)	125 以上	100～125	90～100	70～90	70 以下
指标评分	0～20 分	20～50 分	50～70 分	70～90 分	90～100 分

上述指标体系中，如果某个指标变量 S_i 达到一定程度后，将可能对整体经济运行起到决定性作用，从而引发系统性风险。因此，本研究拟以“高风险”状态的中间值为界，构造经济运行风险指数的函数表达式如下：

$$\begin{cases} RIEO = \sum S_i W_i, & \text{任何 } S_i < 90 \text{ 时} \\ RIEO = S_i, & \text{任何 } S_i \geqslant 90 \text{ 时} \end{cases} \tag{1-2}$$

通过各个指标的预测值及其对应的风险状态评分，并利用上面的函数解析式，就可以直接计算出经济运行风险指数值。

四、经济运行风险预测及宏观调控政策前瞻

（一）风险预测

进入 2014 年以后，中国宏观经济中的风险因素主要表现为投资增长，尤其是房地产投资疲弱、消费下行、出口波动幅度增加以及由此而体现的经济结构调整压力，而来自就业和财政收支的风险也是有增无减。虽然未来一段时间价格上行压力并不大，但是整体宏观经济下行风险仍将持续上升。未来一段时间，稳增长的“微刺激”政策与经济增长下行的压力将共同作用于中国的宏观经济运行趋势。以前学术界和政策研究部门都经常提到的所谓结构调整过程中的深层次问题，似乎已经开始影响中国宏观经济运行的方方面面。产能过剩依然没有良好的解决途径，中国东、中、西部之间较大的经济发展水平差异已经表明，只依靠单一的经济调控政策对于缓解目前的经济增速下滑是远远不够的。

从宏观经济运行走势来看，虽然政府推行的微刺激政策确实显现了一定的功效，比如 2014 年上半年宏观经济并没有出现大幅下滑的迹象，但是经济走势明显趋弱已经是不争的事实。从外部影响因素来看，虽然欧美都持续出现小幅经济复苏迹象，但是美联储计划退出 QE 政策将深刻影响包括中国在内的新兴经济体资本流向，对未来中国宏观经济运行并非利好；来自其他经济体的出口竞争将继续影响中国整体外贸发展，虽然近期人民币汇率贬值将对出口产生一定的正向影响作用，但是其效力如何仍有待检验。

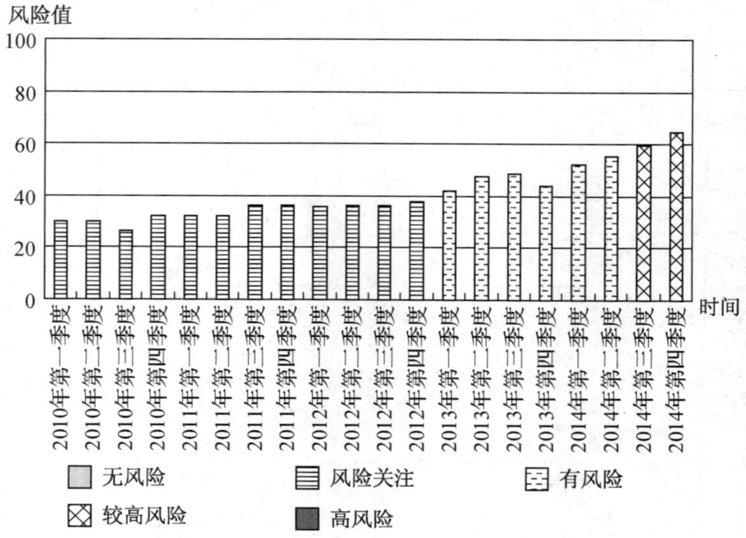

图 1-15　中国经济运行风险指数变化状况

基于前述的中国经济运行风险指数的计算思路，根据各分指标计算，如图1-15所示，2014年第二季度中国宏观经济运行风险值为55.36，处于"有风险"区间，预计2014年第三季度宏观经济运行风险值为59.34，第四季度经济运行风险值为64.89，中国宏观经济运行进入"较高风险"区间，且风险值持续上升。

（二）宏观调控政策前瞻

进入2014年以来，中国国内的宏观经济政策仍将主要集中于平衡稳定增长、调整结构和促进改革之间的关系，并且在此基础上，中央政府竭力持续推动国内经济体制的深化改革和民生的不断改善。

在财政政策方面，根据2013年年底的全国财政工作会议上所定的基调，2014年的财政政策将集中于加强和改善财政宏观调控、支持实施农业可持续发展战略、完善财政投入体制机制、保障民生和推动城镇化等方面。具体而言，将通过适当扩大财政赤字和国债规模，以继续加大对城乡基础设施等重点建设项目、"三农"、教育、科技、医疗卫生、社会保障和就业、环境保护和节能环保等经济社会发展薄弱环节的投入；通过进一步调整财政支出结构，加强长期内影响国计民生的重大工程的资金支持力度，同时严格控制对高耗能、高排放行业和产能过剩行业进行投资；进一步深化财税改革，加强中央和地方政府转移支付的清理和整合，推进和完善营改增试点改革，并推进房产税改革和完善消费税制度，通过稳步推进收入分配改革以提高城乡居民特别是中低收入者的收入，逐步建立完善地方政府债务融资机制以规范地方政府举债权限，并对地方政府性债务实行限额管理以防范风险。

在货币政策方面，中国人民银行近期发布的《2014年第一季度货币政策执行报告》中有如下表述：坚持稳中求进、改革创新，继续实施稳健的货币政策，保持政策的连续性和稳定性。坚持"总量稳定、结构优化"的取向，保持定力，主动作为，适时适度预调微调，增强调控的预见性、针对性和有效性，统筹稳增长、促改革、调结构、惠民生和防风险的关系，继续为经济结构调整与转型升级营造稳定的货币金融环境。同时，寓改革于调控之中，把货币政策调控与深化改革紧密结合起来，更充分地发挥市场在资源配置中的决定性作用。针对金融深化和创新发展，进一步完善调控模式，疏通传导机制，通过增加供给和竞争改善金融服务，提高金融运行效率和服务实体经济的能力①。

而在具体操作实施中，中国人民银行将综合运用数量、价格等多种货币政策工具组合，健全宏观审慎政策框架，保持适度流动性，实现货币信贷和社会融资规模合理增长；通过盘活存量和优化增量，以支持经济结构调整和转型升级；通过进一步推进利率市场化和人民币汇率形成机制改革，提高金融资源配置效率和完善金融调控机制；继续推动金融市场规范发展，加大直接融资支持力度，拓宽小微企业融资渠道；深化金融机构尤其是大型商业银行的改革；有效防范系统性金融风险和切实维护金融体系稳定。

基于前面对国内外经济形势的判断，在未来宏观经济政策的变化方面，本报告认为，2014年下半年及之后一段时间内的宏观调控政策仍将保持连续性和稳定性，政策着力点将主要集中于保持经济持续增长和稳定物价水平，并在此基础上努力改善和优化消费环境、促进投资合理增长和结构优化。与此同时，宏观调控政策也会在保持连续性的基础上，将会针对经济运行中出现的新情况和新问题而进行适度预调微调。

① 引文来自中国人民银行发布的《2014年第一季度中国货币政策执行报告》。

具体而言，在财政政策方面，2014 年下半年及之后一段时期内的财政政策将保持积极稳健态势，继续以提高经济增长质量和效益为中心，并且财政政策仍将围绕“十二五”期间加快经济发展方式转变这一重要战略部署，适当扩大财政赤字和国债规模以支持民生工程及重大项目的建设，进一步完善结构性减税政策和调整财政支出结构以着力保障和改善民生，同时通过进一步深化财税改革以促进经济转型升级和增强经济内生增长动力。

货币政策方面，在国内经济增长维持调整态势和通货膨胀没有大的上涨压力的情况下，再考虑到西方主要发达经济体能够继续保持复苏势头的潜在影响等因素，2014 年下半年及之后一段时期内，中国人民银行仍将坚持政策的稳定性和连续性，实施稳健的货币政策，并将主要利用公开市场操作及短期流动性调节工具来管理市场上的流动性和提高金融资源配置效率。

2014 年第一季度的 GDP 增速 7.4%，与政府目标 7.5%相差不大；除大学毕业生就业难这个老问题之外，就业市场并没有随 GDP 增速下降而出现下滑；另外从银行间同业拆借利率的走势看，银行间资金面较宽裕，并不存在明显的流动性短缺；再考虑到外汇占款仍持续增加，而且降低法定存款准备金率所导致的市场预期变化，不利于房地产风险的缓释与化解。基于这些情况，本报告认为，近期内中国没有全面调整法定存款准备金率的必要。除此之外，目前实体经济融资难、融资利率高并不是由于全局性的流动性短缺问题所致，而是金融机构防范信贷风险的结果，因此调整利率水平也解决不了上述问题。综合上述分析，本研究认为，近期内法定存款准备金率和人民币存贷款基准利率全面调整的可能性都仍然较小，但定向调整的可能性较大。

参考文献

[1] 唐海燕，贾德奎. 中国经济运行风险研究报告(2013)[M]. 上海：立信会计出版社，2013.

[2] 唐海燕，贾德奎. 中国经济运行风险指数[M]. 上海：上海人民出版社，2014.

[3] 中国人民银行货币政策分析小组. 中国货币政策执行报告[M]. 北京：中国金融出版社，2014.

第二章　投资与经济增长风险

一、2013 年投资与经济增长风险研究回顾

在 2013 年的投资与经济增长风险研究中，我们认为，从投资资金来源看，2012 年预算内资金增加率为 21%，可能会导致 2013 年 GDP 增长率增长 8.2%；从投资资金去向看，如果 2012 年服务业投资增长 35%，将有效地拉动 2013 年 GDP 增长 8.2%左右。事实上，2013 年，中国 GDP 实际增长率为 7.7%，这说明我们的预测至少是部分准确地表述了中国经济增长的客观实际，说明我们的模型精度还是可信的。

2013 年度的投资与经济增长风险研究报告从以下视角阐述了投资引致经济增长的风险：首先是金融资源配置效率低下引起的投资效率低的风险，其次是投融资体制不完善引起投资效益欠佳、投资率过高的风险。第一个方面的风险与投资不能使总要素生产率增加而导致经济增长风险相关；第二个方面的风险与投资不能形成有效的资本累积而导致经济增长风险相关。事实表明，在 2013 年，中国改革了投融资体制，使得投资对经济增长的作用有了进一步的推进。所以，我们的报告有着一定的前瞻意义。

在 2012 年的投资与经济增长风险研究中，我们认为，为有效遏制投资增长不均衡导致的经济增长风险，在 2013 年中国投资领域的改革应围绕以下方面展开：提高金融资源配置效率；进一步改革投融资体制；加大文化产业投资力度，打造新兴文化产业；避免城镇化投资过快增长等。事实证明，我们的判断与事实是吻合的。

二、2013 年中国投资的总体特征

2013 年，中国国内生产总值为 568 845 亿元，按可比价格计算同比增长 7.7%。全国固定资产投资（不含农户）436 528 亿元，比 2012 年同比名义增长 19.6%，扣除价格因素实际增长 19.2%。从总体上看，中国投资呈现出如下五个重要特征。

1. 固定资产投资增幅同比略有放缓，总体处于平稳态势

受世界经济复苏缓慢、国内经济处于结构调整和转型升级重要阶段以及稳增长政策等因素影响，2013 年以来固定资产投资增速保持缓中趋稳的增长态势。固定资产投资累计同比增长 19.9%，较 2012 年加快了 0.8 个百分点，与 2008—2012 年同期均值相比低 5.9 个百分点。在第二季度经济增速触及 7.5%的下限目标之后，国家及时释放了一系列“稳增长、保下限”的政策信号，在一定程度上稳住了固定资产投资增速放缓的趋势。从实际增速看，固定资产投资增速较 2012 年同期加快 0.8 个百分点，11 月和 12 月固定资产投资环比增速均有所加快，12 月环比增长 1.41%，这些均表明固定资产投资有所企稳。

2. 三产投资比重有所提高，基础设施建设和房地产开发是投资增速企稳的主要支撑力量

三产的投资结构有所优化。第一产业投资占比 2.2%，第二产业投资占比 42.7%，第三产业投资占比 55.1%，分别比 2012 年同期降低 0.3、降低 1.1 和增加 1.4 个百分点。从更长的

时间维度考察，与2008—2012年同期平均占比情况相比，第一产业和第三产业投资占比分别增加了0.3个百分点和0.5个百分点，第二产业投资占比则降低了0.8个百分点，这表明投资的产业结构有所优化，第三产业的投资比重逐步提高。

三大主要投资领域中，制造业投资明显减速，基础设施建设和房地产开发成为投资增速企稳的主要支撑力量。制造业、基础设施建设、房地产开发投资对投资增长的贡献率合计达到75.6%，较2012年同期提高7个百分点，其中制造业投资的贡献率下降5.1个百分点，基础设施建设投资和房地产开发投资的贡献率则分别提高9.2个百分点和2.9个百分点。从增速上看，制造业投资同比增长18.6%，较2012年同期低4.2个百分点；基础设施建设投资同比增长23.2%，较上年同期提高9.2个百分点；房地产开发投资同比增长19.5%，但比2012年同期高出2.8个百分点。可以看出，在产能过剩的大背景下，制造业投资正在减速，新增投资动力不足。受益于城镇化进程和年内一系列稳增长政策，基础设施建设投资实现较快反弹，成为稳定投资增长的重要力量。年内房地产市场大幅回暖，房价再次进入较快上升周期，房地产开发投资速度明显加快。

3. 区域投资结构有所改善，中部地区投资明显减缓

中西部地区投资增速仍高于东部，但减速幅度相对较大。2013年以来区域投资结构继续改善，投资协调性有所增强，产业转移成为驱动中西部投资增长的重要动力。东、中、西部地区投资累计同比分别增长18.4%、23%和23.1%，中西部地区投资增速持续高于东部地区。与上年相比，东部地区投资增速提高了0.4个百分点，而中西部地区则分别降低了3.2个百分点和1.1个百分点。东部地区在铁路尤其是城际铁路投资、城市基础设施建设、棚户区改造、保障房等领域投资的带动下，率先实现了投资增速企稳回升。而中西部地区投资增速则减慢较多，尤其是中部地区的新开工项目个数已经连续2年减少。

4. 投资主体继续优化，但民间投资下行调整幅度较大

2013年以来，中国民间投资增速继续保持着高于总体投资增速的态势。民间投资累计同比增长23.2%，高出同期总体投资增速3.3个百分点，占总体投资的比重达到63.5%。但是，在本轮投资周期性减速的条件下，民间投资增速下行幅度长时期大于总体投资，表现在两者之间的累计同比增速差值在不断缩小。民间投资增速较上年降低1.8个百分点，而总体投资增速仅放缓0.8个百分点。

5. 制造业投资继续减速下行，内部结构出现分化

2013年以来，受制于产能过剩、工业品价格下跌、实际利率较高等因素影响，制造业投资继续减速下行，其内部结构出现分化。高耗能行业投资增速得到有效控制，累计同比增速显著放缓。装备制造业投资增速在上半年虽有放缓迹象，但下半年受到通用设备制造业、专用设备制造业以及计算机、通信和其他电子设备制造业投资快速提高的积极推动，全年表现出平稳增长态势。

高耗能行业投资累计同比增长14.6%，较上年低5.7个百分点，低于总体投资增速5.3个百分点。高耗能投资减速有利于节能减排，但是高耗能投资占比仍为12.9%，仅比上年下降0.6个百分点。从结构的角度看，高耗能投资的地位尚未根本动摇。根据调研情况，一方面，不少东部沿海地区尤其是次发达的沿海地区，仍然热衷于临港石化、钢铁等产业的发展；另一方面，随着东部产业向中西部转移进程不断推进，高耗能投资也由东部地区资源环境承载能力饱和的地区转移到资源环境容量相对宽松的中西部地区，形成了“局部改善，总体恶化”的

局面。

装备制造业投资累计同比增长 17.6%，较 2012 年低 1.9 个百分点，低于总体投资 2.3 个百分点。装备制造业投资在总体投资中占比 13.3%，较上年下降 0.3 个百分点，但是较 2008—2012 年平均占比提高了 0.7 个百分点。装备制造业是为国民经济各行业提供技术装备的战略性产业，产业关联度高、吸纳就业能力强、技术资金密集，是各行业产业升级、技术进步的重要保障。

三、2014 年第一季度投资特征

2014 年第一季度面对复杂严峻的国内外形势，党中央、国务院保持定力、主动作为，着力改革创新，着力转型升级，着力改善民生，国民经济开局平稳，总体良好。国内生产总值 128 213亿元，按可比价格计算，同比增长 7.4%。分产业看，第一产业增加值 7 776 亿元，同比增长 3.5%；第二产业增加值 57 587 亿元，同比增长 7.3%；第三产业增加值 62 850 亿元，同比增长 7.8%。从环比看，第一季度国内生产总值增长 1.4%。

2014 年第一季度，固定资产投资（不含农户）68 322 亿元，同比名义增长 17.6%（扣除价格因素实际增长 16.3%），增幅比 2013 年同期回落 3.3 个百分点。其中，国有及国有控股投资 20 644亿元，增长 14.5%；民间投资 44 303 亿元，增长 20.9%，占全部投资的比重为 64.8%。分地区看，东部地区投资同比增长 16.4%，中部地区同比增长 20.2%，西部地区同比增长 19.1%。分产业看，第一产业投资 1 170 亿元，同比增长 25.8%；第二产业投资 28 254 亿元，同比增长 14.7%；第三产业投资 38 898 亿元，同比增长 19.6%。从到位资金情况看，第一季度到位资金 95 744 亿元，同比增长 12.8%。其中，国家预算资金增长 18.2%，国内贷款增长 15.3%，自筹资金增长 15.6%，利用外资下降 6.2%。第一季度新开工项目计划总投资 55 015 亿元，同比增长 12.6%。从环比看，3 月份固定资产投资（不含农户）增长 1.24%。

2014 年第一季度，全国房地产开发投资 15 339 亿元，同比名义增长 16.8%（扣除价格因素实际增长 15.5%），其中住宅投资增长 16.8%。房屋新开工面积 29 090 万平方米，同比下降 25.2%，其中住宅新开工面积下降 27.2%。全国商品房销售面积 20 111 万平方米，同比下降 3.8%，其中住宅销售面积下降 5.7%。全国商品房销售额 13 263 亿元，同比下降 5.2%，其中住宅销售额下降 7.7%。房地产开发企业土地购置面积 5 990 万平方米，同比下降 2.3%。3 月末，全国商品房待售面积 52 163 万平方米，同比增长 22.9%。第一季度，房地产开发企业到位资金28 731亿元，同比增长 6.6%。

四、风险因素识别

我们在 2012 年的投资与经济增长风险研究报告中提出民间投资不足是经济增长的主要风险来源之一，这一问题在 2014 年已经有极大的缓解。随着国务院简政放权措施的不断推进、国有领域对民间资本开放力度的不断加大，民间投资得到了很大的恢复，这一风险已经不是投资引致经济增长风险的主要因素了。然而，我们在 2013 年的投资与经济增长风险研究报告中指出的投融资体制问题和金融资源配置效率低下两大领域，依然是困扰中国经济增长的主要因素。

2014 年，中国固定资产投资形势总体上相对平稳，但也存在诸多短期和中长期的矛盾。这些矛盾既有来自外部经济环境的影响，又有内部经济发展方式尚未顺利转型的原因；既有固定资产投资的整体增长放缓的原因，又有固定资产投资内部结构失衡导致的制约；既有财政金融体系不够完善的问题，又有实体企业自身公司治理结构的缺陷。我们认为，导致2014年投资与经济增长的风险因素主要包括三个方面：地方政府债务比例过高引发的未来经济增长风险；制造业产能过剩对投资增长有较大阻力；房地产投资压力渐现引发的未来经济增长风险。

（一）地方财政风险不断攀升，引发未来经济增长风险

分税制改革以来，中国中央政府、地方政府在财力事权上的不匹配状况日益严重，地方政府在事权不断增加、财力却未能显著扩大的现实条件下，通过地方政府融资平台来筹措建设资金，由此产生了地方政府债务问题。

近年来，在应对全球金融危机的过程中，中国地方政府债务规模大幅度攀升。截至2013年6月底，以地方政府债务数据为基础，基本情况如下。

(1) 债务规模结构。地方政府债务包括省、市、县、乡四级政府的债务。2013年6月底，地方债务总额为178 909亿元。其中：负有偿还责任债务为108 859亿元，占60.85%；具有担保责任债务为26 656亿元，占14.90%；承担一定救助责任的债务为43 394亿元，占24.25%。

(2) 债务主体构成。各级政府负有偿还责任的债务为108 859亿元。其中：省级为17 781亿元，占16.3%；市级为48 435亿元，占44.5%；县级为39 574亿元，占36.4%；乡级为3 070亿元，占2.8%。可以看出，市级政府举债最多，其次是县级政府，分别占44.5%和36.4%。形成这种局面的原因，主要是市县两级政府承担市政基础设施建设。

(3) 债务用途结构。当前，中国地方政府举债主要用于市政建设(37.5%)、土地收储(16.7%)、交通运输设施建设(13.8%)、保障性住房(6.8%)、教科文卫(4.8%)、农林水利建设(4.0%)、生态建设和环境保护(3.2%)。前三项较为集中，占全部债务的68%。

地方债务规模如此庞大，债务主体责任不一，债务结构复杂，由此对经济增长产生了如下风险：

地方债务为支持经济刺激计划的实施、推动中国经济复苏起到了积极作用，但其大跃进式的扩张也助长了地方无序竞争，恶化了产能过剩问题。特别是地方政府在这次经济调整期力挺那些短期对GDP拉动见效快的过剩产能。这会拖延经济转型和复苏，降低中国经济的潜在增长和企业效益，使得地方投资效益低下，现金回收困难。因而，地方政府不仅要借新债还旧债，还要借更多的债务反复推出新的过剩产能投资计划来保增长，形成过剩产能扩张和债务规模膨胀的恶性循环。

现有举债投资的发展模式增加了宏观经济运行风险。GDP为导向的政绩竞赛和预算软约束放大债务融资冲动。地方政府通过举债可以将社会资金转化为固定资产投资进而形成GDP政绩，同时由于债务有中央政府兜底，或可延至下届地方政府偿付，也就是说，存在一个偿债“责任分置”的问题。因而，现任地方政府的举债投资行为对地方官员来说是一个实物期权，政绩是自己的，风险是别人的，他们自然会偏好激进的发展模式。这会增加整个宏观经济的不稳定。

债务融资短期化助推短期利率波动。地方投资项目带来的信用扩张和融资需求，在2010年遭遇了中央在货币供给端（主要在银行体系）的调控后，正规融资渠道受到很大限制，不得不取道影子银行进行短期融资。这一方面导致债务融资透明度下降，监控的难度上升；另一方面也令债务融资出现短期化，助推了金融系统的流动性紧张和短期利率异常波动。

刚性兑付和中央政府兜底的潜规则激发了金融市场以及中央地方关系中的道德风险和逆

向选择,加剧了地方债务无序扩张的冲动和金融市场资源错配,也增加了中央政府兜底救助的责任风险。

加剧了利率多重双轨制下的寻租套利。在银行体系内,管制的存款利率和相对市场化的银行间同业拆借利率存在割裂,而银行体系和民间资金黑市也存在明显的双轨制。地方债务取道短期融资客观上加剧了影子银行和银行同业业务的扩张,以及不同资金体系下利率的割裂。正如 1988 年、1989 年商品价格双轨制滋生了严重的腐败和官倒行为,利率多重双轨制也产生了很多寻租和套利,扰乱了市场秩序和公正。

拖延短期利率市场化和存款利率放开。正如美国政府在债务危机阴霾下,针对退出 QE、提高联邦基金利率等问题上,总是说得多,推进得慢。随着中国地方债务雪球越滚越大,也同样出现了对利率市场化抬高再融资成本的忌惮。这会在一定程度上阻碍利率(特别是短期利率)的市场化,继续压低居民储蓄存款利率补贴整个经济系统的债务扩张。

(二) 制造业产能过剩对投资增长形成较大阻力

当前,中国产能过剩问题不断加重并呈逐步蔓延的态势。钢铁、电解铝、水泥、平板玻璃、船舶等传统行业产能利用率大多低于 75%,产能过剩情况比较突出。与此同时,产能过剩行业已从上述传统行业扩展到风电、光伏、碳纤维等新兴战略性产业。中国太阳能光伏电池、风电设备产能利用率均不足 60%。产能过剩意味着工业产品供大于求,价格下行压力不断加大,企业普遍经营困难,效益不佳。2013 年 1～10 月,全国规模以上工业企业实现利润同比增长 13.7%,虽然较 2012 年同期有所恢复,但是仍然显著低于 2008—2012 年同期均值。经营利润增速的低迷影响了企业扩大生产、新增投资的自筹资金来源,对投资增长形成较大阻力。

(三) 房地产开发投资压力渐现,引发房产泡沫风险

2013 年以来,商品房销售面积和销售额增速均大幅度反弹。1～11 月分别达到 20.8%和 30.7%,可以推算出商品房价格同比增长 8.2%。受此带动,房地产开发投资增速也较 2012 年同期有较大提高,达到 19.5%。目前,商品房交易价格已经长时期处于高位运行,居民收入难以有效支撑房产消费,市场开始呈现出“价稳量跌”和结构分化的微妙局面。一方面,以北京、上海为代表的一线城市房地产市场风险继续累积。房地产价格持续上涨,不仅限制了刚性购房群体的其他消费能力,并且吸引着投机性资金大量进入房地产市场,对实体经济产生显著的挤压。另一方面,中国部分三、四线城市由于土地供应规模不断扩大,而产业升级步伐缓慢,难以创造大量就业岗位和人员集聚效应,导致房地产需求明显不足,部分地区出现了严重的房地产过剩局面。

由于长期的行政性打压,房地产市场出现了长达数年的交易冻结,致使房地产企业资金周转出现问题。同时,银行严格限制对房地产企业的信贷,迫使后者进入影子银行获得资金,但资金成本数倍于银行贷款。在双重挤压之下,房地产行业陷入了资金链危机,在房地产库存量偏高的中小城市,问题更为突出。在日本 20 世纪 90 年代经济危机、1997 年亚洲金融危机、美国次贷危机中,房地产泡沫的破灭都是全面危机的触发点。而中国如今房价泡沫的程度不亚于上述三次危机。一旦房地产泡沫破灭,将导致如下不良经济后果。

1. 经济和社会结构失衡

房地产泡沫的存在意味着投资于房地产有更高的投资回报率。在泡沫经济期间,大量的资金向房地产行业集聚,投机活动猖獗。大量的资金向房地产业流动,意味着生产性企业缺乏足够的资金,或者说难以用正常的成本获得生产所必需的资金。一旦房地产泡沫破裂,经济和

社会结构将受到严重影响。

2. 金融危机

房地产业与银行的关系密切主要是由房地产业投入大、价值高的特点决定的。有资料表明，目前房地产开发企业项目投入资金中 20%～30%是银行贷款；建筑公司往往要对项目垫付占总投入 30%～40%的资金，这部分资金也多是向银行贷款。此外，至少一半以上的购房者申请了个人住房抵押贷款。这几项累加，房地产项目中来自银行的资金高达 61%。因此一旦房地产泡沫破裂，银行就成为最大的买单者。

3. 生产萎缩、消费锐减

房地产泡沫的破灭往往伴随着经济萧条和股价下跌，企业财务营运将逐渐陷入困境。企业收益的减少又使得投资不足，研究开发投资水平降低，企业在设备上的投资也有所减少。生产的不景气又导致雇佣环境的恶化和居民实际收入的下降。企业倒闭意味着出现大量的失业员工，因为收益下降企业要不断裁减人员。此外，地价的下跌还使得居民个人所保有的土地资产贬值。由于经济不景气和个人收入水平的下降，居民对未来怀有不同程度的忧心，因此会减少当期的消费，扩大收入中的储蓄部分，以防不测。个人消费的萎缩又使生产消费品的产业部门陷入困境。

4. 政治和社会危机

随着中国房地产泡沫破裂和经济危机的发生，大量的工厂倒闭，失业人数剧增。在金融危机下，犯罪案件激增。由于人们对日益恶化的经济危机感到不满，社会危机逐渐加剧。工人、学生反政府的示威游行引起暴乱，社会动荡不安。

五、风险度量

我们可以从两个不同的视角度量投资引致经济增长风险：一是投资的资金来源（即投资是国家预算内资金、银行贷款、国外投资、自有资金及其他资金来源）；二是投资的资金流向（即投资投向的行业，如农业、服务业和制造业等）。

（一）投资资金来源导致的经济增长风险度量

国家投资资金来源不合理，往往导致经济增长大起大落的风险。从中国的实际情况看，短期内政府资本每增加 1%，产出将会增加 0.80%，而民间投资对产出的贡献并不明显，它每增加 1%将带来产出增加 0.11%。也就是说，政府投资在短期可以暂时替代民间投资来扩大总需求，拉动经济的增长。尤其是在经济紧缩阶段民间投资将仅仅维持在自发投资的水平上，此时增加政府投资可以弥补民间投资的不足，启动需求，很好地发挥经济增长效应。但是从长期来看，政府投资的效率是远低于民间投资的，过多的政府投资会对民间投资产生挤出效应。实证分析结果表明：长期政府资本的产出弹性为负，其每增加 1%将引起产出降低 0.99%；民间资本的产出弹性为正，每增加 1%的民间资本将引起产出同方向增长 0.48%。因此，长期政府投资对经济增长并没有促进作用，拉动经济增长的原动力应该是民间投资，只有民间投资得到持续适度的增长，才能保证一个更高的经济增长水平。

本报告引用前述的中国经济增长风险状况，鉴于预算内资金增长率、国内贷款增长率、利用外资增长率和自筹资金增长率指标中的数据都是名义数据（即不考虑物价指数），因此，GDP 增长率数据也采用名义数据。本研究以预算内资金增长率作为政府投资的度量指标。

表 2-1　**1982—2012 年年度 GDP 风险、资金来源增长率**

年份	GDP 风险（*GDPR*）	名义 GDP 增长率（*GDP*）	投资增长率（*INV*）	预算内资金增长率（*CAP*）	国内贷款增长率（*LOAD*）	利用外资增长率（*FDI*）	自筹资金增长率（*SCAP*）
1982	1	9	28.03	3.5	44.4	66.4	34.1
1983	1	12.3	16.23	21.6	−0.4	10	18.7
1984	3	21	28.17	23.9	47.3	6.2	27.6
1985	4	24.8	38.75	−3.1	97.4	29.5	41.6
1986	1	13.6	22.7	11.7	29	50.1	21.9
1987	1	17.3	21.51	9	32.4	32.5	19.9
1988	2	24.8	22.74	−13	12.1	51.3	32.5
1989	4	13.1	−5.23	−15.3	−22	5.7	0.7
1990	3	10.1	2.43	7.4	16.1	−2.2	−1.2
1991	2	16.6	23.84	−3.2	48.5	12	21.2
1992	3	23.4	44.43	−8.7	68.4	47	41
1993	3	30.9	61.78	39.2	38.8	103.6	69.6
1994	2	36.4	36.37	9.5	30.1	85.4	34.7
1995	1	24.3	15.13	17.3	5	29.8	16.3
1996	1	17.3	13.81	0.8	8.9	19.6	14.9
1997	1	11.3	8.14	11.3	4.6	−2.3	10.9
1998	2	6.4	13.69	71.9	15.9	−2.5	13.2
1999	2	6.6	3.61	54.7	3.3	−23.3	4.2
2000	2	10.8	11.28	13.9	17.5	−15.5	11.9
2001	2	10.3	14.73	20.7	7.6	2	17.2
2002	2	10.2	18.59	24.1	22.4	20.5	16.9
2003	1	13.5	30.12	−15	36	24.7	33.4
2004	1	18.1	27.21	21.1	14.5	26.4	31.4
2005	1	15.4	26.86	27.6	18.4	21.1	29.3
2006	2	15.8	25.76	12.5	20	8.9	28.8
2007	2	18	26.77	25.4	17.6	18.4	29.2
2008	2	16.8	25.85	35.8	14.8	3.5	25.7
2009	1	8.4	29.95	59.5	48.6	−12.96	35.2
2010	2	17.7	23.83	2.6	12	1.7	16.4
2011	2	17.8	12	10.54	5.30	7.60	28.30
2012	1	9.69	20.29	25.56	11.33	−11.72	19.63

1. 经济增长风险高的年份投资资金来源特征

从表 2-1 中可以看出，1985 年和 1989 年经济增长风险都高达 4。从这两年投资的当年基本特征看，1985 年投资过快增长（达到了 38.75%），1989 年投资减少（减少了 5.23%），这是引致经济增长风险的关键因素。从预算内资金增长率看，两者都为负值，预算内资金（政府投资）的减少可能是经济增长高风险的原因之一。

1984、1990、1992 年和 1993 年的经济增长风险都较高，经济增长风险为 3，处于有风险状态。从这几年当年投资增幅的基本特征看，1990年投资过慢增长，增长率仅为2.43%，是导致经济增长率下滑的关键。1984、1992年和1993年的经济增长风险较高的关键原因在于投资过快增长。从预算内资金增长率看，1992年预算内资金增长率为负，1993年预算内资金增长率过快增长，可能是经济增长高风险的原因之一。

2. 度量投资资金来源与经济增长风险间的关系

1）格兰杰因果关系检验

为了判断经济增长风险与各项投资之间的关系，我们对变量进行格兰杰因果关系分析。主要看可能性值。设定显著性水平为5%，如果可能性值大于5%，则接受原假设；即一变量不是另一变量的格兰杰原因；反之则反。例如，对应*CAP*并不是*GDP*变化的原因。

表 2-2　　**滞后 1 期结果**

配对格兰杰因果关系检验
日期：05/24/2014　时间：14:25
数据来源：1982—2012年
滞后：1

空位假设	观察量	*F*统计	可能性
*CAP*不是*GDP*的格兰杰原因	30	0.253 48	0.618 7
*GDP*不是*CAP*的格兰杰原因		0.265 78	0.610 4
*FDI*不是*GDP*变化的原因	30	1.896 51	0.180 2
*GDP*不是*FDI*变化的原因		1.583 75	0.219 4
*INV*不是*GDP*变化的原因	30	11.193 7	0.002 4
*GDP*不是*INV*变化的原因		1.833 02	0.187 0
*LOAD*不是*GDP*变化的原因	30	4.182 76	0.050 7
*GDP*不是*LOAD*变化的原因		0.272 87	0.605 7

表 2-3　　**滞后 2 期结果**

配对格兰杰因果关系检验
日期：05/24/2014　时间：14:27
数据来源：1982—2012年
滞后：2

空位假设	观察量	*F*统计	可能性
*CAP*不是*GDP*变化的原因	29	1.365 52	0.274 4
*GDP*不是*CAP*变化的原因		0.096 15	0.908 7
*FDI*不是*GDP*变化的原因	29	2.862 25	0.077 6
*GDP*不是*FDI*变化的原因			0.581 1
*INV*不是*GDP*变化的原因	29	4.047 40	0.030 6
*GDP*不是*INV*变化的原因			0.840 4
*LOAD*不是*GDP*变化的原因	29	2.341 98	0.117 7
*GDP*不是*LOAD*变化的原因			0.681 0

从上述格兰杰因果关系分析的结果(表 2-2 和表 2-3)看,无论是滞后 1 期,还是滞后 2 期,投资增长率是 *GDP* 变化的格兰杰原因,而 *GDP* 并不是投资增长率变化的格兰杰原因。国内贷款增长率滞后 1 期是 *GDP* 变化的格兰杰原因,而国外直接投资滞后 2 期是 *GDP* 变化的原因,在其他情况下,这些变量都不是 *GDP* 变化的格兰杰原因。

2) 相关关系检验

通过相关关系检验,我们发现,只有在投资增长率滞后 1 期的情况下,相关关系才是显著的。得到如表 2-4 的关系。

表 2-4　**投资增长率与 *GDP* 增长率之间的相关关系表**

因变量:*GDP*
方法:最小二乘法
日期:05/24/2014　时间:16:11
数据来源:1983—2012 年
累计观察值:30

变　量	相关系数	*F* 统计误差	*t* 统计	可能性
C	6.051 090	1.813 707	3.336 311	0.002 5
INV	0.201 158	0.077 499	2.595 634	0.015 1
INV(−1)	0.266 222	0.077 262	3.445 722	0.001 9

R-平方值	0.606 174	自变量平均值	16.423 00
调整的 *R*-平方值	0.577 002	自变量的均方差	6.992 430
回归的标准误差	4.547 759	阿凯克信息标准	5.961 786
总平方剩余	558.417 1	Schwarz 标准	6.101 906
对数似然	−86.426 79	Hannan-Quinn 标准	6.006 611
F 统计	20.779 09	Durbin-Watson 统计	1.362 510
可能性(*F* 统计)	0.000 003		

由此,我们可以得到如下关系式:

$$GDP = 6.05 + 0.266 INV(-1)$$

投资每增长 1 个百分点,导致下一年度经济增长 0.266 个百分点。2013 年投资名义增长率为 19.6%,将导致 2014 年 *GDP* 的名义增长率达到 11.26%,扣除通货膨胀因素,2014 年 *GDP* 实际增长率将在 8%左右。

(二) 投资资金流向导致的经济增长风险度量

投资资金流向不合理,往往会导致经济不可持续增长的风险。

1. 经济增长风险高年份的投资资金流向特征

经济增长风险最高的年份是 1992 年和 1993 年,从这两年的投资资金流向看,非常显著的特征是建筑业和服务业投资的大幅度增加,特别是 1993 年,建筑业增幅高达 394.71%,服务业增幅高达 64.68%。见表 2-5。

表 2-5 **GDP 增长风险、投资流向增长率**

年份	GDP风险	名义GDP增长率	投资增长率	农、林、牧、渔业	采掘业	制造业	水的生产和供应业	建筑业	服务业
1990	2	9.86	2.43	31.53	19.9	5.71	26.01	−24.78	2.74
1991	2	16.68	23.84	25.93	18.9	25.11	16.4	21.04	29.16
1992	3	23.61	44.43	30.04	24.62	25.39	30.48	84.52	61.25
1993	3	31.24	61.78	6.23	15.86	47.59	38.29	394.71	64.68
1994	2	36.41	36.37	22.83	12.31	37.51	49.72	20.28	42.05
1995	1	26.13	15.13	34.91	10.95	26.62	9.36	5.2	13.37
1996	1	17.08	13.81	42.84	13.89	9.07	22.84	25.98	15.43
1997	1	10.95	8.14	40.66	30.09	−8.79	25.42	−17.68	20.62
1998	2	6.87	13.69	46.46	−16.66	−3.13	10.61	4.86	34.06
1999	2	6.25	3.61	32.67	−12.27	−20.31	2.27	41.3	9.76
2000	2	10.64	11.28	20.7	24.29	−0.64	13.07	−11.7	6.71
2001	2	10.52	14.73	20.41	9.37	28.42	−11.43	−4.17	14.17
2002	2	9.74	18.59	35.26	5.49	39.02	11.94	42.13	17.54
2003	1	12.87	30.12	−29.1	31.51	73.48	20.59	41.8	26.26
2004	1	17.71	27.21	14.43	34.96	33.33	46.25	4.28	22.37
2005	1	15.67	26.86	22.9	49.73	35.69	30.36	16.08	19.5
2006	2	16.97	25.76	18.34	30.41	28.27	13.65	0.58	23.43
2007	2	22.88	26.77	23.77	25.66	30.55	10.27	15.7	23.82
2008	2	18.15	25.85	48.8	31.08	27.41	16.16	19.48	24.79
2009	1	8.55	29.95	36.14	19.53	24.53	31.26	28.06	33.76
2010	2	17.69	23.83	14.91	19.43	25.5	8.63	40.64	25.23
2011	2	17.77	12	10.54	6.78	15.90	−6.51	19.80	11.94
2012	1	9.69	20.29	25.56	13.23	21.26	13.73	11.37	31.87

2. 度量投资资金来源与经济增长风险间的关系

1）格兰杰因果关系检验

表 2-6 **滞后 1 期结果**

配对格兰杰因果关系检验(滞后 1 期检验)

空位假设	观察量	F统计	可能性
CON 不是 *GDP* 变化的格兰杰原因	22	7.242 85	0.014 5
GDP 不是 *CON* 变化的格兰杰原因		0.328 66	0.573 2
DIG 不是 *GDP* 变化的格兰杰原因	22	0.413 05	0.528 1
GDP 不是 *DIG* 变化的格兰杰原因		0.001 00	0.975 1

（续表）

空位假设	观察量	F 统计	可能性
MAKE 不是 *GDP* 变化的格兰杰原因	22	2.191 56	0.155 2
GDP 不是 *MAKE* 变化的格兰杰原因		0.446 92	0.511 8
RT 不是 *GDP* 变化的格兰杰原因	22	2.321 86	0.144 0
GDP 不是 *RT* 变化的格兰杰原因		1.790 61	0.196 6
SER 不是 *GDP* 变化的格兰杰原因	22	10.757 4	0.003 9
GDP 不是 *SER* 变化的格兰杰原因		0.084 33	0.774 7
W 不是 *GGDP* 变化的格兰杰原因	22	2.433 01	0.135 3
GGDP 不是 *W* 变化的格兰杰原因		1.272 02	0.273 4

表 2-7　**滞后 2 期结果**

配对格兰杰因果关系检验(滞后 1 期检验)

空位假设	观察量	F 统计	可能性
CON 不是 *GDP* 变化的格兰杰原因	21	3.105 63	0.072 5
GDP 不是 *CON* 变化的格兰杰原因		1.359 21	0.285 0
DIG 不是 *GDP* 变化的格兰杰原因	21	0.385 88	0.686 0
GDP 不是 *DIG* 变化的格兰杰原因		0.115 59	0.891 6
MAKE 不是 *GDP* 变化的格兰杰原因	21	0.935 41	0.412 9
GDP 不是 *MAKE* 变化的格兰杰原因		1.357 23	0.285 5
RT 不是 *GDP* 变化的格兰杰原因	21	1.502 23	0.252 4
GDP 不是 *RT* 变化的格兰杰原因		1.603 23	0.231 9
SER 不是 *GDP* 变化的格兰杰原因	21	6.323 96	0.009 5
GDP 不是 *SER* 变化的格兰杰原因		2.791 54	0.091 2
W 不是 *GGDP* 变化的格兰杰原因	21	1.487 01	0.255 7
GGDP 不是 *W* 变化的格兰杰原因		1.050 59	0.372 7

结果表明，*SER*(服务投资增长率)和 *CON*(建筑业投资增长率)滞后 1 期和滞后 2 期是 *GDP* 变化的格兰杰原因，见表 2-6 和表 2-7。其他变量都不是 *GDP* 变化的格兰杰原因。所以，我们只需要做 *SER* 和 *CON* 与 *GDP* 的相关关系。

2) 相关关系检验

通过相关关系检验，我们发现，在服务投资增长率滞后 2 期的情况下，相关关系才是显著的。得到表 2-8 的关系。

表 2-8 **投资增长率与 GDP 增长率之间的相关关系表**

因变量:*GDP*
方法:最小二乘法
日期:05/24/2014 时间:16:11
数据来源:1983—2012 年
累计观察值:30

变量	相关系数	标准差	*t* 统计	可能性
C	3.421 768	2.914 391	0.487 844	0.001 9
SER	0.183 326	0.103 670	1.768 361	0.019 5
SER(−2)	0.200 906	0.099 078	2.027 762	0.018 6

R-平方值	0.705 383	自变量平均值	16.542 38
调整的 *R*-平方值	0.653 391	自变量的均方差	7.978 873
回归的标准误差	4.697 439	阿凯克信息标准	6.101 555
总平方剩余	375.120 9	Schwarz 标准	6.300 512
对数似然	−60.066 33	Hannan-Quinn 标准	6.144 734
F 统计	13.567 33	Durbin-Watson 统计	1.397 977
可能性(*F* 统计)	0.000 091		

由此,我们可以得到如下相关关系等式:

$$GDP = 3.42 + 0.20SER(-2)$$

从上述等式中,我们可以发现,当年服务业投资每增长 1%,会导致第三年经济增长率增长 0.20%,2012 年服务投资增长率为 31.87%,会导致 2014 年名义 *GDP* 增长率 9.78%,扣除通货膨胀因素,实际增长率将在 7.5%左右。

六、风险管理

2014 年,投资增长的有利因素主要有如下方面:首先,改革红利将持续释放,有助于激发投资活力和动力。2013 年以来,投资领域的主要改革措施包括:取消和下放的行政审批事项已超过 330 多项,扩大营改增试点范围,暂免征收部分小微企业增值税和营业税,中国(上海)自由贸易试验区挂牌成立等。特别是党的十八届三中全会就未来中国全面深化改革作出顶层设计,行政审批、财税、金融、价格、城镇化等诸多领域改革步伐将明显加快。这一系列的改革红利,将有利于优化投资环境、激发全社会投资活力。其次,基础设施建设的投资需求较大,可以有效拉动投资增长。中国的城镇化进程正处于快速发展阶段,城镇化率每年提高 1 个百分点左右。目前,城镇化建设已经催生出巨大的基础设施投资需求。高速铁路、电网建设、城市基础设施、信息基础设施、节能减排、棚户区改造以及保障房建设都是投资的重要领域。基础设施属于“社会先行资本”,可以提高物流、能量流、信息流的运转效率,进而带动更多的投资和社会生产。随着基础设施建设领域投资准入的放开,民间资本将更多进入该领域,有助于缓解城镇化建设的资金约束,有效拉动投资增长。再次,服务业投资空间较大,有望实现较快增长。

中国产能过剩问题主要集中在制造业，而服务业则存在供给不足问题。中国服务业占 GDP 比重与同等发展中国家水平相差 10 个百分点以上，有着较大的发展空间，其中养老、医疗、金融、教育等服务业的投资空间更为充足。国家正在努力将服务业打造成为经济社会可持续发展的新引擎，并开始着力引导服务业的快速发展。一方面，国家陆续出台政策鼓励民间资本进入服务业，如鼓励民间资本进入养老服务业，鼓励发起设立自担风险的民营银行等；另一方面，国家正在积极推动服务业对外开放，吸引外资加大对服务业的投资。

与此同时，投资形势面临的不利因素包括：首先，市场力量难以支持短期内投资快速增长。市场和周期因素是决定投资波动的基础性力量。2014 年仍处于两轮朱格拉周期之间的盘整阶段，投资将平稳中速运行。作为市场行为的企业投资，其决策是以利润率为基本依据。未来一段时期，总需求疲弱、消化已有过剩产能等因素叠加将对企业盈利造成较大压力。在外需不旺、国内企业总体创新能力较弱的条件下，市场缺乏新的投资热点。因此，市场力量难以支持短期内投资快速增长。其次，政策增量空间缩小决定短期内投资难以大幅扩张。从财政政策的增量空间看，地方政府性债务管控加码、财政收入增速放缓，加上财政支出的刚性需求，导致了财政收支压力逐步加大，财政政策的扩张力度将会比较有限。从货币政策的增量空间看，货币供应量和社会融资总量均保持在较高水平，中国人民银行近期的调控操作也明显传达出“要坚持住、发挥好稳健的货币政策”的意图，不会在流动性上继续粗放地“铺摊子”。2014 年货币政策将维持稳健、中性的基本取向，政策增量空间较小。因此，投资在短期内难以大幅扩张。再次，产能过剩、地方债务风险、房地产等三大难题将继续困扰投资前景。产能过剩、地方政府性债务、房地产等问题，并不是一朝一夕形成的，而是不完善的市场经济体制在长期运行中逐渐累积起来的。政府行政干预过多、政府间财政关系没有理顺、垄断行业改革滞后、国有企业退出机制不够完善、官员政绩考核制度单一、收入分配制度改革推进缓慢，这些体制性矛盾长期扭曲着政府、企业和居民的行为，难以在短期内得到有效解决。因此，2014 年投资形势仍然将受到产能过剩、地方政府债务风险、房地产等三大问题的困扰。

综合判断，2014 年固定资产投资仍将能够保持平稳态势，但增速略有下降，有望保持在 19%左右。从主要投资领域看，制造业投资难以大幅回升，基础设施建设投资高位回落，房地产投资有所减速。

为此，我们认为，2014 年投资与经济增长的风险管理要从如下方面入手：首先是从推动投融资体制改革、加大对重点领域和薄弱环节投资支持力度入手，用好政府投资的引导和带动作用，鼓励和促进民间投资健康发展，保证 2014 年投资增速平稳；其次是遏制过快的地方债务膨胀，同时让地方担负起化解存量债务风险的责任；再次是加强房地产宏观管理和建立风险预警体系，防止房地产泡沫的破灭。

（一）采取稳妥措施，保证投资增速平稳

1. 大力推动投融资体制改革

切实推进投资体制改革，进一步减少和下放投资审批事项。按照“谁投资、谁决策、谁收益、谁承担风险”的原则，最大限度地缩小审批、核准、备案范围，切实保障企业和个人投资自主权。推动融资渠道市场化，为企业投资提供有效率的资金支持。通过发展非银行金融和非贷款融资来实现金融机构和金融产品的市场化，提高全社会融资效率，切实有效地支持企业投资活动。

2. 加大对重点领域和薄弱环节投资支持力度

在保持适度投资规模与增速的基础上，调整优化投资结构，更多地投资在事关中国经济转型与升级大局的重点领域。加大对服务业、信息化产业、与新型城镇化相关的基础设施、“三农”、节能环保产业、制造业技术改造与创新等领域的投资支持，培育新的投资增长点。同时，进一步优化投资的区域结构，继续加大基础设施相对薄弱的中西部地区和发展相对滞后的贫困地区的投资支持力度。

3. 用好政府投资的引导和带动作用

重视优化政府投资效率，提高政府投资对社会资本的带动作用。积极发挥政府投资对技术进步、社会发展的重要作用，加强对高新技术产业、科技研究、教育等方面的投资，促进技术创新和人力资本积累；增加对欠发达地区、农村地区的公共投资支出，主要用于基础设施建设、农业现代化、环境治理等；增加有利于创造更多就业机会的投资支出，促进社会稳定发展。

4. 鼓励和促进民间投资健康发展

抓紧贯彻落实“新非公 36 条”，促进民间投资持续健康发展，增强投资稳定增长的内生动力，进一步放开民间投资的领域和范围，支持民间资本做大做强，营造有利于民间投资健康发展的政策环境和舆论氛围。通过加大信贷支持力度、直接融资、完善信用担保体系等方式，拓宽民间投资主体的融资渠道。

（二）遏制地方债务膨胀，让地方承担起环节存量债务风险的责任

1. 增加债务信息透明度，建立风险预警机制，以“阳光举债”机制规范政府融资行为，加强监督管理

利用可控范围内的局部违约增强市场化的“风险—收益”约束。例如，针对不符合科学发展观的地方债务，可让其违约风险控制在本金安全、利息损失的范围内，完善地方官员问责机制。企业债违约则可视情况进行市场化的处置，如债务重组等。这样有利于增强市场化的“风险—收益”约束，减小刚性兑付预期带来的道德风险和逆向选择，同时也避免违约事件影响的扩大化。

鼓励地方债务重组、资产证券化和民营化，增收减支。部分面临偿债危机的融资项目可以通过债务重组的方式化解，包括债转股，修改债务条款，延期清偿等；可以通过出售部分因体制因素经营不善的优质国有资产，增厚地方政府财政收入；针对市政建设等项目进一步探索公私合营的各种模式，这些操作也符合当前的国有资产管理体制改革。

构建地方融资阳光化、长期化、市场化的系统解决方案。地方融资乱象和期限错配问题的一个重要原因在于地方缺少长期资金的融资渠道。建议有关部门进一步放松地方政府发债的限制，建立长期、透明和可持续的融资渠道。长期内还要积极推动财税体制改革完善，构建从中央到地方、事权和财权相匹配的财税体制，避免地方经济发展对债务融资的过度需求；推动经济发展模式的转型，减小偿债资金对土地出让金的过度依赖。

完善地方政府的激励机制。地方债务问题是一个典型的预算软约束下的各方主体激励不相容的问题。要理顺债务偿还问题，就需要完善地方政府的激励机制。一是通过完善政绩考核指标来科学引导地方行为，使得地方在发展时要兼顾长期债务约束。二是在债务偿还问题上要明确地方发债地方还，地方官员要匹配相应的责任。

重视利率和债券衍生品市场的建设，科学引导市场化的利率（曲线）形成机制。未来地方

债的长期化，或将引导目前利率市场的波动从短端分散到长端。客观上会催生银行等大型金融机构更多的避险需求。我们建议丰富利率和债券产品的市场化风险管理工具，加快推进银行等金融机构参与中金所国债和利率衍生品交易的政策设计和监管制度安排。此外，美国市政债的繁荣得益于信用衍生品的发展。中国可以借鉴相关经验，将地方债信用衍生品作为完善地方发债激励相容约束机制的市场化手段来推动。这样做，一方面可以建立市场化的违约风险的发现和分担机制，另一方面信用衍生产品价格可以作为一个市场化的评价官员政绩和债务责任的参考标准。

2. 运用公私合作伙伴关系(PPP)的机制创新，针对适合项目选择性地适当降低地方政府债务规模，化解地方政府债务风险

PPP是指政府与私人部门为提供公共产品或服务而建立的合作关系，以授予特许经营权为特征。按广义概念，从管理角度看，PPP是指政府公共部门与民营部门合作过程中，让非公共部门所掌握的资源参与提供公共产品和服务，从而实现政府公共部门的职能，同时为民营部门带来利益。其管理模式包含与此相符的诸多形式。通过这种合作和管理过程，可以在不排除并适当满足私人部门投资盈利目标的同时，为社会更有效率地提供公共产品和服务，使有限的资源发挥更大作用。

PPP具有三大特征：第一个特征是伙伴关系，这是PPP最为首要的问题。PPP中民营部门与政府公共部门的伙伴关系与其他关系相比，独特之处就是项目目标一致。公共部门之所以和民营部门合作并形成伙伴关系，核心问题是存在一个共同的目标：在某个具体项目上，以最少的资源，实现最多最好的产品或服务的供给。民营部门是以此目标实现自身利益的追求，而公共部门则是以此目标实现公共福利和利益的追求。第二个特征是利益共享。共享利益除了指共享PPP的社会成果，还包括使作为参与者的私人部门、民营企业或机构取得相对平和、长期稳定的投资回报。第三个特征是风险共担，风险共担是伙伴关系的基础之一，如果没有风险共担，也不会有可持续的PPP类型的伙伴关系。

化减地方债务压力的PPP形式有三种：一是已经建成的基础设施；二是需要改造和扩建的基础设施；三是新建基础设施。分述如下：

首先是已经建成的基础设施。如果将现有基础设施转化为PPP模式可能有多种选择，如政府可以通过租赁、运营和维护合同承包等形式与民营企业合作，由政府向民营企业发放特许经营权证，让民营企业经营和管理。民营企业可以直接向使用者收费，也可以通过政府向使用者收费。如果通过PPP模式来化解政府在建设过程中所发生的债务，可考虑选择TOT模式，就是将已建成的基础设施转让给私人部门，政府用转让所得化解原来债务，而私人部门在得到基础设施一个较长时段的运营权后经营管理，取得合理回报，当运营期结束再交还给政府。

其次是扩建和改造现有基础设施。这方面可采用的PPP模式也有若干，如政府可以通过租赁—建设—经营、购买—建设—经营、外围建设等形式与民营企业合作。化解这方面的债务，可分为两类情况：一是前期因建设形成的债务；二是因需要扩建和改造带来新的债务。这两类情况都可采用TOT的模式来化解原来的债务和防范未来发生新债务。如果仅仅因改造或扩建需要贷款融资，可以仅对改造部分采用BOT模式。政府将需要升级改造的基础设施转让给私人部门，由私人部门升级改造原有的基础设施，并经营管理升级改造后的基础设施。经营者在特许权下向使用者收费，并向政府交纳一定的特许费，经营期满后再将基础设施转交给

政府。

最后是新建基础设施。对于新建的基础设施，政府可以采用建设—转让—经营（BTO）、建设—经营—转让（BOT）、建设—拥有—经营（BOO）等PPP模式。这些模式可以有效地避免政府债务的发生。建设—转让—经营（BTO）是指由民营企业建设基础设施，建设完成后转交给政府部门，然后再由民营部门经营管理。这种模式有利于提高基础设施建设的效率和质量，也可以提高经营管理的效率。在民营企业对基础设施经营管理期间，所有权属于政府。民营企业以租赁的形式获得经营权，同时也可以把建设时所使用的资金作为租金，从而获得优先租赁权。建设—经营—转让（BOT）是指由民营企业建设基础设施，建成后由民营企业经营管理，按照特许经营的合约时间，经营到期后转交给政府。在经营管理期间，基础设施的所有权是属于政府的，但是，不需要向政府交纳使用费，只是在经营到期后，无偿交还政府。在交给政府之前，必须保证基础设施的完整性、正常功能等。建设—拥有—经营（BOO）是指由民营企业建设基础设施，建设完成后，民营企业获得基础设施的所有权，同时获得基础设施的“永久性”经营权。当然，这里的“永久性”经营权是个相对概念，是在特许权下面的“永久性”经营。这三种合作的形式主要目的是为新建基础设施融入民间资本，同时提高资金的使用效率，提高基础设施的建设质量与运营服务水平。

（三）加强房地产宏观管理和建立风险预警体系，防止房地产泡沫的破灭

1. 加强对房地产市场的宏观监控和管理

首先，要加强对房地产建设的投资管理，根据收入的水平来确定投资规模，使房地产的产与销基本适应，不至于过多积压；其次，要加强房地产二级市场的管理，防止过分炒高楼市，使房地产泡沫剧增；最后，调整房地产开发结构，大力发展安居型房地产，同时应加强市场统计和预测工作，从而使房地产行业成为不含泡沫的实实在在的主导产业。

2. 建立全国统一的房地产市场运行预警预报制度

加强和完善宏观监控体系应当通过对全国房地产市场信息及时归集、整理和分析，就市场运行情况作出评价和预测，定期发布市场分析报告，合理引导市场，为政府宏观决策做好参谋。近年来，中国房地产业持续以较快的速度增长，吸引了大量的企业进行房地产投资。因此，国家要加快建立和完善房地产业的宏观监控体系，通过土地供应、税收和改善预售管理等手段进行必要的干预和调控，有效地防止房地产泡沫的产生。

3. 强化土地资源管理

政府应当通过土地资源供应量的调整，控制商品房价格的不合理上涨。要根据房地产市场的要求，保持土地的合理供应量和各类用地的供应比例，切实实行土地出让公开招标制度，控制一些城市过高的地价。要坚决制止高档住宅的盲目开发和大规模建设，防止出现新的积压，出现由结构性过剩引发的房地产泡沫。

4. 加强金融监管力度，合理引导资金流向

首先，要进一步健全金融监管体系，增加监管手段，增强监管能力，提高监管水平；其次，要加强信用总规模的控制，不使社会总信用过度脱离实质经济的要求而恶性膨胀，从源头上防止现代房地产泡沫经济发生；再次，要加强投资结构的调控，通过利率、产业政策等，引导资金流向生产经营等实体经济部门；最后，要加强外资和外债的管理，引进外资的直接投资和借长期外债，因为推动房地产泡沫产生的资金绝大部分都是从银行流出的。

参考文献

[1] 钞小静，任保平．经济转型、民间投资成长与政府投资转向——投资推动中国经济高速增长的实证分析[J]．经济问题，2008(2)．

[2] 陈真玲．政府投资和民间投资与经济增长的关系研究[D]．北京：首都经贸大学，2010．

[3] 刘秉廉，武鹏，刘玉海．交通基础设施与中国全要素生产率增长——基于省域数据的空间面板计量分析[J]．中国工业经济，2010(3)．

[4] 马宁，邹洁．西部地区经济增长与政府投资和民间投资的分析——基于VAR模型的研究[J]．科技经济市场，2009(4)．

[5] 梁毅华，陈文静．政府投资与私人投资对经济增长的影响分析——基于深圳市数据实证[J]．北方经济，2011(6)．

[6] 王森，王敬，刘佳佳．利率的变化对投资和经济增长的影响——基于2000—2012年的数据分析[J]．宏观经济研究，2014(1)．

第三章　消费与经济增长风险

一、绪论

在外需持续不振、产能过剩造成新一轮投资增长乏力的情况下，内需成为支持中国经济增长的主要力量。统计数据显示，2013 年全年中国社会消费品零售总额 23.8 万亿元，增长 13.1%，全年消费对经济贡献率为 50%。从社会消费品零售总额增长率的变动对比情况来看，消费增速仅相当于 2004 年前后的水平，比 2008 年的最高值有明显下降。2013 年促进消费增长的因素主要是大众化消费增长较快，节能环保产品消费继续升温，网络零售成为一大亮点，信息产品和服务消费都快速增加，这为进一步改善消费结构、提升消费层次、支持网络金融发展、带动中国金融改革奠定了良好基础。

（一）2013 年中国消费发展概况

2013 年中国社会消费品零售总额 237 810 亿元，比 2012 年增长 13.1%，扣除价格因素，实际增长 11.5%。按经营地统计，城镇消费品零售额 205 858 亿元，增长 12.9%；乡村消费品零售额 31 952 亿元，增长 14.6%。按消费形态统计，商品零售额 212 241 亿元，增长 13.6%；餐饮收入额 25 569 亿元，增长 9.0%。

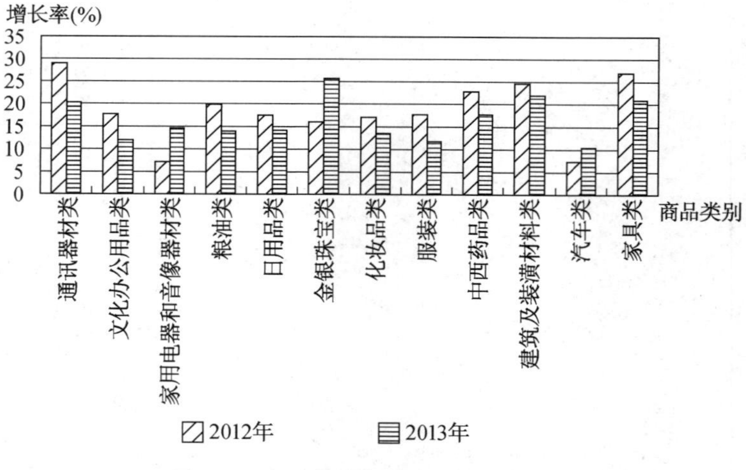

图 3-1　主要商品类别增长率变化情况

数据来源：中国国家统计局统计公报。

2013 年在限额以上企业商品零售额中，粮油、食品、饮料、烟酒类零售额比 2012 年增长 13.9%，服装、鞋帽、针纺织品类增长 11.6%，化妆品类增长 13.3%，金银珠宝类增长 25.8%，日用品类增长 14.1%，家用电器和音像器材类增长 14.5%，中西药品类增长 17.7%，文化办公用品类增长 11.8%，家具类增长 21.0%，通讯器材类增长 20.4%，汽车类增长 10.4%，建筑及装潢材料类增长 22.1%。

与 2012 年相比，主要商品类别零售额增长率增幅明显的有三类商品，分别是：家用电器和音像器材类商品、汽车类以及金银珠宝类商品。其中，2013 年家用电器和音像器材类商品销售增长率比 2012 年提高一倍还多，金银珠宝类商品销售增长率上升近 10 个百分点，汽车类商品零售增幅上升 3 个百分点。其余类别商品零售增长率大都下降了 6 个百分点左右。降幅较大的是通讯器材类商品，零售增长率下降了 8.5 个百分点（见图 3-1）。

（二）2013 年中国消费发展的特征

1. 消费增速整体趋缓，比 2008 年有较大幅度下降

无论是从名义值还是从实际值来看，社会消费品零售总额增长率都比 2008 年有大幅度下滑。2013 年，社会消费品零售总额名义增长率为 13.1%，实际增长率为 11.5%，分别比 2008 年的 22.72%和 21.55%下降了 9.62 个百分点和 10.05 个百分点。不过，从发展趋势上来看，社会消费品零售总额增长率降幅逐渐趋于平缓，未来应该能够进入平稳增长的通道（见图 3-2）。

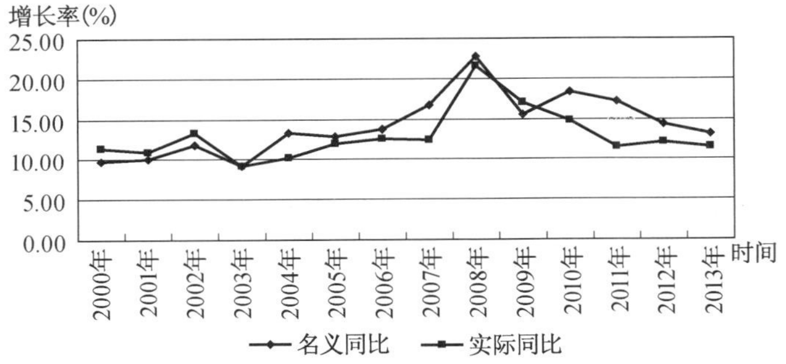

图 3-2　社会消费品零售总额增长率变动情况

数据来源：WIND 资讯。

2. 基于网络信息平台的消费模式将影响未来中国宏观消费增长及结构变动

根据中国互联网络信息中心（CNNIC）发布的第 33 次《中国互联网络发展状况统计报告》，截至 2013 年 12 月，中国网民规模达 6.18 亿人，全年共计新增网民 5 358 万人。互联网普及率为 45.8%，较 2012 年年底提升 3.7 个百分点。在企业层面，全国企业使用计算机办公的比例为 93.1%，使用互联网的比例为 83.2%，固定宽带使用率为 79.6%。同时，开展在线销售、在线采购的比例分别为 23.5%和 26.8%，利用互联网开展营销推广活动的比例为 20.9%。网民数量与使用网络进行营销推广的企业数量持续增加，将影响未来消费增长及结构变动模式。

在利用网络进行购物的方式上，2013 年中国以网络购物、团购为主的商务类应用保持较高的发展速度。2013 年，中国网络购物用户规模达 3.02 亿户，使用率达到 48.9%，相比 2012 年增长 6.0 个百分点。在商务类应用中，团购市场的增长最为迅猛。2013 年团购用户规模达 1.41 亿户，团购的使用率为 22.8%，相比 2012 年增长了 8.0 个百分点，使用率年增速达 54.3%，成为商务类应用的最大亮点。而 2013 年新增网民中使用手机上网的比例高达 73.3%，预示着未来移动网络平台将成为推动信息传递、改变消费结构的重要动力因素（见图 3-3）。

3. 限制公款消费等政策使相关商品类别消费增速下降明显

2013 年以来，中央在公款消费方面的限制显著加强，严格公款消费的各项措施有效抑制了公款吃喝及高档商品与服务的消费。根据国家统计局的数据，按照消费形态分，2013 年餐

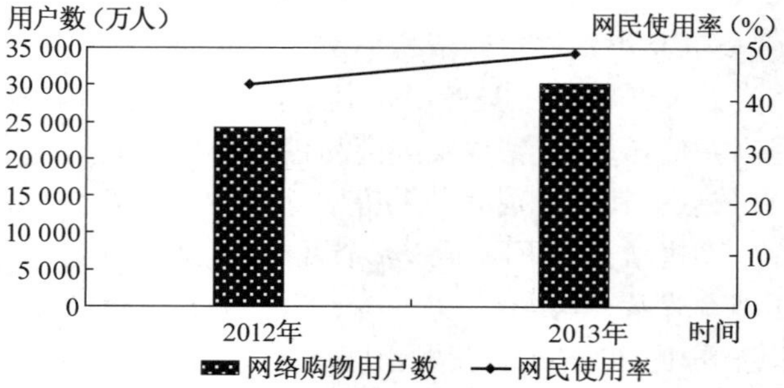

图 3-3 中国网络购物用户数及使用率变动状况

资料来源：CNNIC 中国互联网络发展状况统计报告(2013)。

饮收入 2.5 万亿元，比 2012 年增长 9%，低于商品零售总额整体增速 4.6 个百分点，也低于社会消费品零售总额增速 4.1 个百分点。由于中国整体消费市场体量巨大，因此，餐饮业收入增速有望整体缓慢回暖，但是部分高端消费品、高档餐饮的销售及娱乐业消费受到了显著的冲击。①

二、风险因素识别

（一）影响消费变动的主要因素

1. 收入增长及分配状况

无论是弗里德曼的永久收入理论、凯恩斯的绝对收入理论，还是预防性储蓄假说和相对收入消费理论，都指出居民的收入是决定其消费的根本性因素。彭定赟、陈玮仪(2014)运用泰尔指数对城乡居民的消费差距和收入差距进行了测算。实证研究发现，2007 年以前消费差距明显大于收入差距，收入差距是消费差距的格兰杰成因，而且消费差距的扩大会进一步促进收入差距的扩大。王宋涛(2014)从个体层面得出文化消费边际效用弹性大于非文化消费边际效用弹性及边际文化消费倾向递增的结论，并建议应在保证社会公平收入分配、缩小收入差距的前提下，大力提高居民收入，促进文化消费。王立国、宋雪(2014)的研究指出，按照国际经验，基尼系数达到 0.4 表示收入差距较大。目前，世界上主要发达国家的基尼系数一般在 0.24～0.36。相比较而言，中国的基尼系数一直处于高出警戒线的偏高水平，说明中国居民收入差距过大。2013 年，国家加大了民生改善投入力度，提高了最低工资标准，使中低收入人群的消费能力得到保障与提高。根据国家统计局数据，2013 年城镇居民人均可支配收入为 2.7 万元，比 2012 年增长 9.7%，扣除价格因素，实际增长 7%。农村居民人均纯收入 8 896 元，比 2012 年增长 12.4%，扣除价格因素，实际增长 9.3%。农村居民较高的收入增幅既能够提升农村总体消费水平，又能够通过提高中低收入人群的收入水平，利用其较高的边际消费倾向来带动整体水平增长。

从恩格尔系数变动情况来看，过去 20 多年间城乡居民的恩格尔系数经历了显著的下降过程，其中城镇居民恩格尔系数从 1990 年的 54.2 下降到 2013 年的 35，而同期农村居民的恩格尔系数则从 58.8 下降到 37.7。这表明居民整体消费结构发生了较大的变化。统计数据显

① 梁达. 消费将成为经济增长的重要引擎[J]. 宏观经济管理，2014(4)：21-23.

示,2003—2013年间,中国整体基尼系数从0.479上升到2008年的0.491的最高点,在2013年又下降到0.473,与2004年持平。这表明我国整体收入分配的不公平程度确实处在较高的水平,但其发展趋势是不断改善的(见图3-4)。

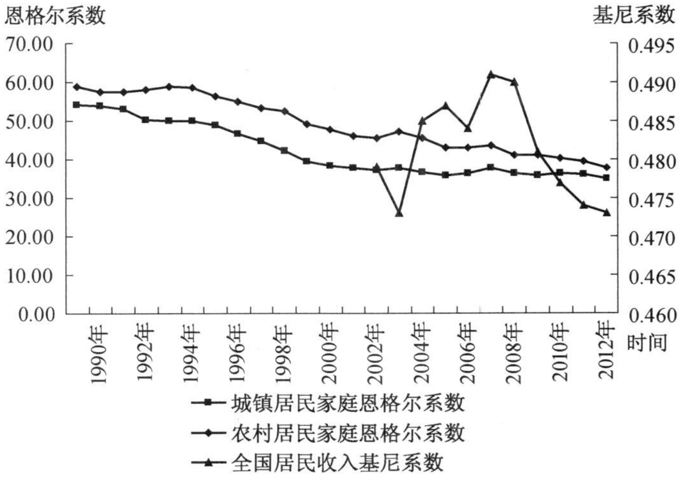

图3-4 恩格尔系数与基尼系数变动情况

数据来源:WIND资讯。

2. 消费习惯

按照美国经济学家杜森贝里的分析,消费者当期消费支出不仅受到当期收入的影响,还会受到自己以往消费水平及周围人群消费水平的影响。消费习惯一旦形成,消费者的消费行为会出现棘轮效应和示范效应。人们在高收入时期形成的消费习惯很难在短时间内发生改变。而具体反映在中国居民消费习惯上,就是传统的量入为出的消费理念仍深刻地影响着居民消费水平的变化。这也是近年来中国消费增长乏力的一个重要影响因素。陈凯等人(2014)探讨了消费习惯形成的原因,发现心理因素和受约束消费分别是导致习惯形成的主观和客观原因,而且后者促使习惯形成强度远大于前者。但是,前者反映的是居民本身的谨慎心态,后者则反映了调整成本使得消费不能及时变现而产生的刚性。显然,在目前中国的居民消费行为影响因素中,上述两者都显著存在,因而居民消费行为的惯性特征非常明显。崔海燕(2014)使用中国省级家庭收支调查数据实证分析了农村居民的信息消费行为。结果表明,内部习惯形成对农村居民的信息消费具有显著影响,城镇居民的信息消费行为对农村居民产生了显著的示范效应,而农村居民的信息消费变动呈现出对收入变动的过度敏感性。

3. 财政政策及政府消费变动

按照持久性收入假说,家庭通过跨期储蓄—借贷行为,能够抵消不利收入冲击对消费的影响,从而达到平滑消费的目的。但是,现实中新兴经济体的实证研究结果却表明消费的波动性大于产出的波动。而中国也存在类似的现象。屠俊明(2012)通过构建包含流动性约束、政府消费替代以及确定性增长趋势的RBC模型分析了政府消费的财富效应和替代效应对消费过度波动的解释力度,他的分析强调中国改革开放以来高增长的事实以及政府消费比例的设定问题。张四灿等人(2014)使用经济周期模型通过数值模拟研究发现,政府消费冲击是影响中国消费过度波动的最重要原因。

4. 消费便利化程度

消费便利化是一个涉及面非常广泛的概念,既包括消费者获取消费信息的便利化,也包括与网络购物相结合的运输便利化,还涉及与消费支付有关的消费信贷可得性以及支付的安全性等方面。丁宁(2014)的研究表明,中国消费信贷与经济增长之间存在长期稳定的均衡关系,但是由于消费信贷起步比较晚,在总量经济中所占比重较低,各层次参与主体也比较忽视其作用,适宜消费信贷发展的环境没有完全建立起来,加之传统观念的束缚,消费信贷还没有广泛开展，最终导致消费信贷对经济增长影响较弱。近年来，基于各类网络信息平台的网络消费发展势头迅猛，但是与之配套的网络支付、信息安全等配套政策的滞后也在一定程度上限制了网络购物的发展速度。赵秀丽、吴洁(2014)认为，借助于网络和信息技术，个体网民的消费行为，需求的发起、调整与满足的过程出现了局部联合现象，由个体行为转变为相互影响和渗透的聚焦性整体过程，形成一股不容忽视的需求社会化力量，代表性组织就是团购行为、各类点评网等。但是目前需求社会化依然局限于服务业和流通产业，而一旦需求社会化从流通环节延伸到生产领域，在实践中将产生变革性影响。孟凡新、涂圣伟(2014)分析了当前中国网络消费的发展趋势及存在的问题，建议从政策扶持、完善立法、加强监管等方面规范支持网络消费的发展。

5. 人口结构变动

人口结构变动影响消费主要通过两种方式：其一是年龄结构，主要表现为中国不断增长的人口老龄化趋势；其二是地区结构，主要表现为中国不断推进的城镇化进程。

由于长期以来计划生育政策的影响，中国人口老龄化趋势越来越显著，老年人消费已成为决定居民消费总量进而影响宏观经济的重要因素。国外学者研究发现，居民退休后的消费会显著下降，被称为"退休消费困惑"。向晶(2013)的研究认为，随着老龄化程度的加深，社会总抚养系数的提高会增加人们基本生活支出，而老龄化引起的社会总负担系数的提高很可能会挤压娱乐文化和教育等项目的支出。杨赞等人(2013)基于中国国家统计局城镇住户调查的大样本微观数据，系统分析了中国老年家庭的消费行为特征。研究发现中国老年家庭的消费有较高的收入弹性，但健康水平对其消费有显著的挤压效应。并且，中国老年家庭在退休后总消费水平不但没有下降，反而有 2～3 个百分点的提升，尤其近些年份在较发达地区，退休对消费的提振作用更明显。因而，关注老年退休群体的消费增长，结合社会保障制度改革降低健康及医疗支出对消费的挤压作用，对未来中国整体消费保持增长具有重要意义。

而城镇化进程对消费的影响作用，主要表现为当居民生活由农村环境转为城镇环境时，其消费构成中用于服务类商品的支出增速会显著高于其他基本类别商品的消费增速。中国目前正在大力推进城镇化进程，这一过程必然会作用于中国整体的消费增长以及消费构成的变化。付荣、伍湘凌(2013)利用熵值法对中国城镇化进行了综合评价，并分析了综合城镇化水平与消费水平的依存关系。研究发现，随着中国城镇化水平的提高，最终消费率呈指数递减趋势不断下降，而居民消费支出总量呈递增趋势不断上升，人口城镇化、经济城镇化、社会城镇化及土地城镇化四个动力因子均对居民消费增长有正向促进作用，其中土地城镇化的作用最强。潘明清、高文亮(2014)认为城镇化的积聚效应会促进居民消费，而外部成本效应则阻碍消费增长。他们的实证研究表明，城镇化的积聚效应大于外部成本效应，因此我国城镇化促进了居民消费增长。

(二) 影响消费波动的其他因素

1. 消费及消费率统计体系存在偏差

一直以来，社会各界普遍认为中国消费率非常低，但是一些学者也存在不同的观点。康远志(2014)通过国际比较研究发现，中国居民消费率被低估了。其主要原因包括投资中的漏出部分流向了私人、居民收入被低估、对服务业统计不健全，对住房等自有商品定价过低等因素。他通过对基于市场价格的自有住房等效租金重新估算，发现调整后的居住消费支出占比 GDP 达到了 14%，高于统计年鉴中的 6%，仅自有住房等效租金的重新调整就提高了 5～6 个百分点的居民消费率。

实际上，该问题主要来自中国从计划经济体系向市场经济体系转型过程中遇到的价格体系调整问题。如果市场上所有交易都以其实际价格来衡量，那么居民消费尤其是居民住房方面的消费支出会大大增加，使居民消费率的统计数值也会有大幅上升。因此，与中国经济转型发展相适应的消费统计体系也需要不断完善。

2. 宏观政策稳定性及消费者对未来的预期

虽然 2013 年中国整体物价上涨幅度不大，全年 CPI 涨幅为 2.6%，但是生活必需品的价格涨幅还是比较高的。尤其是新鲜蔬菜、水果及乳制品价格涨幅较大。这些都是居民日常消费的必需品，其价格波动对居民的消费信心有最为直接的影响。

从宏观政策变动来看，当前，影响中国居民消费水平变动的宏观政策因素主要体现在政府对通货膨胀的控制以及资产价格的影响政策方面。通货膨胀会影响消费者对未来实际收入水平的预期，因而控制通货膨胀的政策会间接影响消费者的消费信心。消费者对未来宏观经济走势也会产生预期效应，因而也会影响消费支出的变动。金雪军等人(2014)运用贝克的政策不确定性指数分析了政策不确定性冲击对中国宏观经济的影响，结果发现政策不确定性冲击确实会对 GDP、投资、消费等宏观经济变动产生负面影响。研究还发现，政策不确定性作用于宏观经济的主要机制为预期渠道。廖直东、宗振利(2014)运用 2009 年乡城移民追踪调查数据研究了收入不确定性是否影响以及如何影响乡城移民的消费行为。研究发现，收入不确定性对消费行为具有显著的抑制作用，暂时性收入的作用更为显著，因而乡城移民面临的收入不确定性有可能是限制人口城镇化消费效应的重要因素。

3. 资产价格与消费变动

资产价格变动也能够通过收入和挤出效应影响消费。周华东、高玲玲(2014)基于生命周期理论和相对收入假说研究了房价变化与居民消费的关系。结果表明中国居民消费支出与房价变化在经济上和统计上都不显著。深入分析我们可以发现，2005 年之后的房价快速上涨对居民消费产生了较强的挤出效应，房价变动和居民消费有较强的负相关关系。2013 年住房价格维持显著的上涨势头，而股票市场整体走势趋弱。总体来看，资产价格变动对消费的带动作用并不明显。

三、宏观政策不确定性对消费的影响效应：基于实证研究的分析

（一）相关研究回顾

经济运行的不确定性涉及外部冲击的影响以及经济系统运行的周期波动性特征，而产生经济波动的因素更加广泛，既可能来自一次偶然性事件，也可能来自自然灾害，甚至地方官员更换也会影响企业的投资行为(贾倩等人，2013)。①

不确定性一直是经济学研究的一个重要问题，其研究基本出发点是经济人对风险的厌恶及规避。由于风险偏好程度不同，因而经济个体对不确定性的接受程度也有差异，在相同的宏观政策不确定性环境下，个体的经济行为也就存在差异。Alchian(1950)曾对经济中的不确定性对个体行为产生的影响进行了深入的分析。在宏观经济层面，Friedman(1968)的研究表明

---

① 贾倩等人(2013)将我国省级主要官员变更作为区域政策的不确定性因素，研究结果发现，预期官员变更当年政策的不确定性，企业会显著减少当年的投资，且这一影响主要体现在省级控制的国有企业，当经济处于上行期或管理层不具有政治身份时，换届的经济后果更加明显。

货币政策的不确定性都能够对宏观经济产生不利影响。实际上，自从 20 世纪 70 年代世界经济运行发生“滞胀”以来，宏观经济运行的不确定性就一直是学术界及政策研究界非常关注的问题。而不断出现的经济金融危机更是使得越来越多的研究者投身于不确定性产生的经济效应的研究中去。近年来，随着商业周期模型在宏观经济研究中不断得到推广，基于商业周期框架的 DSGE（Dynamic Stochastic General Equilibrium）模型得到了广泛的运用。比如，Christiano et al.（2013）就使用一个包含 Bernanke-Gertler-Gilchrist 金融加速器机制的标准 DSGE 模型来分析风险冲击的经济效应，他们主要考虑了随着时间变化的特定部门不确定性的波动产生的效应，结果发现风险波动是驱动商业周期波动的最主要的因素。然而，DSGE 模型属于复杂的非线性模型分析，一般都是使用数值解在稳态增长路径附近分析经济冲击产生的影响效应。

近年来，关于不确定性引起中国宏观经济波动的研究逐渐增多。也有学者开始构建不确定性指数来衡量宏观政策的波动性，这其中具有代表性的是 Baker et al.（2013）的研究。为了衡量经济政策的不确定性，Baker 等人使用媒体报道信息获取的资料，为中国构建了一个基于频率数据的政策不确定性指数。① 实际上，Baker 等人分别为欧盟、美国、加拿大和印度都构建了类似的政策不确定性指数。Baker et al.（2013）使用政策不确定性指数对欧盟进行了研究，他们发现该指数确实提供了一种较好的衡量政策不确定性的方法。使用 VAR 模型进行的分析表明，政策不确定性正向冲击导致欧盟投资、产出、就业出现显著下降。

国内学者也开始关注政策不确定性产生的负面经济效应。金雪军等人（2014）就采取 Baker 的政策不确定性指数运用 FAVAR 方法分析政策不确定性冲击对中国宏观经济的影响。结果发现，政策不确定性冲击导致实际有效汇率贬值，促使股票价格和房地产价格下跌。陈守东等人（2014）利用该指数研究了政策不确定效应对股市和宏观经济动态相关性的影响作用。

由于宏观政策的波动既可能影响其他经济变量如总产出、通货膨胀水平、消费，而经济变量的波动也可能导致宏观政策的变化。因此，本部分将在 VAR 分析框架下，实证研究产出水平、价格水平、消费变动与政策波动之间的相互关系。

（二）数据处理及模型设定

1. 数据说明及处理

受数据长度的限制，本报告选取 1996 年 1 月至 2013 年 12 月间的月度数据进行分析。其中，价格水平使用各月份 CPI 同比序列；由于没有月度产出水平变量，因素选取月度工业增加值同比序列作为替代序列；消费变量是使用数据期间各月份的社会消费品零售总额序列，经各月 CPI 调整后得到实际值，再计算出其同比增长率。前述三个数据序列均取自 Wind 数据库。政策波动变量选取的是 Baker et al.（2013）等人构建的宏观政策不确定性指数，计算出其同比变动率序列。在实证研究时分别使用 CI、CPI、IAI、PUI 表示消费、消费价格指数、总产出水平、政策不确定性这四个变量。

由图 3-5 显示结果可以看到，Baker 等人构建的政策不确定性指数在一定程度上能够反映出中国宏观政策的调整频度变化。例如，图形显示，在 2001 年下半年至 2012 年上半年间该指数显著升高，而这段时间是中国加入 WTO 的初期阶段，关于国内外政策及规章调整的措施频繁出台。而在 2008—2009 年上半年期间，由于美国金融危机引发的金融海啸，政策不确定

① 详细介绍请参见 http://www.policyuncertainty.com/china_monthly.html。

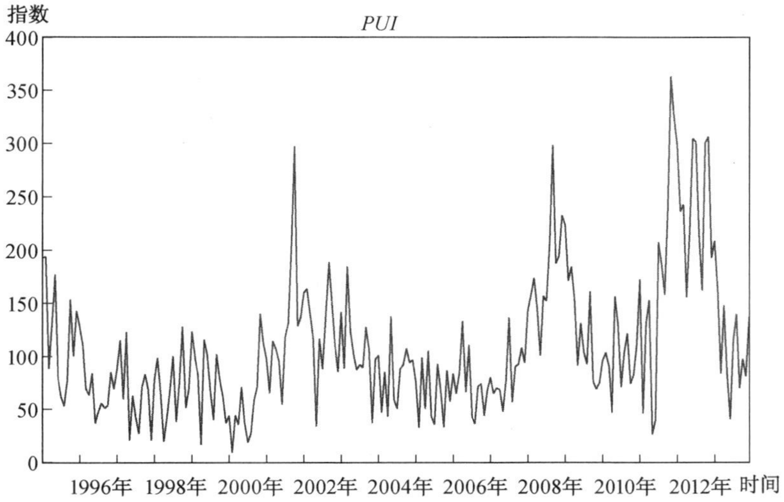

图 3-5　1995—2013 年间中国 *PUI* 指数变动情况

性指数也显著提升。自 2011 年下半年至 2012 年间，由于金融危机对实体经济的深层次影响逐渐显现，中国国内转型调整步伐加快，政策不确定性指数再次显著升高。

2. 变量的平稳性检验

通过单位根检验确定各变量的单整阶数。在确定检验形式及滞后期数时参照赤池信息准则 AIC(Akaike info Criterion)和施瓦茨准则 SC(Schwarz Criterion)。检验结果可见表3-1。

表 3-1　**变量的平稳性检验结果**

变量	*ADF* 统计量	检验方程形式	临界值 1%	临界值 5%	*AIC*	*SC*
CI	−4.525 55	(*C*, 0, 1)	−3.460 88	−2.874 87	−4.535 22	−4.488 04
CPI	−3.732 72	(*C*, *T*, 12)	−4.003 9	−3.432 12	1.528 999	1.773 818
IAI	−3.107 05	(*C*, 0, 2)	−3.461 63	−2.875 2	4.843 836	4.907 804
PUI	−4.798 82	(*C*, 0, 2)	−3.461 03	−2.874 93	2.997 447	3.060 57

注：检验方程形式(C, T, d)中 C 表明检验方程带有常数项，T 表明带趋势项，d 为滞后期数，选择标准是 AIC 准则和 SC 准则。检验计量软件为 Eviews6.0。

从检验结果可知，上面这三个变量序列的水平值在 5%的显著性水平上都是平稳的，即它们都是 $I(0)$序列。

3. 模型设定

在 VAR 模型中设定变量向量为 (CI_t, CPI_t, IAI_t, PUI_t)。

设定 VAR 模型方程如下：

$$CI_t = \sum_{i=1}^{k-1}\alpha_{1i}CI_{t-i} + \sum_{i=1}^{k-1}\alpha_{2i}CPI_{t-i} + \sum_{i=1}^{k-1}\alpha_{3i}IAI_{t-i} + \sum_{i=1}^{k-1}\alpha_{4i}PUI_{t-i} + \varepsilon_t$$

$$CPI_t = \sum_{i=1}^{k-1}\varphi_{1i}CI_{t-i} + \sum_{i=1}^{k-1}\varphi_{2i}CPI_{t-i} + \sum_{i=1}^{k-1}\varphi_{3i}IAI_{t-i} + \sum_{i=1}^{k-1}\varphi_{4i}PUI_{t-i} + \upsilon_t$$

$$IAI_t = \sum_{i=1}^{k-1}\eta_{1i}CI_{t-i} + \sum_{i=1}^{k-1}\eta_{2i}CPI_{t-i} + \sum_{i=1}^{k-1}\eta_{3i}IAI_{t-i} + \sum_{i=1}^{k-1}\eta_{4i}PUI_{t-i} + \zeta_t$$

$$PUI_t = \sum_{i=1}^{k-1}\theta_{1i}CI_{t-i} + \sum_{i=1}^{k-1}\theta_{2i}CPI_{t-i} + \sum_{i=1}^{k-1}\theta_{3i}IAI_{t-i} + \sum_{i=1}^{k-1}\theta_{4i}PUI_{t-i} + \xi_t$$

在实证研究时参考调整后的可决系数($\bar{R}^2$)、AIC 和 SC 等标准，综合考虑确定 VAR 模型滞后期数为 2。

（三）实证研究

1. 脉冲响应分析

脉冲响应函数用于度量来自随机扰动项的一个标准差冲击对各变量当前和将来取值的影响。它可以用来分析模型中任意一个变量的扰动如何通过模型影响到其他变量，最终又反馈到自身的过程。为分析政策不确定性对消费的影响效应，本部分使用上述 VAR 模型模拟分析政策不确定性出现一个标准差的正冲击时，对其他几个变量产生的影响。为观察冲击结果的长期影响效应，将分析期间设定为冲击发生后 24 个月。

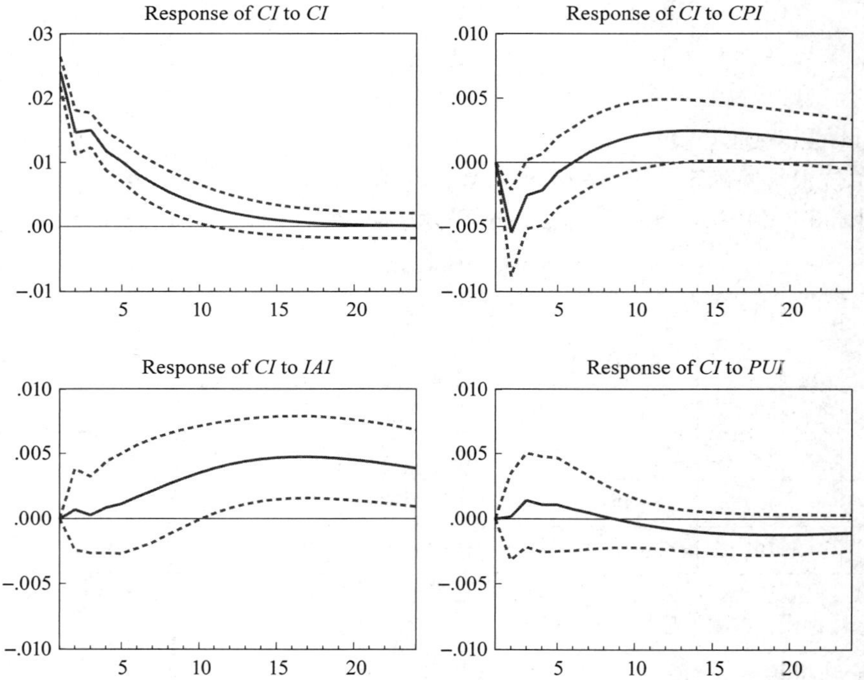

图 3-6　消费对其他变量正向冲击的脉冲响应分析结果

图 3-6 显示了当所分析的 4 个变量发生一个标准差的正向冲击时，消费变量发生的变化过程。从脉冲响应分析结果可以看到，消费对自身变动的响应程度最大。当消费发生正向冲击时，消费增长率当期上升约 0.25 个百分点，随后平稳下降，大约在 1 年以后恢复到初始水平。而当通货膨胀水平发生正向冲击时，消费增长率迅速下降，第 2 期就达到最大降幅，下降约 0.005 个百分点，随后迅速恢复，大约在第 6 期恢复到初始水平。而当产出水平发生正向冲击时，消费的反应比较滞后，大约在第 3 期之后才开始增长。当政策不确定性发生正向冲击

时，也就是政策波动性变大时，消费水平在第 1 期没有变化，从第 2 期开始有所增长，但是变化幅度非常小。这表明中国消费自身具有较强的惯性，政策变化的影响程度远不及产出及价格波动产生的影响。

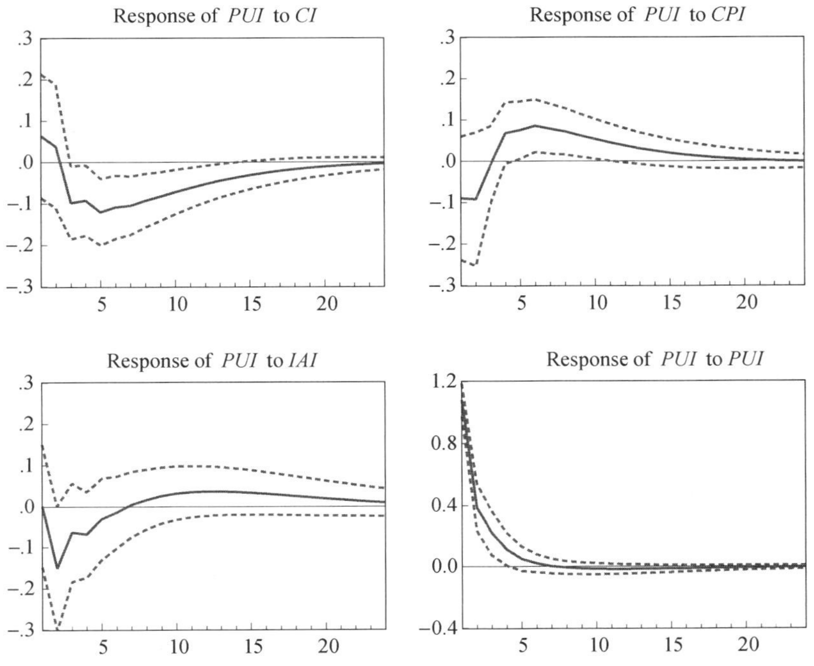

图 3-7　*PUI* 对其他变量正向冲击的脉冲响应分析结果

图 3-7 显示，当 *CPI* 和产出水平发生正向冲击时，政策不确定性替代变量 *PUI* 都发生负向变动，也就是说，政策波动性下降。而当消费增长率发生正向冲击时，政策不确定性变量也发生正向冲击。可以看出，政策当局比较关心由于消费波动产生的通货膨胀和产出效应，因而当消费增速提高时，政策出台数量有所增加。而 *PUI* 对自身变动产生了非常高的正向影响效应，这表明中国宏观政策的不确定性波动幅度较大。这也印证了目前中国经济运行仍然存在一定程度的政府过度干预现象，宏观政策的变动在相当大程度上是对前期政策的调整或逆向操作。

2. 格兰杰因果检验

考虑到各变量之间相互作用的时限效应，并且实证研究中使用的是月度数据，我们以各变量组滞后 6 期为标准进行格兰杰因果检验，以得出格兰杰因果关系。由于格兰杰因果关系组合较多，我们只给出存在明显因果关系的变量组合，其余结果没有给出(见表 3-2)。

表 3-2　**变量之间的长、短期格兰杰因果检验**

零假设	*F* 统计量	*p* 值
CPI⇒*CI*	4.028 72	0.000 8
CI⇒*CPI*	2.810 26	0.012
CI⇒*IAI*	1.980 29	0.070 4

（续表）

零假设	F 统计量	p 值
$CI \Rightarrow PUI$	2.530 46	0.022 1
$IAI \Rightarrow CPI$	7.497 52	3.00E－07
$CPI \Rightarrow IAI$	2.692 19	0.015 7
$IAI \Rightarrow PUI$	2.014 15	0.065 7

注：⇒代表格兰杰因果方向。

格兰杰因果检验表明，在两个季度的时间内，CPI 和消费增长率之间存在双向格兰杰因果关系，检验结果都比较显著。CPI 和产出水平增长率之间也存在双向格兰杰因果关系。而且消费增长率是产出增长率和政策不确定性变量的格兰杰原因。产出波动也是政策不确定性的格兰杰原因。

（四）实证研究结论

由以上实证研究可以得出以下基本结论：

(1) 消费变动的惯性特征比较明显，其波动对自身的影响效应最为显著。通货膨胀水平上升对消费有抑制作用，而产出增速发生正向波动后对消费的长期影响为正，但是存在大约一个季度的滞后期。政策不确定性对消费增长率的长期影响为负，但是短期影响为正。

(2) 消费增长率发生正向冲击后会使得政策不确定性有所上升，价格水平发生正向冲击和产出水平的正向冲击都会抑制政策的不确定性。政策波动对其本身却存在较为显著的影响效应，这表明中国宏观政策波动具有较强的周期性特征，宏观政策的变动在相当大程度上是对前期政策的调整或逆向操作。

(3) 格兰杰因果检验表明消费波动与价格波动之间存在双向因果关系，而消费增长率是产出增长率和政策不确定性变量的格兰杰原因。这表明消费的变化对产出水平和政策措施具有一定程度的影响作用。

四、风险度量

（一）风险度量方法

本研究对历年社会消费品零售总额使用当年 CPI 进行调整得到实际值，根据实际值计算其当年实际增长率，再以各年实际消费增长率对均值的偏差绝对值作为当年消费风险等级划分的基数。分级方法显示在表 3-3 当中。

表 3-3 **消费增长风险评级**

绝对值偏离程度(%)	风险级别	风险评级
≤2	1	无风险
≤5	2	低风险
≤8	3	中等风险
＞8	4	高风险

2013 年，社会消费品零售总额的实际增长率比 2012 年下降 0.6 个百分点，名义增幅下降

1.2个百分点，消费品零售总额增长率继续走弱，持续出现对长期趋势的负向偏离。消费增长明显乏力。消费风险维持在级别为2级的低风险区间。

对于宏观经济增长风险，仍然按照已有方法进行4个等级的划分。2013年，世界经济终于出现小幅复苏的迹象，全球经济活动在2013年下半年明显增强。但是，由于长期以来积累的结构扭曲及产能过剩效应开始显现，中国宏观经济增长逐步进入后金融危机时代的调整期，经济增速明显减缓。根据宏观经济增长风险评级规则，2013年宏观经济增长风险评级与2012年持平，维持在级别为2级的低风险等级，但是未来经济增速进一步减缓的可能性非常大。

（二）2014年消费波动风险评级

进入2014年，影响中国消费增长的主要有以下因素：①网络消费。依托于信息网络包括移动终端的电子商务将极大推进中国网络消费的持续性增长。②物流配套。网络销售的实体货物最终还是要依靠物流来完成消费循环，因此，如何有效降低物流成本，提高物流效率，将是决定中国网络销售能否持续高速增长的主要因素。③消费环境。消费环境是有效提振消费者信心的主要因素，企业诚信体系的建设、建立对不良商家的惩罚机制才是改善消费环境的有效手段。④居民收入。持续的收入增长、稳定的通货膨胀水平以及对未来的良好预期是支持消费增长的重要因素。

中国改革开放进入攻坚期，上述各因素发展呈现分化特征：随着政府保障民生的政策实施，未来收入稳步增长是可预期的，而近期通货膨胀总体水平不高，这两个因素对促进消费的作用基本正常。近期欧美经济虽有起色，但是也很难说就已经进入了良性增长轨道，国内压缩过剩产能、产业结构调整势必影响就业增长，因此，如何提振居民对经济增长的信心，仍是未来影响消费增长的重要因素。预计全年中国消费增长将维持在13%左右，消费风险继续维持在级别为2级的低风险区间，消费增速继续放缓的风险依然存在。

五、风险管理

（一）继续提高实际收入及收入分配的公平性，提振消费信心

收入始终是消费稳定增长的基本决定因素。无论是在何种环境下，消费者手中的可支配收入都是消费的基本决定力量。在政策层面，除了继续提高居民收入在社会总产出中的比重以外，收入分配的公平性问题也应该引起重视。可以通过提高中低收入群体的整体收入水平、减轻其税收负担、完善社会保障体系等方式，提升中低收入者的实际收入水平。由于这一群体存在较高的边际消费倾向，因此其收入提升对整体消费增长的带动作用将比较显著。

（二）改善消费环境，提供更加便利的消费支持工具

为应对人口结构变化对消费支持工具产生的需求，政策层面应该增加对消费支持工具的考虑。例如，通过增加消费信贷的供给来方便消费。由于新的消费力量逐渐占据社会消费主流，传统的量入为出的消费习惯已经开始有所转变，因而，消费信贷的便利性和可得性将成为未来影响总体消费增长的重要因素，尤其是在网络消费比重不断增加的环境下，网上消费支付的安全性与便利性已经开始影响消费者的消费行为。李燕桥（2014）认为消费金融涵盖的范畴不仅包含消费金融产品，也应包含与消费金融发展相关的社会观念、金融环境、市场主体、制度体系等多方面的内容。应该在国家战略布局和商业银行金融创新两方面推动消费金融的发展。

（三）推广健康消费理念，培育新的消费热点

加大对低碳商品生产企业的扶持力度，注重培育居民消费的低碳观念，倡导绿色消费，推广健康水平的理念，结合服务经济发展培育新的消费热点。中国目前正处在由中低收入国家迈向中等收入水平国家行列的进程，居民的消费结构将发生较大程度的变化。随着人均收入水平进一步提高，服务型商品的消费需求将快速增长。因此，政策层面要加大对低碳商品的支持力度，宣传鼓励绿色消费，引导居民逐渐增加对服务类商品的消费支出，提升消费结构。申广斯、杨振之（2014）研究了中国居民休闲消费和休闲产业就业之间的关系。研究表明，首先是旅游业的就业增长速度最快，其次是美容、餐饮、文化娱乐和体育等休闲产业。吴波、李东进（2014）则更是从伦理消费的高度对消费形式进行分析，指出环境和社会问题对于人类的长期发展影响极大，无论是政府的政策、媒体的宣传，还是企业的社会责任，最终都需要直接或间接地转化为消费者的伦理消费行为。因而，研究如何促进消费者的伦理消费对于政府、企业和整个社会来说都是非常有益的。

（四）完善社会保障体系，解除消费者的后顾之忧

完善的社会保障体系是解除消费者后顾之忧的重要方法。就人口构成而言，完善的社会保障体系首先能够有效减缓在职工作人员的储蓄率，鼓励其增加消费；而对于老年人来说，完善的社会保障体系是他们正在面临的消费约束。胡兵等人（2013）的研究表明，农村社会保障支出对农村居民消费具有显著的正向影响，且其影响的大小与社会保障支出强度高度相关。张虹、王波（2014）的研究表明，社会基本养老保险拉动老年人消费的经济效益明显。为促进老年人消费水平提高，可以从扩大养老保险覆盖范围、加强个人账户基金的管理与运营、增加政府对养老保险的转移支付和财政补贴等方面增加社会基本养老保险金。

参考文献

[1] 陈凯，杭斌，席晶. 中国城镇居民消费习惯形成的原因探索——基于受约束消费的一种新解释[J]. 消费经济，2014(2).

[2] 崔海燕. 习惯形成对我国农村居民信息消费的影响[J]. 情报科学，2014(3).

[3] 丁宁. 中国消费信贷对经济增长贡献的实证分析[J]. 财经问题研究，2014(3).

[4] 付荣，伍湘凌. 中国城镇化进程中消费增长动力研究[J]. 商业研究，2013(12).

[5] 胡兵，涂先进，胡宝娣. 社会保障对农村居民消费影响的门槛效应[J]. 当代经济研究，2013(12).

[6] 贾倩，孔祥，孙铮. 政策不确定性与企业投资行为——基于省级地方官员变更的实证检验[J]. 财经研究，2013(2).

[7] 李燕桥. 中国消费金融发展的制约因素及对策选择[J]. 山东社会科学，2014(3).

[8] 金雪军，钟意，王义中. 政策不确定性的宏观经济后果[J]. 经济理论与经济管理，2014(2).

[9] 康远志. 中国居民消费率太低吗[J]. 贵州财经大学学报，2014(2).

[10] 廖直东，宗振利. 收入不确定性、乡城移民消费行为与城镇化消费效应——基于微观数据的审视[J]. 现代财经(天津财经大学学报)，2014(4).

[11] 孟凡新，涂圣伟. 当前网络消费发展的问题、趋势与建议[J]. 宏观经济管理，2014

(2).

[12] 潘明清,高文亮.我国城镇化对居民消费影响效应的检验与分析[J].宏观经济研究,2014(1).

[13] 彭定赟,陈玮仪.基于消费差距泰尔指数的收入分配研究[J].中南财经政法大学学报,2014(2).

[14] 申广斯,杨振之.我国居民休闲消费对就业的拉动效应分析[J].四川师范大学学报(社会科学版),2014(2).

[15] 屠俊明.流动性约束、政府消费替代与中国居民消费波动[J].经济理论与经济管理,2012(2).

[16] 王立国,宋雪.我国居民消费能力研究——基于化解产能过剩矛盾的视角[J].财经问题研究,2014(3).

[17] 王宋涛.收入分配对中国居民文化消费的影响研究[J].广东财经大学学报,2014(2).

[18] 吴波,李东进.伦理消费研究述评与展望[J].外国经济与管理,2014(3).

[19] 向晶.人口结构调整对我国城镇居民消费的影响[J].经济理论与经济管理,2013(12).

[20] 杨赞,赵丽清,陈杰.中国城镇老年家庭的消费行为特征研究[J].统计研究,2013(12).

[21] 张虹,王波.社会基本养老保险对老年人消费影响的实证研究[J].财经问题研究,2014(4).

[22] 张四灿,王飞,王兴.中国消费过度波动的因素分析[J].现代财经(天津财经大学学报),2014(3).

[23] 赵秀丽,吴洁.需求社会化的测度及其发展趋势判断——个体网民消费行为社会化发展趋势及阻碍因素[J].福建论坛(人文社会科学版),2014(4).

[24] 周华东,高玲玲.房价变化与居民消费——基于中国城市面板数据的研究[J].贵州财经大学学报,2014(1).

[25] ALCHIAN, ARMEN A. Unvertainty, evolution, and economic theory[J]. The Journal of Political Economy, 1950, 58(3).

[26] BAKER, SCOTT, NICHOLAS B, STEVEN J D. Measuring economic policy uncertainty[R]. www. Policy Uncertainty. com, 2013.

[27] BAKER, SCOTT, NICHOLAS B, STEVEN J D, WANG X X. A measure of economic policy uncertainty for China[R]. Working Paper, University of Chicago,2013.

[28] CHRISTIANO, LAWRENCE, ROBERTO M, ROSTAGNO M. Risk shocks[R]. NBER Working Paper, No. 18682, 2013(1).

[29] FRIEDMAN M. The role of monetary policy[J]. American Economic Review, 1968, 58(1).

第四章　对外贸易与经济增长风险

一、绪论

1. 2013 年中国外贸发展的总体情况

在全球经济复苏动力不足和国内经济增速趋于放缓的总体背景下，中国政府及时出台了促进外贸稳定发展的政策措施，力保外贸增速企稳回升和质量、效益提高。2013 年中国的对外贸易增速扭转了上一年的下滑态势，全年进出口贸易总值为 41 600.1 亿美元，较 2012 年增长 7.6%，增速小幅回升 1.4 个百分点(见图 4-1)。虽然与政府工作报告中 8%的目标增速还存在一定的差距，但面对全球贸易持续低迷的大环境，中国的外贸表现已经算得上是相当亮丽了，不仅远高于全球货物贸易 2.5%的增速，也明显高于新兴经济体的贸易增速。中国在全球贸易总量中所占比重从 2012 年的 11.1%进一步升至 2013 年的 12%，首次超过美国成为世界第一贸易大国。

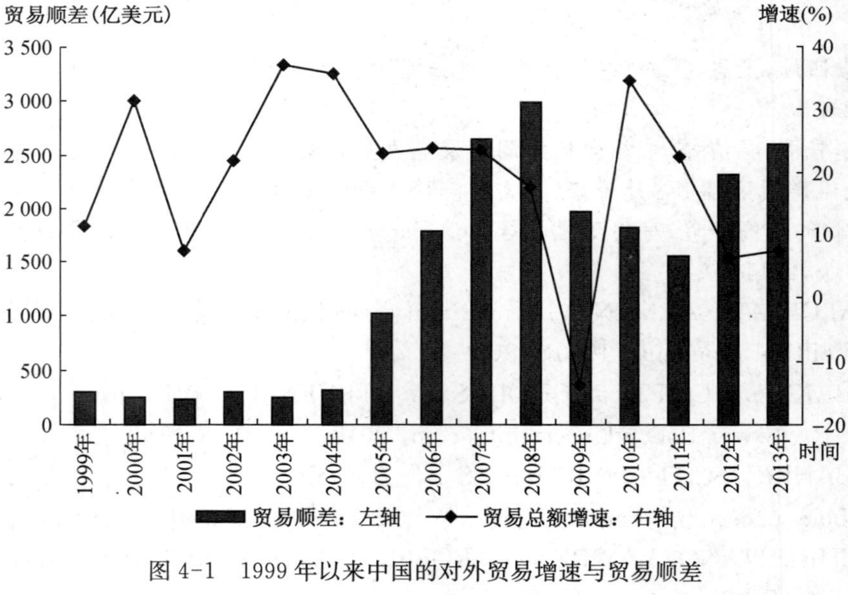

图 4-1　1999 年以来中国的对外贸易增速与贸易顺差

为帮助外贸企业应对外需下降、成本上升的不利形势，国家及时出台“稳增长、调结构”的一系列政策措施，加大出口退税支持力度、改善贸易融资服务、提高贸易便利化水平等举措刺激出口贸易企稳回升。2013 年出口值为 22 096.3 亿美元，同比增长 7.9%，增速与上年持平。在积极扩大进口的政策引导下，进口贸易有了较为明显的改观。2013 年进口值为 19 503.8 亿美元，同比增长 7.3%，较 2012 年提升了 3 个百分点。尽管进出口增速的剪刀差在缩窄，但贸易顺差依然居高不下。2013 年贸易顺差 2 592 亿美元，同比扩大 12.6%，贸易顺差与进出口总值的比例出现小幅反弹，从 2012 年的 6.0%升至 2013 年的 6.2%，这也充分说明外贸“促平衡”依然任重而道远。

2. 2013 年中国外贸发展的主要特点

1）对外贸易增速起伏较大，月度增速呈现“V”形走势

如图 4-2 所示，2013 年前 4 个月中国的进出口贸易保持了较高增速，除 2 月份的春节因素导致进口减少之外，其他 3 个月的外贸增速都在两位数以上。然而，在美国释放退出量化宽松政策的信号之后，全球市场出现大幅震荡，出口需求受到严重冲击。5 月份中国的外贸增速骤然降至接近于 0，6 月份进出口同比增速更是双双出现负增长，出口贸易的萎缩尤为明显，当月同比增速仅为−3.1%。

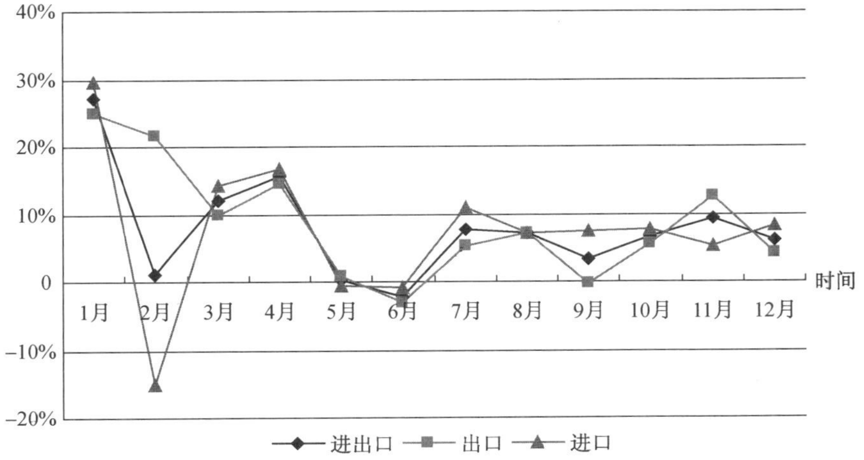

图 4-2 2013 年对外贸易额的当月同比增速

面对日益严峻的外贸形势，7 月底国务院及时出台《关于促进进出口稳增长、调结构的若干意见》的 12 条政策措施，为处于困境中的外贸企业提供了有力支持。随着扶持政策的迅速落实和市场形势的逐渐稳定，中国的外贸增速开始触底反弹。出口增速在 8 月份回升至 7.1%，进口增速也企稳在 7%～8%的区间，确保全年外贸增速接近年初的预定目标。

2）外贸商品结构持续优化，有力支持产业升级和满足消费需求

从出口贸易的商品构成来看，在“调结构”的政策支持下，包括部分机电产品在内的高新技术产品所占比重进一步提升，较 2012 年上升了 0.5 个百分点（见表 4-1），带动国内相关产业的结构升级。在外部需求持续疲弱、国家强化资源保护等因素的作用下，资源类商品的出口增速较 2012 年大幅下降，煤、原油、稀土等主要资源品的出口降幅都在 30%以上，稀土及制品的出口比重继 2012 年下降 0.1 个百分点之后，继续下降 0.1 个百分点，资源类商品的出口减少不仅有利于保护生态环境，也有利于保障国内相关产业的能源和原料需求，提高国际竞争力。

从进口贸易的商品构成来看，高新技术产品的进口占比较 2012 年上升 0.7 个百分点，其中大多数是国内制造业部门亟须的核心零部件，对于中国高科技产业的快速发展和竞争力的提升具有重要意义。医疗器械和生物医药产品的进口占比虽然变化不大，但同比增速分别高达 11.2%和 16.4%，明显高于进口贸易的平均增速，这些高端消费品的进口增长有效满足了

表 4-1　**2013 年进出口贸易额中代表性商品的比重及与 2012 年对比(%)**

代表性商品	出口贸易		代表性商品	进口贸易	
	2012 年	2013 年		2012 年	2013 年
机电产品	57.6	57.3	机电产品	43.1	43.1
高新技术产品	29.3	29.9	高新技术产品	27.9	28.6
纺织服装	7.8	8.0	医疗器械	0.4	0.4
鞋帽	2.3	2.3	生物医药	0.8	0.8
煤	0.1	0.1	煤	1.6	1.5
原油	0.1	0.1	原油	12.1	11.3
稀土	0.2	0.1	铜矿砂	0.9	1.0

国内居民在医疗、保健方面的消费需求,提高了人们的生活水平。

3）对外贸易的价格条件趋于恶化,主要受到农、矿产品的拖累

受需求减少、汇率变动等因素的影响,2013 年中国的进出口贸易价格均有不同程度的下降,出口价格的降幅相对较大(见图 4-3)。出口贸易的平均价格较 2012 年下降了 2.8%,而进口贸易的价格降幅约为 1.3%,对外贸易的价格条件指数为 101.2,较 2012 年下降了 1.5%。这就意味着,以价格水平来衡量的对外贸易经济效益有所降低。

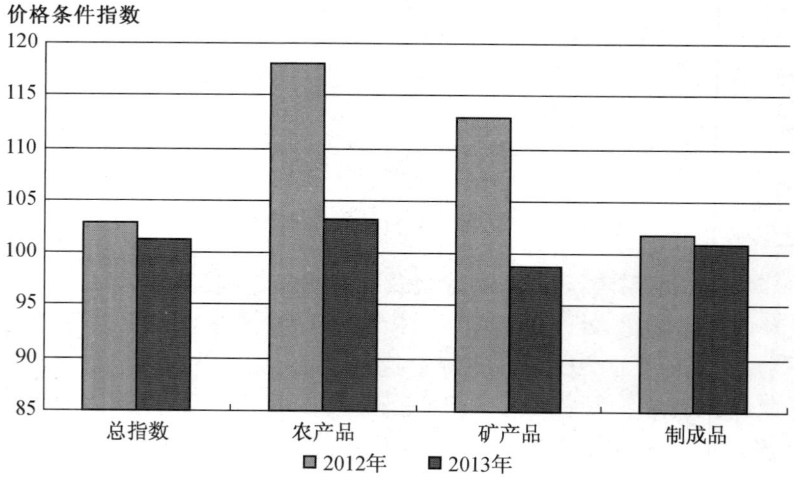

图 4-3　2013 年对外贸易的价格条件指数及与上年对比

价格条件的恶化主要缘于农产品和矿产品的进出口贸易,2013 年农、矿产品对外贸易的价格条件指数分别为 103.9 和 98.8,较 2012 年大幅下降了 12.5%和 12.4%。而在 2012 年,农、矿产品的价格条件指数曾经大幅上涨 38.2%和 16.5%,是外贸经济效益改善的主要原因。相比之下,工业制成品的价格条件指数则要稳定得多,较 2012 年仅小幅下降了 0.8%。

4）民营企业的贸易地位显著提升,海关特殊监管区的重要性进一步凸显

在贸易主体方面,2013 年民营企业的进出口贸易延续了高速增长势头,同比增速高达 24%,远远高于其他贸易主体的增速(见表 4-2),在中国外贸主体构成中的比重较 2012 年提升了 3.6 个百分点,占外贸总量的比重已接近三成。相比之下,国有企业和外资企业的表现则

表 4-2　**2013 年主要贸易企业与贸易方式的比重和增速及与 2012 年对比(%)**

项　目		占进出口贸易比重		进出口贸易增速	
		2012 年	2013 年	2012 年	2013 年
企业类型	国有企业	19.9	18.0	−1.2	−0.5
	外资企业	50.1	46.1	1.8	1.3
	民营企业	27.7	31.3	26.5	24.0
贸易方式	一般贸易	53.1	52.8	4.5	9.3
	加工贸易	35.6	32.6	3.0	1.0
	海关特殊监管区	7.4	8.7	47.3	28.4

要逊色得多,2013 年两大主体的外贸增速分别只有−0.5%和 1.3%,占中国外贸总量的比重分别下降 1.9 个百分点和 4 个百分点。

在主要贸易方式中,海关特殊监管区的外贸增速虽然有所放缓,但在中国外贸总量中的比重却继续提升。2013 年海关特殊监管区的进出口贸易增速较 2012 年大幅下降了 18.9 个百分点,但仍然实现了 28.4%的高增长速度,占进出口贸易总量的比重达到 8.7%,较 2012 年提升了 1.3 个百分点。可以预见,海关特殊监管区因其在贸易政策、贸易便利化方面所具有的独特优势,在中国对外贸易中的重要性还会进一步显现。

5) 中西部地区的外贸比重小幅增加,但对外贸易的高增长势头有所减缓

2013 年中国对外贸易的省市构成变化不大,东部地区的 8 个省和直辖市的外贸增速为 5.6%,较 2012 年提高了 1.3 个百分点(见表 4-3),占中国外贸总量的比重为 82%,较 2012 年小幅下降 0.3 个百分点。其中,外贸重镇广东省的表现较为出色,在不利形势下积极开拓国际市场,外贸增速较 2012 年提升了 4.1 个百分点,达到 14.9%的较高水平。

表 4-3　**2013 年主要省份的进出口贸易占比和增速及与 2012 年对比(%)**

地　区	省、市	占进出口贸易比重		进出口贸易增速	
		2012 年	2013 年	2012 年	2013 年
东部地区	北京	3.3	3.2	−0.3	2.3
	天津	3.2	3.2	9.9	9.6
	上海	11.2	10.4	0.2	0.0
	江苏	15.3	14.3	1.4	0.6
	浙江	9.0	8.8	−0.9	5.0
	福建	3.8	3.7	8.6	5.7
	山东	7.7	7.6	4.4	6.4
	广东	28.8	30.8	10.8	14.9
中西部地区	陕西	0.4	0.5	8.0	33.1
	云南	0.3	0.4	−1.3	30.7
	重庆	1.2	1.4	84.6	29.9
	安徽	0.9	0.9	8.7	18.3

2013年中西部地区的外贸增速为8.3%，较2012年14.9%的增速显著放缓，占中国外贸总量的比重小幅升至18%。然而，中西部地区的部分省市借助外向型产业的承接机遇，充分挖掘自身潜力，对外贸易取得了引人瞩目的成绩。其中，陕西和云南的外贸增速都超过30%，远远高于2012年的增长水平；重庆的外贸增长势头虽然有所放缓，但增速仍然接近30%；安徽、河南、新疆等省份的进出口贸易也都达到了两位数的增速，占中国外贸总量的比重都有不同程度的提升，成为支撑中国对外贸易稳定增长的新生力量。

6）欧、美、日传统市场的主导地位继续减弱，与亚洲邻国和地区的贸易联系更加紧密

如图4-4所示，欧盟、美国、日本这三个传统市场仍然是中国对外贸易的主要地区，但由于发达经济体复苏乏力，加上中国推进市场多元化策略，这些传统市场在中国对外贸易的地区分布中所占比重明显下降。2013年中国与欧盟、美国、日本的双边贸易占中国外贸总量的比重分别为13.4%、12.5%、7.5%，较2012年下降了0.8个百分点、0.1个百分点、1个百分点。其中，由于日本政治因素的阻碍，中日双边贸易持续萎缩，2013年中国与日本的进出口贸易增速为−5.1%，较上年−3.9%的增速进一步下滑了1.2个百分点。

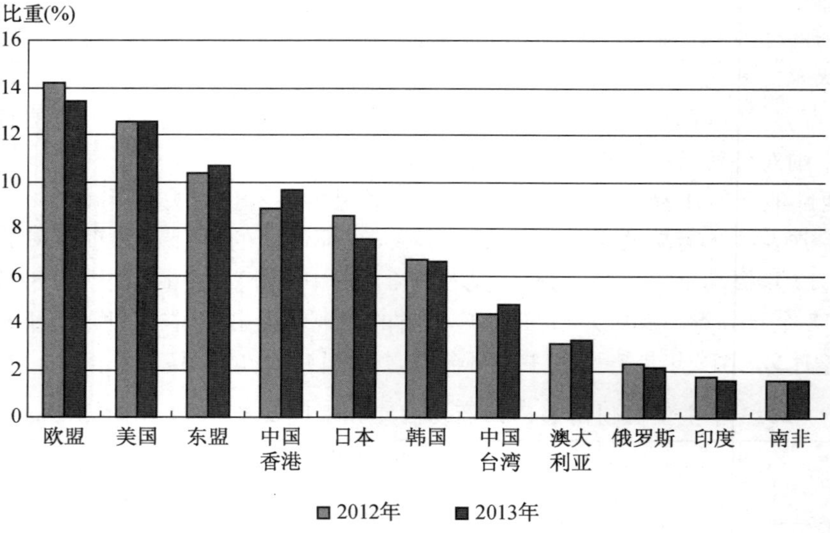

图4-4　2013年主要贸易伙伴在中国进出口总额中的比重及与2012年对比

由于地缘关系、政治因素、历史传承等因素的作用，中国企业将市场拓展的重点放在周边的亚太邻国和地区。2013年中国与东盟、韩国、中国台湾地区、澳大利亚的双边贸易增速分别为10.8%、7%、16.7%、11.5%，较2012年提升了6.6个百分点、2.6个百分点、11.1个百分点、6.6个百分点。2013年中国与东盟、中国香港和中国台湾地区的双边贸易占中国外贸总量的比重分别为10.7%、9.6%、4.7%，较2012年提升了0.3个百分点、0.8个百分点、0.3个百分点。中国强化与这些新兴市场的经贸联系，有效抵御了传统市场经济疲弱的需求冲击，对于优化外贸地区结构、稳定外贸增长速度起到了重要的作用。

二、风险识别

前一部分对2013年中国对外贸易的总体情况和主要特点进行了阐述，本部分将从出口和

进口两个方面详细分析影响中国外贸增长的风险因素。

1. 出口

1）世界经济增速继续回落，外部需求难以提振

2013年世界经济处于政策刺激下的弱复苏阶段，增长速度继续小幅回落，并且各国经济形势表现出鲜明的差异性。据国际货币基金组织2014年1月份估计，按照购买力平价法GDP汇总，2013年全球经济增长3.0%，较2012年回落0.1个百分点。其中，欧美主要经济体的复苏势头较为稳固，但新兴经济体的潜在风险逐渐显现，经济增速趋于放缓。

从主要经济体来看，欧美日等国的经济复苏继续巩固。美国受益于再工业化以及个人去杠杆的结束，经济复苏势头较为强劲。尽管2013年美国的经济增速较2012年回落0.9个百分点，但经济增速呈现逐季走高的态势，一至四季度的GDP同比增速分别为1.3%、1.6%、2.0%、2.7%。考虑到近年美国经济调整取得的实际成效，预计将延续增长态势。欧元区受益于债务危机的逐步缓解和金融市场的渐趋稳定，经济已呈现复苏迹象。2013年欧元区经济下降0.4%，降幅较2012年收窄0.2个百分点。随着市场的信心增强，欧元区经济景气指数连续攀升，2013年11月该指数连续7个月保持升势，达到2011年8月以来的最高点，预计欧元区复苏势头会持续下去，经济增速有望加快。日本受益于超常规的宽松货币政策和财政政策的刺激，经济进入低速增长通道。2013年日本经济增长1.6%，较2012年加快0.2个百分点，主要经济指标呈现失业率下降、私人消费上升、工业生产温和增长、出口回升的态势。从目前情况来看，随着"安倍经济学"的政策效果逐渐显现，日本经济将会延续温和复苏的势头。

从新兴经济体来看，由于外部需求疲弱、投资疲软，以及美国退出量化宽松货币政策的压力等因素的影响，经济增速普遍放缓。2013年金砖四国中的俄罗斯、印度、南非的GDP增速分别为1.6%、4.7%、1.9%，较2012年放缓1.9、0.3、0.6个百分点，印尼、马来西亚、泰国的GDP增速也分别较2012年放缓0.5、1.1、3.6个百分点。新兴经济体增长放缓既有外部因素，也有内部因素。从外部看，国际大宗商品市场价格下降、美联储货币政策收缩预期增强等因素，不利于新兴市场和发展中国家的经济增长；从内部看，经常账户出现赤字、金融体系不够健全、自身存在结构性矛盾等，减缓了新兴经济体的持续稳定增长。在美联储发出缩减量化宽松信号后，东南亚、拉美地区的金融市场发生剧烈震荡、货币大幅度贬值、股市急剧下滑、债券收益率攀升、资本加速外流的现象。目前，新兴经济体面临着较多的结构性矛盾，有的严重依赖能源资源出口，有的国际收支长期逆差，有的基础设施建设滞后。当外部环境转趋不利时，新兴经济体的增长往往呈现波动加剧、风险上升态势。面对基本面走弱和外部环境日趋动荡等新挑战，经济前景难言乐观。

2）成本压力进一步上升，削弱出口企业竞争力

在2012年的风险研究报告中，我们已经提示了出口企业面临的成本风险，但在经济转型阶段和结构调整时期，这种风险因素具有刚性特征。2013年出口企业的成本压力不仅未能有所缓解，反而较2012年进一步上升。

在人力成本方面，截至2013年9月，共有24个省级地区调整了最低工资标准，平均调增幅度为18%。农民工工资也在不断上涨，2013年外出务工劳动力的月均收入同比增长13%。人力成本的快速上涨使得劳动密集型产品的出口竞争力进一步下降，部分出口订单流失，部分产能向周边国家转移。2013年前8个月，中国七大类劳动密集型产品对美国和欧盟出口分别增长4%和5.1%、对日本出口下降0.6%，均低于整体出口增速。中国劳动密集型产品占美

国市场份额 46.8%，较 2012 年同期下滑 0.7 个百分点，占日本市场份额 66.4%，下滑 1.7 个百分点，占欧盟市场份额 42.4%(1～6 月)，下滑 1.9 个百分点。而东盟及其他发展中国家劳动密集型产品的出口竞争优势正逐步增强，不断挤占中国产品的市场份额①。

在资金成本方面，为引导国内经济去杠杆化和避免投资过快增长，2013 年中国的货币调控总体偏紧，导致贷款利率持续走高，加权平均的贷款利率由年初的 6.65%逐季升至年末的 7.20%，温州的民间贷款利率更是由年初的 12.8%升至年末的 16.9%。考虑到新增资金主要流向大型央企、地方国企、房地产企业，以及政府融资平台，中小型外贸企业很难获得银行的资金支持，往往只能依赖于高利率的民间融资。再加上中国工业品出厂价格连续负增长，进一步提高了出口企业的实际融资成本。

与此同时，汇率因素也增加了外贸企业的出口成本和汇兑损失。2013 年以来人民币汇率不断攀升，屡创历史新高。国际清算银行的数据显示，人民币实际有效汇率指数从年初的 111.85 升至年末的 118.75，达到 1994 年公布该数据以来的历史最高点，全年升值幅度高达 6.17%。而周边的日本、印度、俄罗斯等国为推动出口增长，纷纷采取货币贬值策略，抵制出口商品价格竞争力下降的不利影响。汇率比价的此消彼长，在很大程度上削弱了中国出口企业的产品竞争力。

3）贸易保护形势依然严峻，出口壁垒日渐升高

受世界经济持续低迷的影响，当前国际市场争夺更加激烈，贸易保护主义不断升级。商务部数据显示，2013 年全年共有 19 个国家和地区对中国发起了 92 起贸易救济调查，较 2012 年增长了 17.9%。与此前中国贸易摩擦对象集中于发达国家不同，2013 年新兴经济体和发展中国家由于经济放缓，一些产业发展面临困难，对中国的贸易摩擦也呈增多之势，对中国产品发起的贸易救济案件数量和金额均超过发达国家，应对难度明显增大。

当前中国面临的贸易保护措施已经从关税、出口补贴等初级、明显的形式逐步演变为贸易监管和管制等隐蔽形式，部分国家以气候变化、绿色发展、反倾销、知识产权等为借口，设置市场准入壁垒与产品贸易门槛。经贸摩擦对象从传统出口产品扩展到技术密集产品，美国利用“337 知识产权调查”来阻止中国高技术产品进入美国市场就是一个典型案例。2007—2012 年，中国企业遭遇美国“337 调查”占其全球调查总量的 1/3 左右。2013 年美国对中国的电子、通讯、机械等出口产品发起“337 调查”17 起，占其同期立案数量的 40%以上，涉及中国不少战略性新兴产业的大型龙头企业，包括中兴、华为、三一重工等企业都曾被列为调查对象，给这些企业带来了巨大的应诉成本，甚至被美方强行限制市场准入。面对美方的“337 调查”，中国企业如果不应诉，就会形成一个很坏的先例，让美国人产生中国企业惯于盗窃商业秘密的先入为主的观念；而如果应诉不积极导致这个案子败了，其中涉及的一些关键点就会成为美国判例，对未来应诉“337 调查”的中国企业非常不利，会直接影响到其他中国企业的诉讼结果。因此，就算是耗费巨大的财力和人力，中国企业也只能硬着头皮积极应诉。“337 调查”已成为美国企业阻止竞争对手产品进入美国市场的最省钱、最省时的法律途径。近年来，中国频频遭受美国发起“337 调查”，很大原因是中国出口产品的技术含量不断增高，威胁到了美国本土企业的发展，美国政府寄希望于“337 调查”打压中国产品进入美国市场，这是中国企业进入美国需要应对的新壁垒。

---

① 商务部. 中国对外贸易形势报告(2013 年秋季). 商务部网站，2013-10-30.

4）套利热钱潜伏于虚假贸易，扰乱正常贸易秩序

2013 年上半年，中国的出口贸易尤其是对香港的出口贸易数据出现异常，引发媒体舆论、监管部门的高度关注。2013 年前 4 个月，内地与香港双边贸易增长 66%。而在 3 月份，内地对香港出口则增长了 92.9%，创造了 1995 年 3 月以来的最高增速。然而，内地出口数据与香港进口数据并不相符，统计口径的差异也不足以解释双边贸易数据的巨大缺口。其原因主要在于大规模投机性资本借道"虚假贸易"进入内地，企业通过将货物往返深圳保税区和香港之间来回"兜圈"增加业务量，并利用人民币"内保外贷"政策套利。

"兜圈"贸易就是企业通过不停的货物进出口，赚取两边银行的利率差价，兜圈越多套利也越多。香港的人民币贷款利率一般为 2.25%～2.5%，而内地 1 年期人民币存款利率为 3.25%～3.3%，利差接近一个百分点。此外，境内企业还可以通过购买境内银行年利率高于 4.3%的理财产品进行质押担保，进一步扩大套利空间。如果用美元付汇再以人民币收汇，还能赚取 0.48%的汇差，一次兜圈的利润就可以达到 2.48 个百分点。以 1 亿元本金计算，兜圈 200 次，就能套入资金 200 亿元，1 年下来的套利收入就可达 4.96 亿元①。然而，这种"虚假贸易"存在骗取出口退税、占用仓位资源、增加物流成本等问题，严重扰乱了正常的贸易秩序，并且导致决策部门对于宏观经济形势的判断出现偏差。

在观察到深圳贸易数据的异常现象之后，监管部门及时出台监管政策遏制此类"虚假贸易"。国家外汇管理局和银行监管部门在 2013 年 4 月份已经对广东省内银行进行窗口指导和风险提示，黄金等加工贸易的远期信用证质押融资被叫停。工商部门也开始对反复进出贸易套利的企业开始查税。海关也进一步加强了对保税区进出口货物的监管，确保单货相符，同时还加大了对保税区内注册物流企业的资质审核。几个监管部门的联合行动对"虚假贸易"产生强大的威慑力，仅深圳福田保税区而言，2013 年 4 月上旬，该区物流货物进出口值平均每天为 11.7 亿美元，5 月份该项数据已降至 1.9 亿美元，下跌幅度达到了 83.8%②。然而，由于套利空间始终存在，监管风暴可以堵得了一时，却未必能持久，"虚假贸易"的风险因素还可能会伺机而发。

2. 进口

1）国内经济的下行压力较大，进口贸易缺乏内需支撑

面对错综复杂的经济形势和日渐加大的下行压力，中国政府统筹稳增长、调结构、促改革的各项措施，确保宏观经济的平稳运行。2013 年中国 GDP 增长 7.7%，增速与 2012 年持平，超出 7.5%的年初目标。尽管经济增长超出既定目标，但仍处于十余年来的最低水平，经济减少引发的内需不足，直接限制了进口贸易的增长空间。

2013 年中国经济运行中的下行压力主要源于产能过剩、地方债务负担过高等问题。从产能过剩风险来看，在"4 万亿"刺激计划的推动下，中国投资出现较快增长之势，产能过剩情况在此后一直成为中国经济稳定运行的风险因素。一方面，产能过剩行业已从钢铁、有色金属、建材、化工、造船等传统行业扩展到风电、光伏、碳纤维等新兴战略性产业，许多行业产能利用率不足 75%，处于严重过剩当中；另一方面，过剩行业的投资仍在增长，而且大部分为现有水

---

①②　罗洁琳，谭玲娟. 央视揭深港两地虚假贸易套利 1 亿本金 1 年赚近 5 亿[N]. 深圳商报，2013-06-24.

平的重复投资，过剩程度进一步加剧①。尽管近年来中国连续出台去产能政策，但由于金融等领域准入门槛较高，投资仍然集中在这些过剩行业中。从地方债务风险来看，近年来地方政府为推动各项建设工程，促进经济快速发展，通过各种途径大肆举债。审计署的测算结果显示，中国各级政府负有偿还责任的债务余额占 GDP 的比重为 36.74%，虽然这一比例不超过 60%的国际标准，属于相对安全范围，但由于地方政府的债务期限相对较短，意味着一般政府融资总需求会进一步上升。此外，许多地方政府的直接债务规模已超出其偿还能力，中央政府可能需要向其提供额外的财政资源来提升其财政状况及偿债能力②。地方债务的过快上升挤占了稀缺的金融资源，企业扩大进口贸易缺少足够的资金支撑，并且这些地方建设项目对于进口的依赖较少，也不利于带动进口增长。此外，房地产市场分化、结构性就业矛盾突出等问题也对中国的经济增长和内需扩大施加了不少的压力。

在中央坚持经济结构调整不动摇的政策大方向下，各项改革任务还将如期推进，经济增速可能进一步放缓。尽管中央政府有着扩进口的政策导向，但这种主动性的经济减速无疑会继续限制进口贸易的需求潜力，进口贸易增长预计要面临较大的内部需求压力，需要结构性的进口支持政策来疏导压力。

2）铜贸融资的套利活动过度，导致进口贸易数据虚高

在 2013 年 5 月监管部门联合打击“虚假出口”的套利活动之后，套利活动的重心又转向大宗商品进口的融资套利活动。由于铜产品具有单价高、仓储费用低、交割性好等特征，成为进口贸易融资套利的主要对象。2013 年 6 月中国的铜进口同比增长 9.7%，相比 5 月下跌的 14.6%，是相当大的改变。

考虑到中国的主要经济指标未有明显起色，铜产品进口的反常飙升显然不是实际需求的反映，主要还是融资套利的进口操作所致。高盛公司指出了这种“现金换铜”的操作模式：第一步：国内银行开立信用证，一般是 3～6 个月的期限；第二步：离岸的铜持有者将铜出售给国内的铜进口商，进口商再将实物铜进口到中国（要么从保税区，要么从其他离岸市场），并在国内市场出售，从而获得人民币现金；第三步：国内铜进口商在信用证到期的时候还款。铜进口商在持有人民币现金的 3～6 个月里，就能投资回报更高的人民币资产，而 2013 年 6 月份“钱荒”事件所引发的短期利率上涨为“现金换铜”融资交易提供了巨大的盈利空间，从而导致铜进口量在 6 月份的大幅增长。上述融资套利活动还可以通过多次开立信用证实现滚动操作，将融资期限进一步延长，以便投资于回报更高的房地产、民间借贷、信托产品等领域。2014 年前 2 个月这种“现金换铜”的交易依然活跃，中国进口未锻造铜及铜材量为 91.5 万吨，同比大增 41.2%，有期货研究报告指出，这些铜进口中的融资铜占比在 30%～40%③。

铜贸融资的套利交易导致进口贸易数据虚高，这些缺乏实际需求的铜产品进口，往往会使决策部门对宏观经济产生过于乐观的错误判断。另外，铜贸融资并非无风险的套利交易，盈利空间很大程度上取决于铜价和汇率的变化，一旦国内铜价或人民币汇率大幅下跌，参与融资套利的贸易商将会面临较大损失，甚至出现资金链断裂的风险。2014 年 3 月份人民币贬值、铜价持续下跌等因素已经导致众多套利者认赔出局，一旦融资铜走向终结，将对中国金融市场的

---

① 严于龙. 2014 年经济增速有望保持基本稳定[J]. 宏观经济管理，2014(2)：24-27.

② 国务院发展研究中心. 2013 年第四季度经济运行分析[OL]. 国研网，2014-01-26.

③ 陈颖. 超日债违约引铜融资套利终结担忧 全球铜价恶性循环开始[N]. 南方都市报，2014-03-13.

资金流动性造成冲击，需要引起监管部门的高度关注。

3）农产品的进口管理政策滞后，影响市场作用的发挥

近年来，为保障农业生产的稳定性，国家相继对粮、棉、油、糖等大宗农产品实行最低收购价和临时收储政策，有效地保护和调动了农民的生产积极性，但也积累了一些矛盾和问题。突出表现为政策执行刚性化，带动农产品的国内市场价格逐年上升，一定程度上影响了市场机制的作用发挥。

随着国家收储数量越来越大，储备粮、棉、糖库存均已处于历史最高水平。近 10 年来，国内小麦、玉米、稻谷价格分别上涨 93%、109%、130%，棉花、食糖价格也大幅上涨，不仅加大了国内通胀压力，而且拉高了原材料成本，对工业品生产部门的竞争力产生较大冲击。目前，主要农产品的国内市场价格已普遍高于国际市场。2013 年 11 月，国产小麦在广东批发市场的价格是每吨 2 800 元，美国小麦进口到广东的到岸完税成本仅为每吨 2 620 元；食糖在南宁市场的交货价为每吨 5 735 元，而国际原糖期货进口糖的到岸完税成本仅为每吨 4 265 元；国产棉均价为每吨 1.96 万元，进口棉均价的进口到岸完税成本仅为每吨 1.49 万元，每吨进口棉比国产棉低 4 648 元①。

农产品进口价格与国内价格的巨大落差刺激相关产品的进口贸易量大幅攀升。2012 年，中国进口玉米 521 万吨，增长 192%；小麦 370 万吨，增长 162%；稻米 237 万吨，增长 183%；棉花 513 万吨，增长 53%。2013 年主要农产品的进口增长势头虽有所缓和，但仍然处于较高水平，例如小麦进口增速接近 40%。进口农产品的持续增多逐渐挤占了国内市场，使得农产品收储政策并未起到应有的作用，反而导致农产品的进口依赖性越来越高，甚至威胁到粮食安全的基本目标。国家必须抓紧研究完善大宗农产品市场调控机制和价格政策，同时对现行的储备吞吐、进口管理等相关体制和市场管理措施作出相应的调整和完善。

三、风险度量

1. 服务贸易与经济增长的关系

以往的风险研究报告对商品贸易与经济增长的关系进行了多角度的实证研究，这部分我们将研究视角拓展到服务贸易领域，衡量服务贸易与中国经济增长之间的关系，为中国更好地发展服务贸易提供政策依据。

1）服务贸易与经济增长关系的理论分析

传统的国际贸易理论和经济增长理论都将研究重点落脚于货物贸易，对于服务贸易与经济增长之间联系的研究相对欠缺。然而，随着经济全球化尤其是跨国服务外包的快速发展，全球服务业得到了快速的发展，服务贸易增速已经超过货物贸易，对于经济增长的积极作用也日益凸显。李瑞琴(2009)的理论分析认为，服务贸易对一国经济增长带来的拉动效应、较强的技术外溢效应、规模经济效应以及就业效应等，都使得服务贸易对经济增长的促进作用强于货物贸易。基于中国数据的实证研究也证明了这一点，无论是从进口贸易来看，还是从出口贸易来看，服务贸易对中国经济增长的影响都要强于货物贸易。

国外关于服务贸易促进经济增长的相关理论大多建立在货物贸易与经济增长的相关理论基础之上。Deardorff(2001)的研究表明，服务贸易所提供的服务（如运输、保险、金融）会便利

---

① 张晓强. 保障平稳 促进改革 推动经贸工作迈上新台阶[J]. 宏观经济管理，2014(2)：4-8.

国际商品贸易的发展，从而间接推动经济增长。实证分析的结论显示，服务贸易自由化确实可以促进服务贸易和货物贸易各领域的发展，从而使得贸易双方可以获得更大的经济增长利益。Verikios(2001)用一般均衡模型对19个国家和地区之间的电讯和金融服务贸易的经济效应进行了实证分析，发现电讯和金融服务贸易的自由化对经济增长有着显著的促进作用，电讯和金融服务贸易自由化可以拉动全球经济增长的2%。Ramkishen(2002)基于中国、印度尼西亚、韩国等5个亚洲国家服务贸易数据进行实证研究，认为在适当的时间有序地开放金融和电信服务市场，能够使本国居民获得物美价廉的服务产品进口，并间接促进一国经济增长和福利水平的提高，同时对一国经济结构调整也具有重要意义。

近年来，服务贸易与经济增长关系的相关研究也得到了国内学者的关注，国内已有的研究成果主要是以定性方法来分析，而对科学严谨的定量研究相对缺乏。例如，王子先(2012)从技术进步和产业升级两方面，阐述了服务贸易通过人力资本积累、制度创新和技术溢出三大渠道促进经济增长的作用机理。在为数不多的定量分析中，危旭芳、郑志国(2004)利用中国1985—2001年的统计数据，采用最小二乘法考察了服务贸易进出口总额、出口额、进口额、净出口额对经济增长的贡献。结果表明，除了净出口额之外，其他三个指标与经济增长之间均存在正相关联系，且进口贸易对经济增长的促进作用更大。潘爱民(2006)运用协整方法考察了中国服务贸易进出口和经济增长之间的关系，发现服务贸易进口和出口都是经济增长的格兰杰原因，并且三者之间存在长期稳定的均衡关系，但服务进口贸易的短期波动对经济增长的短期变化影响更为明显。尚涛、郭根龙(2007)运用VAR模型的脉冲响应函数法，考察了1982—2004年间中国服务贸易进出口与经济增长的长期动态影响特征。分析结果表明，服务贸易是促进中国经济增长的重要因素，同时经济增长对于服务贸易也存在反向的拉动作用。李铩、宋琴(2011)的协整分析和因果分析则表明，长期内中国的服务贸易进口和出口对经济增长都有促进作用，但服务贸易进口并不是带动中国经济增长的格兰杰原因，只有服务出口贸易才能够促进经济增长。

前述的国内实证文献对于服务贸易与经济增长的关系存在不一致的结论，特别是进口贸易和出口贸易对经济增长的作用尚有争议。另外，考虑到中国的服务贸易发展具有阶段性，在不同的发展时期，对经济增长的作用可能有较大差异，而现有成果未能揭示服务贸易影响经济增长的动态特征。本报告基于传统的经济增长分析框架，综合采用协整分析技术和滚动回归(rolling regression)技术来实证检验服务贸易对经济增长的影响，衡量进口贸易与出口贸易对经济增长的作用程度，以及这种关联性如何随着时间推移而发生动态变迁。

2）中国服务贸易的特征分析

中国的对外服务贸易起步于1982年，当年的服务贸易进出口额分别只有20亿美元和25亿美元，至2012年进出口额已达到2 812亿美元和1 914亿美元，30年间的平均增速分别为20.1%和16.2%，与同期货物贸易进出口额的增长速度(分别为17.3%和16.9%)大致持平。然而，基数原因导致服务贸易与货物贸易的规模差距越来越大，从1982年不到200亿美元扩大到2012年的上万亿美元。由此观之，中国的服务贸易还有很大的发展空间。

根据联合国贸发会议组织的统计数据，我们在图4-5中描绘了1982—2012年中国服务贸易进出口额的变动情况。由图可知，中国服务领域的对外贸易大致可以划分为三个发展阶段：1982—1993年属于缓慢起步阶段，这一阶段用了12年的时间才将进出口贸易额从20亿美元左右的规模提升至100亿美元的水平；1994—2000年间属于稳步成长阶段，这一阶段进出口贸易额每隔2～3年便能增长100亿美元；2001年以来属于快速发展阶段，受益于中国加入

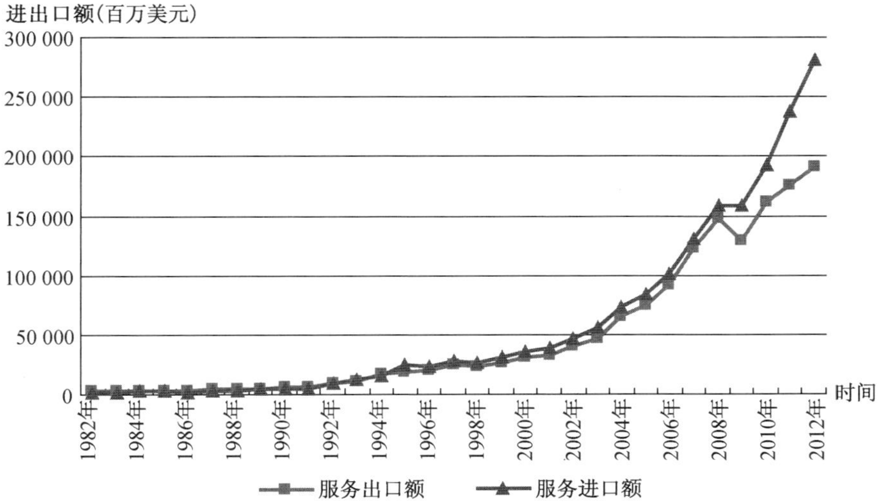

图 4-5　中国服务贸易进出口金额的演变情况

WTO 的利好因素，这一阶段进出口贸易额几乎每年都能增长 100 亿～200 亿美元。

中国服务贸易自 1995 年以来便持续处于逆差状态，逆差规模从 1995 年的 61 亿美元上升至 2012 年的 898 亿美元，这与货物贸易的持续顺差形成鲜明对比，反映出中国在服务贸易领域的国际竞争力相对较弱。尽管中国的服务贸易发展水平远远落后于货物贸易，但在年均接近 20%的高增速支持下，中国在国际服务贸易格局中的重要性却逐渐增强。图 4-6 显示，中国服务贸易进出口额占世界总量的比重从 1982 年的 0.45%和 0.63%稳步升至 2012 年的 6.58%和 4.33%，仅次于美国和欧盟，位居世界第三。

图 4-6　中国服务贸易进出口额占世界总量的比重

3) 服务贸易对经济增长影响的计量研究

参考熊启泉和张琰光(2008)、姜巍(2011)的研究方法，我们采用开放经济条件下扩展的总量生产函数模型作为分析工具，针对进口服务贸易和出口服务贸易分别建立两个 VAR 模型，即进口 VAR 模型(GDP, K, L, SIM)和出口 VAR 模型(GDP, K, L, SEX)。其中,GDP 为名义的国内生产总值(单位:百万元),K 为以固定资产投资衡量的资本要素(单位:百万元),L 为以全社会从业人员平均数衡量的劳动要素(单位:百万人)。SIM 和 SEX 分别为中国的服务贸易进口额和服务贸易出口额,并按人民币对美元年均汇率折算为人民币计价的贸易额(单位:百万元)。为消除时间序列的异方差性,所有变量均取自然对数。样本期间为 1982—2012 年,数据来源于中经网和 UNCTAD。

ADF 的单位根检验结果显示,所有变量均为平稳变量。综合各类信息准则的判定结果,确定两个 VAR 模型的最优时滞均为 1 阶。根据滞后阶数的判定结果,我们对两个 VAR 模型进行无约束的 Johansen 协整检验,结果如表 4-4 和表 4-5 所示。

表 4-4 **进口模型的协整检验结果**

协整秩个数的零假设	特征根	Trace 统计量	5%的临界值	1%的临界值
None**	0.73	61.05	47.21	54.46
At most 1	0.41	22.69	29.68	35.65
At most 2	0.22	7.48	15.41	20.04
At most 3	0.00	0.13	3.76	6.65

** 表示在 1%的显著性水平上拒绝接受零假设。

表 4-5 **出口模型的协整检验结果**

协整秩个数的零假设	特征根	Trace 统计量	5%的临界值	1%的临界值
None**	0.70	74.91	47.21	54.46
At most 1**	0.62	39.78	29.68	35.65
At most 2	0.33	11.51	15.41	20.04
At most 3	0.00	0.11	3.76	6.65

** 表示在 1%的显著性水平上拒绝接受零假设。

从表 4-4 和表 4-5 中的 Trace 统计量与临界值的比较可以看出,在 1%的显著性水平上,两个 VAR 模型中的内生变量之间分别存在 1 个和 2 个稳定的长期联系,在剔除不符合扩展总量生产函数模型的长期联系后,系数标准化处理的协整方程分别为:

$$GDP = 0.543K + 0.077L + 0.089SIM$$
$$(0.022) \quad (0.131) \quad (0.025)$$
$$GDP = 0.636K + 0.768L + 0.241SEX$$
$$(0.038) \quad (0.193) \quad (0.049)$$

注:括号内数字为对应系数的标准误差。

两个协整方程中解释变量的系数符号与显著性水平表明,长期内服务贸易进出口与经济增长之间确实存在正相关联系。但从系数值的大小来看,出口服务贸易对经济增长的关联性明显强于进口服务贸易,这一结论与已有的研究成果基本一致,也符合中国出口导向型经济增长模式的特征。其原因可能在于,尽管中国在金融保险、专利许可、技术转让等知识技术密集领域处于比较劣势,要依靠进口贸易来满足不断增长的国内需求,但由于这些领域要么存在国内的准入限制(如金融保险),要么面临国外的输出管制(如技术转让),以至于进口服务贸易难以发挥应有的积极作用。

为揭示服务贸易进出口与经济增长联系的动态特征,我们首先建立经济增长的模拟方程式。具体方法是在上述两个协整方程的基础上纳入误差项的一阶自回归因子,以此消除时间序列变量的自相关性,同时采用 Prais-Winsten 回归技术来得到更为可靠的广义最小二乘估计值。回归结果如下:

$$GDP = 0.589K + 0.833L + 0.145SIM + AR(1)$$
$$(0.048)\quad(0.049)\quad(0.039)$$
$$R^2 = 0.999 \quad Adj\ R^2 = 0.999 \quad D.W. = 1.759$$
$$GDP = 0.601K + 0.791L + 0.137SEX + 0.673AR(1)$$
$$(0.051)\quad(0.050)\quad(0.050)$$
$$R^2 = 0.999 \quad Adj\ R^2 = 0.999 \quad D.W. = 1.583$$

注:括号内数字为对应系数的标准误差。*D.W.* 为 *Durbin-Watson* 统计量。

从检验指标来看,两个模拟方程式均有相当高的拟合性能,*Durbin-Watson* 指标值也说明方程式较好地消除了自相关性扰动的影响,能够作为模拟经济增长的动态方程。据此我们在 3 年的递归时间窗口内进行滚动回归,图 4-7 描绘了 *SIM* 和 *SEX* 回归系数的变动趋势。

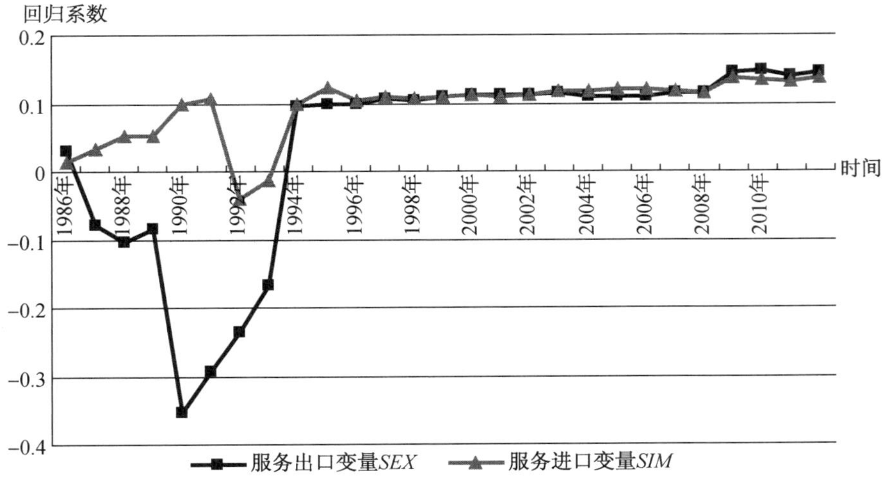

图 4-7　服务贸易进出口变量的滚动回归系数

从图 4-7 可以看出,在样本的不同时期,服务贸易进出口变量与经济增长的关系存在明显的动态差异。其中,1992 年和 1990 年分别是进口贸易和出口贸易作用力的拐点,*SIM* 变量系数从 1992 年最低点的−0.04 快速升至 1995 年的0.12, *SEX* 变量系数则从 1990 年的最低点−0.35快速升至 1994 年的 0.1,中国的服务贸易在经历拐点之后开始进入正轨,对经济增长发挥着越来越重要的作用。在 20 世纪 90 年代中期至 2008 年间,服务贸易与经济增长的关系趋于稳定,进出口贸易变量系数均维持在 0.11 左右的水平。而在 2009 年以来的后危机时期,服务贸易与经济增长的关系进入一个更紧密的新阶段,进出口贸易变量系数提升到 0.13～0.15 的稳定状态。

根据计量研究的结果,我们认为,改革开放以来,虽然中国的服务贸易保持了较高的增长速度，在世界服务贸易体系中的重要性也趋于增强，与经济增长的关联性也愈发紧密。但与货物贸易的发展水平相比，服务贸易明显滞后，还有很大的发展空间，对于经济增长的促进作用也有待于提升。有必要借鉴中国货物贸易的发展经验，进一步扩大服务业的对外开放。在巩固中国在建筑、旅游、运输等传统服务业比较优势的基础上，重点发展金融保险、法律咨询、专利转让等比较劣势的服务领域。通过逐步削减国内在知识技术密集领域的服务业管制，并通过积极参与国际协商谈判消除发达国家在技术转让等方面的歧视性规定，努力提升进口服务贸易的规模与内涵，为经济增长提供更有力的支持。为此，中国应借助多边和双边渠道积极参与服务贸易自由化进程，稳妥有序地扩大服务市场的开放和准入。制定有效的激励政策，着力承接国际服务业转移，推进国外服务发包企业与本土接包企业的技术合作，以及本土企业服务外包之间的分工协作，尽可能强化承接服务外包的外溢效应。

2. 对外贸易风险的度量

1）总体评价

与往年报告所采用的风险评级方法一样，我们根据进口与出口年度增长率对其长期趋势（也即潜在的进口增速与出口增速）的偏离度来评定对外贸易的风险等级。在估算进口与出口增长率的长期趋势时，以 1979—2013 年进口和出口增长率的算术平均数作为长期趋势值，测算长期趋势值时没有纳入 2009 年的数据，以避免金融危机这类偶然性事件对长期趋势的扭曲，更真实地反映潜在贸易水平。进出口贸易的偏离程度与风险级别的定义遵循以往报告的规则，此处不再重复。

从图 4-8 中进口和出口历年的风险等级可以看出，2013 年进出口风险等级均维持不变。进出口贸易增速延续了 2012 年的低水平，虽然进出口增速略高于 2012 年，但与长期趋势值的差距仍然高达 10.6 个百分点和 10.5 个百分点，这一结果也符合我们在 2013 年报告中“2013 年中国外贸形势有望好转，进出口增速可能好于 2012 年。但外贸发展形势仍不容乐观，更可能延续 10%左右的低速增长态势”的预测。尽管 2013 年欧美经济已经显露出稳步复苏的迹象，但中日关系趋于恶化，以及欧美地区“去杠杆”和“制造业回归”的政策作用，限制中国对外贸易的增长空间，再加上中国持续加大经济结构调整的政策力度，内外部因素的重叠作用使得

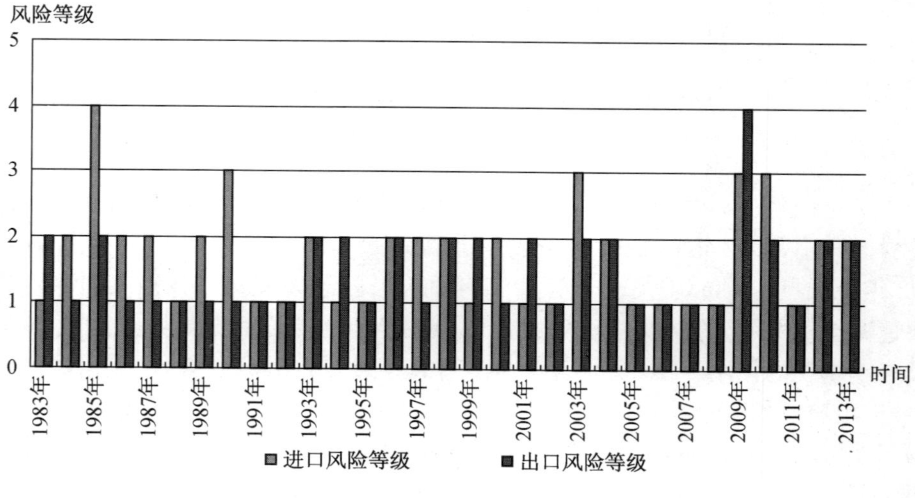

图 4-8 进出口风险等级评价

中国的进出口贸易增速维持在10%以下的低水平。考虑到美国将在2014年稳步退出量化宽松政策，新兴市场国家的潜在风险逐渐暴露，预示着中国的对外贸易形势依然艰难，但随着欧洲经济逐步走出困境，有望部分缓解外贸压力。与此同时，中国继续推动经济结构的优化调整，加快淘汰过剩产能，尽管也出台了一些贸易便利化措施来支持外贸的转型发展，但这些支持措施不足以抵御内外部不利形势的压力，预计2014年中国的对外贸易增速难有明显起色，风险等级很可能继续持平。当前的政策重点是"在稳定中求发展"，在确保外贸总量稳定增长的同时，加快推进外贸结构的优化调整：一方面，要千方百计减轻外贸企业的生产与经营成本，抵消劳动力和原材料成本上涨，以及汇率升值的压力，尽量保证进出口贸易维持在10%左右的增速。另一方面，对于一些不符合经济结构调整方向的行业、产品、企业，应当坚决实施关、停、并、转，努力推动外贸发展方式的转变。

2) 人民币升值对中国出口商品结构的影响与风险度量

中国自2005年推行汇率制度改革以来，人民币汇率持续升值，且波动幅度趋于扩大，汇率因素对出口贸易的影响日益凸显。从决策部门的意图来看，这一轮汇制改革主要有两大目标：一方面是通过本币升值缓解贸易顺差过大的压力，促进国民经济发展的内外平衡；另一方面是发挥汇率在引导资源配置中的积极作用，带动出口贸易结构乃至国内产业结构的优化调整。那么，汇改以来的政策效果如何？人民币升值是否实现了"促平衡、调结构"的预期目标？这些都有赖于科学、严谨的量化分析来作出客观评价。在2012年的风险研究报告中，我们利用企业层面数据评估了人民币升值的"促平衡"效应，本次报告重点考察"调结构"效应，利用高度分解的细分商品贸易数据，评估人民币升值对中国出口商品结构的影响。

(1) 文献回顾。汇率传递效应的相关文献认为汇率能够通过价格杠杆调节异质性商品的出口规模，进而影响出口贸易的商品构成。Krugman(1986)、Marston(1990)指出，国际贸易中的市场分割情况使得出口厂商可以在不同市场进行歧视性定价，这种"按市场定价"行为导致汇率变动只有部分反映在出口价格上。Yang(1997)进一步考虑了商品异质性，认为贸易品在产品替代弹性、边际成本产出弹性等属性上的差异，决定了贸易品价格的汇率传递率并不一致。在需求价格弹性的作用下，汇率变动对异质性商品的出口贸易产生差异化影响，从而起到调节出口结构的作用。以中国为对象的实证研究主要是基于汇率传递效应的理论框架，通过测算分类商品出口金额的汇率弹性或者出口价格的汇率传递率，直接或间接得出人民币升值对出口商品结构的影响。

根据样本数据的差异，相关文献可分为三个层面的实证分析：一是大类商品层面。此类文献多采用宽口径的加总商品数据，马君潞等(2010)、肖奎喜和廖文秀(2012)、余娟娟和林玲(2013)在研究SITC大类编码商品出口金额的汇率弹性时发现，人民币升值对劳动和资源密集型产品出口的负面影响大于资本密集型产品，有利于推动出口结构升级。然而，黄万阳和王维国(2010)、李艳丽(2011)的类似研究却发现，人民币升值对出口商品结构并无显著影响。二是细分商品层面。为解决商品分类口径过宽的合成谬误问题，胡东梅等(2010)利用HS八位数编码的部分细分商品数据研究中国出口价格的汇率传递问题，结论表明简单技术商品出口价格的汇率传递率相对较低，而复杂技术商品的汇率传递率相对较高。但文争为(2011)基于HS四位数编码细分商品数据的研究却得出相反结论。人民币升值通过价格传递效应对出口商品结构的间接影响同样存在争议。三是微观企业层面。此类文献充分考虑了企业的异质性特征，对汇率升值的贸易影响进行更深入、更准确的评估。李宏彬等(2011)以2000—2006年进出口企业的报关数据为样本，发现人民币升值对技术和资本密集型行业的冲击大于低技术和劳动密集型行业，不利于出口结构升级。张会清和唐海燕(2012)以2005—2009年中国工业企业的统计数据为样本，发现人民币升值驱动出口行业结构朝着高级化方向发展，但这种积极作用主要来源于外资企业的贡献。

除以上列举的代表性文献之外，国内有关汇率影响出口贸易的研究成果还有很多，但与国际同类文献相比，主要存在以下几方面的问题：一是样本数据的选择不合理。国内文献多采用宽口径的大类商品出口数据和统一的汇率指标，这种加总数据不仅混淆了商品的属性差异，也无法衡量汇率因素的真实作用，损害了研究结论的有效性。国外文献多采用高度分解的HS 6位数编码细分商品数据(Imbs和Méjean，2010；Mattoo et al.，2012)，甚至更加细分的HS 8位至10位数编码的商品数据(Yoshida，2013；Fauceglia et al.，2013)，准确反映商品的异质性特征及其对汇率传导的影响。二是研究内容有待深化。国内文献普遍将出口价格的汇率传递效应与出口规模的汇率弹性分析分别予以研究，但两者在理论逻辑上密不可分，研究内容的片段化割裂了汇率传导的作用机制与作用效果之间的联系。国外已有文献将汇率弹性和汇率传递效应纳入一个分析框架，并同时对两者进行实证研究(Berman et al.，2012)，完整揭示汇率变动通过价格传递效应影响出口贸易规模的作用机制。三是研究方法不够严谨。国内文献在实证研究中多采用最小二乘虚拟变量(LSDV)的固定效果模型，却忽视了汇率变量与出口变量之间的内生性问题，以及模型潜在的序列相关问题，计量结果也缺少必要的稳健性检验，研究结论的准确性有待进一步的验证。

(2) 理论分析与假说。根据汇率传递的相关理论，面对本币升值的冲击，出口企业通常会提高外币标价的产品价格，转嫁出口贸易的汇兑损失。在出口需求函数的约束之下，企业的提价行为会抑制市场需求和降低出口数量。为了维持出口市场份额的相对稳定，企业的出口价格通常不会按汇率升幅同比例上调，而是以不完全汇率传递的定价方式部分转嫁汇兑损失。受市场需求、成本结构、吸收能力等因素的影响，企业在出口定价的汇率传递程度上存在较大差异，进而对异质性商品的出口规模产生不同程度的影响，由此引起出口商品结构的动态调整。然而，由于不同因素对出口定价的作用机理和作用方向有所区别，本币升值调节出口商品结构的传导机制也不尽相同。

从需求因素来看，高技术产品的技术门槛决定了出口企业面对的市场竞争相对较弱，产品需求的价格弹性相对较低(Simonovska，2010)，提价行为对出口规模的冲击相对较轻。而低技术产品的替代性则要高得多，面对的几乎是完全竞争的市场结构，提价行为对出口规模的负面冲击相对较强。在利润最大化的竞争策略下，高技术产品的出口企业可能会以相对较高的提价幅度来转嫁本币升值的汇兑损失，确保利润目标不受影响。尽管出口数量会因此有所减少，但较低的需求价格弹性决定了数量减少的程度并不严重，并且价格提升部分对冲了数量减少的损失，使得出口金额不至于下降太多。而低技术产品的出口企业受制于较强的需求约束，只能以相对较低的提价幅度少量转嫁汇兑损失，即便如此，如果需求价格弹性足够高，小幅提价行为仍然会对出口数量和出口金额造成较大冲击。由此可得假说1：由于高技术产品面对的需求约束相对较弱，企业在出口定价上能够以较高的价格涨幅转嫁汇兑损失，人民币升值经由"高技术产品相对于低技术产品更高的出口价格涨幅、更低的出口规模降幅"的传导机制，起到优化出口商品结构的效果。

从成本因素来看，高技术产品通常具有生产环节多、价值链长、国际分工紧密的特征，中间投入品的进口成本在出口企业的成本结构中占有较高比重(Horgos, 2007),本币升值有利于降低进口成本,使出口企业获得较为可观的成本节约利得。相比之下,除了少数资源密集型的工业制成品之外,大部分低技术产品主要依靠国内投入品进行生产,一些初级产品的生产几乎不需要任何国外投入,本币升值所产生的成本节约利得相当有限。在市场份额最大化的竞争策略下,高技术产品的出口企业只需小幅提高出口价格即可弥补汇兑损失,同时维持既有的市场份额。如果本币升值引致的成本节约利得超过出口汇兑损失,出口企业不仅没必要提高出口价格,反而可以借此机会调低价格抢占市场份额。对于低技术产品的出口企业而言,如果没有合适的成本压缩渠道,就只能以大幅度的提价措施来减少汇兑损失,其结果必然是出口规模的快速萎缩,市场份额持续降低甚至退出海外市场。由此可得假说 2:由于高技术产品的进口成本占比较高,进口成本节约对于出口汇兑损失的冲抵能力较强,人民币升值经由"高技术产品相对于低技术产品更低的出口价格涨幅(或者出口价格不变甚至下降)、更低的出口规模降幅(或者出口规模不变甚至上升)"的传导机制,起到优化出口商品结构的效果。

最后,从汇率冲击的吸收能力来看,高技术产品所处的垄断竞争市场甚至寡头垄断市场格局,使得出口企业能够获取较为可观的超额利润,对于升值冲击具有更强的承受能力和自我消化能力。在本币升值时期,高技术产品的出口企业基于市场份额最大化的竞争策略,可能不太计较短期的利润损失,而是着眼于垄断定价的长期红利,因此倾向于选择下调利润目标应对升值冲击(Kasa, 1992),却并不提高当期的出口价格,确保出口规模不受影响,以此维持垄断定价所需的市场份额。与之相比,低技术产品多处于完全竞争的市场格局,出口企业的盈利水平相对较低,下调利润目标的余地极为有限,自身消化升值压力的能力弱得多,只能通过提价措施予以转嫁,同时牺牲出口规模和市场份额,一些已处于盈亏平衡点的出口企业则被迫选择退出市场。由此可得假说 3:由于高技术产品的出口企业能够获得相对较高的垄断利润,对于汇率冲击具有较强的吸收能力,人民币升值经由"高技术产品出口价格与出口规模不变、低技术产品出口价格上调和出口规模下降"的传导机制,同样起到优化出口商品结构的效果。

基于上述的逻辑推断,我们预期,人民币升值将会对出口商品结构产生"破坏性升级"的调节作用,即人民币升值虽然抑制了出口总量的增长,但由于高技术产品在市场需求、成本结构以及吸收能力等方面具有特殊优势,受升值冲击的负面影响相对较弱,从而有利于出口商品结构的优化升级。然而,这种结构调节作用的传导机制并不确定,只能根据实证结论来作出判断。

(3) 计量模型与方法说明。在引力模型(Gravity Model)的基础上,我们结合数据可得性,纳入双边贸易的若干决定因素,建立出口贸易方程的实证计量模型:

$$\Delta EX_{cjk,t} = \theta_0 + \theta_1 \Delta EXQ_{ck,t} + \theta_2 \Delta IMQ_{jk,t} + \theta_3 \Delta ER_{cj,t} + \theta_4 \Delta CP_{jk,t} + \theta_5 \Delta TDI_{cj,t} + \theta_6 FTA_{cj} + \theta_7 DIST_{cj} + \theta_8 ADJ_{cj} + \theta_9 D_t + \theta_{10} D_{cjk} + \varepsilon_{cjk,t}$$

式中　EX ——中国对贸易伙伴的出口变量,在不同的出口方程中 EX 分别为出口金额 $VALUE$、出口数量 $VOLUME$、出口价格 $PRICE$。其中 $PRICE = VALUE/VOLUME$;

下标 c ——中国;

下标 j ——出口市场;

下标 k ——出口商品;

下标 t ——年份；

θ ——解释变量系数；

Δ ——一阶差分符号，差分目的是消除时间序列数据潜在的非平稳性；

$EXQ_{ck,t}$ 和 $IMQ_{jk,t}$ ——分别为中国在 t 年出口商品 k 的总数量和贸易伙伴在 t 年进口商品 k 的总数量，反映中国在商品 k 上的供给能力和贸易伙伴对于商品 k 的市场需求，这两个变量的作用类似于标准引力模型中的国内生产总值。

作出这种变量处理的原因有二：一方面，国内生产总值可以反映出口总量的供需水平，却不是衡量细分商品供需水平的良好指标，在高度细分的 HS 六位数编码标准下更是如此。在缺少细分商品国内供需数据的情况下，EXQ 和 IMQ 是最合适的替代指标。另一方面，与出口金额相比，出口数量指标不包含价格变动的影响，因而更能反映真实的供需状况。TDI 是中国与出口市场之间的双边直接投资总额，反映双边的生产合作联系；FTA 为自由贸易协定的虚拟变量，$FTA = 1$ 表示中国与贸易伙伴签署并实施了双边自由贸易协定；$DIST$ 为中国与贸易伙伴之间的地理距离；ADJ 为边界接壤的虚拟变量，$ADJ = 1$ 表示中国与贸易伙伴的边界接壤；D_t 为年份固定效果的虚拟变量，用于控制未观察到的时变因素（如经济周期）的影响；D_{cjk} 为个体固定效果的虚拟变量，用于控制出口市场—商品的截面单元上未观察到的因素（如贸易壁垒）的影响；ε 为残差项。

除上述引力模型的常规解释变量之外，根据本章的研究目标并减少遗漏变量的风险，我们还引入一些额外的解释变量。其中，ER 为人民币对出口市场货币的双边实际汇率，计算公式为：

$$ER = (E_{cj} * CPI_j)/CPI_c$$

式中　E_{cj} ——人民币与外币按美元折算的双边名义汇率；

CPI ——消费价格指数（2000 年＝100）。

ER 减小表示人民币升值；反之，则表示人民币贬值，变量系数 θ_3 是本章关注的重点所在，衡量汇率变动对出口贸易变量的影响。$CP_{jk,t}$ 为出口市场中竞争对手的平均价格水平，反映中国商品 k 在出口市场面临的价格竞争状况，计算公式为：

$$CP_{jk,t} = (IMV_{jk,t} - IMV_{cjk,t})/(IMQ_{jk,t} - IMQ_{cjk,t})$$

式中　IMV 和 IMQ ——出口市场 j 的进口金额和进口数量。

贸易数据来源于联合国商品贸易数据库（UN Comtrade），汇率、直接投资以及自由贸易协定数据来源于联合国贸发会议组织（UNCTAD），其他数据来源于法国国际经济研究中心（CEPII）。样本年份为 2005—2012 年，所有的非虚拟变量均经过自然对数转换后进入计量模型。尽管可以获取更早年份的数据，但由于人民币汇率在 2005 年之前的若干年内均处于贬值阶段，与本章所要研究的升值问题不相吻合，并且汇制改革使得 2005 年前后的汇率作用存在显著差异（黄飞雪和王云，2011），结构性断点可能会影响实证结果的准确性。为谨慎起见，我们只选择了 2005 年以来的最新数据。

出口市场包括美国、日本、韩国、德国、荷兰、英国、印度、新加坡、俄罗斯、中国台湾地区、意大利、澳大利亚、法国、马来西亚、加拿大、阿联酋、印度尼西亚、巴西、越南、泰国共计 20 个国家和地区，样本期间内中国对这些市场的出口额占出口总额的比重达到 63.4%。尽管中国香港地区是中国的第二大出口市场(样本期间内的出口占比为14.7%),但大部分属于转口贸易,故而被排除在样本以外。考虑到中国对香港地区转口贸易的最终目的地很可能也是欧美日发达地区和主要新兴市场,因此,本章选取的20大出口市场具有较好的代表性。出口商品选择UN Comtrade中细分程度最高的HS六位数编码商品,尽量避免加总数据的合成谬误问题,充分考虑商品的异质性特征,这种高度分解的编码标准也有利于提高出口价格指标的精确性。在出口商品技术含量的属性区分上,我们采用Lall(2000)的分类标准,这种分类方法按照SITC三位数编码,将贸易品的技术密集度分为六类,即高技术制成品、中等技术制成品、低技术制成品、资源密集型制成品、初级商品以及其他商品,这也是文献中最为常用的技术分类标准。

样本数据的特征和计量模型的设计决定了本章的实证研究容易受到以下几种扰动因素的影响:

一是高度分解的细分商品数据存在异常值问题。异常值的出现不完全是统计错误所致,也可能与编码口径有关。尽管HS六位数编码已经对出口商品做了高度分解,但仍不足以完全区分商品属性,编码相同的商品很可能并非同类商品,一些价格偏高或者偏低的"异常值"实际上表明商品种类在更为细分的编码口径上已经发生改变,这些异常值使得样本数据不具有可比性,必须予以剔除。Berthou和Emlinger(2011)以100倍的浮动范围作为评判标准,将出口价格高于中位数100倍或者低于中位数1/100的数据视作异常值,据此建立HS六位数编码商品的价格数据库。Benkovskis和Wörz(2013)以中位数的3倍绝对偏差作为评判标准,将出口价格与中位数之差高于评判标准的数据视作异常值。两相比较,前者的评判方法简单易行,但宽松的评判标准可能保留了较多异常值。后者的评判方法虽然更为准确,但样本损失较大,容易误删有效数据。此处沿用前一种异常值处理方法,但适度收窄浮动范围进行稳健性检验。

二是高度分解的细分商品数据存在缺失值问题。样本中HS六位数编码的商品出口数据存在部分缺失值,这也是细分商品层面实证研究中的常见问题。这些缺失值或许是统计错误,但更可能是经济规律使然,反映了出口企业在特定环境下的理性决策。以Melitz(2003)为代表的"新—新贸易理论"对零贸易流现象给出规范的经济解释,指出零贸易流实际上是市场进入成本的外在表现,例如过高的运输成本使得企业不可能对外出口,只有高生产率的出口企业才能克服这种进入成本。因此,缺失值并非随机出现的统计问题,轻易舍弃将会损失有效信息,从而产生不一致的估计结果。Linders和Groot(2006)的研究结果表明,在零贸易流(即缺失值)较多的情况下,计量模型的选择会对最终结论产生较大影响,而样本选择模型则是最理想的计量方法。有鉴于此,我们将缺失值赋值为0补充进入样本当中,并借鉴样本选择模型的估计思想提取其中隐含的有价值信息。

三是计量模型的部分变量可能存在内生性问题。经济理论和直觉告诉我们,式(4-1)中因变量与部分自变量之间的同期相关性概率较大,由此引发的内生性问题需要合适的计量方法加以处理。工具变量法和Hausman-Taylor模型(简记HTM)是处理内生性扰动的常用技术,HTM实际上是一种特殊的工具变量法,不仅融合了固定效果模型和随机效果模型的各自优点,并且通过解释变量的均值转换产生"内部化"的工具变量,解决了传统工具变量法难以寻找合适工具的问题,因而在引力模型的计量分析中得到广泛应用,Egger(2005)关于引力模型的比较研究也表明HTM的估计结果较其他方法更为有效。为此,我们将样本选择模型与

Hausman-Taylor 模型相结合，通过两阶段的 HTM 回归消除选择性偏误和内生性问题。第一阶段是在式(4-1)基础上估计出口选择的二元 Probit 模型，此时因变量为出口状态虚拟变量 S 而非 EX，当 $VOLUME_{cjk,t}=0$ 时，$S_{cjk,t}=0$，当 $VOLUME_{cjk,t}>0$ 时，$S_{cjk,t}=1$。根据 Probit 回归结果得出逆米尔斯比例 IMR(Inverse Mills Ratio)，目的是提取缺失值隐含的信息，修正样本的选择性偏误；第二阶段将 IMR 代入出口贸易方程作为一个独立的解释变量，再利用 HTM 方法对该式予以估计，消除变量间的内生性问题。

人民币升值影响出口贸易的总体效应评估与计量模型改进。根据样本选择模型的两阶段估计思想，我们利用 Probit 模型估计了第一阶段的出口选择方程，再用固定效果模型(简记 FEM)估计第二阶段的出口贸易方程，将其结果作为评价基准，表 4-6 中的①～④列给出了两阶段回归的估计结果。从中可以看出，两个方程中大多数解释变量的系数符号与经济理论相吻合，个别解释变量(如 *FTA*)的系数符号可能由于相关性问题而出现偏差，但第二阶段回归的方差膨胀因子(VIF)仅为 1.88，说明方程整体的共线性扰动并不严重。值得注意的是，②～④列中解释变量 *IMR* 的系数都高度显著，说明样本中的缺失值并非随机出现，而是有其特定的出口选择含义，国内已有的相关文献忽略了这一问题，容易出现选择性偏误。另外，FEM 的检验指标 LBI 显示，模型残差存在严重的自相关问题，需要采用合适的技术加以处理。

表 4-6 **出口选择方程和出口贸易方程的回归结果(100 倍浮动范围)**

项目	第一阶段	第二阶段					
	Probit	FEM			HTM-AR(1)		
	S ①	*ΔVALUE* ②	*ΔVOLUME* ③	*ΔPRICE* ④	*ΔVALUE* ⑤	*ΔVOLUME* ⑥	*ΔPRICE* ⑦
ΔER	**0.117****	**0.513*****	**0.790*****	**−0.462*****	**0.759*****	**0.959*****	**−0.206*****
ΔEXQ	0.121***	0.079***	0.393***	−0.587***	0.276***	0.519***	−0.464***
ΔIMQ	0.054***	0.103***	0.145***	−0.108**	0.171***	0.189***	−0.083***
ΔCP	0.032***	0.091***	0.113***	0.049**	0.131***	0.139***	−0.031***
ΔTDI	0.001	0.002	0.018**	−0.010***	0.013***	0.031***	−0.004*
FTA	−0.142***	—	—	—	0.061***	0.099***	0.248***
DIST	−0.144***	—	—	—	0.068***	0.122***	0.244***
ADJ	0.002	—	—	—	0.064***	0.092***	−0.022***
IMR	—	−6.601***	−5.622***	−11.710***	−0.573***	−1.648***	−7.261***
obs	398 070	398 070	398 070	351 370	398 070	398 070	351 370
H-J	—	—	—	—	8.09	7.68	5.01
LBI	—	0.26	0.19	0.41	1.45	1.38	1.68

注：obs 为样本观察值的个数。常数项和固定效果虚拟变量的值未在表中列出。H-J 为过度识别的 Hansen-J 统计量，H-J 值不显著表明模型不存在过度识别问题，工具变量组合有效。LBI 为残差序列相关的 Baltagi-Wu 检验指标值，该值趋近于 2 表明不存在自相关问题，该值低于 1 或者大于 3 均表明自相关问题严重。标准误差均为异方差修正的集群稳健值，*、**、*** 分别表示变量系数或检验指标值在 10%、5%、1%的水平上显著。

由基本的经济理论可以推测第二阶段的出口贸易方程可能存在内生性问题，为此，我们根据 Durbin-Wu-Hausman (DWH)指标对解释变量的内生性予以检验。结果显示，*ΔER*、

ΔEXQ、ΔIMQ、ΔCP 这四个变量至少在 10%的显著性水平上拒绝了外生性的零假设，其余解释变量则通过了外生性的零假设。鉴于出口方程中的内生性问题，已有文献中常见的固定效果模型显然不再适用，Hausman-Taylor 模型则是一个比较理想的选择，将 ΔER、ΔEXQ、ΔIMQ、ΔCP 作为时变内生变量，ΔTDI、IMR 以及年份虚拟变量作为时变外生变量，FTA、$DIST$、ADJ 作为时间不变的外生变量。针对 Hausman-Taylor 模型中的序列相关问题，Baltagi 和 Liu(2012)建议采用 Prais-Winsten 的组内转换技术来修正一阶序列相关的扰动，得出线性无偏的估计值。我们沿用这一方法，利用衍生的 Hausman-Taylor AR(1)[简记 HTM-AR(1)]来估计第二阶段的三个出口贸易方程，表 4-6 的⑤～⑦列给出了对应的估计结果。

比较 FEM 和 HTM-AR(1)的估计结果可以看出，传统的固定效果模型高估了出口价格的汇率弹性，低估了出口规模的汇率弹性，而 HTM-AR(1)在处理了内生性和序列相关扰动之后，估计结果更符合实际。全样本的总体效应显示，出口价格、数量、金额的汇率弹性分别为 −0.206、0.959、0.759，即人民币实际汇率升值 10%将导致美元标价的出口价格上涨 2.06%，出口数量下降 9.59%，价升量跌的最终结果是出口金额下降 7.59%。按照样本中人民币与出口市场货币的汇率比价 20.5%的平均升值水平来计算，2005—2012 年由于人民币升值所导致的出口金额降幅约为 15%。然而，考虑到 100 倍浮动范围的异常值判定标准较为宽松，实际上纳入了一些价格偏高的商品，可能高估了出口价格的汇率传递程度，下面的稳健性检验证实了这一点。

人民币升值影响出口贸易的结构效应评估与传导机制检验。总体效应评估的计量结果表明，样本选择模型与 HTM-AR(1)相结合的两阶段估计方法较好地解决了多种扰动因素的影响，能够得出更为可靠的结论。据此我们重点评估人民币升值对中国出口贸易的结构调整效应，并对理论假说中的几种传导机制予以验证。考虑到理论分析中的出口商品仅包括高技术产品和低技术产品，并不能完整反映出口贸易的结构性特征，在实证研究中，我们进一步区分了出口商品的种类，以期得出更为丰富的结论。

根据 Lall(2000)的商品分类标准，将总体样本分为五个子样本，测算和比较人民币升值对各类商品出口变量的影响，表 4-7 的①～③列给出了第二阶段回归中汇率变量 ΔER 的系数值。不难看出，汇率变动对异质性商品的出口贸易存在明显的差异化影响，并且呈现出鲜明的聚类特征：在高技术制成品的子样本中，三个出口方程中的汇率变量系数均未通过 10%的显著性检验，说明人民币升值没有对该类商品的出口贸易产生显著影响；汇率变量对资源密集型制成品和初级产品的出口贸易有一定的负面影响，但这两类资源性商品的价格上涨对于数量萎缩的冲抵效应较强，人民币升值 10%仅使得两类商品的出口金额分别下降 2.14%和 1.75%；中等技术和低技术制成品虽然技术含量高于资源性商品，但受到的冲击却最为剧烈，人民币升值 10%导致两类商品的出口金额分别下降 8.17%和 7.81%。这种差异化影响佐证了人民币升值确实具有“破坏性升级”的效果，本币升值在抑制中低技术制成品和资源品出口的同时，并不影响高技术制成品的出口水平，从而实现出口商品结构的优化升级。然而，由于中低技术制成品所受冲击远高于资源性商品，技术含量相对较低的资源品出口比重反而会有所上升，人民币升值对中国出口贸易仅能起到“局部优化”的结构升级作用。

表 4-7　**人民币升值对各类商品出口贸易的差异化影响(100 倍浮动范围)**

子样本	第二阶段 HTM-AR(1)			
	ΔVALUE ①	*ΔVOLUME* ②	*ΔPRICE* ③	需求价格弹性 ④
高技术	0.439	0.207	−0.106	−0.696***
中等技术	0.817***	0.875***	−0.139**	−0.685*** (0.12)
低技术	0.781***	1.079***	−0.589***	−0.799*** (13.91***)
资源密集	0.214*	0.748***	−0.507***	−0.861*** (37.57***)
初级产品	0.175*	0.404*	−0.387***	−0.798*** (5.93**)

注:表中①～③列中数字为对应出口方程中 *ΔER* 的弹性系数。第④列是异质性商品出口需求的价格弹性系数,括号内数字是检验需求价格弹性系数无差异的卡方指标值,参照对象是高技术制成品的需求价格弹性系数,零假设是对应商品与高技术制成品的需求价格弹性系数不存在差异。标准误差均为异方差修正的集群稳健值,*、**、*** 分别表示解释变量系数或检验指标值在 10%、5%、1%的水平上显著。第二阶段回归中的其他解释变量系数未在表中列出。

从要素流动的动态角度来看,中低技术制成品和资源性商品出口贸易的汇率弹性差异还可能引起一系列的衍生效应:一方面,中低技术制成品多为资本密集型或劳动密集型产品,此类商品的出口规模具有最高的汇率弹性,意味着在“出口转内销”受限和产品更新换代能力不足的情况下,人民币升值将对相关制造业中的生产要素产生较强的“挤出效应”。如果这些挤出的资本、劳动等要素不能通过适当渠道转移到中高端制造业,容易导致资本配置效率降低、失业人数持续增加等问题;另一方面,资源性商品相对较低的出口汇率弹性,意味着人民币升值对相关行业的出口约束作用较弱。由于资源性行业的进入门槛相对于高技术行业较低,中低技术制造业中挤出的生产要素更易于进入该行业,对资源品的生产与出口形成支撑,从而弱化人民币升值的结构升级作用。

由理论分析中的相关假说可知,本币升值可能经由需求约束、成本结构、吸收能力的传导机制影响出口商品结构,此处根据需求价格弹性、垂直专门化比率、利润率等指标对这几种传导机制进行验证。

为比较异质性商品的需求约束,我们基于出口价格方程和出口数量方程,采用两步估计法测算了各类商品出口需求的价格弹性①,弹性系数见表 4-7 的第④列。系数无差异的卡方检验值显示,高技术制成品的需求价格弹性与中等技术制成品并不存在显著差异。在收窄异常值判定标准的稳健性检验中,五类商品在需求价格弹性上的区别更不明显。这就表明,异质性商品出口贸易的需求约束不具有理论预期的差异性,不会因为需求因素而表现出相异的定价

① 具体测算方法为:第一步,根据两阶段 HTM-AR(1)方法估计出口价格方程,残差项 ε 衡量不受解释变量影响的出口价格变动;第二步,将残差项 ε 作为出口数量方程的内生解释变量,再利用两阶段 HTM-AR(1)方法估计出口数量方程,ε 的系数即为出口需求的价格弹性。这种两步法消除了出口数量方程中的价格变量 ε 与其他解释变量的同期相关性,并将出口价格对出口数量的直接影响与汇率等变量对出口数量的间接影响隔离开来,能够得到较为准确的估计结果。姚枝仲等人(2010)曾利用 HS 六位数的细分商品数据估计了中国的出口需求函数,结论是出口需求的价格弹性约为−0.65。本章全样本估计的出口需求价格弹性为−0.717,相近的测算结果在一定程度上证明了两步估计法的可行性。

行为，理论假说 1 的前提条件不成立。从表 4-7 第③列的实证结果来看，由于需求约束的相似性，中国的高技术产品在出口定价权上并没有表现出特殊优势，面对本币升值压力，高技术制成品维持价格不变而非理论预期的大幅涨价，反倒是低技术制成品以相对较高的价格涨幅转嫁汇兑损失，理论假说 1 的传导路径也不成立，因此人民币升值不太可能通过差异化需求约束的传导机制来影响出口商品结构。

由于无法直接获知异质性商品的成本结构，只能通过其他指标间接验证差异化成本结构的传导机制。北京大学中国经济研究中心(2005)测算了中国 40 个行业出口贸易的垂直专门化比率(即进口投入品占出口贸易的比重)，结论是仪器仪表及文化办公用机械制造业、电气机械及器材制造业、电子及通信设备制造业这三个代表性高技术制成品生产部门的垂直专门化比率最高，平均值约为 0.28(见表 4-8)，较其他出口部门的垂直专业化比率高出 75%以上。国际分工模式和成本结构的巨大差异意味着，高技术制成品源于人民币升值的成本利得远高于其他出口品。在其他商品迫于升值压力而调高出口价格和压缩出口规模的时候，高技术产品却能维持不变的出口价格和规模，从而优化出口商品结构，成本因素传导机制的理论假说 2 得以成立。虽然中等技术制成品的垂直专门化比率与人民币升值的成本节约利得也较高，使其只需小幅调高出口价格便能应对升值压力，但由于计量单位的原因，出口规模的汇率弹性偏高①。

表 4-8　**2003 年代表性出口行业的垂直专门化比率**

高技术制成品生产部门	中等技术制成品生产部门	低技术制成品生产部门	资源密集型制成品生产部门	初级产品生产部门
仪器仪表(0.374)	机械工业(0.217)	文教用品(0.175)	石油加工(0.215)	矿采选业(0.154)
电气器械(0.239)	交通设备(0.213)	服装制品(0.167)	金属制品(0.193)	煤炭采选(0.116)
电子通信(0.228)	金属冶炼(0.201)	纺织工业(0.161)	木材加工(0.192)	农业部门(0.066)
平均(0.280)	**平均(0.210)**	**平均(0.168)**	**平均(0.200)**	**平均(0.112)**

数据来源：北京大学中国经济研究中心(2005)，并经作者整理，括号内数字为对应行业的垂直专门化比率。本表只是根据 Lall(2000)的分类方法对照中国投入产出表中的行业口径作了大致归类，可能存在少部分的交叉重合，但不影响分析结论。

至于吸收能力的传导机制，我们只能通过市场份额和利润率指标的对比间接验证。如表 4-9 所示，各类商品相近的市场份额说明彼此之间可能面对相似的市场竞争，有着相似的市场地位②，中国的高技术产品在出口市场中不太可能具有特殊的垄断势力，难以获得显著高于其他商品的超额利润。表 4-10 中的利润率对比也证明了这一点，各类商品(初级产品除外)的生产部门在盈利能力上没有表现出太大差别，产品的名义技术含量并不能决定实际盈利能力的高低，生产低技术制成品的服装制品业在利润率上反而高于生产高技术制成品的通信设备制

① 在 Lall(2000)的分类标准中，中等技术制成品多为机器设备等资本品，单件商品的出口价格远高于其他几类商品，出口数量则明显低于其他几类商品。计量单位差异及与之相关的基数效应导致中等技术制成品出口价格的变动幅度相对偏小，而出口规模变动幅度相对偏大。

② 低技术制成品虽然市场份额明显高于其他商品，但由于生产此类商品的出口企业数量相对较多，企业层面的市场竞争和市场地位不会有太大的差别。

表 4-9 **样本中各类商品市场份额的平均值及变动情况**

年 份	高技术	中等技术	低技术	资源密集	初级产品
2005 年	16.8%	14.8%	28.3%	17.3%	21.4%
2012 年	24.1%	21.4%	34.8%	21.8%	21.1%
变动百分点	7.3	6.6	6.5	4.5	−0.3

数据来源：作者根据样本数据计算整理。市场份额以出口市场从中国的进口额占该市场进口总额的比重来衡量。

表 4-10 **2012 年中国代表性工业部门的利润率**

高技术制成品生产部门	中等技术制成品生产部门	低技术制成品生产部门	资源密集型制成品生产部门	初级产品生产部门
仪器仪表(19.1%)	通用设备(16.1%)	皮革制品(15.0%)	石油加工(10.5%)	矿采选业(21.1%)
电气器械(14.1%)	汽车制造(17.1%)	服装制品(15.9%)	金属制品(12.9%)	煤炭采选(24.7%)
通信设备(14.3%)	金属冶炼(7.0%)	纺织工业(11.6%)	木材加工(14.4%)	油气开采(59.1%)
平均(15.9%)	**平均(13.4%)**	**平均(14.2%)**	**平均(12.6%)**	**平均(35.0%)**

数据来源：CEIC，并经作者整理，括号内数字为对应行业的毛利率。本表只是根据 Lall(2000)的分类方法对照中国的《国民经济行业分类标准》作了大致归类，可能存在少部分的交叉重合，但不影响分析结论。

造业。这种盈利能力的反差同样是由于国际分工模式差异所造成的，中国出口的高技术产品在核心零部件上主要依赖外部进口，国内企业大多从事简单的加工组装工序，增值部分很少，“名义上”的高技术产品生产与出口并不能获得相应的高利润。相近的盈利能力决定了异质性商品的出口企业对于汇率冲击的吸收能力不存在显著的差异，高技术产品也不会因此而表现出异于其他商品的定价行为，理论假说 3 的传导机制不成立。

(4) 稳健性检验。从实证研究的过程来看，可能对计量结果产生较大影响的潜在风险是异常值标准的设定和计量模型的选择。前者是因为宽松标准容易保留过多的异常值，降低样本数据的准确性和可比性。后者则是因为 HTM-AR(1)模型在序列相关的处理方法和计量模型的适用性方面依赖于特定的前提假设，而这些假定条件并不一定完全符合样本特征，需要参照备选模型的计量结果加以验证。为此，我们将异常值判定标准收窄至 10 倍的浮动范围①，并采用广义矩估计(GMM)的计量方法对前面结论进行稳健性检验。

首先，将异常值判定标准大幅收窄至 10 倍浮动范围。判定标准的调整仅使得样本容量减少了 3%，这意味着判定标准的差异对样本信息的影响可能并不严重，表 4-11 给出了新样本的两阶段 HTM-AR(1)估计结果。与表 4-6 中全样本的 HTM-AR(1)估计结果相比，表 4-11 中②～④列对应的汇率变量 ΔER 系数符号保持一致，虽然出口价格的汇率弹性略有降低，但出口数量和出口金额的汇率弹性都没有明显的变化，这说明异常值判定标准的选择没有对出口规模的汇率弹性估计值造成太大的影响，相关估计结果是稳健可靠的，只不过 100 倍浮动范

① 我们还曾将异常值判定标准进一步收窄至 5 倍和 2.5 倍的浮动范围，但与 10 倍浮动范围的样本数据相比，样本容量减幅不到 0.1%，出口方程的估计结果也几无变化。因此，我们相信 10 倍浮动范围的判定标准已经足以区分异常值。

围的宽松标准可能稍许高估了出口价格的汇率传递程度。

其次，利用 GMM 方法验证 HTM-AR(1)的估计结果。GMM 技术是处理序列相关和内生性扰动的常见方法，但缺陷在于估计结果对滞后期的选择较为敏感，并且滞后和差分处理都会导致样本信息的较大损失。为确保样本数据的可比性，并尽可能减少样本损失，我们在第二阶段的出口方程中只引入一阶滞后的出口变量来处理序列相关问题，并且均取二阶滞后的内生变量进入工具变量集，采用 Windmeijer(2005)修正标准误差下偏问题的两步有效 GMM 方法重新估计三个出口方程。尽管这种处理方法会面临统计检验的难题，但此处重在提供可供比对的参照结果，适当放宽自相关和过度识别检验指标的容忍度。比较表 4-11 中②～④列和⑤～⑦列的解释变量系数可以看出，HTM-AR(1)模型和 GMM 模型的估计结果很相近，包含汇率变量在内的绝大多数解释变量的系数符号和系数值都没有太大差异，从而证实 HTM-AR(1)的模型选择也不存在问题。

表 4-11　**出口贸易方程的回归结果(10 倍浮动范围)**

项　目	第一阶段	第　二　阶　段					
	Probit	HTM-AR(1)			GMM		
	S ①	*ΔVALUE* ②	*ΔVOLUME* ③	*ΔPRICE* ④	*ΔVALUE* ⑤	*ΔVOLUME* ⑥	*ΔPRICE* ⑦
lag*ΔEX*	—	—	—	—	−0.269***	−0.278***	−0.258***
ΔER	**0.091***	**0.734*****	**0.917*****	**−0.119*****	**0.655*****	**0.703*****	**−0.088*****
ΔEXQ	0.120***	0.281***	0.500***	−0.372***	0.293***	0.572***	−0.421***
ΔIMQ	0.061***	0.188***	0.197***	−0.072***	0.216***	0.237***	−0.085***
ΔCP	0.036***	0.136***	0.132***	−0.018***	0.138***	0.132***	−0.020***
ΔTDI	0.001	0.012***	0.027***	−0.002	0.017***	0.032***	−0.001
FTA	−0.145***	0.058***	0.107***	0.197***	0.089***	0.099***	0.216***
DIST	−0.147***	0.065***	0.129***	0.194***	0.083***	0.110***	0.211***
ADJ	0.002	0.062***	0.088***	−0.012***	0.061***	0.085***	−0.019***
IMR	—	−0.493***	−1.885***	−5.724***	−0.791***	−1.117*	−6.194***
obs	386 169	386 169	386 169	341 694	243 999	243 999	215 687
H-J	—	7.79	6.34	5.12	27.10**	17.48*	15.36
LBI	—	1.56	1.49	1.77	—	—	—
AR(1)	—	—	—	—	−19.45***	−14.62***	−13.33***
AR(2)	—	—	—	—	−3.52**	3.11**	1.58

注：obs 为样本观察值的个数，Lag 表示一阶滞后。常数项和固定效果虚拟变量的值未在表中列出。H-J 为过度识别的 Hansen-J 统计量，H-J 值不显著表明模型不存在过度识别问题，工具变量组合有效。LBI 为残差序列相关的 Baltagi-Wu 检验指标值，该值趋近于 2 表明不存在自相关问题。AR(1)和 AR(2)分别为 1 阶和 2 阶序列相关的 Arellano-Bond 检验指标值。标准误差均为异方差修正的集群稳健值，*、**、*** 分别表示解释变量系数或检验指标值在 10%、5%、1%的水平上显著。

最后，检验人民币升值对于出口贸易的结构调整效应的稳健性。基于 10 倍浮动范围的异常值判定标准，表 4-12 给出了异质性商品出口方程的 HTM-AR(1)估计结果。对比表 4-7 的①～③列和表 4-12 的①～③列可以看出，尽管各类商品出口贸易的汇率弹性数值出现了不同程度的变化，但总体而言，人民币升值对于出口商品结构的“破坏性升级”和“局部优化”作用依然存在。随着异常值判定标准的收窄，除高技术制成品以外，其他四类商品出口价格的汇率弹性均有所降低(见表 4-12 第③列)，中等技术制成品和资源密集型制成品的汇率弹性相对较低，而低技术制成品和初级产品的汇率弹性相对较高，这种聚类特征与表 4-8 中垂直专门化比率的数值关系非常接近。与此同时，各类商品出口需求的价格弹性趋于收敛，卡方检验值也表明高技术制成品、中低技术制成品、初级产品的需求价格弹性不存在显著差异，这些商品的出口企业在海外市场有着相似的市场地位，不太可能获得超额的垄断利润。表 4-12 中⑤～⑧列的 GMM 估计结果也得出了类似的结论。这些证据都支持了成本因素的汇率传导机制，异质性商品的出口企业在成本结构而非需求约束或吸收能力上的差异性，决定了人民币升值对于中国出口贸易的结构调整效应。

表 4-12 **人民币升值对各类商品出口贸易的差异化影响(10 倍浮动范围)**

子样本	第二阶段 HTM-AR(1)				第二阶段 GMM			
	Δ*VALUE* ①	Δ*VOLUME* ②	Δ*PRICE* ③	需求价格弹性 ④	Δ*VALUE* ⑤	Δ*VOLUME* ⑥	Δ*PRICE* ⑦	需求价格弹性 ⑧
高技术	0.452	0.170	0.148	−0.677***	0.461	0.197	0.085	−0.696***
中等技术	0.768***	0.834***	−0.071*	−0.711***	0.842***	0.878***	−0.087**	−0.700***
低技术	0.981***	1.215***	−0.223***	−0.698***	0.775***	0.838***	−0.171***	−0.665***
资源密集	0.501***	0.864***	−0.083*	−0.776***	0.454***	0.610***	−0.019*	−0.744***
初级产品	0.412*	0.720*	−0.251***	−0.665***	0.351*	0.712*	−0.200***	−0.611***

注：表中除需求价格弹性列以外的其余列中数字为对应出口方程中 Δ*ER* 的弹性系数。标准误差均为异方差修正的集群稳健值，*、**、*** 分别表示解释变量系数在 10%、5%、1%的水平上显著。第二阶段回归中的其他解释变量系数未在表中列出。篇幅所限，表中未报告需求价格弹性系数无差异的卡方检验值。

(5) 结论与启示。基于细分商品数据的实证研究，我们发现 2005 年汇改以来的人民币升值趋势，对中国的出口贸易产生了“破坏性升级”的结构调整效应，在导致出口总额减少 15%的同时，却支持了高技术产品的出口比重提升，促进出口商品结构的“高端化”演进。然而，这种结构升级作用并没有沿着技术层级递次推进，人民币升值对中低技术产品尤其是中等技术制成品的负面冲击明显大于资源性产品，使得出口商品结构趋向于“低端化”的演变路径，因此只能起到“局部优化”的结构升级作用。

人民币升值的结构调整效应主要通过成本因素的传导机制发挥作用，异质性商品在国际分工模式和成本结构上的差异性，决定了本币升值所产生的成本利得悬殊，进而导致出口定价和出口规模发生不同程度的变动，最终引起出口商品结构的动态调整。中国的高技术产品出口以加工贸易为主，对于进口投入品具有高度的依赖性，在人民币升值阶段能够凭借可观的进口成本节约来冲抵出口汇兑损失，出口贸易并未像其他商品那样受到冲击，反而借由优胜劣汰的“倒逼机制”提高了出口比重。中等技术制成品虽然也能获得较高的成本利得，但由于计量单位的原因，人民币升值引发的出口规模降幅反而高于资源性产品，由此形成出口结构调整的

"高端化"和"低端化"并存的"局部优化"效应。相比之下,相近的需求价格弹性、市场份额以及利润率指标在一定程度上决定了异质性商品的出口企业面对相似的海外市场需求约束,拥有相似的汇率冲击吸收能力,中国的高技术产品并未表现出优于其他商品的市场主导地位和垄断定价能力,因而人民币升值不太可能通过差异化需求约束和吸收能力的传导机制来推动出口结构调整。

实证结论的政策启示在于:出口结构的优化升级是一项系统工程,仅靠汇率政策的单一工具很难起到理想的结构升级作用,需要"一揽子"政策措施的辅助支持,关键在于帮助中低技术制成品的出口企业降低生产与贸易成本、提高产品技术含量以及引导"挤出要素"向上层技术部门的转移配置。针对中等技术制成品的出口企业,政策重点是为其提供必要的生存和发展空间,通过增加出口退税、发放技改补贴等措施来对冲人民币升值的负面冲击,鼓励其提高产品技术含量;针对低技术制成品的出口企业,政策重点是引导"挤出要素"的合理转移,依托社会机构和企业单位开展多样化的技能培训,帮助淘汰企业中的失业人员更新专业技能,并引导其进入上层技术部门实现再就业。另外,还要通过征收资源税、提高出口税率等措施提高资源性行业的进入门槛和资源性产品的出口成本,防止中低技术制造业的"挤出要素"向资源性行业转移。

3. 对外贸易风险与经济增长风险:综合评价

基于以上关于对外贸易的风险评价,本部分结合经济增长的风险等级,综合评价进出口贸易风险与经济增长风险之间的联系。与以往研究报告的评价方法一致,在评定经济增长风险等级时,根据实际 GDP 增长率与长期趋势值相偏离的程度予以判定,以 1979—2013 年间实际 GDP 增长率的算术平均值作为长期趋势。为便于观察,图 4-9 中绘出了 1999 年以来对外贸易风险与经济增长风险的等级评定情况。

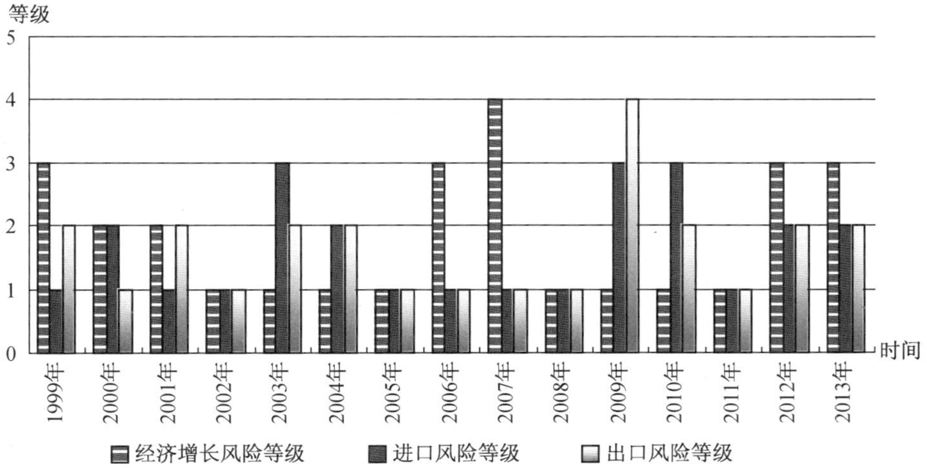

图 4-9 对外贸易风险与经济增长风险的等级评定

自 2012 年以来,中国的对外贸易与经济增长进入了一个新的发展阶段,两者都进入低速增长的周期,并且经济增长与长期趋势值的偏离度大于对外贸易与长期趋势值的偏离度。2013 年延续了 2012 年的低速增长特征,对外贸易与经济增长的风险等级分别维持在低风险和中等风险的水平。从经济增长的内部构成来看,进出口贸易不仅没有对经济增长产生拉动作用，反而进一步强化了牵制效应。2013 年净出口在国内生产总值中所占的比重为－4.4%，较 2012 年下降了 2.3 个百分点，净出口因素对国内生产总值增速的贡献率为－0.34 个百分点，较 2012 年下降了 0.18 个百分点。与此同时，经济增长呈现出重回投资主导的模式，固定资本形成因素在国内生产总值中所占的比重高达 54.4%，较 2012 年大幅提升 7.3 个百分点，而最终消费因素所占的比重却大幅下降了 5 个百分点①。由此可见，尽管经济增长已经显现出一定的减速风险，但更值得关注的是经济增长的结构风险趋于上升，并没有达到“稳增长、调结构”的预期目标。这也充分表明了经济转型任务的艰巨性，如果不能采取有效措施来增加居民消费，那么经济结构调整的目标有可能陷于落空的风险。

在 2013 年的风险报告中，我们曾预测“2013 年贸易顺差将趋于减少，但贸易顺差仍将维持在较高水平，顺差收窄的幅度可能相当有限”，实际数据只是部分与预测相符。尽管进口增速较 2012 年上升了 3 个百分点，而出口增速与 2012 年持平，但贸易顺差却依然处于较高水平，甚至较 2012 年进一步上升了 12.6%。贸易顺差居高难下，一方面反映了中国的出口贸易具有较高的国际竞争力，另一方面反映了与加工贸易模式相伴而生的高顺差具有天然的合理性，政策着力点不应过于强求压缩高顺差，而是应当关注顺差的结构性因素。鉴于 2014 年中央经济工作会议已明确表示，将国内生产总值的目标增速定在 7.5%的相对低位。同时在政府工作报告中预期 2014 年的进出口总额只增长 7.5%，较之前两年 10%和 8%的增长目标进一步下调。这些都表明中国政府不再追求绝对的经济增速和外贸增速，而要提高经济增长和出口贸易的质量，提高中国制造业在国际分工中的地位。预计 2014 年经济增速可能与 2013 年持平，进出口贸易增速也不会有大的变化，对外贸易与经济增长的风险等级保持不变的概率很大，但贸易顺差高企的局面短期内难有明显改观。

四、风险预测与管理

1. 对外贸易风险预测

随着刺激性经济政策的积极作用逐渐显现，欧美主要经济体在 2013 年已经逐步走上稳步复苏的轨道。而新兴经济体受结构性因素的影响，增长形势存在较多的不确定性。预计 2014 年发达国家经济可望延续复苏向好态势，带动全球经济继续回升。国际货币基金组织预计 2014 年世界经济将增长 3.7%，较 2013 年提高 0.7 个百分点。外部经济环境的持续好转将会加快中国的外贸恢复进程，但国内经济运行中的不利因素仍然存在，其负面影响甚至会进一步强化。因此，对于 2014 年中国的外贸形势判断还应保持谨慎态度。

从目前来看，美国的去杠杆任务已经完成，私人再杠杆又开始萌动，具体表现为房地产市场开始景气和消费信贷强劲增长。随着私人再杠杆的开始，股票、债券、房地产市场有望重新回到快轨上行车道。与此同时，美国经济复苏的进程还得到美联储货币政策的支持，新任美联储主席耶伦多次表态，低利率的货币环境可能长期维持。考虑到近年美国经济调整取得的实际成效、房地产市场持续向好、工业生产逐渐企稳、页岩气革命提升竞争力等因素，美国经济的增长势头将进一步巩固②。据美联储预计，2014 年美国经济增速将加快到 2.9%～3.1%。然而，进入 2014 年的前 2 个月，美国经济的光环却大幅减弱，2014 年 2 月末美国商务部将 2013

---

① 考虑到日益兴盛的网络购物未被统计在内，实际的最终消费可能显著高于统计数据所反映的水平。

② 陆燕. 2013—2014 年世界经济形势分析与展望. 环球网，2013-12-30.

年第四季度美国经济增长率下修了0.8个百分点，消费主引擎的增长贡献也从2.26个百分点大幅下修至1.73个百分点①。这也说明美国经济复苏并非一帆风顺，而是潜伏着一些不稳定的因素，这也是美联储将加息时点予以延后的主要原因。

欧元区在2013年走出谷底之后，经济景气指数连续攀升，工商企业看好经济发展前景，投资意愿正在逐步增强。欧元区的经济恢复也将得到政治领域的有力支持，德国总理默克尔优势连任，有利于欧盟和欧洲央行政策的连续性，也有利于欧元区朝着"欧元巩固"的方向发展。预计2014年欧元区经济会延续复苏势头，但高失业率、信贷紧缩等因素使其经济增速更可能趋向于小幅回升。此外，人口老龄化对财政形成较大压力，居高不下的私人债务有待继续清理，调结构任务依然严峻等问题也预示着经济增长速度仍将比较缓慢。欧盟委员会预测欧元区在2014年的经济增长年率为1.1%，仍然处于缓慢复苏的区间。

新兴经济体在2013年普遍经历了美国退出量化宽松政策的外部冲击，2014年仍将面临美联储削减资产购买规模带来的资本外流冲击，金融体系面临严峻考验。与此同时，新兴经济体的内部经济结构仍不合理，过度依赖出口的局面短期内仍难改变。2014年美国继续退出量化宽松政策所引发的全球流动性趋紧和非能源大宗商品价格下跌，将对部分新兴经济体造成不同程度的影响，尤其是那些外来资本依赖性较高的国家更加危险。不过，美欧经济复苏将有助于拉动部分发展中国家，特别是制成品出口国的经济增长。因此，预计2014年新兴经济体将继续处于较低的经济增速区间，但在国别之间会出现分化。经常项目盈余、结构调整较快的国家将会有较高的增速，而经常项目和财政收支赤字较高的国家将会受到较大的外部冲击，金融市场的大幅震荡将会成为常态，经济增速也会随之下滑。

就国内经济而言，随着宏观调控政策继续发挥积极作用，经济体制改革步伐进一步加快，2014年中国经济运行将保持平稳较快增长态势。在投资方面，虽然制造业产能过剩会降低企业投资意愿，部分地区的房价下跌和房地产交易萎缩会影响房地产投资，但营业税改增值税试点范围和领域扩大有利于服务业投资，并且棚户区改造、城镇化、重大基础设施相关项目将会快速推进，从而保证固定资产投资不至于下降太多；在消费方面，虽然居民实际可支配收入增长有所放缓，直接影响居民的实际消费能力，但网络消费、信息消费、社区消费等新型消费模式将会显示较大潜力，严控公务消费对抑制餐饮等消费的滞后影响也将基本消失，消费水平预计与2013年持平。2014年国内投资和消费因素对于进出口贸易的支持力度可能会略有减小，但成本高企、资金短缺、竞争加剧等因素的负面影响值得高度重视。

综上所述，2014年中国外贸发展面临的外部环境总体向好，但不确定因素依然存在，尤其是内部不利因素会对外贸增长形成制约。发达国家需求回升有望拉动中国的出口好转，但新兴经济体增速放缓将对中国出口带来不利影响。人民币升值和生产成本上涨的趋势短期内难以扭转，发达国家和发展中国家的贸易保护力度更为强化，市场竞争也会更趋激烈。然而，我们也要看到有利于外贸发展的积极因素，例如世界经济低速复苏，将推动大宗商品价格稳中趋降，降低中国进口成本。国内经济继续保持较快增长，进口需求的稳步扩张也依然可期。随着中国加快推进经济结构调整，能源、原材料以及国内紧缺的先进技术设备、关键零部件进口将会持续增长。预计2014年中国的外贸增速基本维持在2013年的水平，在7.5%～7.8%的区间内小幅变动，进出口增速与2013年持平，但出口增速将高于进口增速，贸易顺差进一步扩

① 程实．2014年世界经济出师不利[N]．东方早报，2014-03-04．

大。考虑到发达经济体与新兴经济体的差异化增长趋势，中国的外贸重心可能会再度转向发达经济体。

2. 对外贸易引致经济增长风险的管理对策

鉴于2014年的国内外经济形势仍然存在较高的不确定性，我们对于外贸增长速度不应有过高的期待。政策重心应当继续推动对外经济发展方式转变，优化调整对外贸易结构，着眼于外贸效益的内涵提升，而非外贸数量的外延增长。同时，要注意多管齐下、千方百计降低外贸企业的成本压力，为结构调整争取必要的过渡时间。具体的管理对策包括以下几方面：

（1）着力提升国际分工地位，努力拓展市场空间。面对国内人力成本刚性提升和外需增长放缓的现实挑战，应当树立制造立国、质量立国的理念，依靠技术创新提升全球价值链中的分工地位，推动出口商品结构的转换升级，创造出口竞争新优势。为此，要加快形成有利于技术创新的体制机制。一是推进企业主导、市场导向的技术创新，强化企业在技术创新中的主体地位。鼓励创新资源向企业流动，引导资金、人才、技术等创新要素向企业集聚，支持有条件的企业加强平台建设，加大对中小企业、微型企业技术创新的扶持力度，加快建立高校、科研院所技术成果向企业转移机制。二是推动以市场机制为基础的企业兼并重组，通过生产要素在制造业行业间和行业内的转移，促进优胜劣汰，使高效率企业通过要素整合做大做强。三是扩大利用外资规模，提高利用外资的综合效益。加快服务领域对外开放，改善外商投资环境，大力引进技术含量与附加值更高的外资项目，充分发挥知识溢出效应。

（2）多策并举，进一步提高对外贸易的便利化水平。一是创新监管方式，提高货物流通便利化水平。推进检验检疫"通报通放"，企业可以自主选择试点机构办理出入境货物申报、报检、放行和签证手续。整合货物通关的申报项目、查验过程和放行手续，尽量压缩货物查验时间。二是加快落实进出口业务税收环节各项国家政策。继续做好营业税改征增值税、启运港退税以及跨境人民币结算业务出口退税等工作。利用税贸协作机制平台，协调解决问题。三是继续推进各类进口平台建设。加强贸易便利化一站式服务中心与各类进口平台的对接，重点增强服务进口的功能。在特殊监管区域实施进口商品预检验，对有需求的企业给予提前施检，并在检验有效期内，对货物分批出特殊监管区经核查货证后快速放行，方便货物进出。四是努力提供一站式服务。积极引导有条件的地区设立贸易便利化集中服务场所，组织海关、税务、商务等职能部门与相关贸易服务机构进驻，为进出口企业提供一站式便利服务。

（3）加强与周边地区的经贸合作，积极参与区域一体化安排。一是与周边国家发展互惠互利可持续的经贸关系。充分考虑周边国家的发展目标与主要关切，综合利用贸易、投资、金融、援外等多种手段，把农业全产业链投资与贸易合作、基础设施建设、转移出口导向型的加工制造项目、资源开采与深加工等作为经贸合作的重点领域；二是让周边国家充分分享中国的市场机遇，通过单边降低关税、重点分配进口配额、建立双边自由贸易安排等扩大自周边国家的进口；三是在全球多边贸易投资框架难以取得新进展的情况下，中国应积极参与双边和多边贸易投资协定，促进和主要贸易伙伴的贸易投资关系有序发展。积极推进中日韩自贸区、区域全面经济伙伴关系谈判，探讨与美、欧建立自由贸易安排的可行性，争取同主要经济体谈成一个大的区域贸易安排。

（4）改革完善大宗商品的调控机制和市场流通机制。一是研究完善大宗农产品的市场调控机制和价格政策。重点研究如何在市场化条件下组织收购，防止出现农民"卖难"，维护市场秩序。对维持现行政策性收储的商品，要重点研究完善收储办法，更好地发挥地方和骨干企业的作用。二是进一步深化粮食流通体制改革。这是完善粮食价格形成机制、充分发挥市场作用、健全粮食市场体系的基础和前提，核心是理顺政府调控与企业经营的关系，切实推进基层国有粮食企业政企分开。三是逐步完善原油、成品油的进口体制。本着有利于结构优化、淘汰落后产能的原则，研究完善进口原油使用政策，增加符合条件的原油加工企业使用进口原油。选择一两个关键的成品油品种先行试点，允许一部分通过非国有贸易渠道进口，逐步促进成品油来源多元化和市场公平竞争。

五、结论

首先，在对外贸易与经济增长风险这部分的内容中，我们回顾了2013年中国对外贸易的主要特征，揭示了进出口贸易中的一些风险因素。中国的对外贸易形势相当严峻，具有真实需求的外贸增速略低于预期。世界经济继续回落、外部需求难以提振是中国出口面临的主要风险，国内经济的企稳基础尚不牢固、进口需求扩张动力不足是进口面临的主要风险。

其次，我们实证研究了服务贸易与经济增长之间的联系，并就人民币升值对中国出口商品结构的影响问题进行了量化评估。研究表明，长期内服务贸易进出口与经济增长之间存在正相关联系，但出口服务贸易对经济增长的关联性明显强于进口。原因在于，尽管中国在知识技术密集服务领域处于比较劣势，要依靠进口贸易来满足国内需求，但这些领域要么存在国内准入限制，要么面临国外输出管制，以至于进口服务贸易难以发挥应有的积极作用。与货物贸易相比，中国的服务贸易明显滞后，有必要借鉴货物贸易的发展经验，进一步扩大服务业的对外开放。在及时有效的政策支持下，2013年进出口风险等级均维持不变，双双处于低速发展的低风险状态。考虑到2014年的对外贸易形势难有明显起色，当前的政策重点是“在稳定中求发展”，在确保外贸总量稳定增长的同时，加快推进外贸结构的优化调整。人民币升值对中国出口商品结构的影响与风险评估结果显示，2005年汇改以来的人民币升值趋势，对中国的出口贸易产生了“破坏性升级”的结构调整效应，在导致出口总额减少的同时，却支持了高技术产品的出口比重提升，促进出口商品结构的“高端化”演进。然而，这种结构升级作用并没有沿着技术层级梯次推进，人民币升值对中低技术产品尤其是中等技术制成品的负面冲击明显大于资源性产品，使得出口商品结构趋向于“低端化”的演变路径，因此只能起到“局部优化”的结构升级作用。

最后，我们预测了2014年的对外贸易风险，并就如何管理外贸风险提出了几点对策。在欧美经济稳步复苏的带动下，世界经济增速有望加快，中国外贸发展面临的外部环境总体向好。但欧美复苏和新兴经济体尚存在不确定性，同时中国自身的不利因素会对外贸增长形成制约。预计2014年中国的外贸增速基本维持在2013年的水平，出口增速将高于进口增速，贸易顺差可能进一步扩大。为减少外贸引致经济增长的风险，2014年的政策重心应当继续推动对外贸易结构的优化调整，同时努力降低外贸企业的成本压力；要加快形成有利于技术创新的体制机制，依靠技术创新来提升国际分工地位，努力拓展市场空间；多策并举，进一步提高对外贸易的便利化水平；加强与周边地区的经贸合作，积极参与区域一体化安排；改革完善大宗商品的调控机制和市场流通机制，充分发挥市场机制的调节作用。

参考文献

[1] 北京大学中国经济研究中心课题组. 垂直专门化、产业内贸易与中国贸易关系[R]. CCER 讨论稿系列,2005(5).

[2] 胡冬梅,郑尊信,潘世明. 汇率传递与出口商品价格决定——基于深圳港 2000—2008 年高度分解面板数据的经验[J]. 世界经济,2010(6).

[3] 黄飞雪,王云. 汇改前后实际汇率对中国向欧元区出口影响的比较[J]. 数量经济技术经济研究,2011(3).

[4] 黄万阳,王维国. 人民币汇率与中美贸易不平衡问题——基于 HS 分类商品的实证研究[J]. 数量经济技术经济研究,2010(7).

[5] 姜巍. 服务贸易对澳门经济增长的贡献研究——基于澳门 1998—2010 年季度数据实证分析[J]. 国际经贸探索,2011(2).

[6] 李宏彬,马弘,熊艳艳,徐媛. 人民币汇率对企业进出口贸易的影响——来自中国企业的实证研究[J]. 金融研究,2011(2).

[7] 李瑞琴. 服务贸易与货物贸易自由化对经济增长影响的差异性研究[J]. 财贸经济,2009(3).

[8] 李铄,宋琴. 服务贸易对中国经济增长影响的实证分析[J]. 经济研究参考,2011(29).

[9] 李艳丽. 汇率变化对中国劳动密集型产品出口的影响——基于国别面板数据的分析[J]. 世界经济研究,2011(4).

[10] 马君潞,王博,杨新铭. 人民币汇率变动对中国出口贸易结构的影响研究——基于 SITC 标准产业数据的实证分析[J]. 国际金融研究,2010(12).

[11] 潘爱民. 中国服务贸易开放与经济增长的长期均衡和短期波动研究[J]. 国际贸易问题,2006(2).

[12] 尚涛,郭根龙. 中国服务贸易自由化与经济增长的关系研究——基于脉冲响应函数方法的分析[J]. 国际贸易问题,2007(8).

[13] 王子先. 服务贸易新角色:经济增长、技术进步和产业升级的综合性引擎[J]. 国际贸易,2012(6).

[14] 危旭芳,郑志国. 服务贸易对中国 GDP 增长贡献的实证研究[J]. 财贸经济,2004(3).

[15] 文争为. 中国出口汇率传递率行业和国家差异的实证研究[J]. 经济评论,2011(3).

[16] 肖奎喜,廖文秀. 人民币汇率、出口贸易结构与中美贸易收支——基于 SITC 标准产业数据的实证分析[J]. 国际经贸探索,2012(12).

[17] 熊启泉,张琰光. 中国服务贸易对经济增长的贡献——基于 1982—2006 年数据的实证分析[J]. 世界经济研究,2008(11).

[18] 姚枝仲,田丰,苏庆义. 中国出口的收入和价格弹性[J]. 世界经济,2010(4).

[19] 余娟娟,林玲. 人民币汇率不完全传递的行业差异——引入贸易附加值的分析[J]. 当代财经,2013(2).

[20] 张会清,唐海燕. 人民币升值、企业行为与出口贸易——基于大样本企业数据的实证

研究:2005—2009[J].管理世界,2012(12).

[21] BALTAGI B, LONG L. The Hausman-Taylor panel data model with serial correlation[R]. Center for Policy Research Working Paper, No. 135,2012.

[22] BENKOVSKIS K, JULIA W. Non-price competitiveness of exports from emerging countries[R]. European Central Bank Working Paper, No. 1612,2013.

[23] BERMAN N, PHILIPPE M, THIERRY M. How do different exporters react to exchange rate changes[J]. Quarterly Journal of Economics, No. 127,2012.

[24] BERTHOU A, CHARLOTTE E. The trade unit values database[R]. CEPII Working Paper, 2011(10).

[25] DEARDORFF A. International provision of trade services, trade and fragmentation[R]. World Bank Policy Research Working Paper, No. 2548,2001.

[26] EGGER P. Alternative techniques for estimation of cross-section gravity models [J], Review of International Economics, 2005(13).

[27] FAUCEGLIA D, ANIRUDH S, MARTIN W. Natural hedging of exchange rate risk: the role of imported input prices[R]. MPRA Paper, No. 49137,2013.

[28] HORGOS D. International outsourcing-some measurement problems: an empirical analysis of outsourcing activities in Germany[R]. Helmut Schmidt University Working Paper, 2007(8).

[29] IMBS J, MÉJEAN I. Trade elasticities: a final report for the European Commission[R]. European Commission Economic Paper, No. 432,2010.

[30] KASA K. Adjustment costs and pricing-to-market: theory and evidence[J]. Journal of International Economics, 1992(1).

[31] KRUGMAN P. Pricing to market: when the exchange rate changes[R]. NBER Working Paper, No. 1926,1986.

[32] LALL S. The technological structure and performance of developing country manufactured exports: 1985—1998[J]. Oxford Development Studies, 2000(28).

[33] LINDERS G M, GROOT H L. Estimation of the gravity equation in the presence of zero flows[R]. Tinbergen Institute Discussion Paper, No. 72,2006.

[34] MARSTON R. Pricing to market in Japanese manufacturing[J]. Journal of International Economics, 1990(29).

[35] MATTOO A, MISHRA P, SUBRAMANIAN A. Spillover effects of exchange rates: a study of the Renminbi[R]. IMF Working Paper, No. 88,2012.

[36] MELITZ M J. The impact of trade on intra-industry reallocations and aggregate industry productivity[J]. Econometrica, No. 71,2003.

[37] RAMKISHEN R, GRAHAM B. Will Asian economies gain from liberalizing trade in services[J]. Journal of Development Economies, 2002(4).

[38] SIMONOVSKA I. Income differences and prices of tradables[R]. NBER Working Paper, No. 6233,2010.

[39] VERIKIOS G. Global gains from liberalizing trade in telecommunications and

financial services[R]. Productivity Commission Staff Research Paper, No. 1683,2001.

[40] WINDMEIJER F. A finite sample correction for the variance of linear efficient two-step GMM estimators[J]. Journal of Econometrics, No. 126,2005.

[41] YANG J W. Exchange rate pass-through in U. S. manufacturing industries[J]. The Review of Economics and Statistics, No. 79,1997.

[42] YOSHIDA Y. Market share and exchange rate pass-through: competition among exporters of the same nationality[R]. RIETI Discussion Paper, No. 84,2013.

第五章　中国宏观经济运行中的通货膨胀风险

一、绪论

对于一个经济体而言，物价稳定无疑是宏观经济健康运行的重要表现和内在要求，并且物价波动也直接影响着普通民众的日常生活和经济福利，因此保持物价稳定是世界各国所竭力实现的重要的宏观调控目标。为实现这一目标，世界上相当一部分国家已经实行了通货膨胀目标制，从而将稳定物价水平和降低通货膨胀率作为中央银行货币政策调控的首要目标。

中国自改革开放以来的 30 多年间，在经济建设方面所取得的巨大成就令世人注目，但与此同时，经济高速增长也伴随着较为频繁的物价水平波动，从而对民生及政府公信力都产生了较大的影响。基于此，有效地预测通货膨胀风险，并提出具有前瞻性的宏观调控政策建议，将具有重大的理论和现实意义。

下面将对通货膨胀风险进行明确界定。本研究认为，如果按照涉及对象(或经济层面)，通货膨胀风险可有宏观角度与微观角度之分。其中，宏观层面的通货膨胀风险，是指由于物价变动的不确定性给宏观经济目标实现所造成的可能影响；微观层面的通货膨胀风险，则指由于物价变动的不确定性给微观经济主体造成的损失可能性。基于宏观视角的通货膨胀风险，广义上则指由于物价变动的不确定性所造成的宏观经济方面的福利损失，强调的是通货膨胀导致的经济后果；狭义上则指宏观经济未来所面临的通货膨胀变动的不确定性，主要强调了宏观经济所面临的通货膨胀波动压力。

本章在研究和预测中国的通货膨胀风险时，将暂不考虑通货膨胀所导致的经济后果，而仅将视角集中于宏观经济未来面临的通货膨胀的可能变动。基于此，本章将对所要讨论的通货膨胀风险作如下界定：即未来通货膨胀相比较其适度区间的可能偏差。假定经济持续稳定运行所需要的通货膨胀适度区间为$[\pi_{\min}, \pi_{\max}]$，则当未来的通货膨胀预测值π_{pre}高于适度区间的上限$\pi_{\max}$或低于适度区间的下限$\pi_{\min}$时，则认为经济运行过程中会出现通货膨胀(或紧缩)风险；并且，如果未来通货膨胀率偏离适度区间越大(后面会给出本章所界定的中国通货膨胀的适度区间)，则意味着风险越高。

2014 年以来，随着经济增长速度的回落，中国主要价格指标延续了 2013 年的小幅波动态势，居民消费价格指数 CPI 基本稳定在 2.5%左右，根据中国国家统计局 2014 年已经发布的宏观经济运行数据，2014 年 1～4 月份全国居民消费价格总水平同比上涨 2.49%、1.95%、2.38%和 1.8%；全国 1～4 月份工业生产出厂价格同比下降 1.64%、2.0%、2.3%和 2.0%。从历史数据来看，中国国内的 CPI 自 2011 年下半年开始逐步回落，并且经济主体普遍预期中国的 GDP 增幅会有进一步减缓，来自供求方面的压力将有所减轻，有利于减缓物价上涨的压力；并且，中国工业生产领域仍存在较突出的产能过剩，绝大多数消费品市场上还存在着激烈的市场竞争，这些都将抑制物价水平的上涨；不仅如此，由于世界各主要经济体的复苏缓慢，来自国际市场上的外部需求很难在短期内出现明显的增长，这也将有利于通货膨胀风险的下降。基于此，2014 年中国出现全局性的较大通货膨胀风险的可能性不大，国内将有望延续 2013 年以来的低通货膨胀水平。

但仍需要引起注意的是，在物价水平总体上保持稳定的同时，受气候等自然条件影响较大的食品价格仍有可能发生较大的波动；并且，国内劳动力价格和水、天然气等资源类产品价格仍有较大上升压力，再加上国内较为宽松的流动性因素和居民通胀预期的不确定性，这些都将可能是推动物价水平走高的主要风险因素；除此之外，国际大宗商品价格的波动也有可能带来输入性通货膨胀的风险。基于此，下面将对 2014 年以来中国经济运行中的通货膨胀风险的潜在引致因素进行分析，然后测度通货膨胀风险的大小，最后提出预控和管理通货膨胀风险的政策建议。

二、风险引致因素识别

（一）不同价格指标的表现特征

1. 居民消费价格指数小幅波动

如图 5-1 所示，2012 年以来，中国居民消费价格指数一直低位小幅波动，尤其自 2013 年 12 月以来，中国国内的 CPI 一直停留在 3%以下，甚至在春节期间，商品价格也总体保持稳定，节假日期间的消费高峰并没有明显地导致物价走高。从图 5-2 的商品零售价格指数的变化中也能明确地看出，近 1 年多来，中国国内的总体物价水平表现得非常稳定，从而表明经济运行中面临的通货膨胀压力很小。

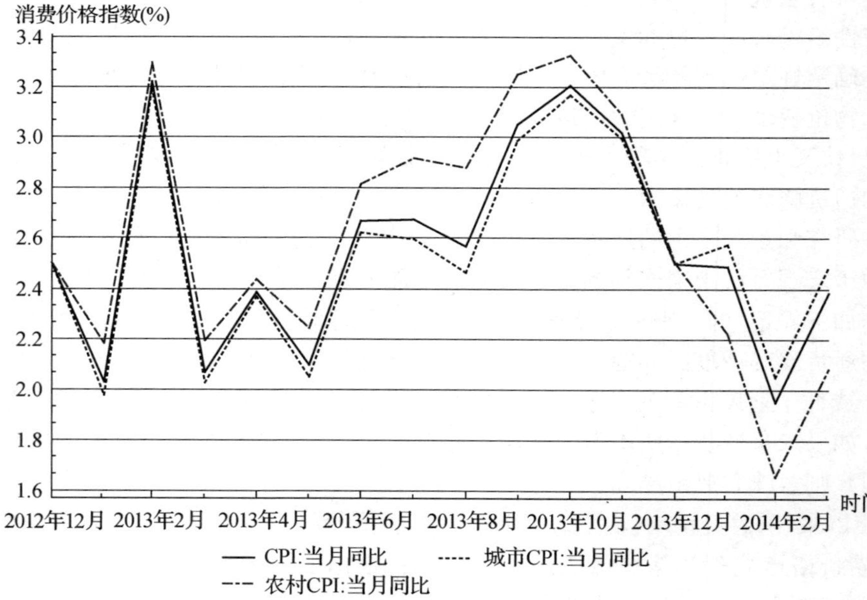

图 5-1 中国居民消费价格指数变化

数据来源：Wind 资讯。

2. 部分食品价格上涨幅度明显

从图 5-3 的中国居民消费分类价格指数月同比数据可以看出，2013 年第二季度以来，在构成居民消费价格指数的 8 大类商品中，包括水产品、鲜果和奶及奶制品在内的三类食品的价

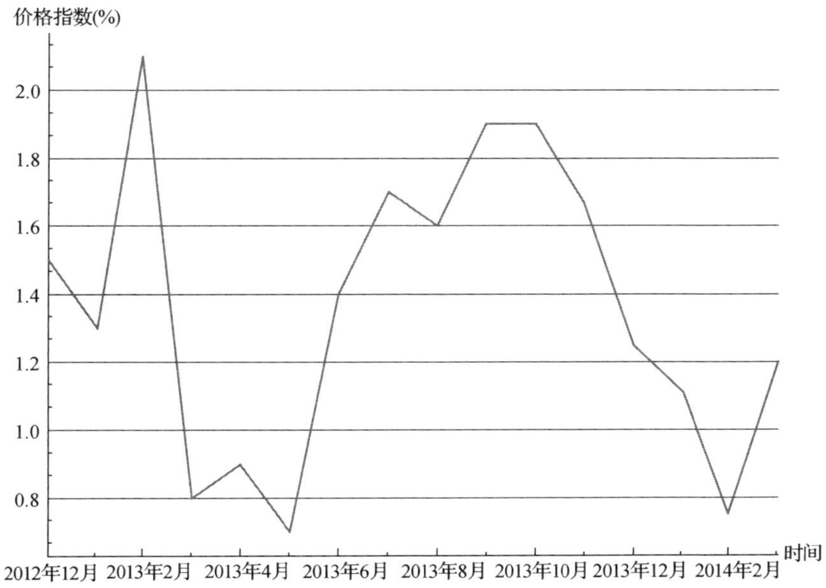

图 5-2　中国商品零售价格指数变化

数据来源：Wind 资讯。

图 5-3　中国食品消费价格分类指数变化

数据来源：Wind 资讯。

格上涨幅度较大，尤其是鲜果和奶及奶制品，自 2014 年以来保持了两位数的上涨速度，其中鲜果价格自 2014 年以来的月平均上涨幅度在 20%左右。可以预期，在未来一段时间内，部分食品价格仍有持续上涨的可能，这将给普通民众的生活带来较大的支出压力。

3. 汽柴油价格高位徘徊

自2011年以来,国际原油价格一路上升,如图5-4所示,目前国际原油价格在较高水平上持续小幅震荡,由于燃料费用是大多数工业品和几乎所有消费品价格的重要构成,因此汽柴油价格的持续上涨势必会推高商品流通环节中的运输成本,进而推动消费品价格上涨。伴随着较高的国际原油价格水平,近几年来中国国内的成品油零售价格也出现了较高幅度的上涨,如图5-5所示,2013年以来,中国国内市场上的汽柴油零售价格一直在高位徘徊,其中与家用汽

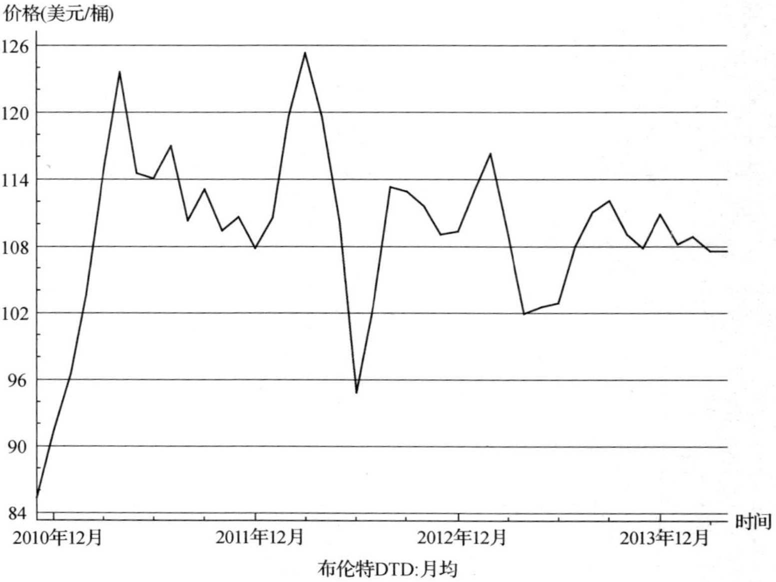

图5-4　国际原油现货价格变化

数据来源:Wind资讯。

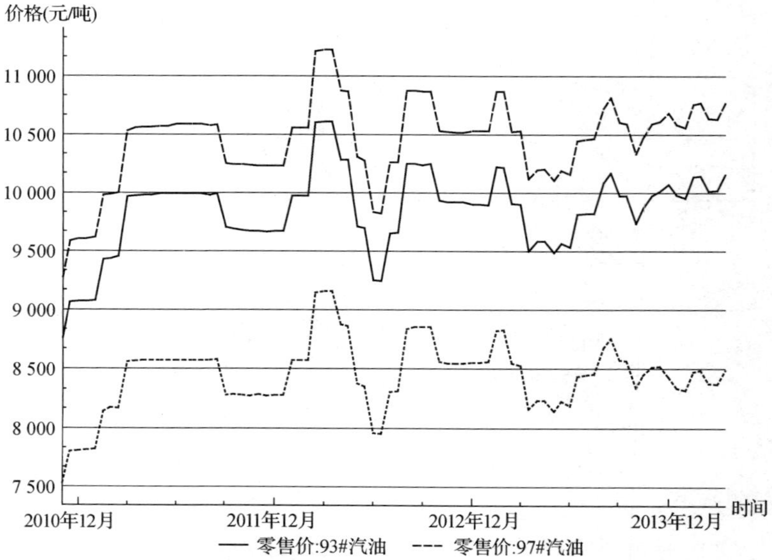

图5-5　中国汽柴油平均零售价格变化

数据来源:Wind资讯。

车最相关的 93 号(现 92 号)汽油折合每升的零售价一直徘徊在 8 元左右,其直接影响结果为较高的居民交通成本和商品运输成本。

4. 居民住房的租售价格继续上涨

从 2012 年的下半年以来,中国国内的新建住宅出售价格出现了新一轮上涨,虽然个别城市出现了商品房交易价格下降的现象,但在北京、上海等一线城市,住宅价格的累计平均上涨幅度超过了两位数;与此同时,居民住房的出租价格也同比出现了上涨,如图 5-6。就目前来看,这一轮上涨似乎已经到了尾声,但前期的涨幅已经明显增加了普通百姓居住相关的支出。

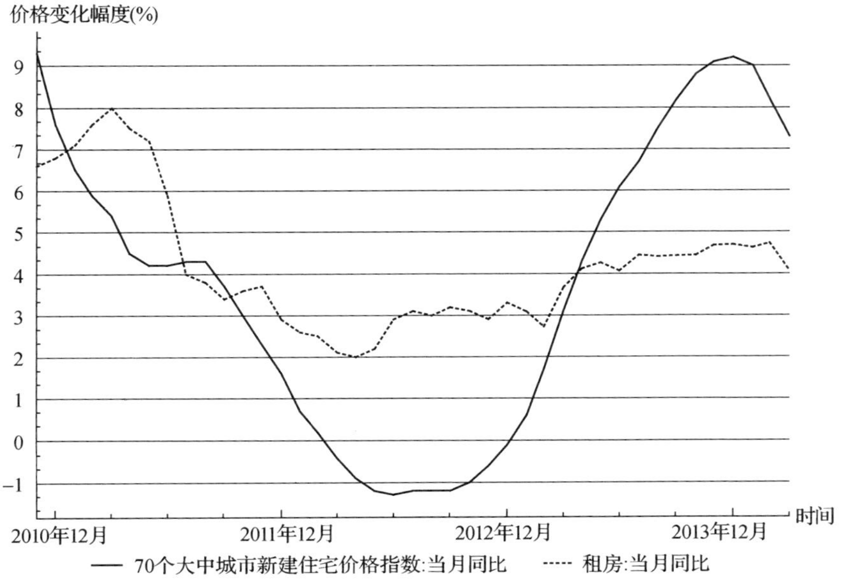

图 5-6　中国居民住房租售价格变化

数据来源:Wind 资讯。

与上面提到的指标相比较,近 1 年来家庭设备及服务、交通通讯及服务、娱乐教育文化用品及服务和医疗保健及个人用品等分类指标都较为稳定,部分指标甚至出现了下降的趋势,从而对总体的价格指数产生了较明显的抑制作用。

(二) 风险引致因素

2014 年及未来较长一段时间内,货币供应增长过快仍将是中国通货膨胀风险的主要引致因素,部分食品价格及资源品价格的波动有可能会推高总体物价水平;另外,国际大宗商品价格如果出现较大幅度的上升,也有可能向中国输入通货膨胀压力。但是,与前几年相比较,固定资产投资增速过快、通货膨胀预期上升以及人民币升值预期下的热钱流入等因素,将不大可能成为引致通货膨胀风险的重要原因。

1. 货币供应量

虽然与前几年相比较,中国的货币供应增长速度有所下降,但总体来看,经济运行中仍存在着结构性的流动性宽松现象,货币存量及信贷规模也相对较大。如图 5-7 所示,2013 年下半年以来,中国的 M2 供应增长率仍处在较高水平。截至 2014 年 3 月底,中国广义货币供应量 M2 余额约为 116.07 万亿元,平均增长率约为 13%;狭义货币供应量 M1 余额约为 32.77

万亿元，流通中的现金 M0 约为 5.83 万亿元。

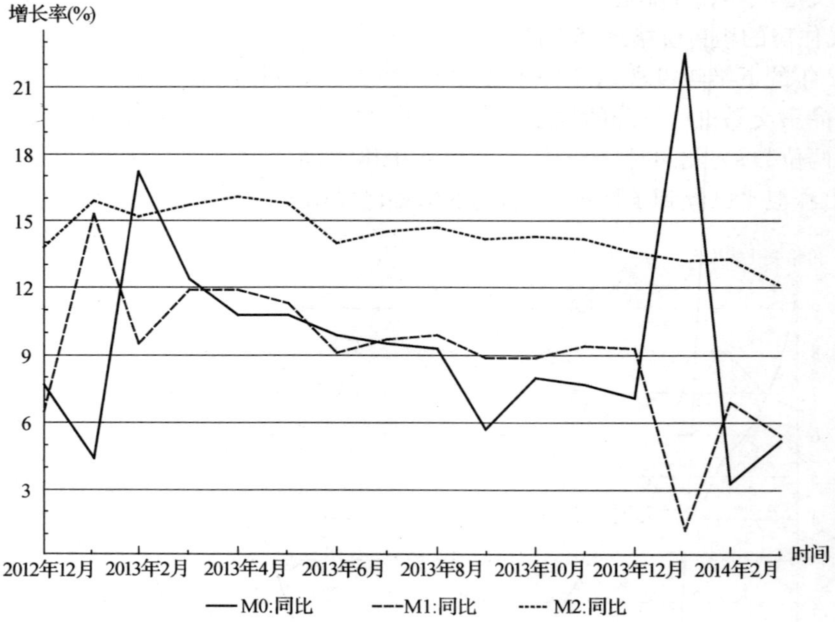

图 5-7　中国不同层次的货币供应量同比增长率

数据来源：Wind 资讯。

除此之外，如图 5-8 所示，中国金融机构各期限的贷款余额呈现稳步上升态势。截至

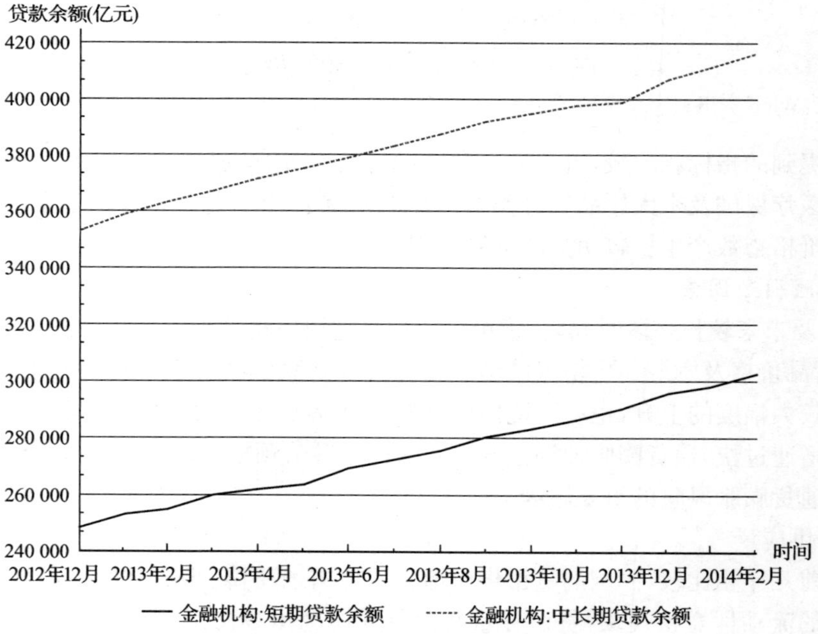

图 5-8　中国金融机构人民币贷款余额变动

数据来源：Wind 资讯。

2014 年 3 月底，中国金融机构人民币贷款余额约为 74.9 万亿元。其中，金融机构各项短期贷款余额约为 30.26 万亿元，中长期贷款余额约为 41.64 万亿元。由此可以看出，经济运行中的流动性仍显宽松，这在一定条件下势必会成为推动物价上涨的潜在因素。

2. 固定资产投资

固定资产投资增长过快会导致能源或原材料的需求上升，从而引致或加剧通货膨胀压力。与 2009 年前后 35%左右的增长速度相比较，中国固定资产投资增长率自 2012 年以来逐步回落至 20%左右，并且这一趋势仍有望进一步延续。如图 5-9 所示，2013 年年底以来，这一速度已经降至 20%以下，并且新增固定资产投资的增长回落更为明显，因此在政府没有大的刺激政策的情况下，预计固定资产投资增长将逐渐不再成为引致中国国内通货膨胀压力上升的重要风险因素。

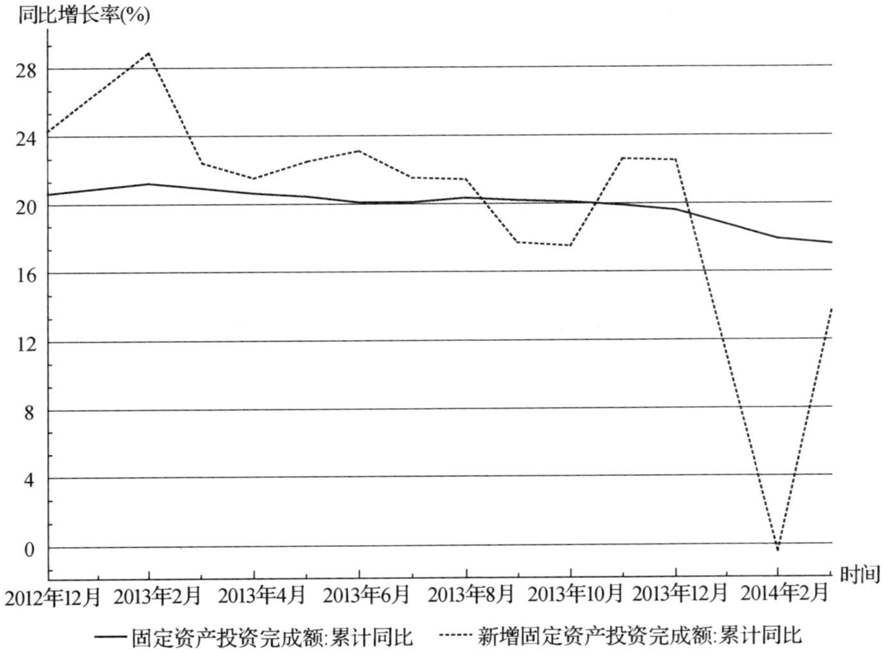

图 5-9　中国固定资产投资同比增长率变动

数据来源：Wind 资讯。

3. 劳动力成本

近几年来，中国各地不断调高月最低工资标准，这有可能会导致企业用工成本的上升和部分服务消费价格的上涨。如图 5-10 所示，自 2010—2014 年，北京的月最低工资标准从 960 元上调至 1 560 元，上海的月最低工资标准则从 1 120 元上调至 1 820 元，两地的月最低工资标准在几年间分别上调了 600 元和 700 元。

4. 通货膨胀预期

通货膨胀预期是指公众对后一段时期内可能发生的通货膨胀及其幅度大小的事前估计。预期行为本身具有主观性，但人们进行预期所依据的却是客观事实，中国国内居民通货膨胀预期的强化，直接体现为投资或消费行为的变化，由此会推动通货膨胀进一步上升；相反，如果公

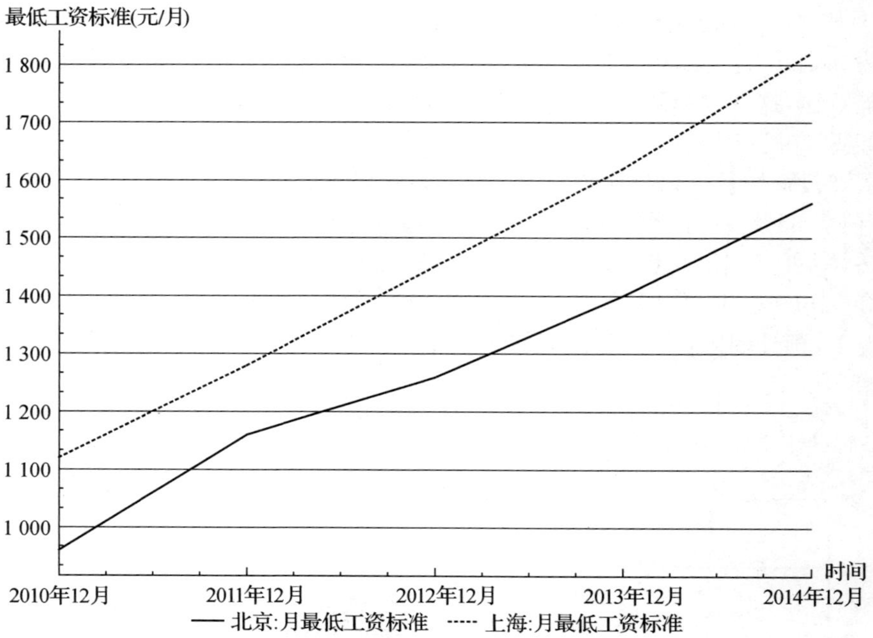

图 5-10　中国各地月最低工资标准变化

数据来源：Wind 资讯。

众的通货膨胀预期指数下降，则对通货膨胀压力有抑制作用。如图 5-11 和图 5-12 所示，中国全国储户问卷调查结果显示，与 2010 年以前相比较，2013 年年底以来，公众未来物价预期指数和预测物价上涨的比例均呈现了下降的态势，这会在一定程度上减小中国国内的通货膨胀压力。

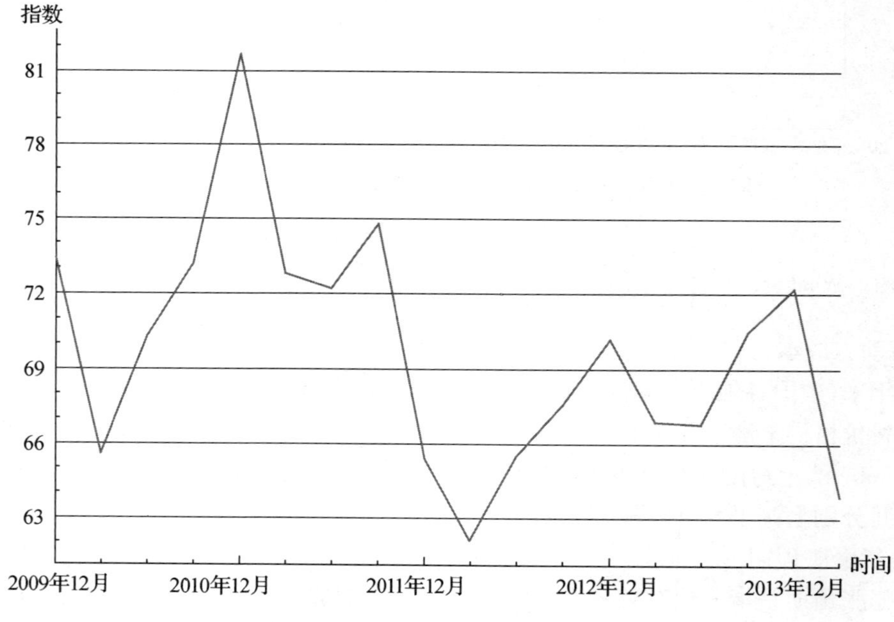

图 5-11　中国未来物价预期指数变动

数据来源：Wind 资讯。

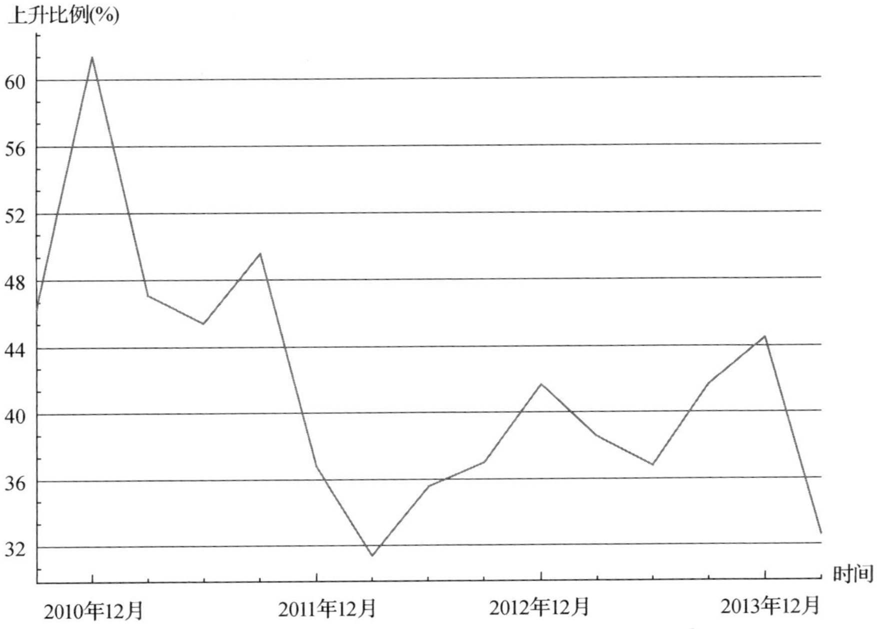

图 5-12　中国预测物价上升比例变动

数据来源：Wind 资讯。

5. 食品价格波动

就中国过去几十年的通货膨胀率变化来看，在构成 CPI 的主要分类指标中，食品价格的波动最为频繁，它也是导致 CPI 上升的主要因素之一。如图 5-13 所示，自 2010 年以来，与非

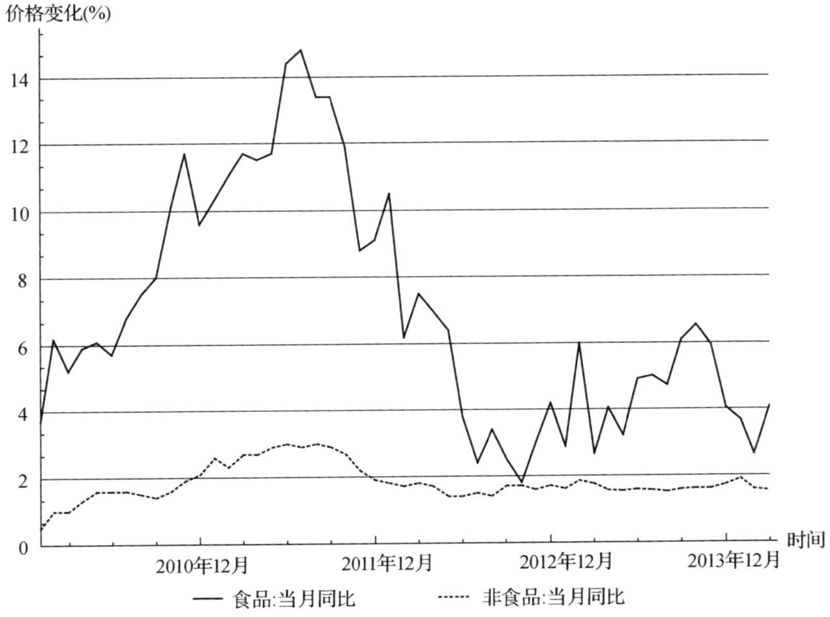

图 5-13　中国食品和非食品价格变化

数据来源：Wind 资讯。

食品类的商品或服务价格指数的稳定相比较，食品价格指数的波动频率和波动幅度都更为明显。因此，2014 年及之后的时间内，受气候等自然条件影响更大的食品价格波动的不确定性仍然较大，这将成为引致通货膨胀风险的潜在因素。

6. 人民币升值预期

从 2005 年人民币汇率形成机制改革到 2013 年年底之前的较长时间内，中国国内相对于发达国家的较高利率水平，以及汇率形成机制改革以来国际金融市场上的人民币升值预期强烈，导致国际投机资本（即热钱）的大量流入，这些热钱在赌人民币升值的同时，也会在房地产市场、债券市场、股票市场以及其他市场不断寻找套利机会，从而进一步加大中国的通货膨胀压力，但是这一趋势自 2014 年以来有了较大改观。如图 5-14 所示，进入 2014 年之后，人民币对美元已经从过去以升值为主转变为双向波动，并且在近 3 个月里出现了较明显的贬值态势，这将在一定程度上改善市场对人民币进一步升值的预期，从而减小中国国内的通货膨胀压力。

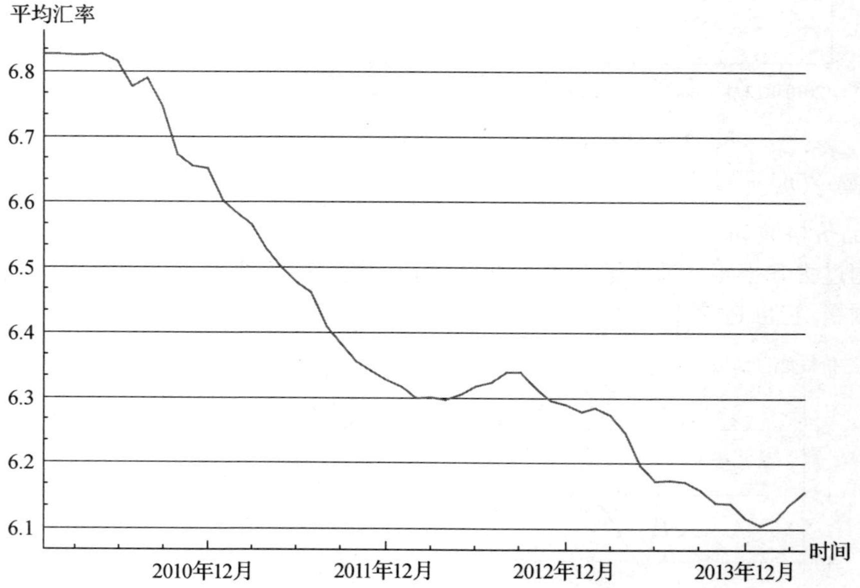

图 5-14　人民币对美元汇率变化（单位：人民币/美元）

数据来源：Wind 资讯。

7. 经济增长预期

改革开放以来，中国经济超过潜在增长能力的高速增长，总是伴随着较高的通货膨胀率，因此经济增长速度与通货膨胀风险之间有着紧密的联系。从目前中国的宏观经济运行来看，告别高速增长的经济发展态势对于缓解通货膨胀压力将较为有利。如图 5-15 和图 5-16 所示，自 2013 年下半年以来，中国的企业家信心指数和经济学家信心指数都出现了下降态势，这表明市场主体和学者们都对中国未来的经济增长状况持谨慎态度；换言之，相比较过去，中国经济很有可能将进入新的增长模式，即告别追求高增长而转向提高经济发展质量，这种转变将意味着中国出现全面通货膨胀风险的可能性大大降低。

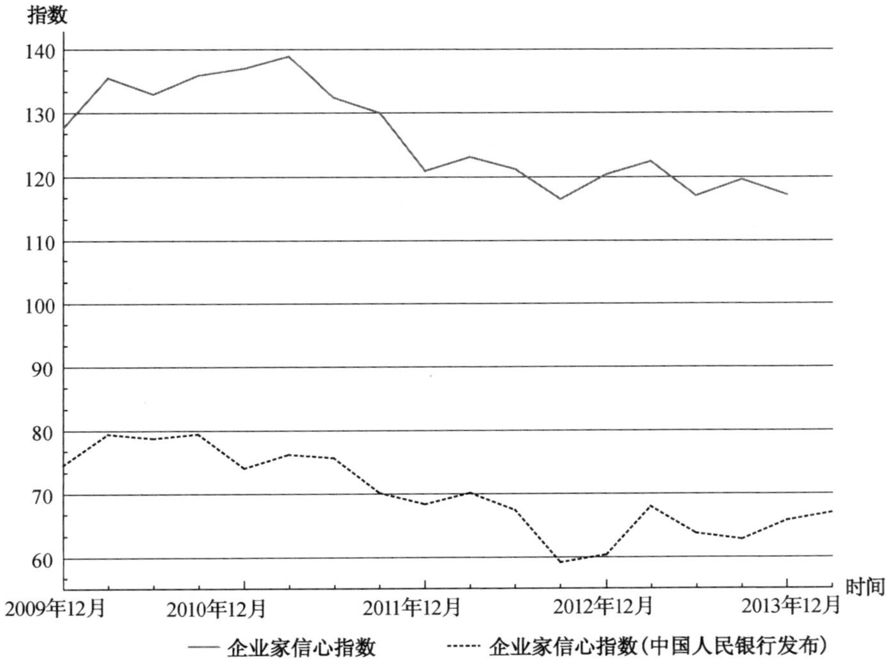

图 5-15　企业家信心指数变化

数据来源：Wind 资讯。

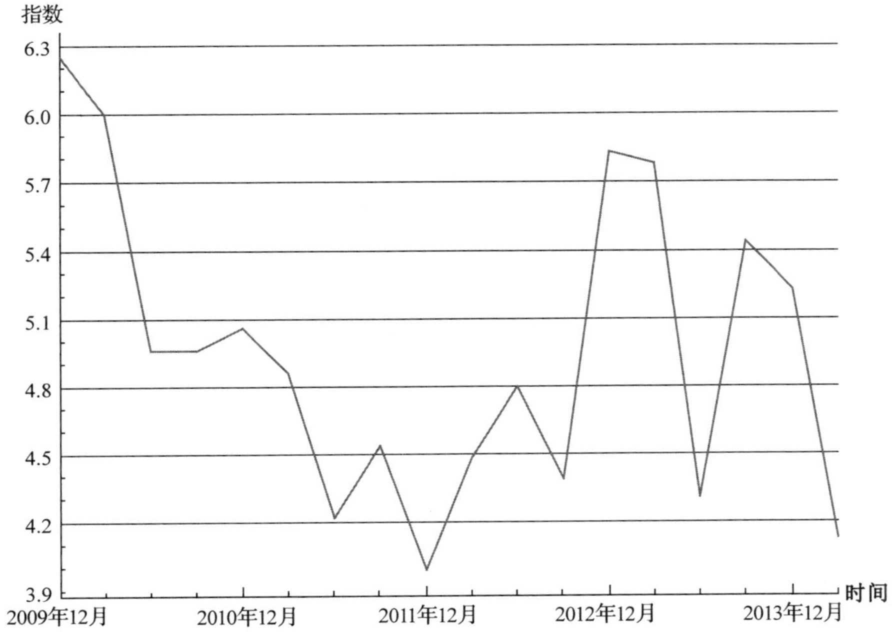

图 5-16　经济学家信心指数变化

数据来源：Wind 资讯。

三、风险度量

（一）通货膨胀风险指数界定

基于前面对通货膨胀风险内涵的界定，下面将划分通货膨胀风险等级，并在此基础上，针对未来通货膨胀率所属的风险等级来定义通货膨胀风险指数。一般经济学理论中，通货膨胀可以按严重程度作不同的划分①，由于这种划分比较粗，界定的区间过大，因此并不适用于本研究所需要的通货膨胀风险等级划分。

目前学术界基本形成共识的经济学含义较明确的通货膨胀区间概念有两个：一个是通货膨胀目标制国家所锚定的最优通货膨胀目标区间；另一个是我国学者陈东琪（1998）最早提出的通货膨胀的“可容忍区间”。最优通货膨胀目标区间是指理论上对宏观经济福利影响不为负的通货膨胀率的上下波动范围，目前市场经济发展较成熟（或采用通货膨胀目标制）的西方国家，一般把这一通货膨胀目标区间设定为1％～3％；殷波（2011）基于长期社会经济福利考虑，利用动态随机一般均衡（DSGE）模型计算出我国的最优通货膨胀目标区间为0.5％～3％②；白仲林和赵亮（2011）的研究则表明中国通货膨胀的最优目标区间为0～3.2％。但是，与发达经济体有所区别的是，对于发展中或新兴市场经济体而言，追求经济增长在较长时期内仍是货币政策调控的重要目标之一，因此目前乃至未来较长的一段时间内，最优通货膨胀目标区间设定并不完全适用于中国的现实情况。

通货膨胀的可容忍区间，是指对应于某个国家经济发展的特定阶段，一个相对可接受的通货膨胀变动范围。在此范围内，不仅社会公众能够承受通货膨胀率波动带来的购买力变化，而且政府在不明显变动宏观调控政策时，也能保证国民经济的持续健康运行。考虑到可容忍区间的内涵解释较符合中国转型经济的客观事实，本研究将主要据此来划分通货膨胀风险等级对应的区间。通货膨胀的可容忍区间是一个动态概念，即理论上同一国家不同经济发展时段的可容忍区间应当有所不同。

考虑到中共十八大以后，中国正在加快调整经济结构，新的增长模式更注重经济发展质量，经济增长更主要依靠国内消费的健康平稳增长，经济发展状况不再主要表现在GDP的增长数据上，而是体现在普通民众的福利增进和生活状况改善方面，因此在上一年报告所界定的通货膨胀可容忍区间的基础上，本年度的研究将适当缩小这一区间的数值，即本研究拟将中国通货膨胀的可容忍区间界定为－0.9％～4.0％③，而把在此范围之外的通货膨胀波动区间界定为不可容忍或风险区间。

对不同的通货膨胀率波动区间，相应调整为对应的风险指数（指数分为1、2、3、4、5等五级）。其中，指数数值越小，代表风险程度越低；反之，风险程度越高。具体的指数化结果可见表5-1。其中：“无风险”等级表示此范围内的通货膨胀水平对经济运行而言是良性的，抑或

---

① 爬行的通货膨胀（0～3％），温和的通货膨胀（3％～9％），严重的通货膨胀（10％～99％）和恶性通货膨胀（100％及以上）。

② 殷波（2011）估算了在各种不同的货币政策规则下，中国经济所应选择的最优通胀目标。研究结果表明，从短期看3％左右的通胀目标是最优的，而从中长期看低通胀目标（0.5％～1％）是最优的。

③ 本区间的确定有较大的主观性，并且本研究所涉及的风险区间划分无法做到十分精确，所以，此处给出的仅是一个可供参考的结果。

有利于经济长期的健康发展;“风险关注”等级表示此范围内的通货膨胀水平不会对经济运行产生明显的负面影响,但需要引起政策当局的密切关注;“有风险”等级表示此范围内的通货膨胀水平会对经济运行产生明显的负面影响,并造成较明显的社会福利损失,政策当局需要实施相应的调控操作以将通货膨胀控制在适宜范围内;“高风险”等级表示此范围内的通货膨胀水平不但会对经济运行产生十分显著的负面影响,并且会造成显著的社会福利损失,政府需将政策调控目标完全集中于通货膨胀抑制上;“很高风险”等级表示此范围内通货膨胀水平会严重影响经济运行,政府必须采取强有力的措施加以整治,否则会引发严重的社会经济危机。

表 5-1 **中国通货膨胀风险衡量指数**

风险等级	无风险	风险关注	有风险	高风险	很高风险
通货膨胀率	0～3.0% 0	3.1%～4.0% −0.1%～−0.9%	4.1%～6.0% −1.0%～−2.9%	6.1%～9.9% −3.0%～−4.9%	10%及以上 −5.0%及以下
风险指数	1	2	3	4	5

(二)通货膨胀风险预测

1. 模型建立

由于货币供应和产出增长是引致中国通货膨胀风险的主要因素,并且由于通货膨胀存在惯性,因此历史通货膨胀水平也会影响未来通货膨胀水平的变化,据此可以建立通货膨胀、产出增长和货币供应之间的数学关系式,所建立的模型如式(5-1)所示。

$$\pi_t = \sum_{k=1}^{p} \alpha_k y_{t-k} + \sum_{k=1}^{p} \beta_k m_{t-k} + \sum_{k=1}^{p} \gamma_k \pi_{t-k} + \varepsilon_t \tag{5-1}$$

式中 π_t —— t 时期的通货膨胀率;

y_t —— t 时期的产出增长缺口;

m_t —— t 时期的货币供应增长率;

ε_t ——扰动项。

式(5-1)的经济学含义为,当期的通货膨胀水平受过去的通货膨胀水平、产出增长缺口及货币供应增长率的影响,即产出水平和货币供应增长水平是影响通货膨胀水平的重要因素。除此之外,由于经济主体的预期及价格粘性等因素,通货膨胀还具有惯性特征。对于式(5-1),可以通过滞后项阶数的选择,以区分不同经济条件下产出水平、货币供应增长和通货膨胀对下一期通胀施加影响的惯性效应。

2. 数据选取及计量分析

计量分析时,模型中的通货膨胀率、产出增长缺口和货币供应增长率分别用 CPI、实际 GDP 增长率缺口(经 HP 滤波得到)和广义货币供应量 M2 增长率作为替代变量,所用的 CPI、GDP 和 M2 数据均为季度数据,数据来源为 Wind 宏观经济专题数据库。为避免伪回归,首先对通货膨胀率 CPI、GDP 增长率缺口和 M2 增长率的时间序列分别进行单位根检验,结果发现三个序列均为一阶差分平稳变量,方程中的滞后阶选择遵循 AIC 和 SC 取值最小原则,最后 CPI 和 GDP 增长率缺口取二阶滞后项,M2 增长率取四阶滞后项。最后使用最小二乘法

(OLS)进行回归分析,结果如式(5-2)所示。

$$\pi_t = 1.2379\pi_{t-1} - 0.4305\pi_{t-2} + 0.167y_{t-1} + 0.2862y_{t-2} + 0.178m_{t-1} - 0.0619m_{t-2} + 0.0711m_{t-3} - 0.0308m_{t-4} - 2.3576 \quad (5\text{-}2)$$

利用式(5-2)对中国 2014 年第二季度的通货膨胀率进行预测,结果可参见表 5-2。在此基础上,通过趋势平滑对 GDP 增长率及货币供应增长率指标进行预测,并利用式(5-2)得到 2014 年第三季度至 2015 年第一季度的通货膨胀率预测值,结果如表 5-2 所示。

表 5-2　**中国通货膨胀风险预测**

时　间	2014 年第二季度	2014 年第三季度	2014 第四季度	2015 年第一季度
通货膨胀率预测值	2.35%	2.28%	2.32%	2.46%
通货膨胀风险指数	1	1	1	1

从表 5-2 中的预测数据可以看出,在前期政府调控通货膨胀的各种政策措施的作用下,再加上在调整经济结构过程中经济增长速度放缓的大背景下,中国的通货膨胀上涨趋势在近两年得到了很好的控制,CPI 整体出现低位震荡的趋势,2014 年全年的通货膨胀率都有望稳定在 2.5%左右;而根据前面按通货膨胀容忍度划分的风险指数来判断,中国 2014 年第四季度至 2015 年第一季度的通货膨胀风险都将可能处于“无风险”区间。图 5-17 为 Wind 资讯数据库中的关于中国 CPI 的预测平均值,可以看出,2014—2015 年的大部分时间内,预测数据都处于2%～3%这一区间。

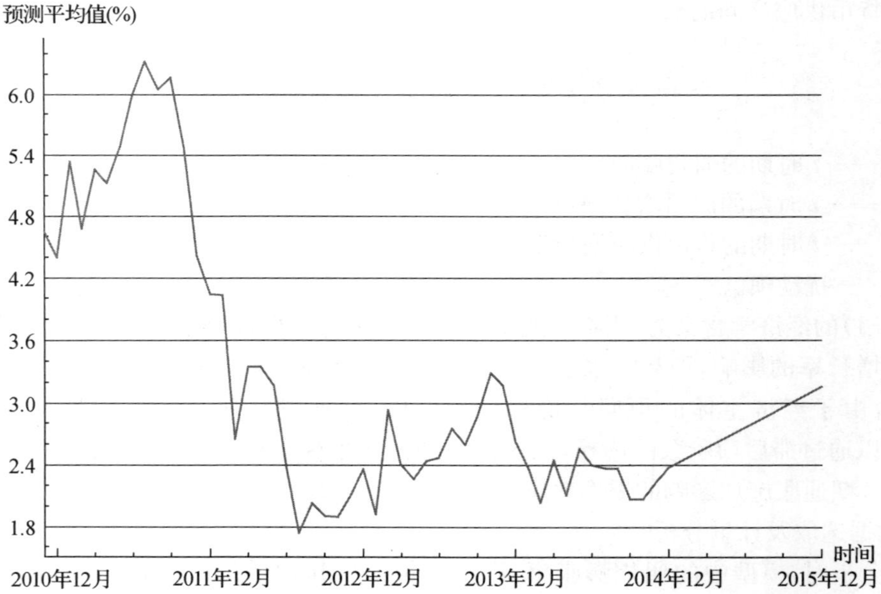

图 5-17　中国 CPI 预测平均值

数据来源:Wind 资讯。

根据上面的预测结果可以看出,虽然目前国内的流动性仍然有过剩之虞,并且受气候和季节因素影响,中国国内的食品价格仍存在较大幅度的波动,并且在汽柴油价格及资源品、公用事业费等均可能出现上涨的背景下，居民的通货膨胀预期仍然存在。另外，劳动力成本的上升也会形成推高物价上升的压力，国际市场上大宗商品价格的波动也有可能产生输入型通货膨胀风险，这些都有可能是引致中国国内通货膨胀风险的潜在因素；但考虑到与中国有密切经济往来的其他经济体的全面复苏步伐仍旧迟缓，并且中国经济正处在关键的结构转型期，固定资产投资规模再次大幅上升的可能性较小，政府推出大规模经济刺激政策的可能性不大，这使得中国经济增长放缓的趋势在短期内将难以改变，所以综合考虑上述因素，本报告将延续上一年报告的判断，即在可预期的一段时间内(2014 年下半年至 2015 年上半年)，中国明显出现全面通货膨胀的可能性较小，但以食品为主导的结构性物价上涨压力仍将持续存在。

四、结论

到此为止，本报告对中国 2014 年前后可能出现的通货膨胀风险的表现特征及风险引致因素进行了总结和分析，并利用计量模型对 2014 年第二季度至 2015 年第一季度的通货膨胀风险进行了预测。

可以看出，中国国内物价总水平自 2011 年第二季度开始逐步回落，2012 年 7 月 CPI 更是降至近几年来的新低 1.8%，并在此之后围绕 2%的水平上下波动，其中在 2013 年 2 月，由于春节期间的节假日效应，CPI 一度反弹至 3.2%，随后又开始稳步回落。截至 2014 年 4 月，CPI 继续在 2%左右小幅震荡。近 3 年来，在总体物价水平持续保持低位的大趋势下，构成 CPI 的部分指标仍存在较大波动，例如 2014 年以来食品中的鲜果和奶制品价格涨幅明显，居民住房租售价格水平也出现了较明显的上涨。

考虑到中国经济运行的实际状况，我们认为，2014 年及未来较长一段时间内，货币供应量增长较快或流动性相对宽松仍将是中国通货膨胀风险的主要引致因素；除此之外，食品价格较大幅度的波动、汽柴油及资源品价格的可能上调、劳动力成本的上升以及国际市场上大宗商品价格的波动等因素，都有可能是引致中国国内通货膨胀风险的潜在因素。

基于计量模型的通货膨胀风险预测结果表明，在前期政府调控通货膨胀的各种政策措施的作用下，再加上调整经济结构过程中经济增长速度放缓的大背景，中国的通货膨胀上涨趋势在近两年得到了很好的控制，CPI 整体出现低位震荡的趋势，2014 年全年的通货膨胀率都有望稳定在 2.5%左右；而根据前面按通货膨胀容忍度划分的风险指数来判断，中国 2014 年第四季度到 2015 年第一季度的通货膨胀风险都将可能处于"无风险"区间。综合而言，在可预期的一段时间内(2014 年下半年至 2015 年上半年)，中国明显出现全面通货膨胀的可能性较小，但以食品为主导的结构性物价上涨压力仍将持续存在。

基于上述研究结论，本报告认为，中国政策当局需要继续加强流动性管理，控制银行信贷的投放速度和货币供应量的增长速度，主动引导固定资产的投资方向，并尽量避免应对经济下滑的刺激政策措施成为未来通货膨胀压力上升的原因；另外，政策当局需要把货币信贷和流动性管理的总量调节与强化宏观审慎管理结合起来，根据宏观形势变化及银行体系稳健性状况等进行适度调整，继续实施好差别准备金动态调整措施，引导并激励金融机构自我保持稳健和调整信贷投放，从而在管理通货膨胀风险的同时能够提升金融机构风险的防范能力；除此之外，通过有效管理公众的通货膨胀预期，以实现物价总水平的稳定，也应当被政策当局纳入宏观调控的"工具箱"中。

参考文献

[1] 白仲林,赵亮.我国通货膨胀率的最优目标区间几何?[J].统计研究,2011(6).

[2] 陈东琪.通货膨胀和通货紧缩交互换位时代的政策操作——兼论中央银行如何用微调方式稳定经济增长[J].财贸经济,1998(8).

[3] 殷波.中国经济的最优通货膨胀[J].经济学(季刊),2001(3).

第六章　就 业 风 险

一、绪论

国家统计局《2013 年国民经济和社会发展统计公报》相关数据显示，尽管 2013 年中国 GDP 增速进一步放缓，但就业形势仍然相对较好：截至 2013 年年末全国就业人员 76 704 万人，其中城镇就业人员 38 240 万人、新增就业 1 310 万人，相比 2012 年分别增长 3.07%和 3.48%。年末城镇登记失业率为 4.05%，略低于 2012 年年末的 4.09%。全国农民工总量为 26 894万人，比 2012 年增长 2.4%。

尽管如此，当前及今后一段时期劳动力的总趋势仍是供大于求，就业形势依然不容乐观：① 从劳动力供给来看，根据人力资源和社会保障部预测数据，虽然中国劳动年龄人口于 2012 年年底达到顶峰，之后开始出现下降，但 20～59 岁就业年龄人口仍在增加，并将在 2020 年达到 8.31 亿人的峰值。② 从新增就业人员来看，2014 年中国普通高校应届毕业生规模达 727 万人，较 2013 年的 699 万人进一步增加；未来 5 年，高校毕业生就业规模将保持在年均 700 万人左右，约占每年新进人力资源市场劳动力的一半。③ 随着中国工业化、城镇化进程的推进，农村转移劳动力也对促进就业提出了新的要求。④ 据人力资源和社会保障部预测数据，尽管中国城镇登记失业率近年来稳定在略高于 4%的水平，但城镇登记失业的绝对人数仍然位于较高水平，2008—2012 年分别为 886 万人、921 万人、908 万人、922 万人和 917 万人。⑤ 2014 年 GDP 计划增长率为 7.5%，经济下行和结构调整将为就业带来较大的压力。

由此，国务院总理李克强在年初的十二届全国人大二次会议上作的政府工作报告中指出，2014 年要坚持实施就业优先战略和更加积极的就业政策，尤其要提高大学生就业创业比例，并加大对城镇就业困难人员的帮扶力度。在具体就业指标设定上，城镇新增就业 1 000 万人以上，城镇登记失业率控制在 4.6%以内。

由于就业关系民生，对就业风险的研究显得尤其重要。与往年就业风险研究的逻辑思路一致，本研究仍将持续关注城镇的长、短期失业状况。需要说明的是：由于失业率的时间序列往往会因宏观政策冲击而产生趋势突变，本研究选用带结构突变的时间序列模型来分离城镇调查失业率。

后继安排如下：首先分析近期国内外就业状况，然后结合国内近期宏观数据识别就业风险因素，并运用带结构突变的时间序列模型来分离城镇调查失业率，得到城镇长、短期失业率，进而界定长、短期就业风险等级并以此作为因变量，同时选取显著影响长、短期失业率的宏观经济因子作为自变量，采用排序 Probit/Logit 模型进行城镇就业风险度量与预测。

二、近期国内外就业状况分析

本部分将对近期国内外就业情况进行简要分析，主要包括：首先根据中国城市公共就业服务机构所提供的就业供求调查信息并结合其他数据，分析 2013 年度国内大中城市的就业市场状况，进而基于国际货币基金组织(IMF)、国际劳工组织(ILO)、美国劳工部/商务部(U. S. Department of Labor/Commerce)和经合组织(OECD)的相关数据，分析全球及重点区域，特别是美国、欧洲和日本的就业和经济发展状况。

(一) 中国城镇就业状况分析

2013 年中国大中城市劳动力市场呈现如下特征：① 从劳动力市场总体情况来看，尽管求人倍率相较上年有所上升，但人才供需均出现同比下降且求职人数降幅更大，即求人倍率上升并非表现为劳动力供需两旺。② 从行业和企业用人需求来看，制造业、批发零售业等 6 大行业仍为用人主体，但其年均用人需求同比下降 2.79%；各类企业，特别是内外资企业作为用人主体，年均用人需求同比下降 0.97%，但内资企业四个季度的用人需求同比有上升趋势(年均同比上升 0.5%)。③ 从求职人员类型来看，外来务工人员和失业人员占比分别呈现下降和上升态势。④ 就劳动力市场中从业人员的技术等级而言，初、中级技能人员和技术员为供需主体，各类技术人员均表现为供不应求，尤以技师、高级技师和高工为甚。

1. 全国及各区域劳动力市场供需状况

据中国人力资源市场信息监测中心对全国 100 多个城市的公共就业服务机构市场供求信息统计(表 6-1)：从全国情况来看，2013 年求人倍率的平均数为 1.09，较 2012 年上涨 0.02；从各季度数据来看，表现为年初和年末用人需求较旺。分区域来看，东、中部的平均求人倍率均为 1.08，分别较 2012 年上涨 0.02 和持平；西部的平均求人倍率均为 1.15，较 2012 年上涨 0.09；从各季度趋势来看，东、西部和全国情况一致，中部的劳动力供求则相对平稳。

表 6-1 **2012 年、2013 年度全国及分区域的求人倍率**

时间 区域	2012 年	2013 年	2012 年	2013 年	2012 年	2013 年	2012 年	2013 年	2012 年	2013 年
	第一季度		第二季度		第三季度		第四季度		全年平均	
全国	1.10	1.08	1.07	1.05	1.08	1.05	1.10	1.08	1.09	1.07
东部	1.09	1.08	1.04	1.03	1.06	1.05	1.11	1.07	1.08	1.06
中部	1.08	1.07	1.09	1.10	1.08	1.08	1.07	1.06	1.08	1.08
西部	1.16	1.08	1.13	1.02	1.13	1.04	1.16	1.11	1.15	1.06

数据来源：中国人力资源市场信息监测中心，表 6-2 至表 6-8 和图 6-2 同。

上述中国人力资源市场信息监测中心对 2013 年就业状况的总体判断和中国人民大学中国就业研究所研发的 CIER 就业竞争指数走势是一致的，如图 6-1 所示。

由图 6-1 可见，次贷危机对就业的负面冲击大致从 2011 年中之后消退，表现为 CIER 指数迅速回落到 1.0 以下——尽管 2012 年第一、第二季度又短暂上升到 1.0 之上，但整个 2013 年至 2014 年第一季度均表现为较低水平，平均约为 0.65，表明了用人需求较大幅度超过求职人数。

从表 6-2 数据可知，就各季度平均而言，2013 年用人需求和求职人数同比增长均趋于下降，即通过劳动力市场解决供需矛盾的情形相对降低。由此可见，表 6-1 中平均求人倍率的增加并非源于劳动力市场的供需两旺，而是因为进入市场求职的人数相对需求而言下降更多。

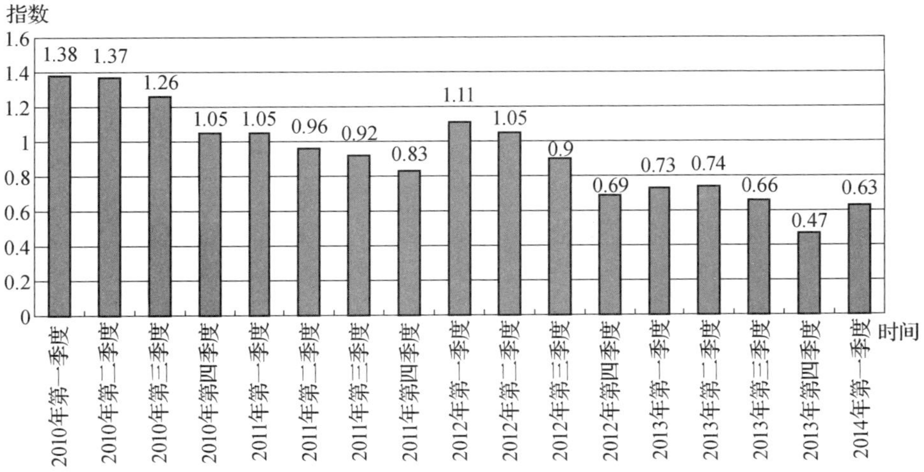

图 6-1 CIER 就业竞争指数走势

数据来源与说明:中国人民大学中国就业研究所。据智联招聘和苏州工业园区人力资源开发公司等提供的第一手数据,将 CIER 指数定义为“求职申请人数/招聘需求人数”(这一指标为“求人倍率”的倒数),该指数已被证明和主要宏观经济指标如 CPI、GDP 具有显著的负相关性(丁大建、耿林、崔鈺雪,2012)。

表 6-2 **2013 年度全国及分区域的用人需求与求职人数同比增长率**

时间 区域	第一季度		第二季度		第三季度		第四季度		全年平均	
	用人需求	求职人数	用人需求	求职人数	用人需求	求职人数	用人需求	求职人数	用人需求	求职人数
全国	−2.90	−4.30	−5.70	−7.00	−2.50	−7.30	−3.30	−6.30	−2.88	−4.98
东部	−7.20	−8.10	−7.40	−7.50	−2.70	−8.80	−5.90	−9.00	−4.64	−6.68
中部	−3.10	−1.80	−5.00	−4.10	−0.30	−0.30	1.80	2.90	−1.32	−0.66
西部	10.60	2.70	−2.00	−10.10	−5.60	−13.20	−3.00	−12.10	0.00	−6.54

2. 不同行业和企业的人才需求状况

表 6-3 列示了 2013 年分季度的行业用人需求状况,大致趋势如表 6-3 所示。

表 6-3 **2013 年度分行业的用人需求状况(%)**

主要行业	用人需求占比					相对 2012 年同期增长率				
	第一季度	第二季度	第三季度	第四季度	全年平均	第一季度	第二季度	第三季度	第四季度	全年平均
制造业	36.50	34.90	33.80	33.10	34.58	0.30	−4.70	−2.80	−0.90	−2.03
居民服务和其他服务业	9.60	15.00	8.90	8.90	10.60	8.50	−6.20	−5.80	−1.20	−1.18
批发和零售业	14.50	11.30	15.00	15.60	14.10	−9.60	−3.00	1.40	0.90	−2.58
住宿和餐饮业	11.10	9.60	11.40	12.20	11.08	−17.40	−12.60	−12.00	0.30	−10.43
租赁和商务服务业	6.80	7.00	6.60	6.10	6.63	10.80	3.10	−2.60	−1.20	2.53
建筑业	4.90	5.10	5.20	4.90	5.03	4.00	−4.40	−9.30	0.00	−2.43
总计/平均	83.40	82.90	80.90	80.80	82.00	−1.76	−4.98	−4.05	−0.37	−2.79

注:“总计/平均”中各季度“用人需求同比增长”的平均值按用人需求占比进行加权平均,与表 6-4 同。

首先，从行业来看，制造业、批发零售业、住宿餐饮业、居民服务和其他服务业、租赁和商务服务业，以及建筑业 6 个行业仍为用人需求的主体，年平均用人需求占总需求 82%的份额。其中，制造业用人需求占比达到 34.58%。

其次，从各主要行业的年平均用人需求同比增长来看，除租赁和商务服务业呈现 2.53%正增长外，其余主体行业用人需求增长均为负值。其中，住宿和餐饮业年均用人需求增长率下落幅度最大，达到了 10.43%。与之对应，6 大行业的用人需求年度平均下降了 2.79%。

最后，从用人需求同比增长的季度表现来看，年初和年末下降幅度较小，年中下降幅度最大，和上述全国求人倍率的表现趋势一致。

从用人单位类别来看，97%以上为各类企业，表 6-4 为 2013 年度各类企业用人需求状况，表中数据显示：① 内资企业为用人需求主体，占比在 75%左右；其用人需求同比增长率全年呈上升趋势，年均同比上涨 0.5%。② 两类外资企业用人需求占比 15%左右，第三、第四季度用人需求同比下降幅度较小，第二季度用人需求同比降幅较大，全年平均降幅在 5.5%左右。③ 个体经营企业用人需求在 9.5%左右，和外资企业用人需求增长趋势相似，全年平均降幅为 5%左右。④ 各类企业用人需求在第一、第二季度同比增长为负，第三、第四季度开始出现同比正增长，但全年平均降幅将近 1%。

表 6-4　**2013 年度不同企业的用人需求状况(%)**

企业类别	用人需求占比					相对 2012 年同期增长率				
	第一季度	第二季度	第三季度	第四季度	全年平均	第一季度	第二季度	第三季度	第四季度	全年平均
内资企业	75.90	75.50	73.30	74.70	74.85	−1.00	−1.70	2.20	2.50	0.50
港澳台商投资企业	6.70	6.40	7.60	7.10	6.95	−2.30	−12.90	−0.90	−0.80	−4.23
外商投资企业	8.30	8.50	9.60	8.50	8.73	−6.00	−19.10	−0.90	−1.40	−6.85
个体经营企业	9.10	9.50	9.50	9.70	9.45	−6.90	−12.50	−0.40	−0.30	−5.03
总计/平均	100	100	100	100	100	−2.04	−4.92	1.42	1.66	−0.97

3. 求职人员类别与劳动力市场技能要求状况

如前所述，2013 年度，进入劳动力市场求职的人数出现同比下降，不仅如此，求职人员结构也有所变化，表 6-5 为 2013 年各季度两类主要求职人员占比。其中：2013 年全年失业人员和外来务工人员占求职人员比例为 52.30%和 36.65%，分别较上年增加和减少了 2.43%。

表 6-5　**2013 年度各类求职人员占比变动状况(%)**

求职人员类型	第一季度	第二季度	第三季度	第四季度	2013 年平均	2012 年平均	同比变化
失业人员：	50.60	51.40	52.60	54.60	52.30	49.88	2.43
新成长失业青年	23.90	24.20	26.40	26.10	25.15	23.83	1.33
就业转失业人员	15.70	13.70	14.20	16.90	15.13	14.55	0.58
其他失业人员	11.00	13.50	12.00	11.60	12.03	11.50	0.53
外来务工人员：	38.80	37.50	35.90	34.40	36.65	39.08	−2.43
本市农村人员	19.40	16.40	15.40	15.80	16.75	17.18	−0.43
外埠人员	19.40	21.10	20.50	18.60	19.90	21.90	−2.00

图 6-2 进一步列示了 2012 年第一季度至 2013 年第四季度两类求职人员占比的变动趋势,进一步印证了外来务工人员和失业人员占比“此消彼长”的关系。

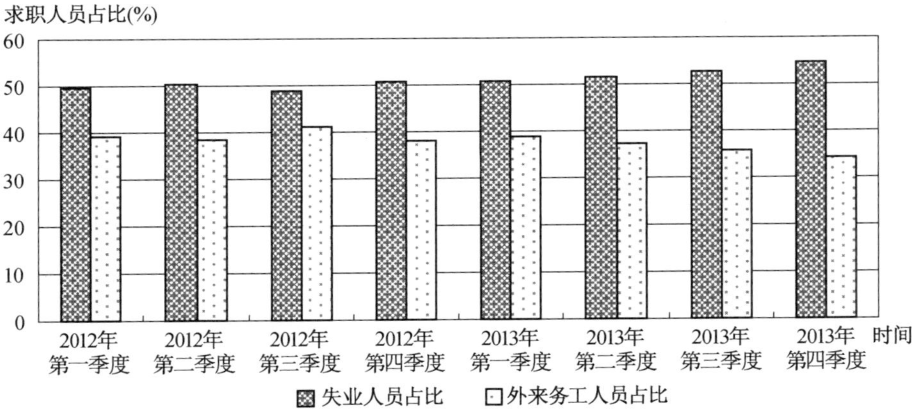

图 6-2 2012 年第一季度至 2013 年第四季度两类主要求职人员占比

表 6-6 至表 6-8 分别列示了 2013 年第一至第四季度按技术等级统计的用人需求、求职人员及求人倍率状况。由表中数据可见:初、中级技能人员和技术员为劳动力市场的供需主体,且全年供需两旺;各技术等级人员的求人倍率均较高。其中,技师、高级技师和高工更是供不应求。

表 6-6 **2013 年度按技术等级统计的用人需求占比及其同比变动(%)**

技术等级	第一季度	同比变化	第二季度	同比变化	第三季度	同比变化	第四季度	同比变化	全年平均	同比变化
初级技能工	21.80	1.00	23.00	0.70	22.10	1.40	21.80	−1.90	22.18	0.30
中级技能工	12.70	2.40	10.40	−0.40	11.20	1.10	10.10	−1.30	11.10	0.45
高级技能工	4.30	0.30	3.40	−0.80	4.10	0.40	4.00	−0.20	3.95	−0.08
技师	2.00	−0.40	2.10	−0.40	2.60	0.40	2.30	−0.30	2.25	−0.18
高级技师	0.80	−0.20	0.80	−0.10	0.90	0.10	0.80	0.10	0.83	−0.03
技术员	9.80	−0.70	9.90	−0.20	11.50	2.30	11.00	0.20	10.55	0.40
工程师	5.30	−0.40	5.90	0.40	6.70	1.60	6.30	0.40	6.05	0.50
高级工程师	1.10	−0.10	1.30	0.20	1.30	0.30	1.30	0.00	1.25	0.10

表 6-7 **2013 年度按技术等级统计的求职人员占比及其同比变动(%)**

技术等级	第一季度	同比变化	第二季度	同比变化	第三季度	同比变化	第四季度	同比变化	全年平均	同比变化
初级技能工	23.20	0.60	23.20	−0.40	22.70	0.40	23.60	−0.40	23.18	0.05
中级技能工	11.00	1.50	10.60	−0.30	11.30	1.30	10.70	−1.20	10.90	0.33
高级技能工	2.90	−0.30	2.70	−0.60	3.60	0.50	3.70	0.30	3.23	−0.03
技师	1.20	−0.20	1.30	−0.10	1.60	0.30	1.80	0.40	1.48	0.10
高级技师	0.40	−0.20	0.40	−0.10	0.50	0.20	0.80	0.50	0.53	0.10
技术员	11.50	0.20	10.90	0.00	11.50	1.90	11.30	0.00	11.30	0.53
工程师	4.70	−0.80	5.30	0.30	6.40	1.90	6.20	1.00	5.65	0.60
高级工程师	0.80	0.20	0.80	0.20	0.80	0.30	1.10	0.40	0.88	0.28

表 6-8 **2013 年度按技术等级统计的求人倍率及其同比变动(%)**

技术等级	第一季度	同比变化	第二季度	同比变化	第三季度	同比变化	第四季度	同比变化	全年平均	同比变化
初级技能工	1.50	0.03	1.53	0.09	1.48	0.00	1.49	0.01	1.50	0.03
中级技能工	1.73	0.08	1.50	0.01	1.49	−0.07	1.51	0.06	1.56	0.02
高级技能工	2.10	0.29	1.80	0.00	1.67	−0.1	1.66	−0.08	1.81	0.03
技师	2.31	−0.01	2.25	−0.07	2.19	−0.19	1.89	−0.6	2.16	−0.22
高级技师	2.72	0.54	2.22	0.13	2.19	−0.67	1.58	−1.08	2.18	−0.27
技术员	1.40	−0.08	1.44	0.02	1.50	0.00	1.54	0.09	1.47	0.01
工程师	1.69	0.08	1.66	0.04	1.56	−0.14	1.59	−0.05	1.63	−0.02
高级工程师	2.13	−0.46	2.02	−0.48	2.11	−0.25	1.79	−0.59	2.01	−0.45

(二) 国外就业状况分析

本部分将集中分析近期全球及重点区域(美国、欧盟和日本)的就业状况。

1. 全球就业与经济发展概况

1) 全球经济展望:IMF

IMF 于 2014 年年初发布的“全球经济展望更新”(World Economic Outlook Update)题目为“Is the Tide Rising?”(经济形势处于上升么?)对 2013 年下半年全球经济发展好于预期表现出谨慎性乐观。其主要观点认为,得益于发达经济体的经济复苏,全球经济在 2013 年下半年表现良好,预计 2014 年经济增长在 3.7%左右(相对 2013 年第四季度预测上调 0.1%),且在 2015 年将达到 3.9%的水平(如图 6-3 所示)。

但全球经济仍面临下行风险:一方面,发达经济体的产出缺口仍较大,且欧元区经济复苏仍不平坦;另一方面,对新兴经济体而言,尽管发达经济体复苏带来外部需求增加,但其自身经济发展和国内需求仍相对疲软(中国除外)。

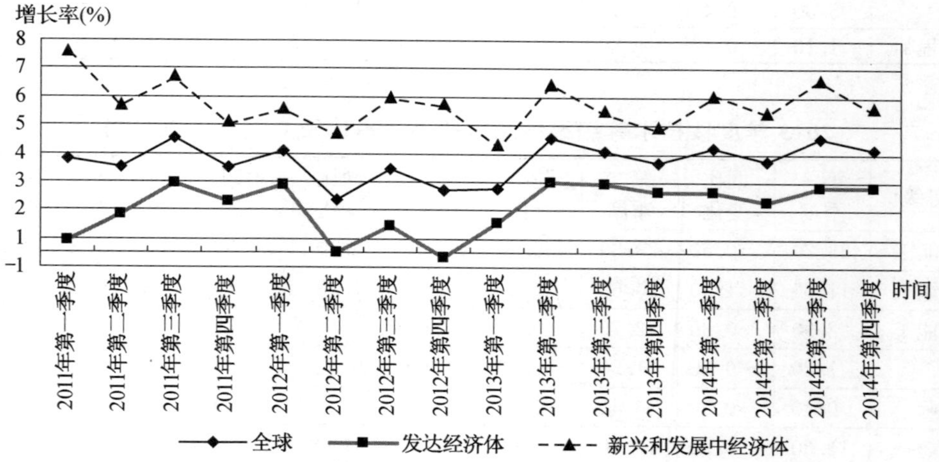

图 6-3 近期全球 GDP 增长趋势

数据来源:IMF,2014 年 1 月。

IMF 于 2014 年 4 月发布的全球经济展望（WEO）题目为“Recovery Strengthens, Remains Uneven”（复苏有所加强，但道路仍不平坦），再次认为，尽管发达经济体经济发展好于预期，但仍存在以下不确定性：新兴市场风险增加；发达经济体通胀低于预期，对应于产出缺口仍较大；地缘政治风险显现。由此，全球经济仍表现为存在下跌风险。

表 6-9 为 IMF 于 2014 年 4 月发布的有关全球及主要经济体的经济增长（预测）情况。

表 6-9　**“全球经济展望(WEO)”有关全球 GDP 增长的预测(%)**

区域　年份 数值类型	实际值		预测值		较 2014 年 1 月预测		2013 年 10 月预测	
	2012	2013	2014	2015	2014	2015	2014	2015
全球	**3.2**	**3.0**	**3.6**	**3.9**	**−0.1**	**−0.1**	**3.6**	**3.7**
发达经济体	**1.4**	**1.3**	**2.2**	**2.3**	**0.0**	**0.0**	**2.1**	**2.4**
美国	2.8	1.9	2.8	3.0	0.0	0.0	2.7	3.0
加拿大	1.7	2.0	2.3	2.4	0.1	0.0	2.1	2.4
欧元区	−0.7	−0.5	1.2	1.5	0.1	0.1	1.3	1.5
英国	0.3	1.8	2.9	2.5	0.4	0.3	3.0	1.9
德国	0.9	0.5	1.7	1.6	0.2	0.1	1.6	1.7
法国	0.0	0.3	1.0	1.5	0.1	0.0	1.2	1.6
意大利	−2.4	−1.9	0.6	1.1	0.0	0.0	0.7	1.4
日本	1.4	1.5	1.4	1.0	−0.3	0.0	1.2	0.5
新兴和发展中经济体	**5.0**	**4.7**	**4.9**	**5.3**	**−0.2**	**−0.1**	**5.2**	**5.3**
巴西	1.0	2.3	1.8	2.7	−0.5	−0.2	2.0	2.9
俄罗斯	3.4	1.3	1.3	2.3	−0.6	−0.2	1.6	2.5
印度	4.7	4.4	5.4	6.4	0.0	0.0	5.7	6.5
中国	7.7	7.7	7.5	7.3	0.0	0.0	7.6	7.2

数据来源：IMF，2014 年 4 月。

从表 6-9 中 IMF 对全球经济增长的最新预测来看，2014 年和 2015 年全球经济增长分别为 3.6%和 3.9%，较 2014 年年初的预测值下调了 0.1%。总体而言，全球经济增长预期的下调主要源于新兴和发展中经济体的发展乏力。具体表现为：

2014 年和 2015 年发达经济体经济增长预计分别为 2.2%和 2.3%（维持年初预测不变）。其中：美、英、加的预期表现最好，美国经济增长预计为 2.8%和 3.0%，英国经济增长预计分别为 2.9%和 2.5%，加拿大经济增长预计分别为 2.3%和 2.4%，欧元区经济增长预计分别为 1.2%和 1.5%，日本经济增长预计分别为 1.4%（较年初预测下降 0.3%）和 1.0%。

2014 年和 2015 年新兴与发展中经济体的经济增长预计分别为 4.9%和 5.3%，较年初预测分别下调了 0.2%和 0.1%。以“金砖四国”为例：巴西经济增长预计为 1.8%和 2.7%，较年初预测分别下降 0.5%和 0.2%；俄罗斯经济增长预计为 1.3%和 2.3%，较年初预测分别下降 0.6%和 0.2%；印度经济增长预计为 5.4%和 6.4%，中国经济增长预计为 7.5%和 7.3%，分别与年初预测持平。总体而言，新兴和发展中经济体的表现预期不如发达经济体。

2）全球就业展望：ILO

2014 年 ILO 的全球就业展望报告题目为“Risk of a Jobless Recovery”（无就业的经济恢复风险），继续表达了经济下行风险带来的就业压力。报告认为，2013 年全球失业人口将达到 2.02 亿人，且新增失业 500 万人。其中：东亚和南亚新增失业人口占据 45%份额，撒哈拉沙漠以南非洲、欧洲新增失业人口紧随其后。预测认为，如果现有趋势延续，2018 年全球失业人口将进一步增加到 2.15 亿人。表 6-10 给出了近期和未来 2 年全球失业率数据。

表 6-10　　**全球失业率概况预测(%)**

数值类型 / 年份 / 区域	实际值				正常预测			经济下行预测		
	2009	**2010**	**2011**	**2012**	**2013***	**2014***	**2015***	**2013***	**2014***	**2015***
全球	6.2	6.1	6.0	6.0	6.0	6.1	6.1	6.0	6.1	6.1
发达经济体与欧盟	8.4	8.8	8.4	8.6	8.6	8.6	8.4	8.6	8.7	8.6
中欧、东南欧（非欧盟）与独联体	9.9	9.2	8.5	8.0	8.2	8.3	8.2	8.2	8.3	8.3
东亚	4.4	4.2	4.3	4.4	4.5	4.7	4.8	4.5	4.7	4.8
东南亚与太平洋地区	5.1	4.7	4.4	4.1	4.2	4.3	4.3	4.2	4.3	4.3
南亚	4.2	3.8	3.8	3.9	4.0	4.0	4.1	4.0	4.0	4.1
拉丁美洲与加勒比地区	7.5	7.3	6.7	6.6	6.5	6.5	6.5	6.5	6.6	6.5
中东	10.3	11.1	10.8	10.9	10.9	11.0	10.9	10.9	11.0	11.0
北非	10.6	10.4	11.8	12.1	12.2	12.2	12.1	12.2	12.2	12.1
撒哈拉沙漠以南非洲	7.7	7.6	7.6	7.6	7.6	7.6	7.5	7.6	7.6	7.6

数据来源：ILO，2014 年 1 月，与表 6-11、6-12 同；2013 年为预估值，2014 年和 2015 年为预测值。

如表 6-10 所示：从 2009 年开始，全球失业率攀升且维持在 6.0%以上，预计 2013—2015 年全球失业率将分别为 6.0%、6.1%和 6.1%，失业状况并未有较大改观。分区域来看：中东和北非的失业率仍将维持在 10%以上，预计 2014 年的失业率分别为 11.0%和 12.2%；发达经济体与欧盟，中欧、东南欧（非欧盟）与独联体的失业率也将维持在 8%以上，预计 2014 年的失业率分别为 8.6%和 8.3%；撒哈拉沙漠以南非洲、拉丁美洲与加勒比地区的失业率将维持在 6%～8%，预计 2014 年的失业率分别为 7.6%和 6.5%；东亚、东南亚与太平洋地区、南亚地区的失业率相对较低，预计 2014 年的失业率分别为 4.7%、4.3%和 4.0%。

表 6-11 为近期和未来 2 年全球失业人口预测数据：预计 2013 年全球失业人数将突破 2 亿人且逐年递增，2014 年和 2015 年分别将达到 2.06 亿人和 2.088 亿人（经济下行时将分别为 2.067 亿人和 2.107 亿人）。其中：发达经济体与欧盟、东亚的失业人口最多，2014 年预计分别达到 4 470 万人和 4 060 万人，撒哈拉沙漠以南非洲、南亚失业人口也将在 2 500万人以上。

表 6-11 **全球失业人口预测(单位:百万人)**

区域 \ 数值类型 / 年份	实际值				正常预测			经济下行预测		
	2009	**2010**	**2011**	**2012**	**2013***	**2014***	**2015***	**2013***	**2014***	**2015***
全球	197.9	195.2	193.9	196.9	201.8	206.0	208.8	201.8	206.7	210.7
发达经济体与欧盟	42.9	45.0	43.4	44.5	44.7	44.7	44.0	44.7	45.1	45.1
中欧、东南欧(非欧盟)与独联体	17.4	16.2	15.2	14.3	14.8	14.9	14.8	14.8	15.0	15.0
东亚	37.1	35.5	36.8	38.1	39.4	40.6	41.8	39.4	40.6	41.8
东南亚与太平洋地区	15.3	14.3	13.6	13.1	13.6	13.9	14.2	13.6	13.9	14.3
南亚	26.3	24.3	24.4	25.0	26.0	26.9	27.7	26.0	26.8	27.8
拉丁美洲与加勒比地区	20.8	20.6	19.3	19.3	19.3	19.7	19.9	19.3	19.9	20.1
中东	6.9	7.7	7.8	8.1	8.3	8.6	8.8	8.3	8.6	8.8
北非	6.8	6.9	8.0	8.4	8.6	8.8	8.9	8.6	8.8	8.9
撒哈拉沙漠以南非洲	24.4	24.8	25.5	26.3	27.2	27.9	28.7	27.2	27.9	28.7

相对而言,青年失业状况更为严重,据表 6-12 数据,2013 年全球青年失业率将超过 13%,2014 年和 2015 年预计分别为 13.2%(经济下行时将分别为 13.2%和 13.3%),远远超过全球失业率预测 6.1%的水平;分区域来看,青年失业率状况和全球失业率状况基本一致,即:中东和北非最高,将维持在 25%以上;发达经济体与欧盟,中欧、东南欧(非欧盟)与独联体次之,在 18%左右;其他区域的青年失业率也将维持在 10%以上。

表 6-12 **全球青年失业率概况预测(%)**

区域 \ 数值类型 / 年份	实际值				正常预测			经济下行预测		
	2009	**2010**	**2011**	**2012**	**2013***	**2014***	**2015***	**2013***	**2014***	**2015***
全球	12.9	12.9	12.7	12.9	13.1	13.2	13.2	13.1	13.2	13.3
发达经济体与欧盟	17.4	18.1	17.6	18.0	18.3	18.0	17.4	18.3	18.1	17.9
中欧、东南欧(非欧盟)与独联体	20.0	19.0	17.9	17.5	18.0	18.1	18.1	18.0	18.2	18.3
东亚	9.4	9.1	9.4	9.7	10.1	10.5	10.8	10.1	10.5	10.8
东南亚与太平洋地区	13.9	14.5	12.9	12.7	13.0	13.3	13.5	13.0	13.3	13.7
南亚	9.8	9.7	9.7	10.1	10.2	10.4	10.4	10.2	10.3	10.5
拉丁美洲与加勒比地区	15.5	15.0	14.3	13.8	13.6	13.5	13.4	13.6	13.6	13.5
中东	23.7	26.2	26.0	26.6	27.2	27.9	28.2	27.2	27.9	28.4
北非	23.9	23.7	28.1	29.2	29.4	29.5	29.5	29.4	29.5	29.5
撒哈拉沙漠以南非洲	12.1	12.0	11.9	11.9	11.9	11.8	11.7	11.9	11.8	11.8

2. 美国就业与经济发展概况

图 6-4 为 2006 年 1 月以来美国"非农就业人数"(All Employees: Total nonfarm)的月度数据及其同比增长率走势。从非农就业人口来看,2006 年至今呈现"升—降—升":2006—2007 年年底呈上升态势,并于 2008 年 1 月达到峰值 13 836.5 万人;随后一路下降,2010 年 2 月跌至 12 965.5万人;而后又趋于上升,2014 年 1～3 月份分别为 13 753.9 万人、13 773.6 万人和 13 792.8万人,已恢复至危机前较高水平。从非农就业人口的同比增长率来看,基本上呈现 V 形态势:2006 年 1 月至 2008 年 4 月呈现正增长,其中 2006 年 3 月达到 2.16%;2008 年 5 月至 2010 年 8 月步入负增长时期,最低的增长率为 2009 年 7 月的－4.95%;随后恢复正增长,2014 年 1～3 月份分别为 1.68%、1.62%和 1.66%,也基本恢复到危机前相对较高的水平。

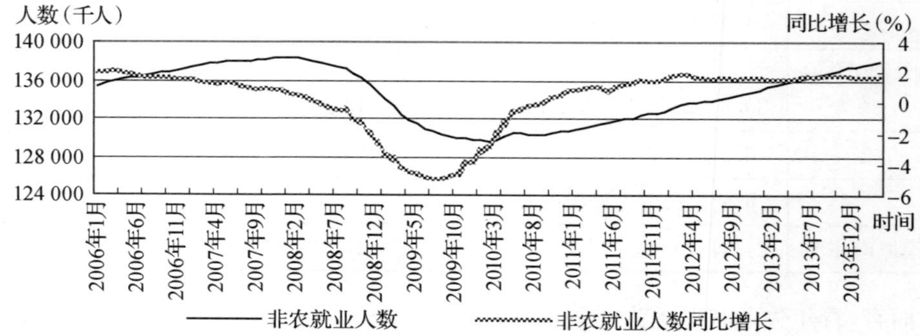

图 6-4 美国近期非农就业状况(2006 年 1 月至 2014 年 3 月)

数据来源:U. S. Department of Labor,与图 5-6 同;数据经季度调整。

图 6-5 为"私人部门周总工时指数"(Indexes Of Aggregate Weekly Hours Of All Employees: Total private)及其经 X11 季度调整的序列:

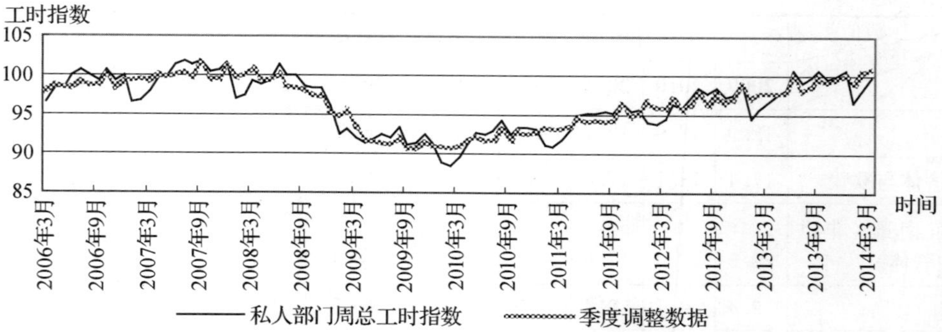

图 6-5 美国近期私人部门周总工时指数走势

数据说明:2007＝100;原序列未经季度调整,图中"季调数据"为本文经 X11 季调所得。

据图 6-5 可知,"私人部门周总工时指数"及其季调序列也呈现与上述非农就业人数(及其同比增长)类似的规律:该指数在 2008 年之前大致在 100 左右,2009 年 1 月至 2011 年 5 月位居 95 以下(最低为 2010 年 2 月的 88.5),2011 年 6 月开始重回 95 以上且稳步回升,2014 年 1～3 月份分别为 96.7、98.1 和 99.7,与危机前大致相当。

图 6-6 列示了 2006 年以来美国国内失业率和失业人口走势,两者表现相当一致:

受次贷危机影响，美国的国内失业率自 2007 年年底突破 5%，对应失业人数为 764.5 万人；随后失业率和失业人数逐步上升，并于 2009 年 10 月双双达到峰值，分别为 10%和 1 535.2 万人；在宏观经济政策的刺激下，失业率和失业人口缓慢下降，国内失业率分别于 2011 年 10 月下降到 9%以下(为 8.8%，对应失业人口为 1 360.4 万人)、于 2012 年 9 月下降到 8%以下(为 7.8%，对应失业人口为 1 207 万人)、于 2013 年 12 月下降到 7%以下(为 6.7%，对应失业人口为 1 035.1 万人)，2014 年第一季度的失业率较稳定，分别为 6.6%、6.7%和 6.7%，对应失业人口分别为 1 023.6 万人、1 045.9 万人和 1 048.6 万人。

总体而言，美国失业状况于近期逐步改善，但失业率仍在 6.5%以上，失业人口也在 1 000 万人以上，分别高于危机前(如 2007 年年底之前)5%和 750 万人以下的水平。

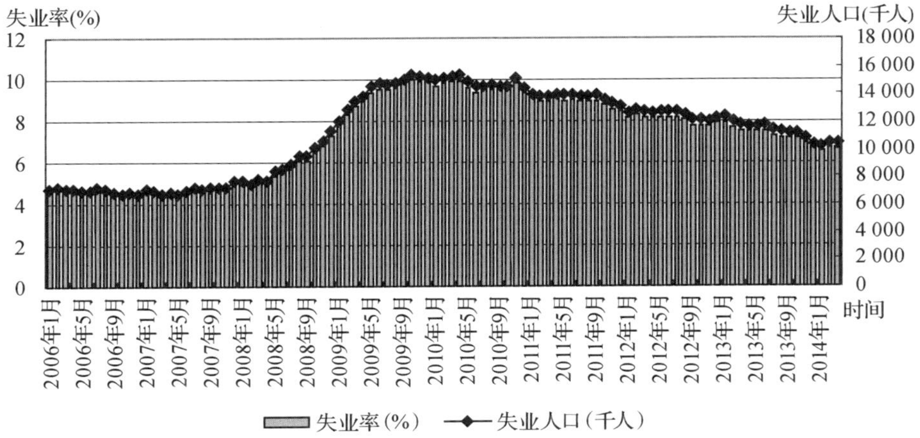

图 6-6　美国近期失业状况(2006 年 1 月至 2014 年 3 月)

图 6-7 为 2006 年以来美国真实 GDP、GDP 同比增长率及其趋势表现。

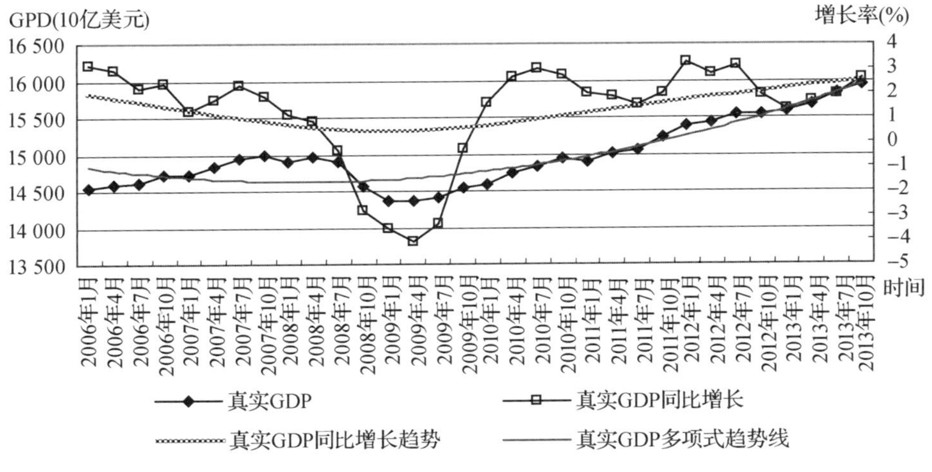

数据来源与说明：U. S. Department of Commerce，均为经季节调整的年化值；真实 GDP 同比增长趋势由 HP 滤波得到，真实 GDP 采取多项式形式添加趋势线。

图 6-7　近期美国真实 GDP 及其增长走势

真实 GDP 同比增长率自 2006 年第一季度开始下滑，至 2008 年第三季度开始出现连续 6 个季度的负增长(最低为 2009 年第二季度的－4.1%)；2010 年第一季度开始增长率回归 1% 之上且随后在 2%左右出现较大的震荡，高峰时曾达到 3.3%(2012 年第一季度)；2013 年第一至第四季度分别为 1.3%、1.6%、2.0%和 2.6%，和其趋势线相对，前 3 个季度表现为负缺口，第四季度表现为正缺口。从真实 GDP 同比增长来看，大致回归到次贷危机前(如 2007 年第二季度)水平。

真实 GDP 也表现出类似规律，2006 年第一季度开始上升，但自 2008 年第二季度开始下滑，至 2009 年第二季度到达低位，随后开始一路攀升，2013 年第二季度为 15.942 3 万亿美元。

图 6-8 为 Baker、Bloom 和 Davis(2013)提出的美国经济政策不确定性指数(EPU：Economic Policy Uncertainty Index)。其大致趋势如下：①1993 年之前美国经济不确定性指数较高，主要受到预算平衡法案(1985)、1987 年 10 月的股灾(黑色星期一)、第一次海湾战争(1990 年年底)、克林顿选举(1992 年年底)等事件影响。②1993—2000 年年底处于低位且相对平稳。③随后以 2001 年“9·11”事件为中心，伴随着小布什选举和第二次海湾战争，不确定性指数处于高位。④2003—2007 年年底次贷危机爆发之前，不确定指数又回归低位。⑤随后开始大幅攀升，2007 年年底以来基本上都在 100 以上，2011 年 8 月的“债务上限”危机更是使得不确定性指数达到了 245.13 的最高值——尽管 2013 年之后不确定性指数有所下降，但 2013 年 10 月的“政府关门与债务上限”危机也使得该指数再次攀升到 175.46 的水平。⑥近期经济政策不确定性指数较低，2014 年 1～3 月份分别为 111.92、110.17 和 112.67。

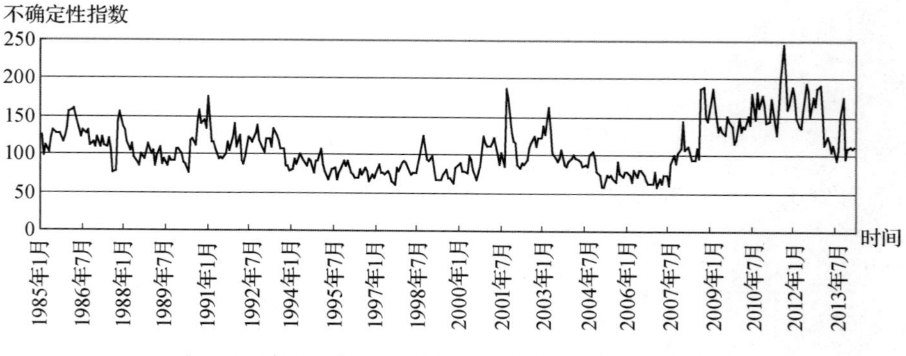

图 6-8 美国经济政策不确定性指数(1985.1—2014.3)

数据来源：http://www.policyuncertainty.com，未经季度调整。

3. 欧洲就业与经济发展概况

图 6-9 给出了深陷主权债务危机的欧洲 5 国，即葡萄牙、爱尔兰、意大利、希腊和西班牙等国家的“修正失业率”(Harmonised Unemployment Rates)走势：

由图 6-9 可见：2013 年 1 月以来，希腊、西班牙的失业率仍在 25%以上，2013 年 12 月希腊的失业率高达 27.5%，2014 年 2 月西班牙的失业率也达到了 25.6%；意大利的失业率也呈缓慢上升趋势，2014 年 2 月为 13%；葡萄牙、爱尔兰的失业率在 2013 年以来有下降趋势，但在 2014 年 2 月的失业率仍分别为 15.3%和 11.9%。总体而言，除了爱尔兰失业状况有所改善外，其他 4 个主权债务危机国的失业率仍在继续攀升或持续维持较高水平。

图 6-10 为欧洲主权债务危机国的真实 GDP 同比增长率表现，各国基本呈现类似规律：受次贷危机影响，各国 GDP 于 2008 年第二季度开始步入负增长，并于 2009 年第二季度前后跌

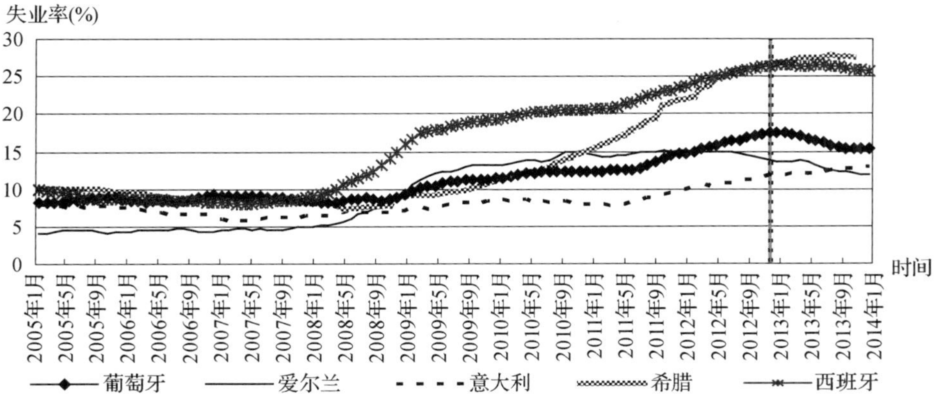

图 6-9 深陷主权债务危机的欧洲 5 国之失业率状况

数据来源：OECD；其中失业率为“修正失业率”；数据为经季节调整值，与图 10-14 同。

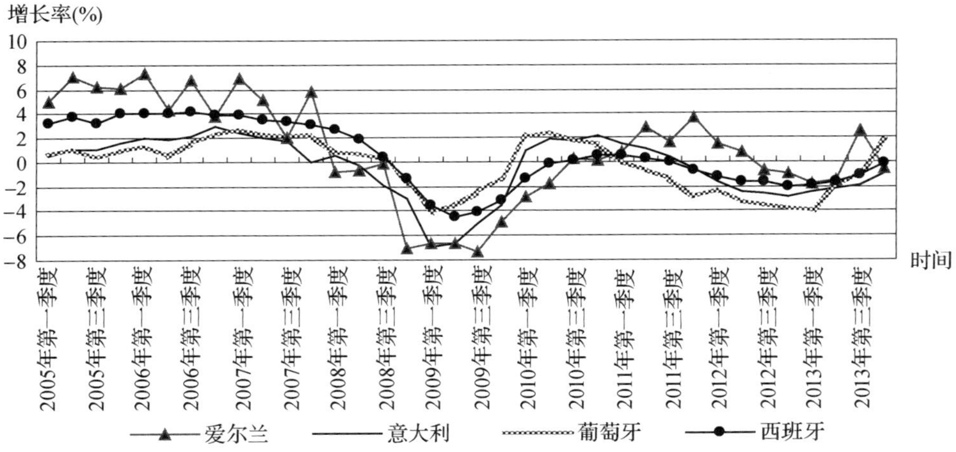

图 6-10 欧洲主权债务危机国的真实 GDP 同比增长率状况

入谷底；尽管随后各国 GDP 同比增长率开始上升，但受主权债务危机影响，2010 年第二季度前后又开始再次下行且大致呈现负增长；2013 年后有所起色，但基本上还是处于负增长状态。2013 年第一季度至第四季度，爱尔兰的 GDP 增长率分别为－1.79％、－1.44％、2.55％和－0.62％，意大利的 GDP 增长率分别为－2.39％、－2.15％、－1.89％和－0.94％，葡萄牙的 GDP 增长率分别为－4％、－2.05％、－0.94％和 1.64％，西班牙的 GDP 增长率分别为－1.95％、－1.59％、－1.14％和－0.20％。

需要说明的是，尽管 OECD 未公布希腊的 GDP 增长率数据，但根据之前公布数据，该国 2011 年第一季度 GDP 增长率为－5.45％；另据网络数据(www.statista.com)，该国 GDP 的年度增长率在 2011 年为－6.9％，2012 年和 2013 年增长率分别为－6％和－4％，表现趋势和葡萄牙、意大利、西班牙等国基本一致，且负增长率尤甚。

图 6-11 为英国、法国和德国 2005 年以来失业率走势，可知法国和英国自次贷危机以来有上升和高企趋势，且法国表现尤为明显，2013 年 12 月至 2014 年 2 月法国的失业率分别为 10.2％、10.3％和 10.4％，英国的失业率在 2013 年 12 月为 7.1％；德国的失业率则从 2005 年

以来呈现下降趋势，2013 年 12 月至 2014 年 2 月分别为 5.2%、5.1%和 5.1%。

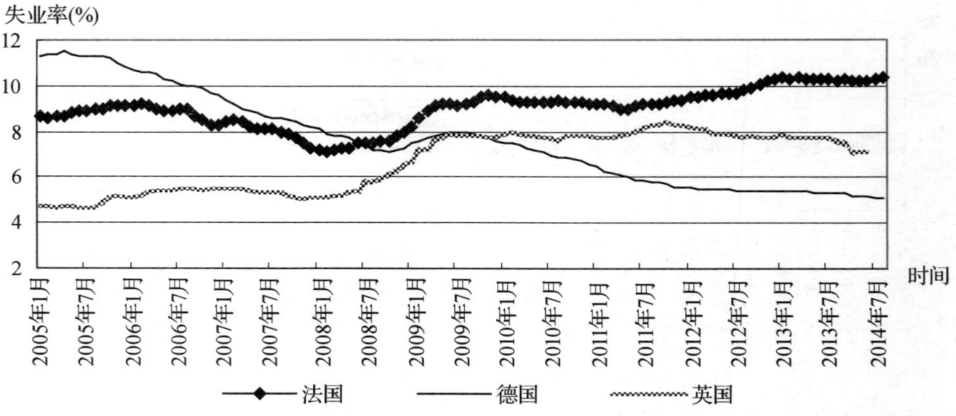

图 6-11 英、法、德 3 个国家的失业率状况

上述 3 个国家的真实 GDP 季度同比增长走势见图 6-12，大致走势与上述主权债务危机国相似，即 2008 年开始下降，到 2009 年第一季度跌入谷底，随后上升且分别于 2010 年年初开始正增长，于 2011 年年初达到顶峰，但随后受到主权债务危机的拖累趋于下降，2013 年开始重新上升，2013 年第四季度，英国、法国和德国的真实 GDP 同比增长率分别为 2.67%、0.83%和 1.44%。

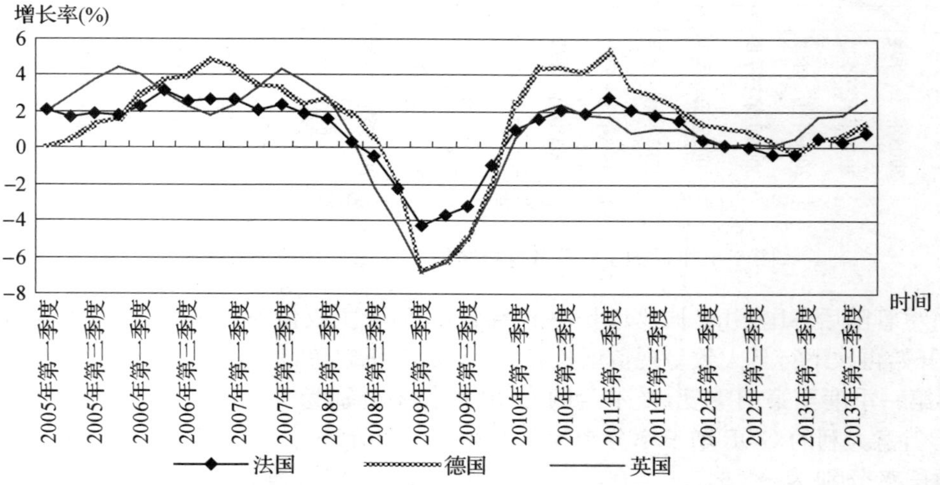

图 6-12 英、法、德 3 个国家的真实 GDP 同比增长率状况

4. 日本就业与经济发展概况

图 6-13 列示了近期日本的失业率走势，大致规律如下：受次贷危机影响，2008 年 10 月日本的失业率开始快速攀升，即从 3.8%上升到 2009 年 7 月的 5.5%；随后失业率一路下降，分别于 2010 年年底下降到 5%以下，2012 年 5 月开始下降到 4.5%以下，2013 年 11 月开始下降到 4%以下，2013 年 12 月至 2014 年 2 月分别为 3.7%、3.7%和 3.6%。

此外，失业人口也呈现出和失业率完全一致的走势，2009 年 2 月失业人口突破 300 万人，

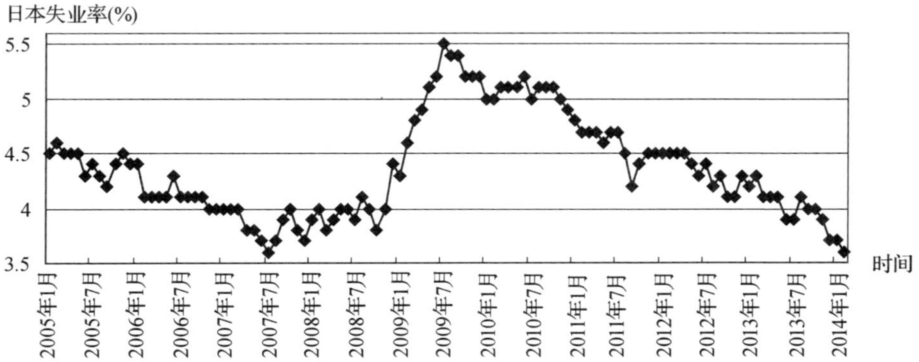

图 6-13 2005 年以来日本失业率状况

2009 年 7 月达到 364 万人且随后大致呈现下降趋势,2011 年 8 月开始失业人口重新恢复到 300 万人以下,2013 年 12 月、2014 年 1 月和 2014 年 2 月分别为 244 万人、242 万人和 233 万人。

2005 年以来日本真实 GDP 季度同比增长率如图 6-14 所示:受次贷危机影响,2008 年第三季度起开始负增长(为－0.72),2009 年第一季度下跌到谷底(为－9.22%),随后开始爬升,2010 年第一季度至第四季度一度达到 5.06%、4.38%、5.82%和 3.48%,但随后出现正负交替的震荡趋势,2013 年第一季度至第四季度分别为－0.11%、1.33%、2.41%和 2.54%。

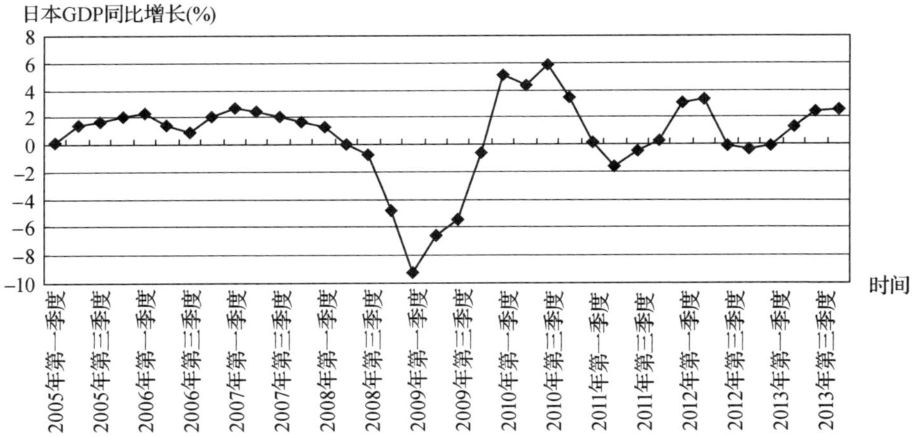

图 6-14 2005 年以来日本的真实 GDP 同比增长率状况

三、风险因素识别

劳动力表现为经济增长的引致性需求,且劳动力市场"供大于求"即为失业(就业风险)。基于这一逻辑,唐海燕(2011)从社会再生产角度,分 4 个方面对就业风险影响因素进行了识别,包括:劳动力的供给与投入(生产要素);产出、产业结构与就业的关系(经济产出);基于支出法分析经济结构与就业需求的关系(产出分配);财政政策和货币政策对就业的影响。本部分将沿用该分析框架,结合近期宏观经济数据进行就业风险分析。

(一) 劳动力供给对就业的影响

图 6-15 列示了 1995—2012 年中国人口抚养比及劳动参与率的走势。

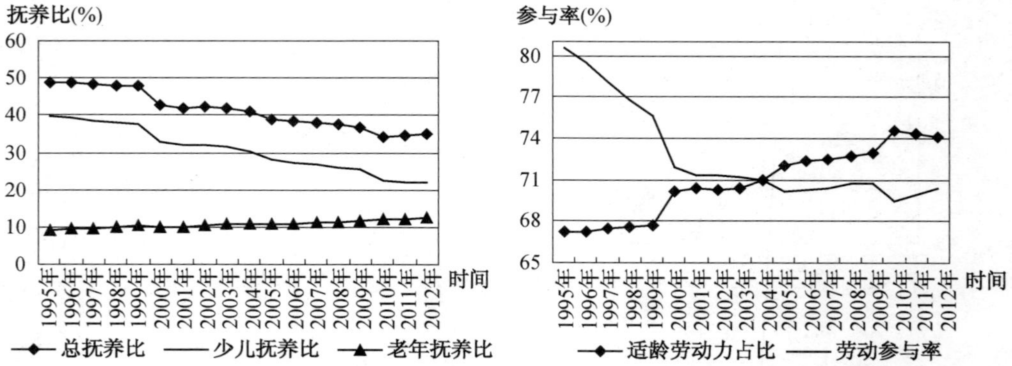

(a) 近年来中国人口抚养比概况　(b) 近年来中国劳动参与率概况

图 6-15　近年来中国人口抚养比和劳动参与率走势

数据来源：据《中国统计年鉴》整理，界定“15～64 岁人口”为“工作年龄段人口”，用于计算劳动参与率。

由图 6-15 可见：老年抚养比呈现缓慢上升趋势，2012 年达到 12.7%；少儿抚养比则不断下降，2012 年为 22.2%；两者交互作用，导致总抚养比在 2010 年之前趋于下降，但近年来有上升趋势，2010—2012 年总抚养比分别为 34.2%、34.4%和 34.9%。可以预见的是，随着老年抚养比的不断攀升，总抚养比也将趋于上升，人口红利带来的好处将逐步削减。

与人口抚养比的表现相合，适龄劳动人口占比大致呈上升态势，且在 2010 年之后开始下降，2010—2012 年分别为 74.5%、74.4%和 74.1%。从劳动参与率来看，1998 年国企改革前后开始巨幅下滑，2000 年之后缓慢下降，2010—2012 年分别为 69.49%、69.88%和 70.34%。

总的来看：随着人口红利的逐渐“消失”，2010 年之后，中国适龄劳动力占比开始缓慢下降，人口抚养比(特别是老年抚养比)开始上升，这一趋势有助于缓解就业压力。但由于这一转折趋势仅为初步显现，就此判别“刘易斯拐点”已经来到还为时尚早。况且，劳动参与率仍处于缓慢下降，仅位于 70%左右。这也表明了适龄就业人口并未充分进入劳动力市场。

图 6-16 给出了近年来城镇就业与失业趋势：从就业状况来看，城镇就业人数尽管从 2000

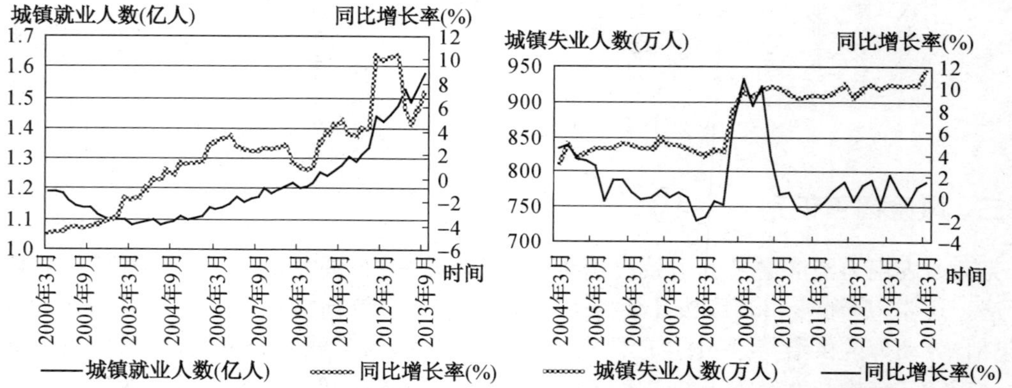

(a) 城镇就业人数及其同比增长　(b) 城镇失业人数及其同比增长

图 6-16　城镇就业与失业概况

数据来源：Wind 咨询，为季度数据。

年第一季度至2003年年中呈现下降，但随后基本上趋于上升；其同比增长率则表现为2000—2006年年中趋于上升，但随后下降且延续到2009年年中，其后有较大波折。从城镇失业人数来看，受次贷危机影响，2008年第三季度开始有大幅攀升，2009年第一季度上升到900万人以上，2013年年底和2014年第一季度分别为926万人和940万人；与之对应，其同比也表现为2008年年底至2009年第三季度有大幅增长。总的来看，城镇失业人数高企也表明近期就业压力较大。

另一方面，随着城镇化进程加快以及城乡差距的长期存在，城镇就业压力也长期存在。图6-17列示了根据陈建东、侯文轩、邹高禄（2009）方法所计算的城乡 Gini 系数及其线性趋势。

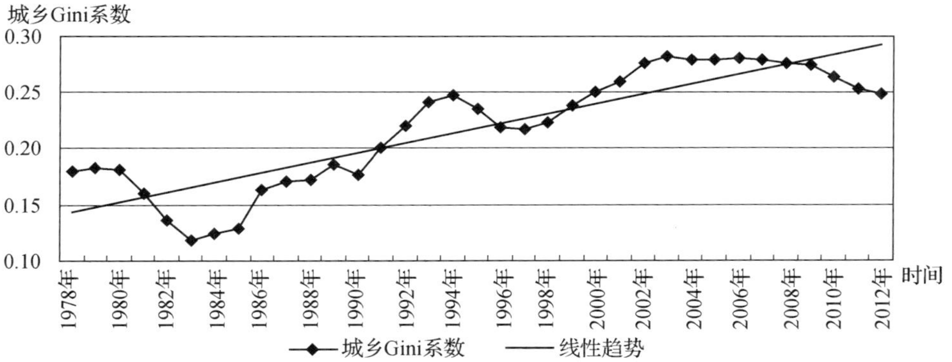

图6-17 1978年以来的城乡 Gini 系数及其线性趋势

数据来源：根据《中国统计年鉴》各年度数据整理计算，与图6-18、图6-19同。

由图6-17可见，尽管近期城乡 Gini 系数趋于下降（2012年为0.249），但长期来看该指标趋于上行，为城镇就业带来一定压力。图6-18进而给出了城镇化率和城乡收入比走势。

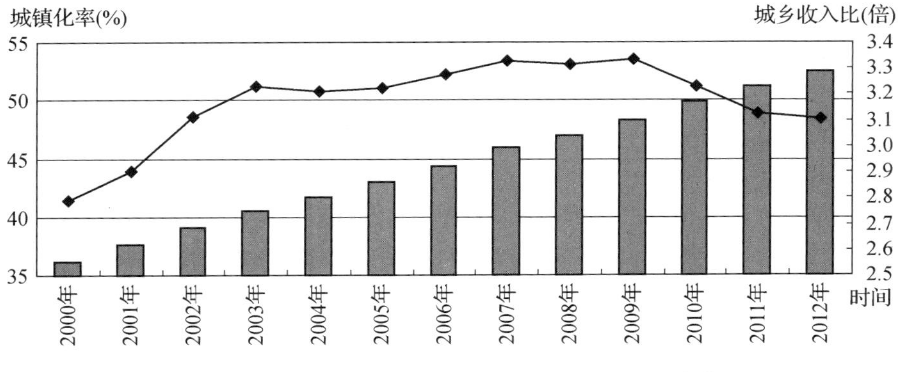

图6-18 2000年以来的城镇化率和城乡收入比走势

由图6-18可见，城乡收入比和城乡 Gini 系数表现大致相同，2012年为3.103；而城镇化率则呈现逐年上升趋势，2012年为52.57，同样预示着城镇就业压力的增加。

图6-19为1978年以来“非农产业—农业”劳动生产率比、非农业劳动生产率（自然对数）的走势：尽管“非农产业—农业”劳动生产率比近年来有所下降（2012年为9.51），但非农业劳动生产率（自然对数值）仍逐年上升，2012年为11.74。

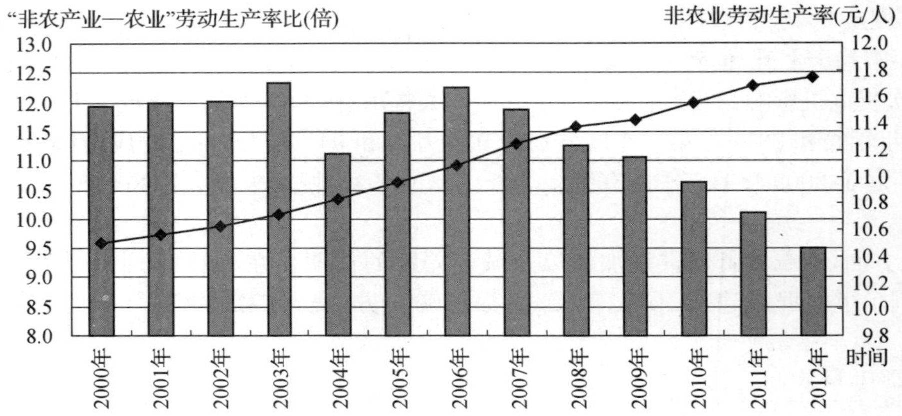

图 6-19　2000 年以来的"非农产业—农业"劳动生产率比和非农业劳动生产率

综合图 6-17 至图 6-19 的五个指标可知，城镇就业压力仍较大，农村劳动力向城镇转移仍将持续。

（二）产出与产业结构对就业的影响

1. 经济增长与产业结构影响就业的理论与政策依据

1）经济增长对就业的影响

从理论分析来看，经济总量增长对就业的影响主要体现在奥肯定律在中国是否适用：有部分研究认为，经济增长对劳动就业既有增加效应又有挤出效应（谭菊华，2013），中国经济增长的就业带动能力偏弱，即奥肯定律在中国并不适用（石䄂、宋德勇，2012）。

但近期也有文献提出了不同观点，如，李国民、饶晓辉（2013）证实了产出波动和失业率变化的确存在负相关，并且这种关系存在着不对称效应，即相对于经济扩张时期，经济不景气时期的失业受到产出波动的影响更大。刘玉成、童光荣（2013）则证实了"经济增长—就业"的关系存在较明显的地域特征，即就业—经济增长弹性与经济发展水平之间有较强的负相关性。此外，企业微观数据并不支持中国经济增长的就业弹性下降或偏低的观点，总资产的长期就业弹性系数显著大于 1，即中国制造业上市公司的总资产规模扩张（即企业投资）具有显著的就业效应，这也说明中国制造业并不存在资本代替工人的现象（李文星，2013）。

2）产业结构对就业的影响

不同产业增长对就业的拉动效果不同，一般认为第二、第三产业对就业的促进作用更为明显，且"产业结构—就业增长"的机制还具有区域差异。如，樊秀峰等（2013）认为，第一产业拉动就业不足且存在大量的隐性失业，第二产业吸纳就业能力在减弱，第三产业拉动就业能力较强。方行明、韩晓娜（2013）的实证研究也认为，第三产业对就业的影响程度最大，吸纳就业能力最强，但第二产业的就业贡献率和就业弹性指标快速上升，甚至超过第三产业。王晓刚、郭力（2013）则证实了中国就业变动具有区域差异，第二产业比重的提高能有效促进中西部就业率增长，第三产业比重提升对促进东部就业率增长效果更强。

3）2014 年经济增长不低于 7.5%主要是为保就业

李克强总理在第十二届全国人大第二次会议闭幕会后答记者问时表示，经济增长率目标定在 7.5%左右，主要考虑的是保就业、惠民生，增加城乡居民收入。可从以下研究中找到依据：

人力资源和社会保障部开展的"关于经济发展与就业增长的关系研究"的大型课题研究表

明(白天亮,2014),如果就业弹性与“十五”“十一五”时期基本一致(经济每增长 1 个百分点,对应的新增就业数量就能够达到 150 万人左右),则至少要有 7.5%或更高一些的经济增速,才能基本实现 2014 年提出的新增就业 1 000 万人以上的目标;反之,若 GDP 增速降至 7%或更低,则有可能对就业产生大的冲击,甚至出现大面积的失业等。

中国社科院学部委员、人口与劳动经济研究所所长蔡昉也认为(熊建,2013):按照奥肯定律,不存在周期性失业或保持较低的周期性失业率就算完成就业目标;只要实际增长率不低于潜在增长率,生产要素的利用率就是充分的,因而也能够实现充分就业,不会出现周期性失业。伴随着就业和投资增长的下降,以及劳动生产率提高速度的下滑,其研究测算认为,年平均经济增长将从“十一五”时期的 10.5%下降到“十二五”时期的 7.2%和“十三五”时期的 6.1%。其中,测算认为 2012 年潜在增长率是 7.5%,而当年 7.8%的实际增长率仍然高于潜在增长率,因此没有出现失业现象。

2. 近期经济增长与产业结构对就业的影响

1) 总产出与各产业产出的就业弹性趋势

图 6-20 为 1978 年以来中国 GDP 及三个产业产出的就业弹性趋势。

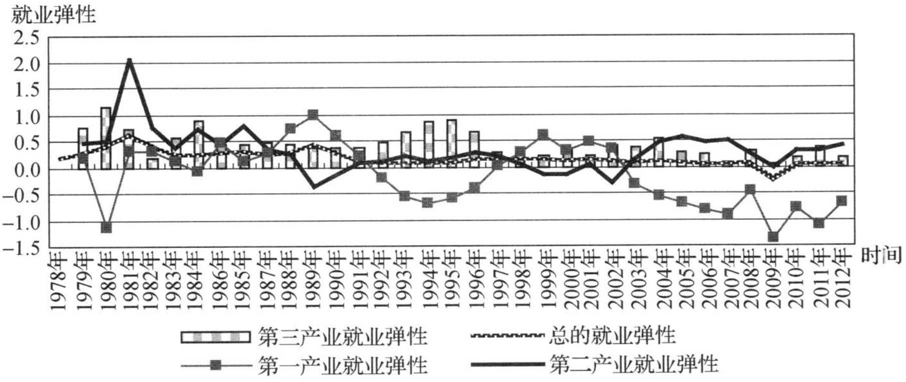

图 6-20　1978 年以来总产出及各产业产出的就业弹性

数据来源:根据《中国统计年鉴》各年度数据整理计算。

总体而言,在改革开放初期,产出的就业拉动作用很明显。此外,与既有文献基本一致,中国总产出的就业弹性整体偏弱(20 世纪 90 年代之后尤为明显,2012 年仅为 0.05),但除 2009 年为−0.23 外,其余年份仍表现为正,这说明经济增长整体上还是有利于促进就业的。

就三个产业产出的就业弹性而言:第一产业波动较大,近 10 年来均为负值且绝对值越来越大,2012 年为−0.68。这一趋势不但说明了农业发展的就业促进作用不明显,还从另外一个侧面说明了农村劳动力向城镇的持续转移。第二产业与第一产业大致呈现“此消彼长”的态势,2012 年为 0.39。第三产业的就业弹性一直为正,2011 年和 2012 年分别为 0.31 和 0.19。

2) GDP 及各产业增加值近期表现及其对就业的潜在影响

总产出就业弹性趋势表明,经济增长对就业还是具有一定拉动作用,且按照奥肯定律,当产出缺口不为负时,周期性失业影响小,就业目标即可保证。图 6-21 为 GDP 同比增长及其潜在趋势,可知 2013 年第三季度至 2014 年第一季度的 GDP 同比增长分别为 7.80%、7.70%和 7.40%,而同期潜在增长分别为 7.48%、7.30%和 7.13%,产出缺口为正,周期性就业压力小。

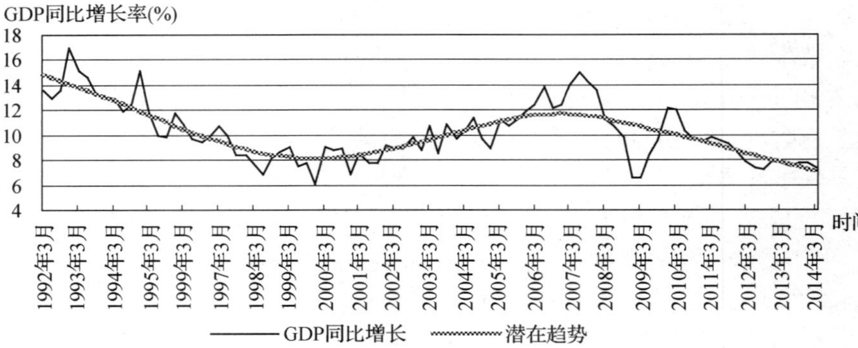

图 6-21　GDP 的同比增长及其潜在趋势

数据来源：Wind 咨询，下图 22—30 同；本图中的“潜在趋势”为 HP 滤波调整值。

图 6-22 为 GDP 及各产业的累计同比增长趋势：① 第一产业累计同比增长较低且相对稳定，2013 年第四季度和 2014 年第一季度分别为 4%和 3.5%；由于近年来第一产业就业弹性为较大负值，故第一产业累计同比增长的这一趋势对就业的影响不大。② GDP 累计同比增长，以及第二、第三产业累计同比增长的趋势在 2000 年之后的表现较为一致，且近期相对较低。2013 年第四季度和 2014 年第一季度，GDP 累计同比增长分别为 7.67%和 7.36%，第二产业累计同比增长分别为 7.85%和 7.34%，第三产业累计同比增长分别为 8.27%和 7.83%。结合各自的就业弹性趋势，总产出以及第二、第三产业增长的近期表现不利于促进就业。

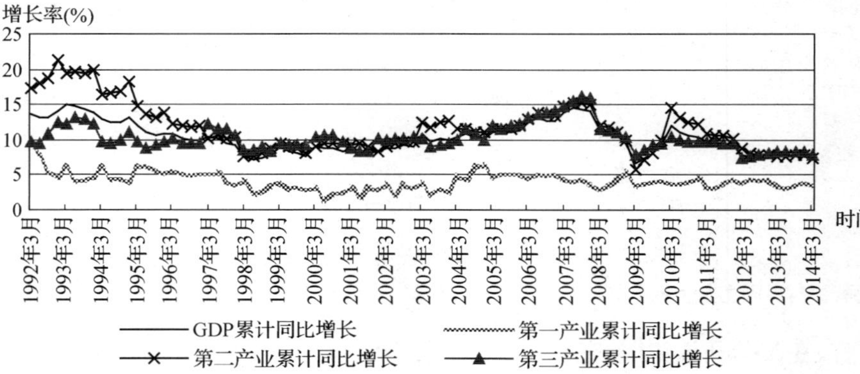

图 6-22　GDP 及各产业的同比增长率走势

图 6-23 列示了近期各产业对 GDP 累积增长的贡献与拉动表现，其中一个有利的变化是，随着次贷危机后经济结构调整的进一步推进，产业结构的优化即第三产业的快速发展有利于拉动就业：第三产业对 GDP 累计增长的同比贡献从 2013 年第三季度开始超过第二产业，2014 年第一季度两产业分别为 51.1%和 45.9%；与之对应，从 2013 年第一季度开始，第三产业对 GDP 累计增长的同比拉动开始超过第二产业，2014 年第一季度两产业分别为 3.8%和 3.4%。

（三）消费、投资和出口对就业的影响

1. 消费、投资和出口对就业影响的理论分析

从产出分配的角度，消费、投资和净出口对就业均具有拉动作用。特别是，鉴于中国外向型经济发展对经济增长的作用明显，FDI、人民币贬值、出口退税和对外贸易增加会有效促进

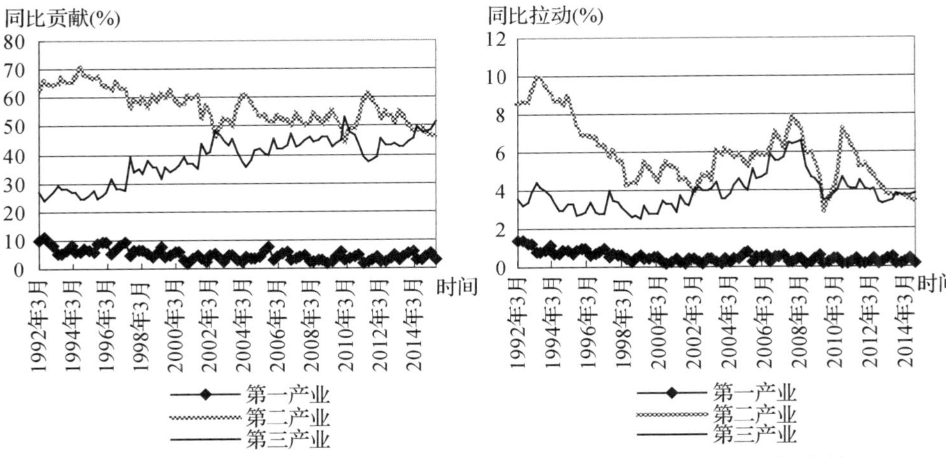

(a) 各产业对GDP累计同比的贡献　(b) 各产业对GDP累计同比的拉动

图 6-23　各产业对 GDP 累积增长的贡献与拉动

就业。近期相关研究也对此予以了证实。

(1) 多数研究认为 FDI 有利于就业。如，刘宏、李述晟(2013)证实了 FDI 对中国经济增长和就业具有明显的促进作用；张建刚、康宏、康艳梅(2013)基于省际面板数据的研究也认为 FDI 对就业的创造效应要大于替代效应，且东部地区尤为明显；但丁翠翠、郭庆然(2014)基于省际面板数据的分析表明，外商直接投资对中国就业影响的区域差异显著，整体上具有显著的挤出效应，仅表现为对中部地区的就业创造效应显著。

(2) 人民币贬值有利于就业。如，杨碧云、成思利(2013)利用广东省各市的面板数据，证实了人民币实际有效汇率升值会显著减少广东省就业；王刚贞、张卓成(2013)也发现实际有效汇率的升值会使中国就业减少，且对贸易部门就业的影响程度更大。

(3) 出口退税有利于促进就业。谢建国、吴春燕(2013)基于工业面板数据对中国出口退税政策的就业激励效果进行了实证分析。结果表明：中国出口退税率的提高具有显著的就业促进效应，而这种就业促进效应具有行业差异性。其中，出口退税显著提高了劳动密集型产业的就业水平，但对中国资本密集型行业就业影响则相对较弱，对资源密集型行业就业甚至产生了抑制作用。因此，提高劳动密集型产业的出口退税水平更有利于就业。

(4) 对外贸易的增加有利于促进就业。如：魏浩、金晓祺、项松林(2013)基于工业行业面板数据分析认为，劳动密集型行业的进口将加剧国内的就业波动，增加出口特别是增加资本密集型行业的出口对稳定国内就业具有重要的作用。舒燕、林龙新(2013)基于省级面板数据，证实了服务贸易出口和进口分别对就业具有促进和抑制作用，但出口对就业的促进效应大于进口对就业的替代效应且东部地区表现明显。此外，林文凤(2013)发现产品内国际分工有利于中国高、低技术劳动力就业。赵德昭、许和连(2013)认为，奥巴马政府的贸易保护政策和"再工业化"战略从长期来看，将造成美国国内消费市场萎缩和失业人数增加，而中国劳动力就业数量不降反升。

2. 近期消费、投资和出口对就业的影响

1) 投资与消费的近期表现及其对就业的影响

投资和消费是拉动内需的双引擎，图 6-24 为 2004 年 2 月以来的(新增)固定资产投资累

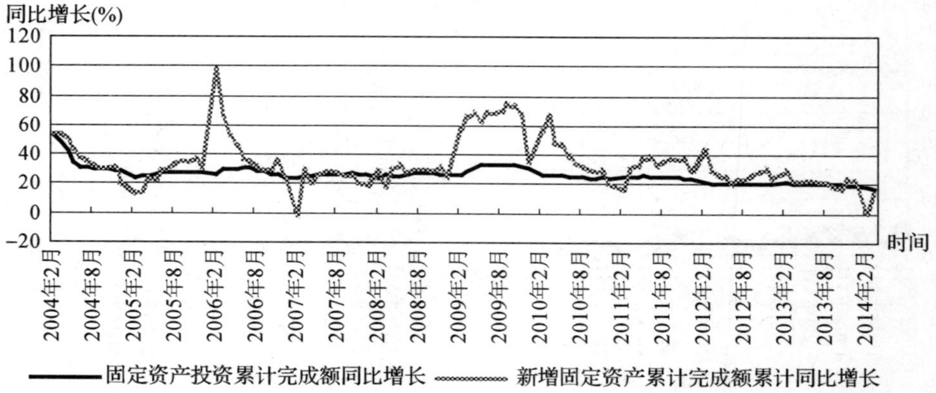

图 6-24　(新增)固定资产投资累计完成额同比增长走势

计完成额的同比增长情况:2012 年以来,无论是总量还是新增数量,固定资产投资累计完成额的同比增速均趋于下降;2013 年 11 月开始,固定资产投资累计完成额同比增长降低到 20%以下,其中 2014 年 3 月为 17.6%;对新增固定资产投资累计完成额同比增长而言,2013 年 9 月下降到 20%以下,且近期有较大起伏,2014 年 2 月、3 月份仅分别为-0.40%和 13.7%。

图 6-25、图 6-26 为 2003 年以来城乡居民收入和支出同比增长趋势。

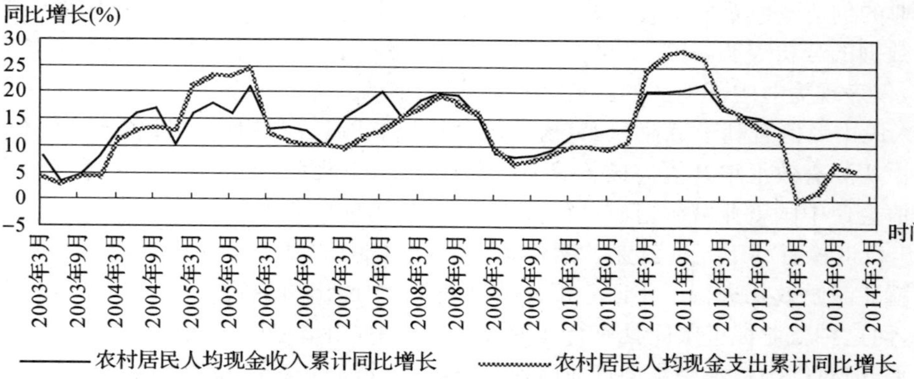

图 6-25　农村居民人均现金收入与支出同比增长走势

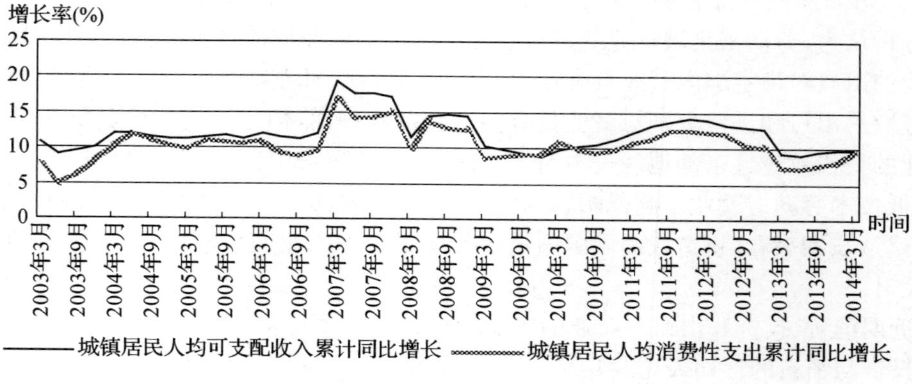

图 6-26　城镇居民人均可支配收入与消费性支出同比增长走势

由图 6-25 中数据可知：农村居民人均现金收入的累计同比增长在 15%左右，2005 年年底、2007 年第三季度、2011 年全年都在 20%以上，但 2012 年以来趋于下降，2013 年年底和 2014 年第一季度仅分别为 12.21%和 12.3%；农村居民人均现金支出的累计同比增长呈现出大致相同的规律，且 2012 年以来呈急速下滑态势，2013 年年底和 2014 年第一季度仅分别为 6.41%和 5.49%。

由图 6-26 中数据可知：城镇居民人均可支配收入、人均消费性支出的累计同比增长趋势非常一致，大致在 10%和 15%之间，且收入增长相对略高；2013 年以来两个指标值双双走低至 10%以下，2013 年年底和 2014 年第一季度，城镇居民人均可支配收入累计同比增长分别为 9.73%和 9.80%，城镇居民人均消费性支出累计同比增长分别为 7.0%和 7.2%。

图 6-27 为 2003 年以来的社会消费品零售总额同比增长走势：可见名义增长和实际增长趋势大致相同，且名义增长率相对较高；从数值来看，两者大致在 10%以上，其中名义增长在 2008 年、2010 年和 2011 年相对较高，实际增长在 2008 年、2009 年相对较高；2012 年以来，两者均处于较低水平，2013 年年底、2014 年 2 月、3 月，社会消费品零售总额同比增长分别为 13.60%、11.80%和 12.24%，实际当月同比增长分别为 12.20%、10.80%和 10.80%。

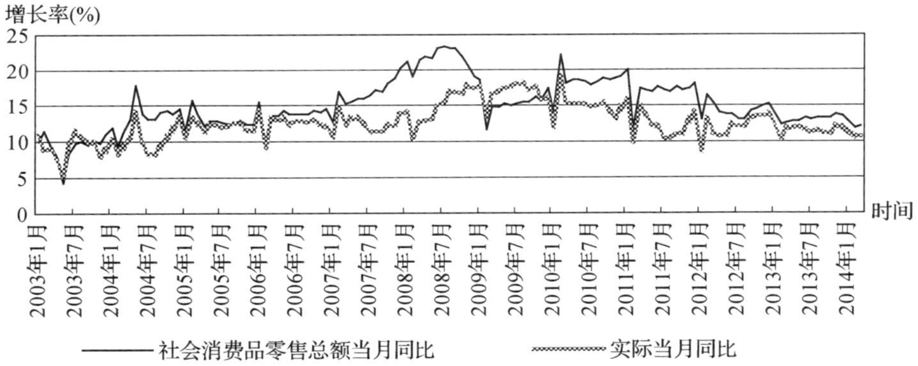

图 6-27 社会消费品零售总额当月同比增长走势

2) FDI、进出口、汇率与出口退税的近期走势及其对就业的影响

图 6-28 给出了近年来外商直接投资(FDI)、人民币对美元平均汇率、外贸企业出口退税额以及贸易差额的走势。从趋势来看：人民币对美元持续升值、对外贸易顺差自 2009 年以来出现“断崖式”下降且波动频繁、FDI 同比增长近期降幅明显且处于相对较低水平等情形均不利于就业；反之，FDI 季调值于 2008 年出现较大波动之后稳步上升、近期处于历史相对高位则有利于就业，外贸企业出口退税的不断递增也有利于刺激出口和就业。

(四) 财政与货币政策对就业的影响

从理论上来讲，旨在刺激经济的积极财政与货币政策能促进就业，但也要同时注意其带来的通胀风险。有研究甚至认为，就业(失业)目标应纳入货币政策控制范围。例如，陈利锋、范红忠(2013)构建并校准了一个包含失业与物质资本的新凯恩斯主义货币政策动态随机一般均衡框架，刘宗明(2013)的理论与实证分析认为，如果在传统货币政策规则基础上加入工资缺口或劳动就业缺口的最优考量，将会降低通货膨胀和劳动就业缺口的波动性。

图 6-29 为近期财政收入与支出的同比增长情况。结合相关数据说明如下：各年度累计公

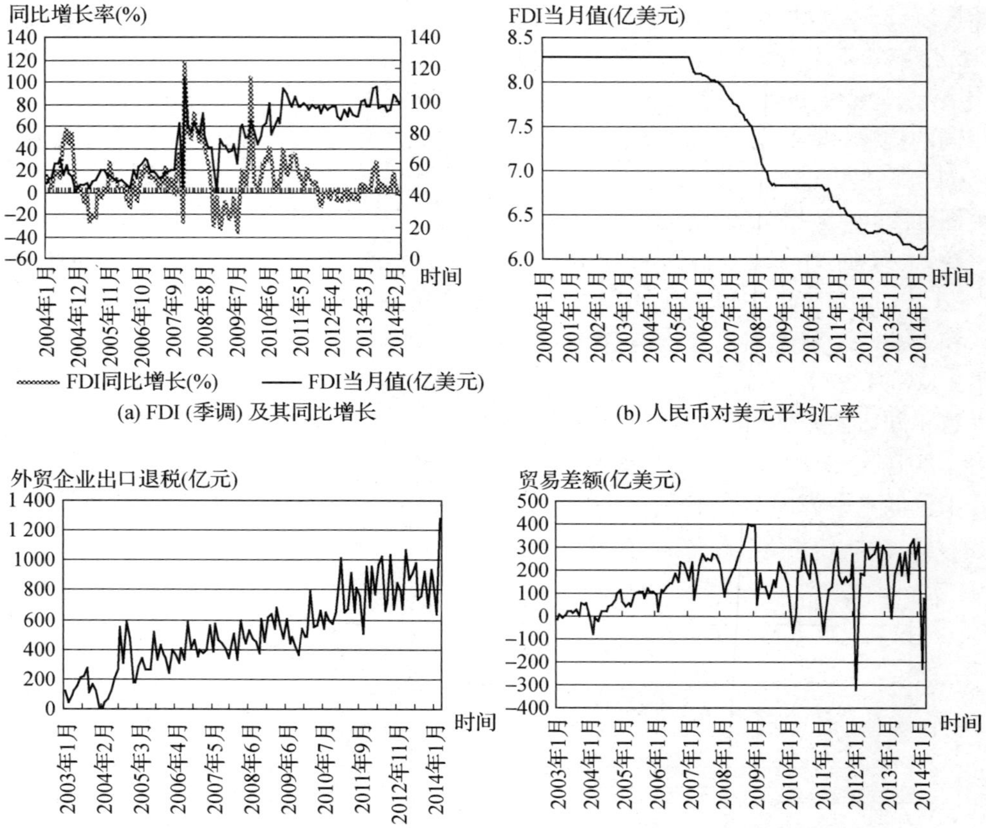

(a) FDI (季调) 及其同比增长

(b) 人民币对美元平均汇率

(c) 外贸企业出口退税

(d) 贸易顺差

图 6-28 FDI、汇率、出口退税及贸易顺差走势

共财政收支均呈现增长趋势，如，2012 年和 2013 年度的财政累计支出分别为 12.57 万亿元和 13.97 万亿元，财政累计支出分别为 11.72 万亿元和 12.91 万亿元。除部分月份外(如 2009 年和 2010 年年初)，公共财政收支的同比增长较为一致但波动较大，且近期呈现下降趋势：2012 年以来，各月度平均增长率从 20%左右下滑到 10%～15%之间，2013 年 12 月至 2014 年 1～3 月，财政收入同比增长分别为 14.28%、13.03%、8.18%和 5.16%，财政支出同比增长分别为 20.32%、21.35%、－10.65%和 22.26%。财政收支同比增长下降不利于拉动就业增长。

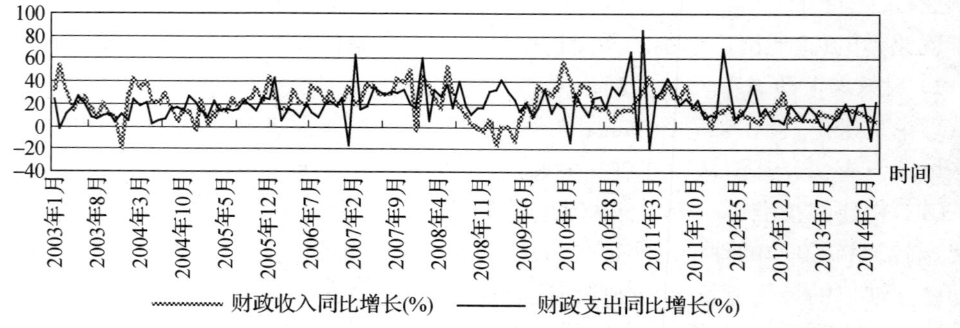

图 6-29 财政收支的同比增长趋势

图 6-30 为近期物价、存贷款利率、$M2$，以及金融机构存贷款状况。

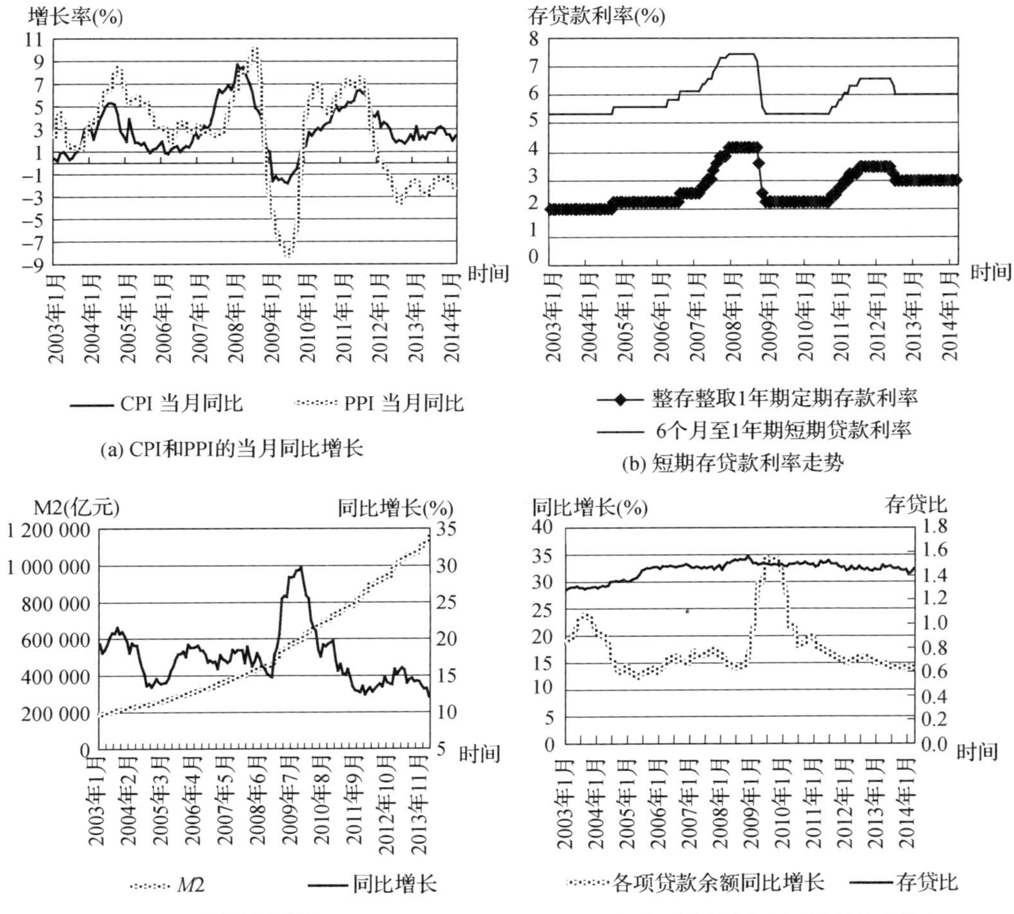

(a) CPI和PPI的当月同比增长

(b) 短期存贷款利率走势

(c) $M2$及其同比增长

(d) 金融机构各项贷款余额同比增长及存贷比

图 6-30 物价、存贷款及货币供应量走势

由图 6-30 可见：CPI 和 PPI 近期均处于较低水平，PPI 甚至出现持续的负增长，2013 年 12 月至 2014 年 3 月，CPI 同比增长分别为 2.50%、2.49%、1.95%和 2.38%，同期 PPI 分别为－1.36%、－1.64%、－2.0%和－2.30%。此外，存贷款利率相对较高，$M2$ 尽管逐月上升但增速趋缓(2014 年 3 月分别为 116 万亿元和 12.1%)，金融机构各项贷款余额同比增长除 2009 年中较高外，近期也下滑到 15%以下。金融市场近况说明近期经济面临下行压力，不利于就业。

四、风险度量与预测

后危机时代，经济结构转型发展将带来自然失业率(表征长期就业风险)上升，与此同时，国内外经济发展不确定性的存在，也将使得周期性失业率(表征短期就业风险)产生较大波动。本研究将继续实施城镇失业率的长、短期分解，与 2012 年运用的 Kalman 滤波分解法不同，考虑到经济发展过程中，外在宏观政策的冲击会带来经济指标的趋势突变，由此选用带结构突变的时间序列模型进行长、短期城镇就业风险分离并据此划分长、短期就业风险等级，进而选取影响就业的系列宏观经济变量，采用排序 Logit/ Probit 模型对就业风险进行测度，并利用宏观经济预测数据对 2014、2015 年的长、短期就业风险进行预测。

（一）长、短期就业风险度量与预测：方法与数据

1. 指标与数据

由于我国城镇调查失业率数据尚未公布，而城镇登记失业率并不能很好地反映真实失业状况，故本报告仍借鉴蔡昉等(2004)的方法计算我国城镇调查失业率。采用带结构突变的计量模型分离城镇调查失业率，将趋势成分定义为长期失业率，对应残差定义为短期失业率。分别将长、短期失业率定义为长、短期就业风险指标，根据历史数据、按 5 分位数进行风险等级划分，得到长、短期就业风险等级。

对于影响城镇就业的宏观经济指标而言，依据既有文献选取 14 个指标，包括以下 4 个方面：① 城镇劳动力供给对就业影响的指标（城市化率、城乡收入比、城乡 Gini 系数、“非农业—农业”劳动生产率对比、城镇劳动生产率等 5 个指标）。② 产出及产业结构对就业影响的指标（GDP 增长率，第二、第三产业比重）。③ 经济结构对就业影响的指标（资本形成率、最终消费率、出口占 GDP 比重、人民币对美元汇率）。④ 财政和货币政策对就业影响的指标（国家财政支出占 GDP 比例、M2 占 GDP 比例）。具体指标选取如表 6-13 所示。

表 6-13 **就业风险影响因素的宏观指标选取情况**

代 码	指 标 说 明	代 码	指 标 说 明
N_unemp	长期就业风险等级	Secind_GDP	第二产业比重
C_unemp	短期就业风险等级	Thirdind_GDP	第三产业比重
Urb_R	城市化率	Cap_GDP	资本形成率(按支出法核算 GDP)
Inc_UR	城乡收入比	Cons_GDP	最终消费率(按支出法核算 GDP)
Gini_UR	城乡 Gini 系数	Export_GDP	出口占 GDP 比重
Prod_UR	“非农业—农业”劳动生产率对比	Lnexch_R	人民币对美元汇率(对数值)
Prod_Urb	城镇劳动生产率	Fics_GDP	国家财政支出占 GDP 比例
Gr_GDP	GDP 增长率	M2_GDP	M2 占 GDP 比例

相关指标数据区间为 1978—2012 年度，主要源于《中国统计年鉴》，城乡 Gini 系数按照陈建东(2009)的方法测算。城镇调查失业率分离的数据处理运用 GAUSS 9.0 来实现，排序 Logit/ Probit 模型的数据处理运用 Stata 10 来实现。

2. 宏观经济指标结构突变检验方法

对宏观经济指标（如城镇调查失业率）进行结构突变分析的相关计量原理简述如下。

1) 多个结构突变点检验的理论分析(Bai 和 Perron，1998)

Bai 和 Perron(1998)估计和检验了含 m 个内生结构突变点的线性模型，其思路为：对已知的 T 个时间序列观测 (y_t, x_t, z_t)，构造如下线性回归模型：

$$y_t = x_t'\beta + z_t'\delta_j + u_t,\ t = T_{j-1} + 1, \cdots, T_j \text{ 且 } j = 1, \cdots, m+1, \text{并设定 } T_0 = 0,\ T_{m+1} = T$$

其中：x_t 和 z_t 分别为 p 阶和 q 阶列向量，β 和 $\delta_j (j = 1, \cdots, m+1)$ 为待估系数，u_t 为扰

动项。与一般线性回归模型不同，m 个突变点对应的划分（T_1，…，T_m）需要同时被估计。

由于 β 在整个样本区间无变化，该模型也被称为"部分结构突变模型"(Partial Structural Change Model)，当 $p=0$ 时则退化为"纯结构突变模型"(Pure Structural Change Model)。

上述模型的矩阵表达式：$Y = X\beta + \bar{Z}\delta + U$；其中：$Y = (y_1, \cdots, y_T)'$，$X = (x_1, \cdots, x_T)'$，$U = (u_1, \cdots, u_T)'$，$\delta = (\delta_1, \cdots, \delta_{m+1})'$，对角阵 $\bar{Z} = diag(Z_1, \cdots, Z_{m+1})'$ 且 $Z_i = (z_{T_{i-1}+1}, \cdots, z_{T_i})$。

模型系数估计值 $\hat{\beta}$ 和 $\hat{\delta}_j (j=1, \cdots, m+1)$ 通过最小化残差平方和 $S_T(T_1, \cdots, T_m) = \sum_{i=1}^{m+1}\sum_{t=T_{i-1}+1}^{T_i}[y_t - x_t'\beta - z_t'\delta_j]^2$ 实现；突变点的估计应满足 $(\hat{T}_1, \cdots, \hat{T}_m) = \operatorname{argmin}_{T_1, \cdots, T_m} S_T(T_1, \cdots, T_m)$，其中 $T_i - T_{i-1} \geqslant q$，可通过动态规划方法，在所有可能的划分中搜索实现。

记 $\hat{\lambda} = (\hat{\lambda}_1, \cdots, \hat{\lambda}_m) = (\hat{T}_1/T, \cdots, \hat{T}_m/T)$，Bai 和 Perron(1998)从理论上证明了上述 $\hat{\lambda}$ 的估计具有一致性，且收敛级数为 T，在此基础上还讨论了突变点的极限分布和置信区间。

从应用角度，Bai 和 Perron(1998)提出了三类突变点检验统计量：

(1) F 统计量的上确界检验（sup$F$）：原假设无结构突变点（$m=0$），备择假设为 $m=k$。对划分（T_1，…，T_k）而言，约定 $T_i = [T\lambda_i]\ (i=1, \cdots, k)$，首先定义：

$$F_T(\lambda_1, \cdots, \lambda_k; q) = \left(\frac{T-(k+1)q-p}{kq}\right)\frac{\hat{\delta}'R'\left(R\left(\bar{Z}'M_X\bar{Z}\right)^{-1}R'\right)^{-1}R\hat{\delta}}{SSR_k}$$

其中：矩阵 R 满足 $(R\delta)' = (\delta_1' - \delta_2', \cdots, \delta_k' - \delta_{k+1}')$；$M_X = I - X(X'X)^{-1}X'$；$SSR_k$ 为备择假设下的残差平方和。进而限制突变点可行集：首先定义截断参数（trimming parameter）ε 满足 $\varepsilon = h/T$，其中 h 为突变点间最小长度。再定义：

$$\Lambda_\varepsilon = \{(\lambda_1, \cdots, \lambda_k); |\lambda_{i+1} - \lambda_i| \geqslant \varepsilon, \lambda_1 \geqslant \varepsilon, \lambda_k \leqslant 1-\varepsilon\}$$

则 sup$F$ 统计量为：

$$\sup F_T(k; q) = \sup_{(\lambda_1, \cdots, \lambda_k)\in\Lambda_\varepsilon} F_T(\lambda_1, \cdots, \lambda_k; q)$$

(2) 双极大值检验(Dmax)：原假设无结构突变点，备择假设为存在上限为 M 的突变点。首先定义：

$$\mathrm{Dmax}F_T(M, q; w_1, \cdots, w_M) = \max_{1\leqslant m\leqslant M}[w_m \sup F_T(m; q)]$$

根据权重方案（w_1，…，w_M）的不同，Dmax 统计量有两种形式：

UDmax$F_T(M, q)$ 对应等权重方案，即 $w_1 = \cdots = w_M = 1$；WDmax$F_T(M, q)$ 的权重为 $w_m = \dfrac{c(q, \alpha, 1)}{c(q, \alpha, m)}$，其中 $c(q, \alpha, m)$ 为 sup$F_T(m; q)$ 在显著性水平为 α 时的渐进临界值。

(3) 序贯检验(sequential test)：原假设存在 l 个突变点，备择假设为存在 $l+1$ 个突变点。统计量为：

$$F_T(l+1 \mid l) = \left[S_T(\hat{T}_1, \cdots, \hat{T}_l) - \min_{1\leqslant i\leqslant l+1}\inf_{\tau\in\Lambda_{i,\eta}} S_T(\hat{T}_1, \cdots, \hat{T}_{i-1}, \tau, \hat{T}_i, \cdots, \hat{T}_l)\right]\Big/\hat{\sigma}^2$$

其中：$\hat{\sigma}^2$ 为原假设下对 σ^2 的一致性估计，$\Lambda_{i,\eta} = \{\tau; \hat{T}_{i-1} + (\hat{T}_i - \hat{T}_{i-1})\eta \leqslant \tau \leqslant \hat{T}_i - (\hat{T}_i$

$-\hat{T}_{i-1})\eta\}$；可知对第 $l+1$ 个突变点的位置而言，若 $i=1$，则 $S_T(\hat{T}_1, \cdots, \hat{T}_{i-1}, \tau, \hat{T}_i, \cdots, \hat{T}_l)$ 为 $S_T(\tau, \hat{T}_1, \cdots, \hat{T}_l)$；若 $i=l+1$，则其为 $S_T(\hat{T}_1, \cdots, \hat{T}_l, \tau)$。

选取 $\varepsilon=0.05$，Bai 和 Perron（1998）通过模拟给出了 $q=1\sim9$、$k=1\sim9$ 时 $\sup F_T(k; q)$ 统计量渐进临界值，$q=1\sim9$、$M=5$ 时 $\mathrm{UDmax}F_T(M, q)$ 和 $\mathrm{WDmax}F_T(M, q)$ 统计量的渐进临界值，以及 $\eta=0.05$、$q=1\sim9$、$l=0\sim9$ 时 $F_T(l+1 \mid l)$ 统计量的渐进临界值。

2）多个结构突变点检验的实际运用（Bai 和 Perron，2003a，2003b，2004）

Bai 和 Perron（2003a）考虑了 Bai 和 Perron（1998）理论研究的实际运用问题：

（1）利用全局最小化残差平方和（SSR）估计突变点。纯结构突变模型参数可用动态规划算法求解，对部分结构突变模型，令 $\theta=(\delta, T_1, \cdots, T_m)$，最小化 $SSR(\beta, \theta)$ 求解参数可用如下迭代法：第一步，固定 β，以 $y_t-x_i\beta$ 为因变量，转化为纯结构突变模型求解得 $\theta^*=(\delta^*, \{T^*\})$；第二步，固定 θ，以 $y_t-z_t'\delta_j^*$ 为因变量，通过最小化 SSR 求解 β。

对上述第一步，估计 $\{T^*\}$ 主要受 δ 影响，即 β 初始值选取对其影响甚微，所得 $\{T^*\}$ 和其全局最小值 $\{\hat{T}\}$ 很接近。因此，第二步中仅保持 $\{T^*\}$ 不变，通过最小化 SSR 同时求解所得 $\{\beta, \delta\}$ 与其全局最小值很接近。运用模拟或真值实验发现，上述迭代法一般 1～2 次足够收敛。

（2）在模型设定较为宽泛时，构造待估参数（包括突变日期）的置信区间。如，允许误差项存在自相关和异方差（此时自变量中无因变量滞后项），回归变量、误差项、突变日期等变量在不同划分内有不同分布，以及回归变量中纳入因变量滞后项和趋势变量等情形。

（3）讨论了不同条件下的检验统计量问题，并指出，尽管 Bai 和 Perron（1998）的渐进理论仅讨论不含趋势的数据，但是否含趋势时渐进分布（特别是尾部临界值）类似。主要结论：

第一，截断参数 ε 的选取。允许数据（或误差项）在不同划分内存在序列相关或异方差时，ε 选取较小会导致规模扭曲（size distortion），原因是用于统计量估计的样本太少。对 $T=120$ 的样本，考虑异方差和序列相关时 ε 分别选取 0.15 和 0.20 已足够；随着样本容量变大，ε 取值可相应变小。Bai 和 Perron（2003b）讨论了有多个结构突变点时临界值的选取问题，并在附录中（未发表）补充了 ε 分别取值 0.10、0.15、0.20 和 0.25 时 $\sup F$ 和 $F_T(l+1 \mid l)$ 统计量的渐进临界值，及 $\varepsilon=0.10(M=5)$、$\varepsilon=0.15(M=5)$、$\varepsilon=0.20(M=3)$ 和 $\varepsilon=0.25(M=2)$ 时 Dmax 统计量的渐进临界值。

第二，信息准则与序贯统计量检验。考虑结构断点检验的各种信息准则，包括 AIC、BIC（Bayesian Information Criterion）、LWZ 准则（一种修正的 Schwarz 准则，见：Liu、Wu 和 Zidek，1997）。结果认为，AIC 的判别效果最差，在不考虑误差项序列相关时，BIC 和 LWZ 准则较好。相对而言，$F_T(l+1 \mid l)$ 检验的效果最好，且 Bai 和 Perron（2004）通过 Monte Carlo 模拟也发现其检验势最高。

第三，序贯统计量与 Dmax 统计量的结合。尽管 $F_T(l+1 \mid l)$ 检验效果良好，但存在多个突变点时，对 $F_T(1 \mid 0)$［或 $\sup_T F(1)$］的检验往往难以拒绝原假设。可考虑如下策略：首先运用 UDmax 或 WDmax 检验是否至少存在 1 个突变点，若存在，再用 $F_T(l+1 \mid l)$ 检验是否存在 2 个以上突变点。

（二）长、短期就业风险的估计与预测结果

1. 基于结构突变模型分离长、短期失业率

按照上述方法，对城镇调查失业率进行含多个结构突变点的判别，鉴于城镇调查失业率具

有明显的时间趋势，由此选取 $p=0$、$q=2$（含常数项和时间趋势项）；同时考虑到城镇调查失业率时间序列总共 35 个观测，为此将截断参数 ε 选取为 0.2，并设置最大结构突变点数目为 3。根据 GAUSS 程序运行结果，有关多个结构突变点判别的统计量值见表 6-14 所示。

表 6-14　**多个结构突变点判别的统计量描述**

统　计　量	统计量值	10%临界值	5%临界值	1%临界值
sup*F*(0 VS 1)	70.253	9.370	10.980	**14.920**
sup*F*(0 VS 2)	116.270	7.910	8.980	**11.300**
sup*F*(0 VS 3)	133.408	6.430	7.130	**8.950**
UDmax	133.408	9.660	11.160	**14.920**
WDmax at 10%	194.407	10.460	—	—
WDmax at 5%	205.445	—	12.150	—
WDmax at 1%	222.397	—	—	**16.520**
sup*F*(2|1)	43.951	10.920	12.550	**16.690**
sup*F*(3|2)	12.861	**11.900**	13.460	17.410

据表 6-14 数据：按照 sup*F* 统计量值，突变点数目 $m=1\sim3$ 在 1%显著性水平下通过检验；UDmax、WDmax 在最大突变点数目为 3 时，也在 1%显著性水平下通过检验；根据序贯检测结果，sup*F*(2|1)在 1%显著性水平下通过检验，sup*F*(3|2)在 10%显著性水平下通过检验。需要指出的是，程序同时给出了按照信息准则（BIC 和 LWZ）检验应选取的突变点数目也是 3 个。综上，应该选取城镇调查失业率序列存在 3 个突变点。

接下来判别突变点位置：按照全局最优的估计结果，所得 3 个突变点位置分别为 1984 年、1997 年和 2005 年；按照 Bai(1997)基于序贯检测提出的二次划分方法（repartition method），以及 BIC 和 LWZ 准则，所得 3 个结构突变点的位置也是如此，但序贯检测本身提出的 3 个突变点位置为 1988 年、1997 年和 2005 年。综合上述结果，本报告认为，选取 1984 年、1997 年和 2005 年作为 3 个结构突变点位置是相对合理的。

表 6-15 为按照二次划分方法确定的 3 个突变点的置信区间，以及相应的参数估计情况。

表 6-15　**选取 3 个突变点时的模型参数估计结果（二次划分方法，5%的显著性水平）**

项　目	$\hat{\delta}_{11}$	$\hat{\delta}_{21}$	$\hat{\delta}_{12}$	$\hat{\delta}_{22}$	$\hat{\delta}_{13}$	$\hat{\delta}_{23}$	$\hat{\delta}_{14}$	$\hat{\delta}_{24}$
估计值	6.407	−0.646	−0.053	0.222	6.222	0.002	−5.714	0.334
校正标准差	0.240	0.054	0.223	0.015	2.438	0.099	2.733	0.085
t 值	16.295	−7.352	−0.106	6.443	3.522	0.033	−2.027	3.794
P 值	0.000	0.000	0.916	0.000	0.002	0.974	0.053	0.001
突变点的 95%置信区间：T1(1983，1985)；T2(1992，1998)；T3(2004，2006)								

由表 6-15 数据可知，各参数估计效果相对较好，从 3 个突变点的置信区间来看，第 1 个、第 3 个突变点的估计相对精准，但第 2 个突变点的位置变动范围相对较大。

图 6-31 给出了城镇调查失业率、根据上述突变点模型拟合的长、短期失业率的走势，可见所得 3 个突变点将城镇失业率序列划分为 4 个不同的区间，对应的长期失业率（失业率趋势）呈现如下规律：①1978—1984 年，长期失业率呈现下降趋势，这是因为改革开放带来了生产力和劳动力释放。②1984—1997 年，长期失业率呈现上升态势，与改革开放进一步推进，经济发展在 20 世纪 90 年代出现过热及相应调整的形势相一致。③1997—2005 年，长期失业率"跳跃"攀升到较高水平，但增势非常平缓，这与 1997 年亚洲金融危机、1998 年国企改革释放大量隐形失业的情况相吻合。④2005—2012 年，长期失业率重返相对低位后重新开始爬升，原因是 2005 年之后，经济进入新一轮的繁荣并导致失业率下降，但随后的次贷危机后经济结构调整导致了长期失业率的继续爬升。

总的来看，1998 年之后，无论是城镇调查失业率，还是对应的长、短期失业率均表现出较大波动。这一趋势与期间外向型经济逐渐主导经济发展、外在经济波动由此传导到国内，并使得经济增长和就业水平出现起伏的经济事实是一致的。

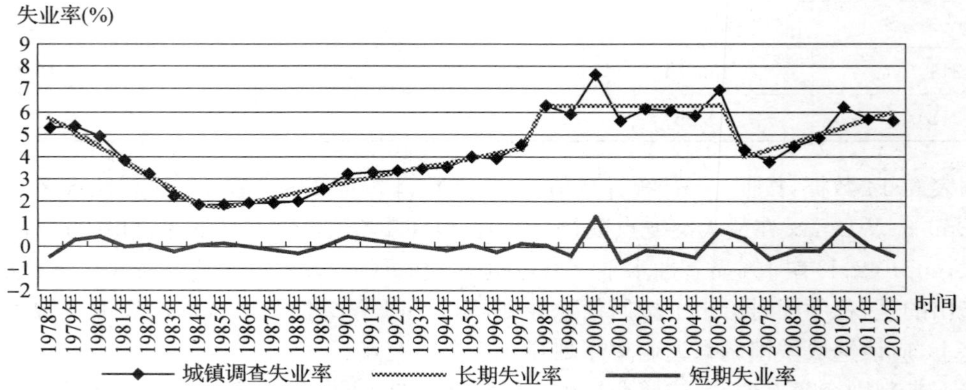

图 6-31 1978—2012 年间的城镇调查失业率及其潜在趋势

基于上述趋势分解所得 1978—2012 年短期失业率和长期失业率数值作为划分短期和长期失业风险的标准，按 5 分位数得到城镇长、短期就业风险 5 分类等级标准如表 6-16 所示。

表 6-16 **1978—2012 年长、短期就业风险分类**

安全等级	高度安全	安全	值得关注	危险	高度危险
风险等级	1	2	3	4	5
长期就业风险：基于城镇自然失业率 5 分位数（%）	2.656 以下	2.656～3.872	3.872～4.828	4.828～6.270	6.270 以上
短期就业风险：基于周期性失业率绝对值 5 分位数（%）	0.039 以下	0.039～0.172	0.172～0.270	0.270～0.473	0.473 以上

需要说明的是：由于失业率缺口（短期失业，或周期性失业）为负对应于通胀、为正对应于紧缩，即短期失业率的绝对值过大是不利的。因此，对基于短期失业率 5 分位数划分的短期就业风险等级是按照其绝对值来进行确定的。

2. 影响长、短期就业风险的经济因素分析

首先用逐步回归法(向后剔除法,显著性水平为 10%)来剔除对长、短期失业率影响并不显著的变量,结果分别如表 6-17、表 6-18 所示。

表 6-17 **运用向后剔除法多元回归分析影响自然失业率的因素**

变　量	系数	标准差	T 值	P 值	95%的置信区间	
Urb_R	−0.597 7	0.096 7	−6.180 0	0.000 0	−0.796 0	−0.399 3
M2_GDP	0.083 4	0.015 0	5.550 0	0.000 0	0.052 6	0.114 3
Cap_GDP	−0.230 0	0.052 7	−4.360 0	0.000 0	−0.338 1	−0.121 9
Prod_UR	−1.158 0	0.337 4	−3.430 0	0.002 0	−1.850 3	−0.465 7
Thirdind_GDP	0.767 3	0.182 4	4.210 0	0.000 0	0.393 1	1.141 5
Fics_GDP	0.201 1	0.029 2	6.880 0	0.000 0	0.141 2	0.261 1
Secind_GDP	0.997 4	0.182 2	5.470 0	0.000 0	0.623 6	1.371 2
常数项	−40.673 5	7.898 9	−5.150 0	0.000 0	−56.880 6	−24.466 4
$F(7, 27)=31.410\,0$; Prob $>F=0.000\,0$; 调整 $R^2=0.862\,3$						

表 6-18 **运用向后剔除法多元回归分析影响周期性失业率(绝对值)的因素**

变　量	系数	标准差	T 值	P 值	95%的置信区间	
Cons_GDP	0.041 0	0.018 9	2.180 0	0.038 0	0.002 5	0.079 5
Thirdind_GDP	0.044 2	0.015 0	2.950 0	0.006 0	0.013 6	0.074 7
Fics_GDP	0.020 6	0.010 5	1.960 0	0.059 0	−0.000 9	0.042 2
Secind_GDP	0.056 1	0.031 0	1.810 0	0.080 0	−0.007 1	0.119 3
常数项	−6.591 2	2.727 7	−2.420 0	0.022 0	−12.161 9	−1.020 6
$F(4, 30)=2.860\,0$; $Prob>F=0.040\,3$; 调整 $R^2=0.179\,7$						

由表 6-17 和表 6-18 可知:劳动力供给、产出结构、宏观政策、产出分配等相关的 7 个指标显著影响长期性失业率;产出结构、产出分配、宏观政策相关的 3 个指标显著影响短期失业率。

3. 长、短期就业风险的度量与预测

以上述显著影响长、短期失业风险的宏观经济指标为自变量,以表 6-16 界定的长、短期就业风险等级为因变量,分别采用排序 Logit/Probit 模型进行参数估计,结果分别见表 6-19 和表6-20。

由表 6-19 和表 6-20 可知,长期失业率等级的模型估计效果相对较好,短期失业率等级的模型估计效果相对较弱(主要表现为 *Cons_GDP*、*Secind_GDP* 系数的显著性,以

及伪 R^2 偏低）。但总体来看，模型估计效果尚可，且排序 Logit/Probit 模型估计所得结果完全一致。

表 6-19　**依据排序 Logit/Probit 模型估计长期失业率等级的参数结果**

变　量	排序 Logit 模型估计				排序 Probit 模型估计			
	系数	标准差	*Z* 值	*P* 值	系数	标准差	*Z* 值	*P* 值
Urb_R	−3.090	1.070	−2.890	0.004	−1.834	0.625	−2.930	0.003
M2_GDP	0.532	0.177	3.020	0.003	0.310	0.103	3.000	0.003
Cap_GDP	−0.984	0.338	−2.910	0.004	−0.582	0.200	−2.910	0.004
Prod_UR	−3.875	2.243	−1.730	0.084	−2.436	1.266	−1.920	0.054
Thirdind_GDP	2.839	1.298	2.190	0.029	1.740	0.748	2.330	0.020
Fics_GDP	1.195	0.367	3.260	0.001	0.692	0.215	3.220	0.001
Secind_GDP	4.024	1.658	2.430	0.015	2.414	0.953	2.530	0.011
断点 1	176.079	72.258	模型估计效果：似然函数值（*LL*）=−18.48；似然比（*LR*）=75.70，对应 *P* 值=0.00；伪 R^2=0.67 2		105.454	41.516	模型估计效果：似然函数值（*LL*）=−18.35；似然比（*LR*）=75.96，对应 *P* 值=0.00；伪 R^2=0.674 2	
断点 2	181.803	74.022			108.760	42.558		
断点 3	188.398	76.044			112.649	43.726		
断点 4	192.485	76.332			114.954	43.946		

表 6-20　**依据排序 Logit/Probit 模型估计城镇短期失业率等级的参数结果**

变　量	排序 Logit 模型估计				排序 Probit 模型估计			
	系数	标准差	*Z* 值	*P* 值	系数	标准差	*Z* 值	*P* 值
Cons_GDP	0.139	0.141	0.980	0.325	0.082	0.080	1.020	0.308
Thirdind_GDP	0.202	0.115	1.760	0.079	0.124	0.064	1.930	0.054
Fics_GDP	0.130	0.073	1.770	0.077	0.084	0.044	1.900	0.057
Secind_GDP	0.253	0.222	1.140	0.255	0.146	0.127	1.150	0.250
断点 1	27.502	20.544	模型估计效果：似然函数值（*LL*）=−52.56；似然比（*LR*）=7.54，对应 *P* 值=0.11；伪 R^2=0.067		16.369	11.495	模型估计效果：似然函数值（*LL*）=−51.93；似然比（*LR*）=8.8，对应 *P* 值=0.066；伪 R^2=0.078	
断点 2	28.578	20.561			17.030	11.499		
断点 3	29.463	20.589			17.577	11.505		
断点 4	30.610	20.651			18.278	11.537		

以各长、短期就业风险等级影响因素的近 3 年移动平均值为基础，对 2014—2015 年中国城镇长、短期就业风险进行预测，所得结果由表 6-21 给出。

表 6-21 **2014—2015 年中国城镇长、短期就业风险预测**

长期风险等级			1	2	3	4	5
对应长期失业率			2.656%以下	2.656%～3.872%	3.872%～4.828%	4.828%～6.270%	6.270%以上
长期就业风险预测（基于自然失业率5分位数分类）	排序 Logit	2014 年	0.000	0.000	0.125	**0.770**	0.105
		2015 年	0.000	0.000	0.082	**0.760**	0.157
	排序 Probit	2014 年	0.000	0.000	0.133	**0.751**	0.117
		2015 年	0.000	0.000	0.081	**0.737**	0.182
短期风险等级			1	2	3	4	5
对应短期失业率			0.039%以下	0.039%～0.172%	0.172%～0.270%	0.270%～0.473%	0.473%以上
短期就业风险预测（基于周期性失业率绝对值5分位数分类）	排序 Logit	2014 年	0.055	0.091	0.147	0.273	**0.434**
		2015 年	0.054	0.090	0.146	0.273	**0.437**
	排序 Probit	2014 年	0.037	0.093	0.151	0.267	**0.453**
		2015 年	0.036	0.092	0.150	0.267	**0.456**

据表 6-21 可知，依据排序 Logit 和 Probit 模型预测所得结果完全相同：2014 年和 2015 年，长期失业率处于 4.828%～6.270%（4 级，历史较高位置）的概率最大，大约在 75%；同期短期失业率在 0.473%以上（5 级，历史高位）的概率最大，大约在 45%。

五、结论

本报告表明，近期及未来 1～2 年内，国内外的就业风险状况可总结如下：

(1) 从国内大中城市劳动力市场调查数据来看：无论是市场总体状况，还是按行业、企业类别进行细分，均表现为人才供需同比双双下降，且因求职人数降幅更大而表现为求人倍率上升；与此同时，失业人员占求职人员比重也有上升态势；此外，尽管占比不大，但高技术等级人员供不应求的局面也未得到改观，说明就业结构矛盾仍存在。

(2) 从全球及重点区域的就业与经济发展态势来看：尽管发达经济体的经济复苏好于预期，但新兴和发展中经济体以及全球经济发展仍面临很大不确定性，即表现为“无就业的经济恢复风险”；次贷危机对就业的冲击甚于对经济增长的影响，预期全球失业人口和失业率将会持续上升，表现为失业人口超过 2 亿人，失业率在 6%以上，且青年人失业尤为严重。

分国别来看：①美国的 GDP 同比增长、非农就业人口及其同比增长均已恢复至危机前较高水平，私人部门周总工时指数也与危机前大致相当，经济政策不确定性也相对较低；但其失业率仍在 6.5%以上，失业人口也在 1 000 万人以上，均高于危机前水平。②从欧洲来看，债务危机 5 国中仅有爱尔兰的失业状况有所改善，且各国经济仍处于负增长；德国的失业率从 2005 年以来持续下降，法国和英国的失业率自次贷危机以来有上升和高企趋势（法国尤甚）。值得期待的是，2013 年开始德、英、法 3 国经济增长重拾上升态势。③日本的失业率持续下降，2014 年年初为 3.6%，其经济增长在危机后有所恢复，但正负交替的震荡趋势明显。

(3) 影响近期国内就业的宏观风险因素识别:① 从劳动力供给来看,适龄劳动力占比的下降、人口抚养比(特别是老年抚养比)的上升初步显现均有利于缓解就业压力;但劳动参与率的缓慢下降、城镇失业人数的高企、城镇化进程加快以及城乡差距的长期存在,均不利于就业。② 从产出与产业结构来看,总产出以及第二、第三产业增长趋缓不利于就业,但产业结构的优化特别是第三产业的快速发展则有利于就业。③ 从产出分配来看,固定资产投资趋于下降,城乡居民收支、社会消费品零售总额同比增长趋缓,人民币升值、对外贸易顺差下降且波动频繁、FDI 同比降幅明显均不利于就业;FDI 近期处于历史相对高位,外贸企业出口退税递增则有利于就业。④ 财政收支同比增长下降不利于就业;存贷款利率相对较高,M2 增速趋缓,金融机构各项贷款余额同比增长下滑不利于就业。

(4) 就业风险度量与预测:① 采用含结构突变点的计量模型对城镇失业率进行长、短期分解,发现结构断点分别位于 1984 年、1997 年和 2005 年,且长期失业率一直处于阶段性上升,近期各项失业率指标均处于相对高位且波动频繁。② 按照分解所得长、短期失业率界定就业风险等级,以影响就业的宏观经济指标为自变量,综合采取逐步回归和排序 Logit/Probit 模型进行参数估计与长、短期就业风险预测,结果认为,2014 年和 2015 年,长期失业率处于 4.828%~6.270%(历史相对高位)的概率大约在 75%,同期短期失业率在 0.473%以上(历史高位)的概率大约在 45%,政策制定与实施者应对此予以密切关注。

参考文献

[1] 白天亮. GDP 跑多快能稳住就业[N]. 人民日报,2014-04-11.

[2] 蔡昉,都阳,高文书. 就业弹性、自然失业和宏观经济政策——为什么经济增长没有带来显性就业[J]. 经济研究,2004(9).

[3] 陈建东,侯文轩,邹高禄. 1978—2008 年我国城乡居民之间收入基尼系数的演化趋势[D]. 西南财经大学工作论文,2009.

[4] 陈利锋,范红忠. 失业波动、社会福利损失与中国最优货币政策[J]. 华中科技大学学报(社科版),2013(4).

[5] 丁翠翠,郭庆然. 外商直接投资对我国就业影响的动态效应与区域差异——基于动态面板数据模型的 GMM 估计[J]. 经济经纬,2014(1).

[6] 丁大建,耿林,崔鈺雪. 劳动力市场的自然观察与 CIER 指数研究[J]. 就业与劳动关系季刊(台湾),2012(9).

[7] 方行明,韩晓娜. 劳动力供求形势转折之下的就业结构与产业结构调整[J]. 人口学刊,2013(2).

[8] 李国民,饶晓辉. 我国产出波动与失业率变化之间的趋势性与非对称性研究[J]. 当代财经,2013(8).

[9] 李文星. 中国经济增长的就业弹性[J]. 统计研究,2013(1).

[10] 林文凤. 产品内国际分工对中国异质劳动力就业的影响[J]. 国际贸易问题,2013(6).

[11] 刘宏,李述晟. FDI 对我国经济增长、就业影响研究——基于 VAR 模型[J]. 国际贸易问题,2013(4).

[12] 刘玉成，童光荣. 经济增长、人口、工资对就业的影响及地区比较[J]. 经济经纬，2013(2).

[13] 刘宗明. 工资加成、就业抑制与最优货币政策分析——货币政策是否应该对劳动力市场作出反馈[J]. 南开经济研究，2013(1).

[14] 石昶，宋德勇. 隐性失业影响中国就业增长与经济增长的关系吗[J]. 经济学家，2012(5).

[15] 舒燕，林龙新. 我国服务贸易就业效应的区域差异研究——基于省级面板数据的实证检验[J]. 北京工商大学学报(社科版)，2013(9).

[16] 谭菊华. 经济增长、产业发展与劳动就业：来自中国的证据检验[J]. 经济问题，2013(6).

[17] 唐海燕. 中国经济运行风险研究报告 2011[M]. 上海：立信会计出版社，2011.

[18] 王刚贞，张卓成. 人民币汇率对就业的影响路径及实证研究[J]. 上海金融，2013(2).

[19] 王晓刚，郭力. 产业转移、经济增长方式转变与中国就业变动机制的区域差异分析[J]. 统计与决策，2013(7).

[20] 魏浩，金晓祺，项松林. 对外贸易与我国的劳动力需求弹性[J]. 国际贸易问题，2013(9).

[21] 谢建国，吴春燕. 中国出口退税政策的就业激励效果——基于中国工业面板数据的实证分析[J]. 国际贸易问题，2013(6).

[22] 熊建. 经济增速为何不必再保八[N]. 人民日报，2013-06-17.

[23] 杨碧云，成思. 人民币汇率变化的就业效应研究——基于广东省样本数据的实证检验[J]. 国际经贸探索，2013(3).

[24] 张建刚，康宏，康艳梅. 就业创造还是就业替代——OFDI 对中国就业影响的区域差异研究[J]. 中国人口、资源与环境，2013(1).

[25] 赵德昭，许和连. 美国对华贸易政策抑制了中国劳动力就业吗——基于奥巴马对华贸易政策的分析[J]. 世界经济研究，2013(9).

[26] BAI J. Estimating Multiple Breaks One at a Time [J]. Econometric Theory, 1997, 13(3).

[27] BAI J, PERRON P. Computation and analysis of multiple structural change models [J]. Journal of Applied Econometrics, 2003a, 18(1).

[28] BAI J, PERRON P. Critical values for multiple structural change tests [J]. Econometrics Journal, 2003b, 6(1).

[29] BAI J, PERRON P. Estimating and testing linear models with multiple structural changes [J]. Econometrica, 1998, 66(1).

[30] BAI J, PERRON P. Multiple structure change models: a simulation analysis [Z]. Working Paper, Boston College & Boston University, 2004.

[31] BAKER S R, BLOOM N, DAVIS S J. Measuring economic policy uncertainty [Z]. Working Paper, University of Chicago, 2013(5).

[32] ILO. Global Employment Trends 2014: Risk of a jobless recovery? [M]. Geneva: ILO, 2014(1).

[33] IMF. World economic outlook（WEO）update：is the tide rising? [EB/OL]. http://www.imf.org/external/pubs/ft/weo/2014/update/01/pdf/0114.pdf.

[34] IMF. World economic outlook（WEO）：Recovery strengthens，remains uneven [EB/OL]. http://www.imf.org/external/pubs/ft/weo/2014/01/pdf/text.pdf.

[35] LIU J，WU S，ZIDEK J V. On segmented multivariate regressions [J]. Statistica Sinica，1997，7(2).

第七章　国际收支失衡风险

一、绪论

国际收支失衡风险是指一国国际收支在失衡状态下对一国经济发展和各种经济指标和经济变量的相互作用与影响。一国国际收支失衡对外的经济影响主要是造成汇率、资源配置、福利提高的困难，对内的经济影响主要是造成经济增长与经济发展的困难，即对外的失衡影响到国内经济的均衡发展。国际收支政策是一国宏观经济政策的重要组成部分，要维系好一国经济的内部均衡和外部均衡，必须要运用多种工具和手段来综合调整和管理一国经济的总体均衡。

（一）中国国际收支运行的国际经济环境分析

2013 年全球经济在经历美国次贷危机和欧债危机后缓慢触底、艰难复苏。全球经济在 2013 年增长 3.0%，但发展分化趋势日益明显，发达国家经济整体缓慢好转，新兴市场经济增速趋缓。美国经济在私人部门需求带动下显著复苏，日本经济受宽松货币和财政政策影响出现反弹，欧元区逐步走出衰退，而巴西、印度等主要新兴经济体发展面临下行压力。整体来看，全球经济全面触底回升缓慢，但复苏的势头依然存在，经济运行风险明显呈下行趋势，经过危机后重新洗牌的各个经济体蓄势待发，新的一轮全球竞争格局将在未来几年重新展开（见图 7-1）。

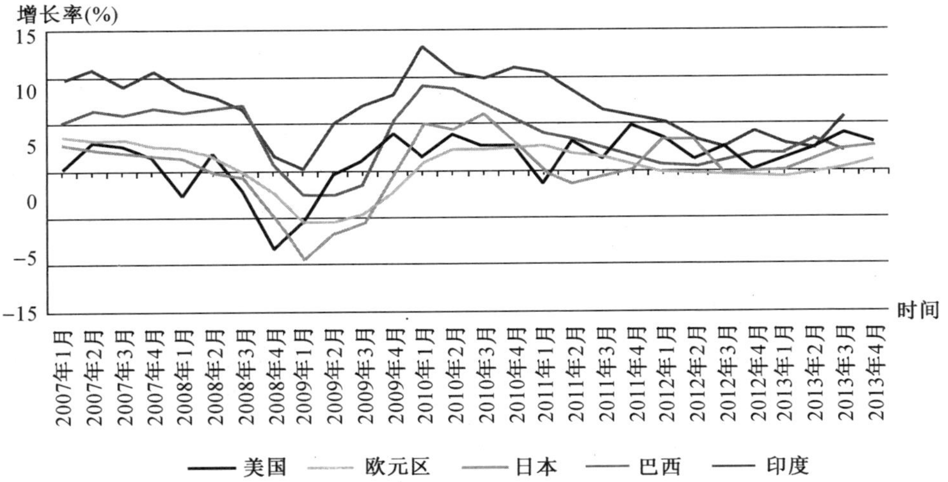

图 7-1　2007—2013 年主要经济体经济增长率

数据来源：国际货币基金组织、环亚经济数据库。

2013 年，世界主要国家出口总额为 167 000 亿美元，2013 年世界贸易增长 2.2%，远远低于预期 3.3%的目标。新兴经济体的出口同样受挫，目前只保持在 3%左右，与金融危机前

20%～30%的出口增长率相差甚远。同时，新兴经济体之间的贸易发展也不理想。随着大宗产品生产国的出口不景气，价格下跌，发展趋势不容乐观。中国投资扩张的减速和绝大部分原材料的价格下降，导致大宗产品生产国的出口量在未来几年将持续减少。

全球外汇交易额剧增。2013 年 4 月，全球日均外汇交易额达 5.3 万亿美元，比上一次调查(2010 年 4 月)增加了 33%，是 2004 年 4 月的 2 倍左右。外汇交易集中度继续增加，全球前四大外汇交易中心英国、美国、新加坡和日本的外汇交易额占比达 71%，比 2004 年 4 月增加 7 个百分点。

（二）中国国际收支运行的国内经济环境分析

2013 年，面对错综复杂的国内外形势，党中央、国务院带领全国各族人民深入贯彻落实党的十八大精神，坚持以科学发展为主题，以加快转变经济发展方式为主线，坚持稳中求进工作总基调，坚持宏观政策要稳、微观政策要活、社会政策要托底的思路，统筹稳增长、调结构、促改革，探索创新宏观调控方式，经济社会发展稳中有进、稳中向好，国民经济平稳较快增长。全年国内生产总值 568 845 亿元，比 2012 年增长 7.7%，主观 GDP 总额逐年稳步增长，但增速平稳回落，这样的增速基本符合科学发展和转型发展的需要(见图 7-2)。

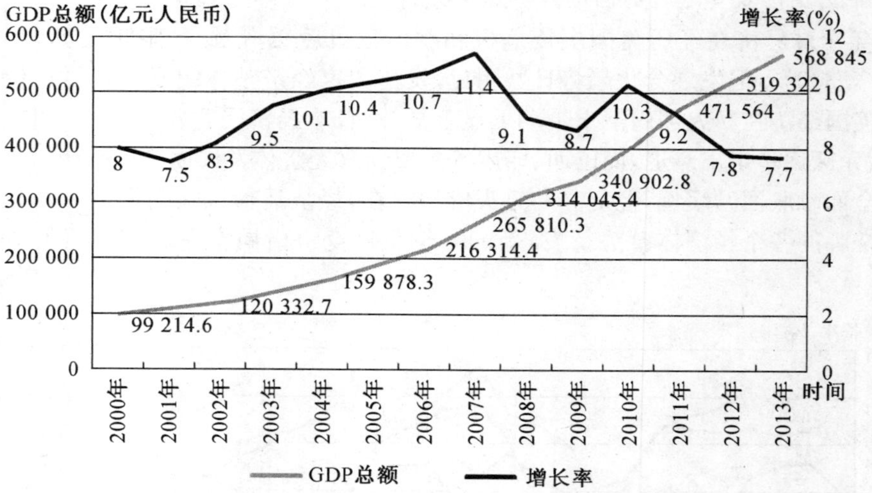

图 7-2　2000—2013 年中国 GDP 总额与 GDP 增长速度

数据来源：中国国家统计局。

居民消费价格基本稳定，全年居民消费价格比 2012 年上涨 2.6%。外汇储备继续增加。年末国家外汇储备 38 213 亿美元，比 2012 年年末增加 5 097 亿美元。财政收入稳定增长。全年全国公共财政收入 129 143 亿元，比 2012 年增加 11 889 亿元，增长 10.1%；其中税收收入 110 497 亿元，增加 9 883 亿元，增长 9.8%。2013 年年末人民币汇率为 1 美元兑 6.096 9 元人民币，比 2012 年年末升值 3.1%。

人民币首次跻身全球十大货币之列。从日均交易额看，全球十大交易货币仍以发达经济体货币为主，其中美元占比 80% 以上，保持绝对优势。2013 年 4 月，人民币日均交易额达 1 200 亿美元，在全球外汇市场所占份额升至 2.2%，位列全球第九，首次跻身全球十大货币之列。其中，境外市场日均交易量 781 亿美元，高于境内市场日均 419 亿美元的水平(见图 7-3)。

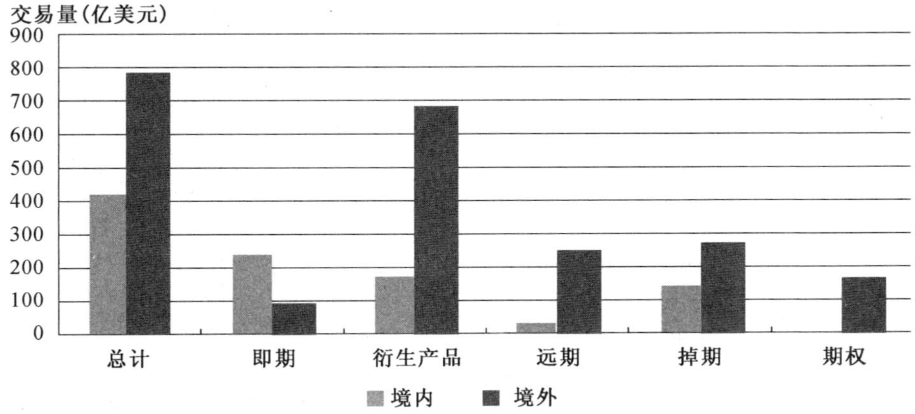

图 7-3　全球人民币外汇交易量

数据来源：国际清算银行。2013 年 4 月日均交易量。

二、国际收支运行状况分析

(一) 中国国际收支运行的现状与特征分析

1. 2013 年中国国际收支运行状况分析①

2013 年，国际收支总体不平衡问题依然突出，经常项目与直接投资顺差规模仍处于较高水平，非直接投资资本流动由 2012 年的逆差转为顺差，外汇储备资产增加 4 327 亿美元，较 2012 年多增 3 340 亿美元。全年经常项目收支状况继续改善，经常项目顺差 1 828 亿美元，较 2012 年下降 15%，与 GDP 之比为 2.0%，较 2012 年回落 0.6 个百分点。资本和金融项目顺差 3 262 亿美元，2012 年为逆差 318 亿美元；国际收支总顺差 5 090 亿美元，较 2012 年增长 1.77 倍(见表 7-1)。

表 7-1　**2006—2013 年中国国际收支顺差结构**　单位：亿美元

项　目	2006 年	2007 年	2008 年	2009 年	2010 年	2011 年	2012 年	2013 年
国际收支总差额	2 811	4 474	4 607	4 417	5 247	4 016	1 836	5 090
经常项目差额	2 318	3 532	4 206	2 433	2 378	1 361	2 154	1 828
占国际收支总差额比重	82%	79%	91%	55%	45%	34%	117%	36%
与 GDP 之比	8.5%	10.1%	9.3%	4.9%	4.0%	1.9%	2.6%	2.0%
资本和金融项目差额	493	942	401	1 985	2 869	2 655	−318	3 262
占国际收支总差额比重	18%	21%	9%	45%	55%	66%	−17%	64%
与 GDP 之比	1.8%	2.7%	0.9%	4.0%	4.8%	3.6%	−0.4%	3.6%

数据来源：中国国家外汇管理局、中国国家统计局。

(1) 2013 年，中国国际收支再度呈现经常项目、资本与金融项目双顺差格局。其中，经常

① 中国国家外汇管理局. 2013 年中国国际收支报告.

项目顺差 1 828 亿美元，较 2012 年下降 15%。经常项目顺差与 GDP 之比为 2.0%，较 2012 年下降 0.6 个百分点，继续处于国际公认的合理水平；资本与金融项目顺差 3 262 亿美元，2012 年为逆差 318 亿美元。2013 年年末，中国外汇储备余额为 38 213 亿美元，较 2012 年年末增长 5 097 亿美元。

2013 年，中国国际收支交易总规模为 8.272 6 万亿美元，较 2012 年的 7.453 4 万亿美元增长 0.82 万亿美元，增幅为 11%；2013 年中国国际收支交易规模若按人民币计价则交易总规模相当于 655.960 亿元人民币，与同期 GDP 之比为 87%，较 2012 年略降 4 个百分点(见图7-4)。

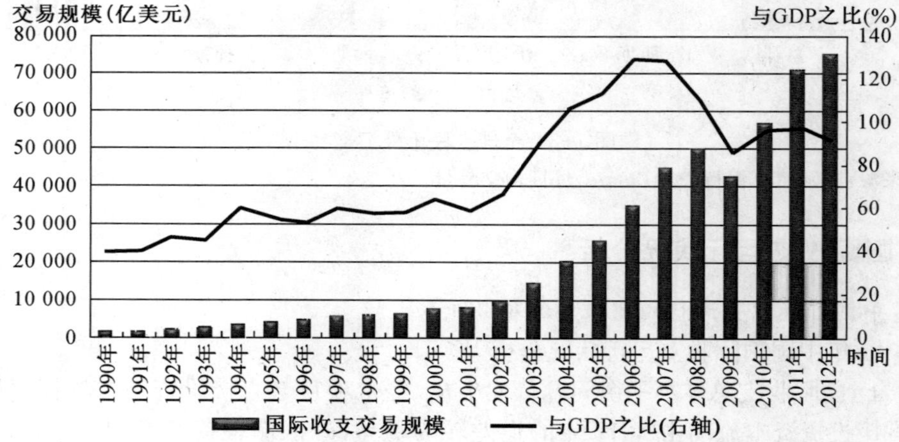

图 7-4　1990—2013 年国际收支交易规模及其与 GDP 之比

数据来源：中国国家外汇管理局。

(2) 货物贸易维持稳定增长，货物贸易顺差继续扩大。2013 年，按照国际收支统计口径，中国货物出口 22 190 亿美元，进口 18 591 亿美元，分别增长 8% 和 7%；贸易顺差 3 599 亿美元，增长 12%(见表 7-2)，仅次于 2008 年的 3 606 亿美元(见图 7-5)。

表 7-2　**2013 年中国货物进出口总额及其增长速度**　单位：亿美元

指　标	绝 对 数	比 2012 年增长(%)
货物进出口总额	41 600	7.6
货物出口额	22 096	7.9
其中：一般贸易	10 875	10.1
加工贸易	8 605	−0.3
其中：机电产品	12 652	7.3
高新技术产品	6 603	9.8
货物进口额	19 504	7.3
其中：一般贸易	11 099	8.6
加工贸易	4 970	3.3
其中：机电产品	8 400	7.3
高新技术产品	5 582	10.1
进出口差额(出口减进口)	2 592	—

数据来源：中华人民共和国商务部。

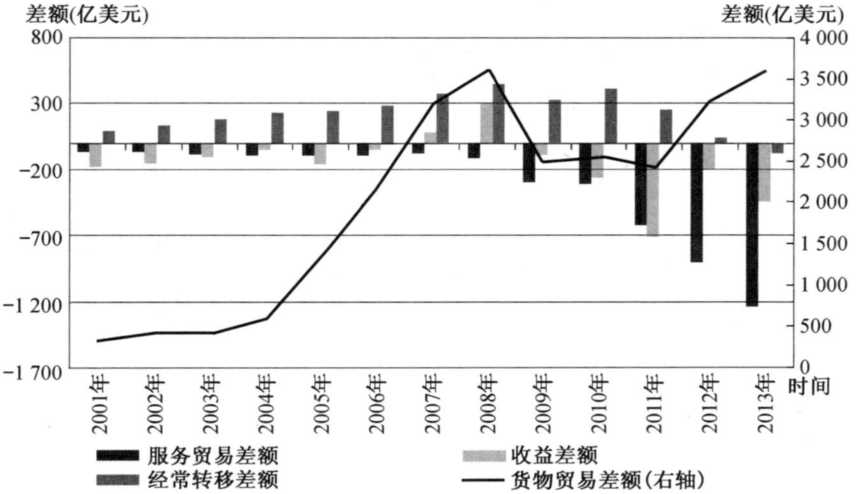

图 7-5　2001—2013 年经常项目主要子项目的收支状况

数据来源:中国国家外汇管理局。

2013 年,中国货物出口仍然主要集中在欧盟、美国和东亚地区。欧盟为中国第一大贸易伙伴,美国次之,接下来依次为东盟、中国香港、日本、韩国、中国台湾、俄罗斯和印度。其中对美国和中国台湾货物贸易分别增长 14. %和 18. 5%,对俄罗斯和印度货物贸易则分别下滑了 10. 2% 和 9. 6%(见表 7-3)。

表 7-3　　**中国 2013 年对主要国家和地区货物进出口额及其增长速度**　　单位:亿美元

国家和地区	出口额	比 2012 年增长(%)	进口额	比 2012 年增长(%)
欧盟	3 390	1. 1	2 200	3. 7
美国	3 684	4. 7	1 525	14. 8
东盟	2 441	19. 5	1 996	1. 9
中国香港	3 848	19. 0	162	−9. 3
日本	1 503	−0. 9	1 623	−8. 7
韩国	912	4. 0	1 831	8. 5
中国台湾	406	10. 5	1 566	18. 5
俄罗斯	496	12. 6	396	−10. 2
印度	484	1. 6	170	−9. 6

数据来源:中国国家统计局。

(3) 服务贸易规模保持稳定增长,服务贸易总规模再上新台阶,服务贸易逆差进一步扩大。从国际收支口径看,2013 年,服务贸易收支总额首次突破 5 000 亿美元,达到 5 365 亿美元,较 2012 年增长 14%,增速较货物贸易高 6 个百分点,相当于货物贸易总额的 13%,较 2012 年提高 0. 7 个百分点(见图 7-6)。

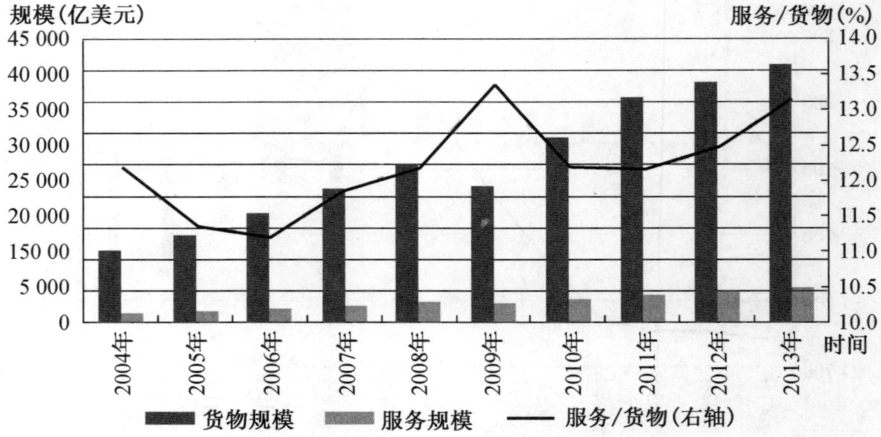

图 7-6 2004—2013 年中国货物和服务贸易比较

数据来源:中国国家外汇管理局。

服务贸易逆差创历史新高。2013 年,服务贸易收入 2 060 亿美元,较 2012 年增长 8%;支出3 305亿美元,增长 18%;逆差 1 245 亿美元,扩大 39%,其中旅游和运输两大逆差项目分别增长 48%和 21%。2013 年,货物与服务贸易顺差合计为 2 354 亿美元,较 2012 年增长 2%,与 GDP 之比为 2.6%,较 2012 年下降 0.2 个百分点(见图 7-7)。

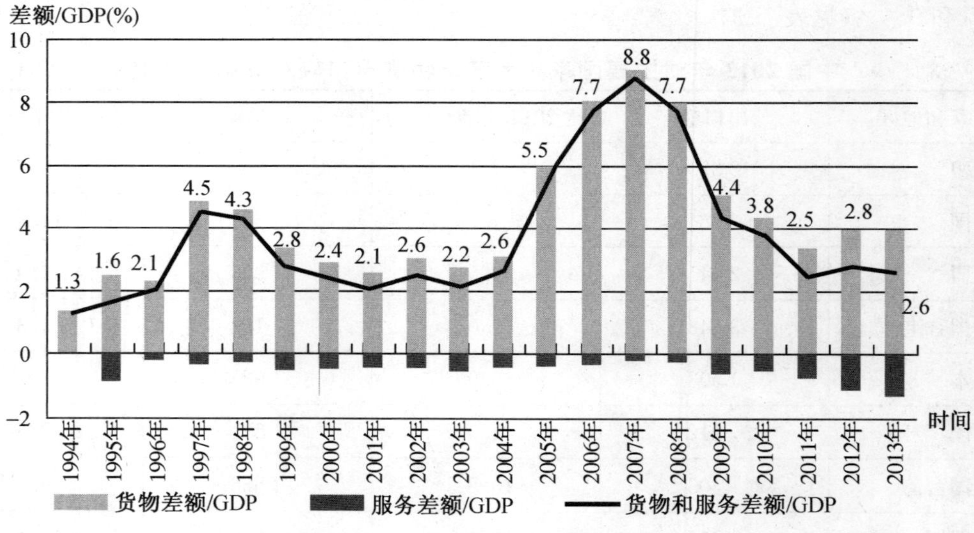

图 7-7 1994—2013 年货物和服务贸易差额与 GDP 之比

数据来源:中国国家外汇管理局、中国国家统计局。

服务贸易逆差伙伴国家和地区高度集中。服务贸易主要伙伴集中在邻近地区和欧美发达国家。其中,中国内地对香港特区顺差 319 亿美元,居顺差来源地区和国家首位,顺差同比减少 20%,主要是内地人赴港旅游支出上升所致。除对香港特区等少数国家和地区小幅顺差外,中国对其他主要伙伴国均呈现逆差,逆差较大的国家包括美国、韩国、澳大利亚和日本,分别为 161 亿美元、108 亿美元、106 亿美元和 87 亿美元(见图 7-8)。

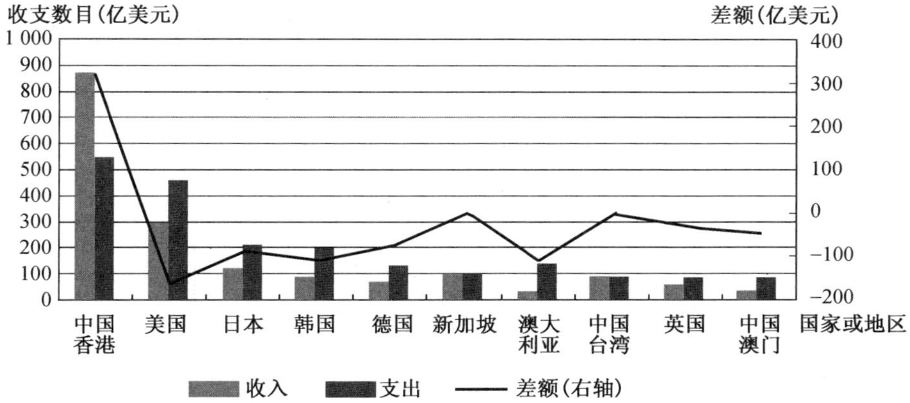

图 7-8　2013 年中国服务贸易分国别和地区的收支情况

数据来源:中国国家外汇管理局。

(4) 收益项目逆差扩大。2013 年,收益项目收入 1 855 亿美元,较 2012 年增长 11%;支出 2 293亿美元,增长 23%;逆差 438 亿美元,扩大 1.2 倍。其中,职工报酬顺差 161 亿美元,增长 5%;投资收益逆差 599 亿美元,扩大 70%。这主要反映了中国对外资产负债的结构问题,当期外商在华投资的收益较 2012 年增长 23%。而 2012 年收益项目逆差有所收窄。

(5) 直接投资保持净流入。2013 年,直接投资顺差 1 850 亿美元,较 2012 年增长 5%。其中,外国来华直接投资净流入 2 582 亿美元,增长 7%;中国对外直接投资净流出 732 亿美元,增长 13%(见图 7-9)。

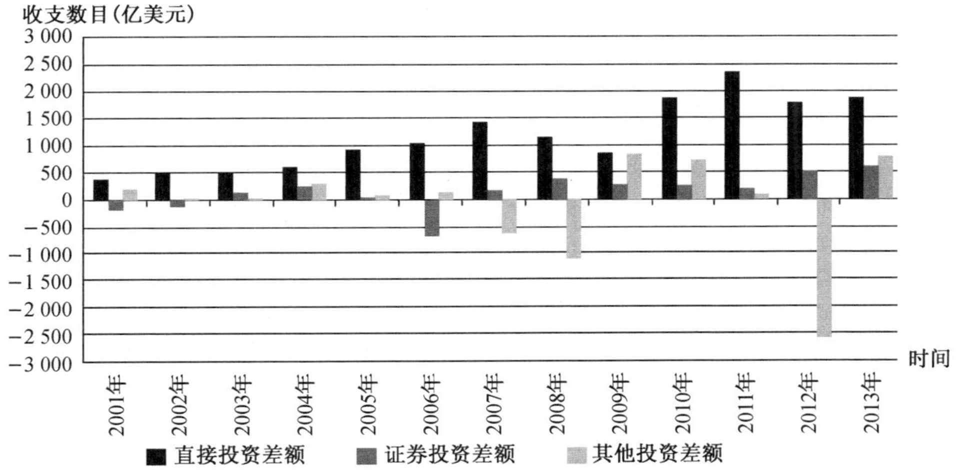

图 7-9　2001—2013 年资本和金融项目主要子项目的收支状况

数据来源:中国国家外汇管理局。

外国来华直接投资稳定增长。外国来华直接投资一直是中国资金流入的稳定来源,其继续保持稳步增长,表明尽管中国经济增长放缓、经营成本上升,但中国整体经营环境良好、市场前景广阔,仍是外国投资者青睐的投资目的地。2013 年,来华直接投资流入 3 114 亿美元,增长 14%;流出 532 亿美元,增长 71%;净流入 2 582 亿美元,增长 7%(见图

7-10)。来华直接投资资本金净流入和收益再投资净增加分别为 1 218 亿美元和 1 127 亿美元,分别增长 3%和 17%。

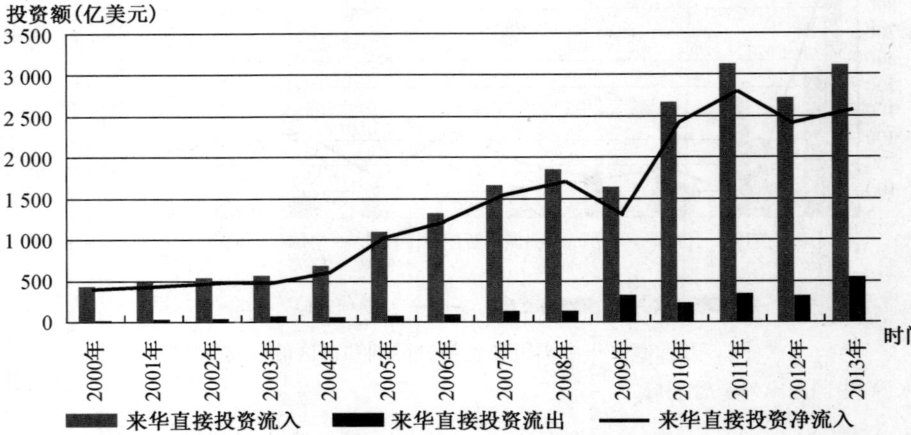

图 7-10 2000—2013 年外国来华直接投资状况

数据来源:中国国家外汇管理局。

从来源地看,中国香港、新加坡、日本、韩国、中国台湾、美国 6 大传统来华直接投资地区的资本金净流入合计占比达 87%,较 2012 年提高 2 个百分点。其中,中国香港、新加坡、韩国占比分别较 2012 年增加 4 个百分点、1 个百分点和 1 个百分点,日本、中国台湾、美国占比分别较 2012 年下降 2 个百分点、1 个百分点和 1 个百分点(见表 7-4)。

表 7-4 **2013 年来华直接投资主要来源国家或地区情况**

国家或地区	2011 年流入占比(%)	2012 年流入占比(%)	2013 年流入占比(%)
中国香港	60	59	65
日本	7	8	5
美国	4	5	3
新加坡			6
韩国			4

数据来源:中国国家外汇管理局。

对外直接投资步伐加快,对外直接投资结构进一步优化。2013 年,中国对外直接投资流出 1 096 亿美元,增长 24%;撤资回流 364 亿美元,增长 56%;净流出 732 亿美元,增长 13%(见图 7-11)。金融部门对外直接投资增长显著,2013 年,金融部门对外直接投资净流出 158 亿美元,较 2012 年大幅增长 41%,远高于非金融部门 7%的增速,占全年对外直接投资净流出的 22%,较 2012 年上升了 5 个百分点。非金融部门对外直接投资净流出 574 亿美元,呈现产业多元化、区域分散化发展趋势。

(6) 2013 年,证券投资继续呈现顺差,证券投资维持净流入格局,投资净流入有所增长。证券投资项下净流入 605 亿美元,较 2012 年增长 27%。其中,中国对外证券投资净流出 54 亿美元,下降 16%;境外对中国证券投资净流入 659 亿美元,增长 22%(见图 7-12)。

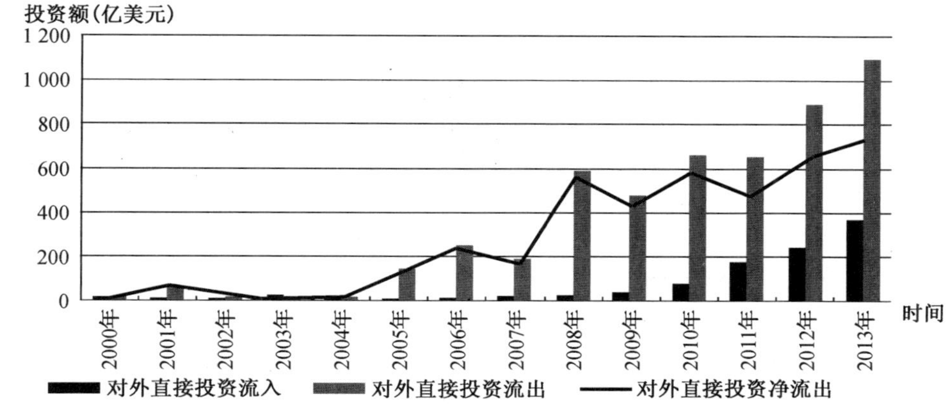

图 7-11　2000—2013 年中国对外直接投资状况

数据来源:中国国家外汇管理局。

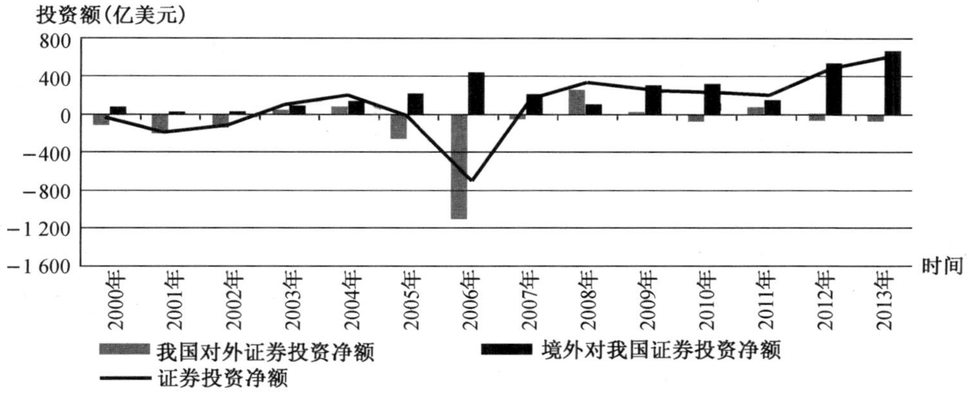

图 7-12　2000—2013 年中国跨境证券投资净额

数据来源:中国国家外汇管理局。

(7) 其他投资。其他投资项下资本流动是影响中国国际收支状况的重要因素,该项资金流入和流出分别占资本和金融项下流入和流出的 70%和 80%以上。国际金融危机以来,面对内外部不确定因素增多,中国其他投资项下顺逆差转化频繁而且剧烈,波动性、顺周期性明显。2013 年,其他投资由净流出转为净流入。全年其他投资项下净流入 776 亿美元,2012 年为净流出 2 601 亿美元。其中,货币和存款、贷款项目分别净流入 737 亿美元和 615 亿美元,其他项和贸易信贷项下分别为净流出 423 亿美元和 153 亿美元;中国对外的贷款、贸易信贷和资金存放等资产净增加 1 365 亿美元,较 2012 年减少 41%;境外对中国的贷款、贸易信贷和资金存放等负债净增加 2 142 亿美元,2012 年为净减少 284 亿美元(见图 7-13)。2013 年,其他投资资金流动由净流出向净流入的逆转,反映境内主体“资产本币化、负债外币化”的财务运作方式重新抬头。

(8) 储备资产增长较快。2013 年,剔除汇率、价格等非交易价值变动影响,中国新增储备资产 4 314 亿美元,较 2012 年增长 3.47 倍。其中,外汇储备资产增加 4 327 亿美元,较 2012 年多增3 340亿美元。截至 2013 年年末,中国外汇储备余额达 38 213 亿美元(见图 7-14)。

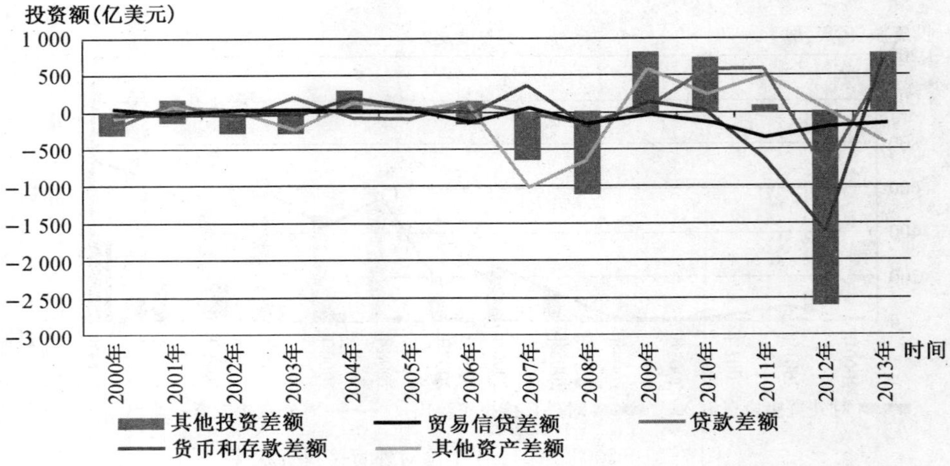

图 7-13　2000—2013 年中国其他投资净额

数据来源:中国国家外汇管理局。

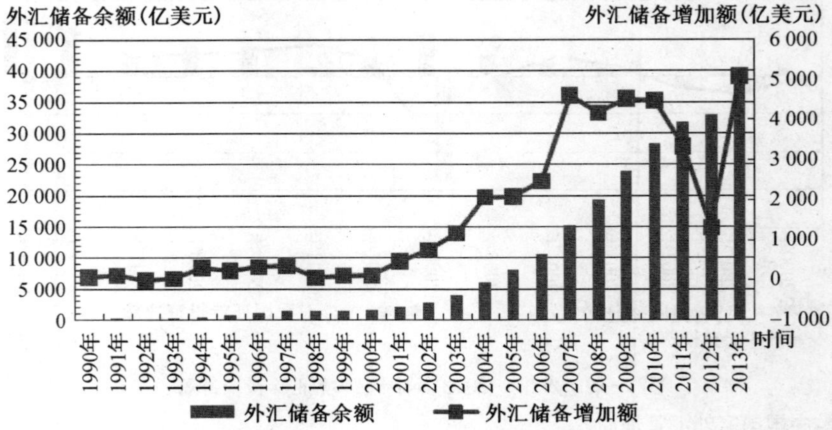

图 7-14　1990—2014 年中国外汇储备余额与增加额变动情况

数据来源:中国国家外汇管理局。

(9) 净误差与遗漏额为负。2013 年,净误差与遗漏为借方 776 亿美元,较 2012 年的 798 亿美元略有降低(见表 7-5),占当期国际收支口径货物贸易进出口总值的 2.0%,低于±5%的国际标准,在国际标准可接受范围内。

表 7-5　**2013 年中国国际收支平衡表**　单位:亿美元

项　　目	行次	差　额	贷　方	借　方
一、经常项目	**1**	**1 828**	**26 637**	**24 809**
A. 货物和服务	**2**	**2 354**	**24 250**	**21 896**
a. 货物	**3**	**3 599**	**22 190**	**18 591**
b. 服务	**4**	**−1 245**	**2 060**	**3 305**
1. 运输	**5**	−567	376	943

（续表）

项　　目	行次	差　额	贷　方	借　方
2. 旅游	**6**	−769	517	1 286
3. 通讯服务	**7**	0	17	16
4. 建筑服务	**8**	68	107	39
5. 保险服务	**9**	−181	40	221
6. 金融服务	**10**	−5	32	37
7. 计算机和信息服务	**11**	94	154	60
8. 专有权利使用费和特许费	**12**	−201	9	210
9. 咨询	**13**	169	405	236
10. 广告、宣传	**14**	18	49	31
11. 电影、音像	**15**	−6	1	8
12. 其他商业服务	**16**	135	341	206
13. 别处未提及的政府服务	**17**	0	12	12
B. 收益	**18**	**−438**	**1 855**	**2 293**
1. 职工报酬	**19**	161	178	17
2. 投资收益	**20**	−599	1 677	2 276
C. 经常转移	**21**	**−87**	**532**	**619**
1. 各级政府	**22**	−31	11	42
2. 其他部门	**23**	−56	520	577
二、资本和金融项目	**24**	**3 262**	**17 271**	**14 009**
A. 资本项目	**25**	**31**	**45**	**14**
B. 金融项目	**26**	**3 232**	**17 226**	**13 995**
1. 直接投资	**27**	**1 850**	**3 478**	**1 629**
1.1　中国在外直接投资	**28**	−732	364	1 096
1.2　外国在华直接投资	**29**	2 582	3 114	532
2. 证券投资	**30**	**605**	**1 041**	**436**
2.1　资产	**31**	−54	258	311
2.1.1　股本证券	**32**	−25	136	161
2.1.2　债务证券	**33**	−28	122	150
2.1.2.1　（中）长期债券	**34**	−28	122	150
2.1.2.2　货币市场工具	**35**	0	0	0
2.2　负债	**36**	659	784	125
2.2.1　股本证券	**37**	326	407	81

（续表）

项　　目	行次	差　额	贷　方	借　方
2.2.2 债务证券	**38**	333	377	44
2.2.2.1 （中）长期债券	**39**	160	204	44
2.2.2.2 货币市场工具	**40**	173	173	0
3. 其他投资	**41**	**776**	**12 707**	**11 930**
3.1 资产	**42**	−1 365	1 439	2 804
3.1.1 贸易信贷	**43**	−603	65	667
长期	**44**	−12	1	13
短期	**45**	−591	64	654
3.1.2 贷款	**46**	−319	374	693
长期	**47**	−422	100	522
短期	**48**	102	274	172
3.1.3 货币和存款	**49**	−20	890	910
3.1.4 其他资产	**50**	−423	110	533
长期	**51**	100	100	0
短期	**52**	−523	10	533
3.2 负债	**53**	2 142	11 268	9 126
3.2.1 贸易信贷	**54**	449	449	0
长期	**55**	8	8	0
短期	**56**	442	442	0
3.2.2 贷款	**57**	934	9 493	8 558
长期	**58**	194	569	375
短期	**59**	740	8 923	8 183
3.2.3 货币和存款	**60**	758	1 208	450
3.2.4 其他负债	**61**	0	118	118
长期	**62**	8	21	13
短期	**63**	−8	97	104
三、储备资产	**64**	−4 314	13	4 327
3.1 货币黄金	**65**	0	0	0
3.2 特别提款权	**66**	2	2	0
3.3 在基金组织的储备头寸	**67**	11	11	0
3.4 外汇	**68**	−4 327	0	4 327
3.5 其他债权	**69**	0	0	0
四、净误差与遗漏	**70**	−776	0	776

资料来源：中国国家外汇管理局。

2. 2013 年中国国际收支运行特征

2013 年中国继续加快转变经济发展方式，对外经济的发展方式转型也取得积极成效，涉外经济规模平稳增长，国际收支状况继续改善，国际收支平衡新格局初步形成，跨境资本流动短期变化明显和频繁。

(1) 2013 年中国涉外经济规模平稳增长与发展。全年中国国际收支交易总规模为 8.272 6万亿美元，较 2012 年的 7.453 4 万亿美元增长 0.82 万亿美元，增幅为 11%；2013 年中国国际收支交易规模若按人民币计价则交易总规模相当于 655.960 亿元人民币，与同期 GDP 之比为 87%，较 2012 年略降 4 个百分点。

(2) 2013 年中国国际收支再度呈现经常项目、资本与金融项目双顺差格局。其中，经常项目顺差 1 828 亿美元，较 2012 年下降 15%。经常项目顺差与 GDP 之比为 2.0%，较 2012 年下降 0.6 个百分点，继续处于国际公认的合理水平；资本与金融项目顺差 3 262 亿美元，2012 年为逆差 318 亿美元。2013 年年末，中国外汇储备余额为 38 213 亿美元，较 2012 年年末增长 5 097 亿美元。

(3) 经常项目收支状况继续改善。2013 年中国经常项目顺差与 GDP 之比为 2.0%，较 2012 年下降 0.6 个百分点。其中，货物贸易顺差与 GDP 之比为 3.9%，与 2012 年基本持平；服务贸易逆差与 GDP 之比扩大 0.3～－1.4 个百分点；收益和经常转移逆差与 GDP 之比扩大 0.4～－0.6 个百分点(见图 7-15)。

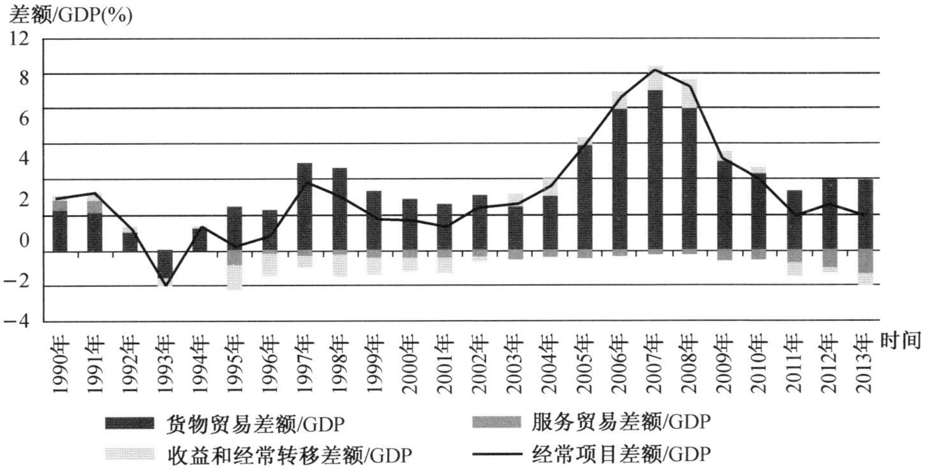

图 7-15　1990—2013 年经常项目差额与 GDP 之比及其结构

数据来源：中国国家外汇管理局、中国国家统计局。

(4) 资本和金融项目保持净流入。2013 年，国际环境日趋复杂，新兴经济体出现分化，特别是 2013 年年中，美联储量化宽松货币政策退出预期曾对国际金融市场造成一定冲击，部分新兴经济体货币大幅贬值、资金加速外流。在此情况下，得益于良好的经济基本面和较强的市场信心，中国跨境资本呈现窄幅波动，且各季度资本和金融项目仍然保持净流入(见图 7-16)，顺差规模显著增加。

(5) 国际收支不平衡矛盾依然突出。中国国际收支在连续保持多年双顺差后终于在 2012 年初步呈现“经常项目顺差、资本和金融项目逆差”的国际收支平衡格局，但 2013 年中国重回

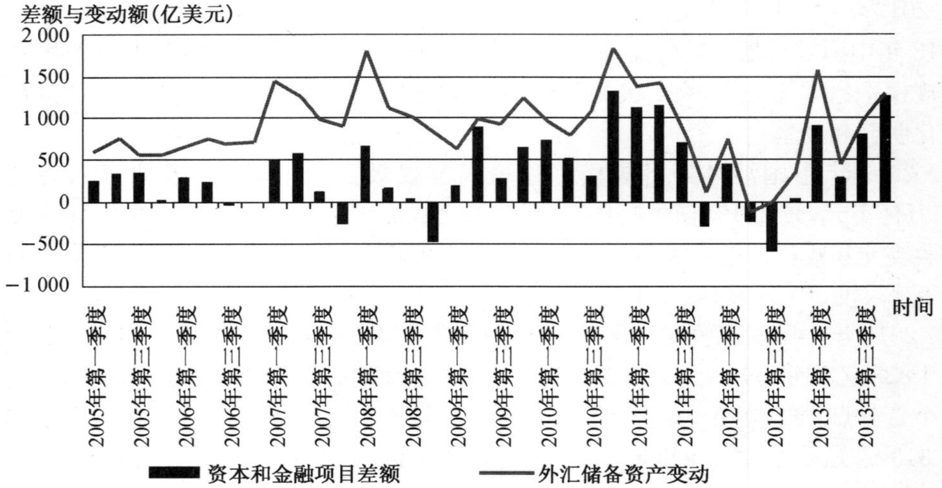

图 7-16　2005—2013 年中国资本和金融项目差额及外汇储备变动情况

数据来源:中国国家外汇管理局。

经常项目和资本项目双顺差。其中,经常项目与直接投资差额之和(即基础性差额)依然较大,2013 年为 3 678 亿美元,与 2009—2012 年的年均值基本持平。非直接投资(包括证券投资和其他投资)资本流动由逆转顺,2013 年顺差达 1 382 亿美元,相当于 GDP 的 1.5%,而 2012 年为逆差 2 123 亿美元(见图 7-17)。这说明中国国际收支平衡的基础还不巩固,仍需积极构建市场化的国际收支平衡体制机制。

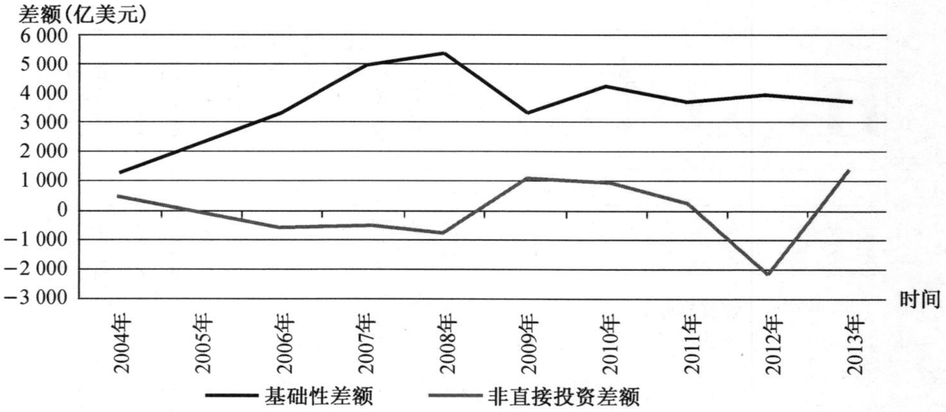

图 7-17　2004—2013 年中国国际收支基础性差额和非直接投资差额

数据来源:中国国家外汇管理局。

3. 2014 年第一季度中国国际收支状况

2014 年第一季度,中国经常项目顺差 70 亿美元。其中:货物贸易顺差 404 亿美元,服务贸易逆差 328 亿美元,收益顺差 33 亿美元,经常转移逆差 38 亿美元。资本和金融项目顺差 940 亿美元。其中:直接投资净流入 537 亿美元,证券投资净流入 223 亿美元,其他投资净流入 178 亿美元。国际储备资产增加 1 255 亿美元。其中:外汇储备资产增加 1 259 亿美元(见表 7-6)。

表 7-6　**2014 年第一季度中国国际收支平衡表**　单位：亿美元

项　　目	行次	差　额	贷　方	借　方
一、经常项目	**1**	**70**	**6 085**	**6 014**
A. 货物和服务	**2**	**76**	**5 469**	**5 394**
a. 货物	**3**	**404**	**4 939**	**4 535**
b. 服务	**4**	**−328**	**530**	**859**
B. 收益	**18**	**33**	**482**	**449**
C. 经常转移	**21**	**−38**	**134**	**172**
二、资本和金融项目	**24**	**940**	**6 033**	**5 093**
A. 资本项目	**25**	**2**	**6**	**5**
B. 金融项目	**26**	**938**	**6 026**	**5 088**
1. 直接投资	**27**	**537**	**932**	**395**
1.1　中国在外直接投资	**28**	−125	115	239
1.2　外国在华直接投资	**29**	661	817	156
2. 证券投资	**30**	**223**	**403**	**180**
3. 其他投资	**41**	**178**	**4 691**	**4 513**
三、储备资产	**64**	**−1 255**	**4**	**1 259**
四、净误差与遗漏	**70**	**245**	**245**	**0**

资料来源：中国国家外汇管理局。

（二）中国国际收支运行的历史轨迹探析

前面重点分析了 2013 年中国国际收支运行状况和面临的问题与困境。众所周知，一国国际收支失衡和失衡风险是各种因素长期综合作用的结果，仅仅依据对 2013 年和当前中国国际收支运行状况的分析是难以评价中国国际收支长期的失衡情况，以下将重点探讨分析中国国际收支在过去 30 多年间的历史运行轨迹，通过历史梳理和对现状归纳来探寻和商讨中国国际收支长期以来失衡的原因和对策。数据根据国际收支的账户特性，以下主要从中国国际收支经常项目差额失衡情况、资本与金融项目差额失衡情况以及总差额失衡情况三个方面探析中国国际收支在改革开放 30 多年的表现情况及运行轨迹和特征及失衡原因等。

1. 中国国际收支经常项目差额失衡轨迹探析

经常项目差额是国际收支平衡表中最重要的收支差额。在开放宏观经济中，经常项目的差额概括了一国的净债务人或债权人的地位，能够清楚地反映出一国内、外经济的紧密联系。

1）中国国际收支经常项目交易规模状况分析

从 2001—2013 年期间中国国际收支经常项目差额累计达到 24 446.6 亿美元，同期国内生产总值总计为 549 778.67 亿美元，经常项目顺差占 GDP 的比重平均为 4.5%。把时间再拉长到 1990—2013 年的时间区间来看，中国国际收支经常项目差额累计达到 25 913 亿美元，同期国内生产总值总计为 628 957 亿美元，经常项目顺差占 GDP 的比重平均为 4.1%。在 2008 年以前，中国经常项目差额与中国 GDP 基本上同步增长和上升（见图 7-18），但从 2008

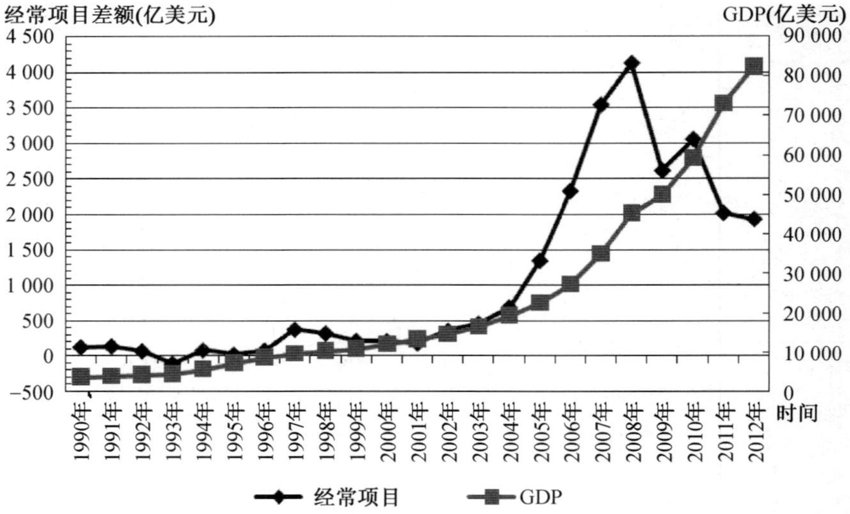

图 7-18　中国国际收支经常项目差额及其与 GDP 增长轨迹

数据来源:中国国家外汇管理局、中国国家统计局、国际货币基金组织。

年开始两者之间的走向发生逆转,中国 GDP 增长继续向上,但经常项目差额开始下降。

中国国际收支经常项目差额与 GDP 之比由 2001 年的 1%～3%上升到 2007 年的 10.1%,但随后开始下降,到 2012 年下降到 2%,总体呈现缩小趋势,但资本与金融项目差额与 GDP 之比却总体呈现扩大趋势(见表 7-7)。这一方面反映了中国对外出口较快增长,另一方面也反映了各种投资和资本流入的较快增加。

表 7-7　**中国国际收支经常项目及其子项目交易规模(2001—2013 年)**　单位:亿美元

年份	经常项目	货物	服务	收益	经常转移
2001	6 184	4 981	726	379	97
2002	7 396	6 071	862	316	146
2003	9 932	8 318	1 020	400	193
2004	13 327	11 278	1 346	446	257
2005	16 731	13 908	1 582	941	300
2006	20 631	17 216	1 928	1 146	340
2007	25 818	21 246	2 523	1 582	446
2008	30 594	25 081	3 060	1 855	594
2009	27 081	21 591	2 884	2 099	515
2010	35 882	29 086	3 111	2 588	562
2011	43 719	35 641	4 209	3 011	859
2012	47 267	37 922	4 726	3 630	989
2013	51 446	40 781	5 365	4 148	1 151

数据来源:中国国家外汇管理局。

2）中国国际收支经常项目差额失衡的时间分布分析

中国从 1982 年正式发布国际收支报告以来的 31 年间，国际收支经常项目差额除 1984 年、1985 年、1988 年、1989 年和 1993 年 5 年外（见图 7-19），绝大部分时间保持顺差结构。

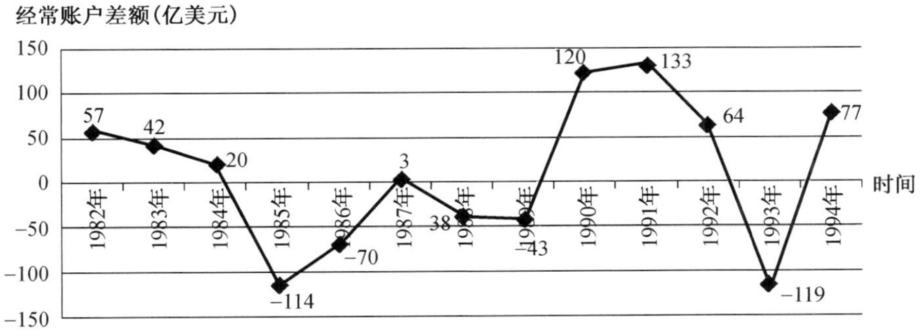

图 7-19　中国国际收支经常项目主要逆差年份分布

数据来源：中国国家外汇管理局。

1994 年以来，随着中国经济的持续改革和开放，国民经济总量和国内生产总值快速上升，中国已经成为全球第二大经济体和第二大贸易国，中国连续 19 年保持经常项目顺差，经常项目顺差额也持续不断扩大和上升，在 2008 年中国经常项目差额达到创纪录的峰值 4 206 亿美元。随着中国经济发展方式和经济结构调整的转变，经常项目差额近年来有所放缓和收窄，但仍保持着较大顺差规模，到 2013 年年底中国经常项目差额为 1 828 亿美元（见图 7-20）。

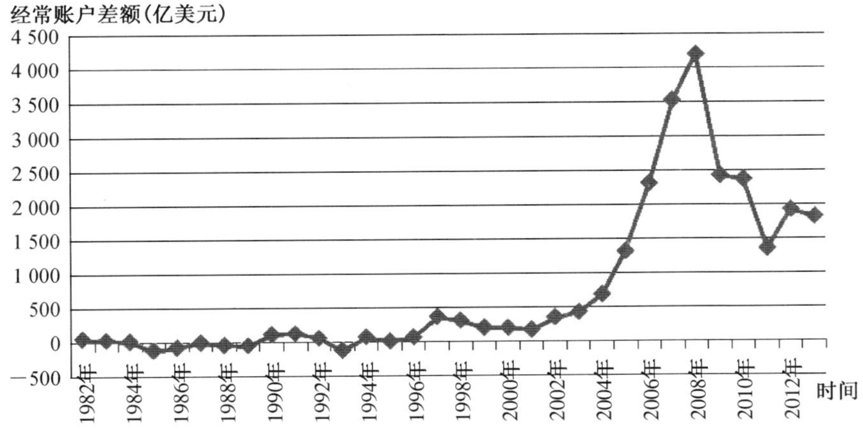

图 7-20　1994—2013 年中国国际收支经常项目主要顺差年份分布

数据来源：中国国家外汇管理局。

2010—2013 年中国经常项目顺差占比的下降，主要体现了国内经济发展中的一些结构性变化。2010 年以来，全球经济触底后缓慢复苏，中国出口增速回升，服务贸易出口、收益和经常转移收入也重拾升势，成为拉升中国经常项目顺差占比的因素，但由于结构性等其他因素的压低作用更明显，才使得经常项目顺差占比总体上继续下降。

总的来看，自 1982 年以来的 30 多年间，中国国际收支经常项目有 28 年保持顺差，5 年为逆差，且顺差额远远大于逆差（见图 7-21），这种保持多年的顺差失衡状况是中国经济改革开放的巨大成就，同时也对今后经济的更好发展埋下了隐患和风险。

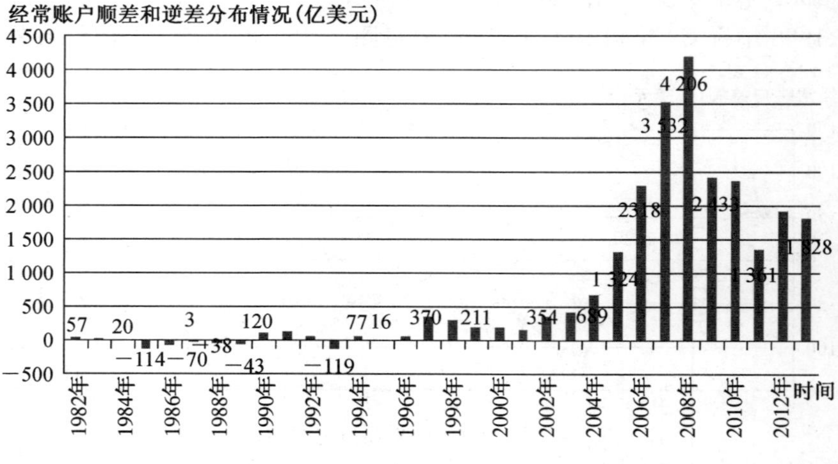

图 7-21　1982—2013 年中国国际收支经常项目差额总体分布情况

数据来源：中国国家外汇管理局。

3）中国国际收支经常项目差额结构失衡分析

中国国际收支经常项目差额结构失衡主要表现在多年来中国货物项目基本上为贸易顺差且顺差差额巨大，而对于中国国际收支服务项目贸易多年来一直保持逆差，且逆差规模不断扩大和上升。

货物贸易一直是中国经济快速发展的重要引擎，从 2001—2013 年中国进出口货物平均增长速度保持在 20%左右，而同期中国 GDP 的平均增速超过 10%，货物出口高于同期 GDP 增长率 10 个百分点。从 1981—2013 年 33 年间中国进出口货物累计总额达 312 778.7 亿美元，累计出口货物达到 167 834.4 亿美元，累计进口货物 144 944 亿美元，累计实现顺差22 006.7 亿美元(见表 7-8 和图 7-22)，占中国外汇储备总额 58%。这表明多年来的巨额外汇储备累积主要依赖货物出口获得。结构性因素对中国经常项目收支平衡的影响越来越大。2008 年起，中国经常项目顺差与国内生产总值之比总体呈下降态势，由 2007 年的 10.1%回落至 2013 年的 2.2%，降幅达 7.9 个百分点。

表 7-8　**中国进出口额和贸易顺差变化情况(1981—2013 年)**　单位：亿美元

年份	出口额	进口额	进出口额	贸易顺差
1981	220.1	220.2	440.3	−0.1
1982	223.2	192.9	416.1	30.3
1983	222.3	213.9	436.2	8.4
1984	261.4	274.1	535.5	−12.7
1985	273.5	422.5	696	−149
1986	309.4	429	738.4	−119.6
1987	394.4	432.2	826.6	−37.8

（续表）

年份	出口额	进口额	进出口额	贸易顺差
1988	475.2	552.7	1 027.9	－77.5
1989	525.4	591.4	1 116.8	－66
1990	620.9	533.5	1 154.4	87.4
1991	719.1	637.9	1 357	81.2
1992	849.4	805.9	1 655.3	43.5
1993	917.4	1 039.6	1 957	－122.2
1994	1 210.1	1 156.2	2 366.3	53.9
1995	1 487.8	1 320.8	2 808.6	167
1996	1 510.5	1 388.3	2 898.8	122.2
1997	1 827.9	1 423.7	3 251.6	404.2
1998	1 837.1	1 402.4	3 239.5	434.7
1999	1 949.3	1 657	3 606.3	292.3
2000	2 492	2 250.9	4 742.9	241.1
2001	2 661	2 435.5	5 096.5	225.5
2002	3 256	2 951.7	6 207.7	304.3
2003	4 382.3	4 127.6	8 509.9	254.7
2004	5 933.6	5 613.8	11 547.4	319.8
2005	7 620	6 601.2	14 221.2	1 018.8
2006	9 690.8	7 916.1	17 606.9	1 774.7
2007	12 180.2	9 558.2	21 738.4	2 622
2008	14 285.5	11 330.9	25 616.4	2 954.6
2009	12 016.6	10 055.6	22 072.2	1 961
2010	15 779.3	13 948.3	29 727.6	1 831
2011	19 038	16 603	35 641	1 551
2012	20 569	17 353	37 922	3 216
2013	22 096	19 504	41 600	2 592

数据来源：中国国家统计局。

2013 年中国货物贸易额仍居全球第二位，占全球份额进一步提升。进出口稳中有升。全年货物进出口总额 258 267 亿元人民币，以美元计价为 41 600 亿美元，比 2012 年增长 7.6%。其中，出口 137 170 亿元人民币，以美元计价为 22 096 亿美元，增长 7.9%；进口 121 097 亿元人民币，以美元计价为 19 504 亿美元，增长 7.3%。进出口差额（出口减进口）16 072 亿元人民币，比 2012 年增加 1 514 亿元人民币，以美元计价为 2 592 亿美元，比 2012 年增加 289 亿美元。中国外贸发展不仅在国内经济社会发展中发挥着重要作用，也为全球贸易增长和经济复苏作出了积极贡献。

数据显示中国货物进出口增长除受2008年金融危机影响在2009年出现大幅下降外，其他大部分时间大大快于经济增长速度。同时表明中国经济增长速度波动幅度远远小于外贸增长速度。这表明在经济发展中过度依赖国际经济将会对中国经济产生较为强烈和严重的影响与制约。

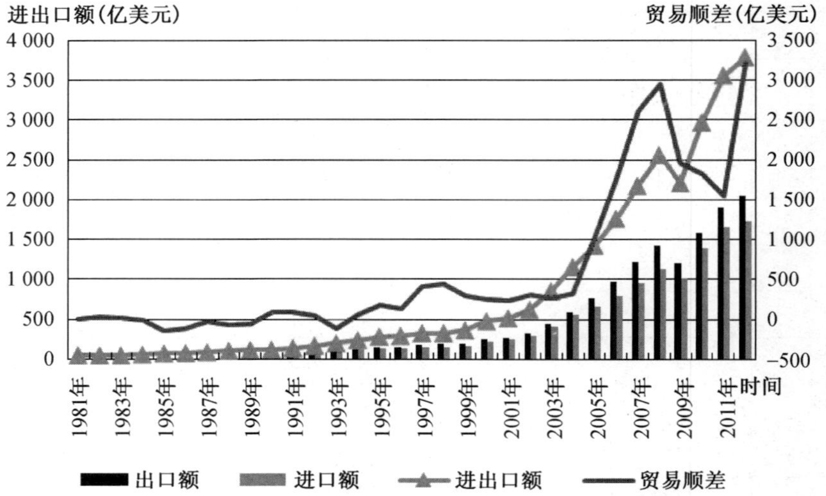

图7-22　1982—2013年中国货物贸易进出口额与差额

数据来源：中华人民共和国商务部。

相对于货物贸易的持续顺差，中国国际收支服务贸易多年来持续逆差。在中国国际收支经常项目中货物贸易占全部经常项目差额过高，而服务和收益以及经常转移项目差额占经常项目差额的比例则过低。这反映了中国经常项目差额过分依赖货物贸易，服务项目绝对数在持续增长，但多年来中国服务项目一直处于逆差状况，且逆差一直呈持续不断扩大趋势(见图7-23)。

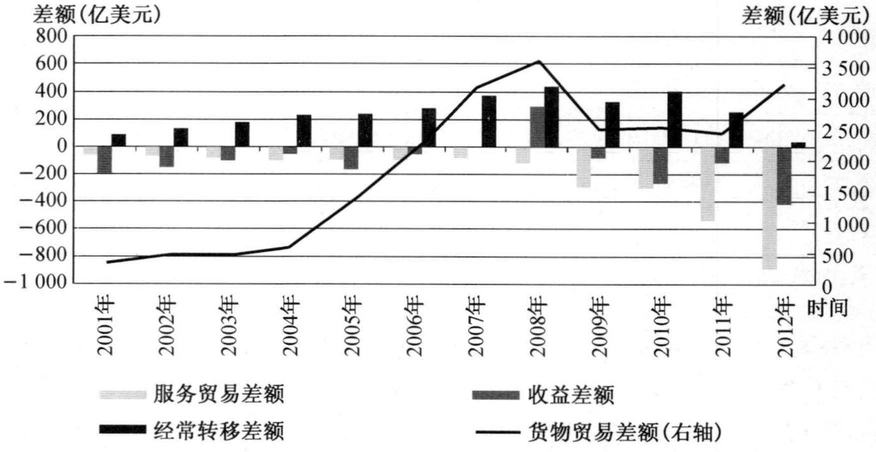

图7-23　2001—2013年中国国际收支经常项目子项目差额对比

数据来源：中国国家外汇管理局。

总的来看，从 1982—2013 年的 30 多年的绝大多数年份，中国出口增长速度远大于收入增长水平和居民消费水平，而居民对收入增长的低预期和谨慎的消费行为又导致居民储蓄规模不断扩大和上升，储蓄大于国内投资，而投资又过度依赖政府刺激，进而造成国内市场需求不足，积极出口，扩大外需等，导致经常项目持续高额顺差，中国的 GDP 增长在过去主要依赖出口拉动和政府投资，2008 年国际金融危机爆发后，政府扩大 4 万亿元人民币投资又再次扮演了投资拉动经济增长的发动机。中国经济过去 30 多年的发展轨迹清晰地显示了出口和投资与国内生产总值的高度关联度（见图 7-24）。

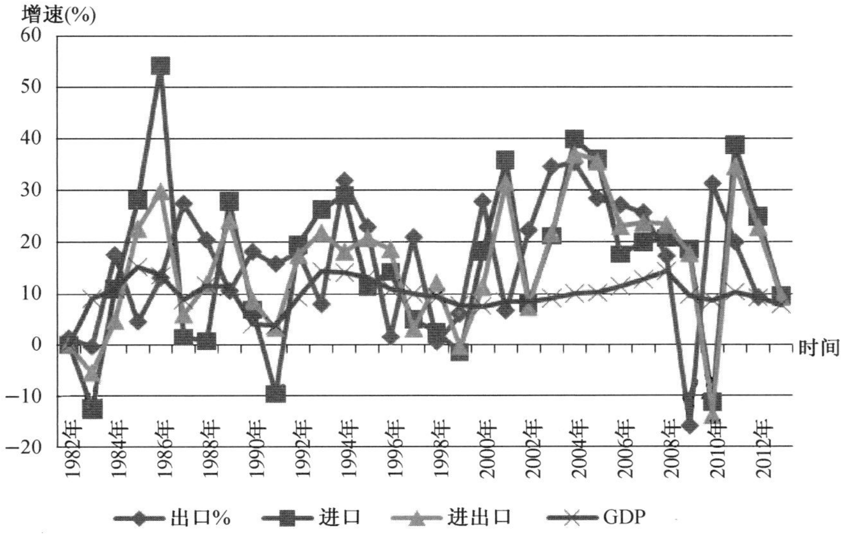

图 7-24　1982—2013 年中国货物出口、进口和进出口增速与 GDP 增速

资料来源：中华人民共和国商务部、中国国家统计局。

2. 中国国际收支资本与金融项目差额失衡轨迹分析

随着经济全球化和金融自由化的迅猛发展，金融作为现代经济的核心地位和功能愈加凸显和重要。作为反映国际经济和国际金融发展状况和程度的国际收支状况成为反映一国对外经济交易总规模和发展水平的重要标尺和风向标。国际收支资本和金融项目全面系统地记录一国资本与金融项目的总交易规模和平衡状况，是一国经济重要的晴雨表和预警器。

1）中国国际收支资本和金融项目交易规模分析

进入 21 世纪以来中国已经基本完成了现代金融体系架构搭建。以银行为核心，以证券、保险、信托和基金等为主体的金融体系结构和市场结构得以初步建立和完善，金融市场得到空前发展和壮大。经济总量和金融资产总量稳步增加，截至 2014 年第一季度末，中国银行业金融机构总资产为 159.5 万亿元人民币，同比增长 12.89%，总负债约为 148.7 万亿元，同比增长 12.54%。截至 2014 年第一季度末中国广义货币供应量 M2 达 110.65.61 万亿元，首次突破 110 万亿元大关。

与中国金融市场同步发展的是中国国际收支资本和金融项目也迅速发展，由较为稳定的直接投资主导中国国际资本和金融收支结构阶段已经结束，资本和金融项目开始受到国际金融投机显著影响，表现出诸多的不稳定性和风险性。资本和金融项目交易规模由 2001 年的

1 642亿美元增加到 2013 年资本和金融项目交易规模 31 280 亿美元，13 年间资本与金融项目交易总规模为 187 010 亿美元，平均年交易规模为 14 385 亿美元(见图 7-25)。

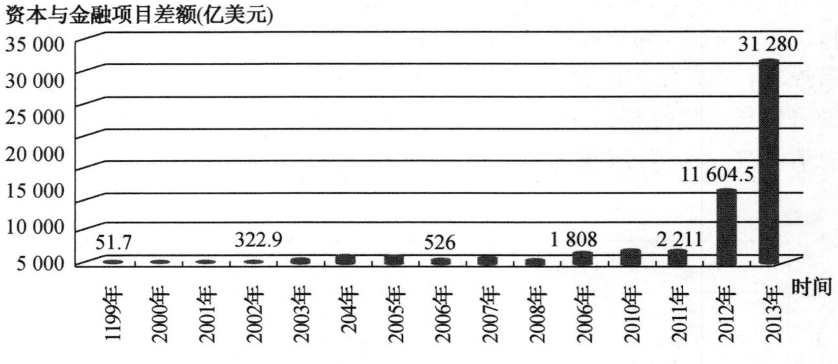

图 7-25 2001—2013 年中国国际收支资本与金融项目交易规模

数据来源：中国国家外汇管理局。

在资本和金融项目中，各个子项目交易规模在 2012 年均创历史新高，其中直接投资交易规模 4 247 亿美元，占比最大。近年来随着全球金融市场的宽松量化政策，证券投资和其他投资的国民大量增加且波动加剧，尤其是其他投资，其在 2001—2013 年的大部分年份出现较大规模的资本净流出，特别是 2012 年全年净流出 2 600 亿美元，创该项目资本流出历史新高(见表 7-9)。

表 7-9 **中国国际收支资本和金融项目交易规模与差额(2001—2013 年)** 单位：亿美元

年份	资本和金融项目(差额)	直接投资(差额)	证券投资(差额)	其他投资(差额)
2001	1 642(348)	567(374)	242(−194)	832(169)
2002	2 243(323)	593(468)	149(−103)	1 500(−41)
2003	3 865(527)	638(472)	132(114)	3 095(−59)
2004	5 760(1 107)	689(531)	208(197)	4 864(379)
2005	8 130(1 010)	1 425(1 059)	489(−49)	6 175(−40)
2006	13 459(526)	1 637(1 029)	1 588(−676)	10 193(133)
2007	17 921(951)	2 033(1 431)	1 093(187)	14 759(−697)
2008	15 481(463)	2 591(1 217)	927(427)	11 927(−1 211)
2009	13 841(1 808)	2 301(703)	1 575(387)	9 919(679)
2010	19 900(2 260)	3 038(1 249)	1 031(240)	15 781(724)
2011	25 754 (2 211)	2 698(1 704)	842(196)	21 125(255)
2012	27 734(−168)	4 247(1 911)	1 181(478)	22 258(−2 600)
2013	31 280(3 262)	5 107(1 850)	1 477(605)	24 637(776)

数据来源：中国国家外汇管理局。

2）中国国际收支资本与金融项目失衡时间分析

从 1982 年中国正式发布国际收支报告以来的 31 年间，中国国际收支资本与金融项目差额只有在 1983 年、1984 年、1992 年、1998 年和 2012 年 5 年间出现逆差（见图 7-26），其他年份均保持顺差，其差额基本特征是逆差额度较小，顺差额度较大。从长期分布来说，中国国际收支资本与金融项目的失衡主要表现为顺差结构较大，即资本流入较多而流出较少。

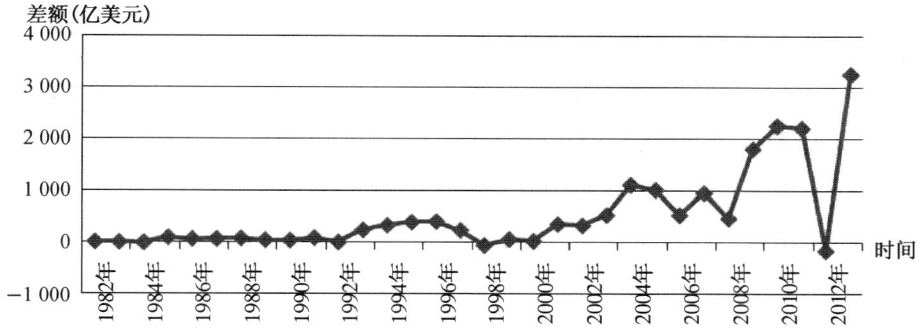

图 7-26　中国国际收支资本与金融项目失衡时间分布情况

数据来源：中国国家外汇管理局。

与经常项目失衡相比，中国国际收支资本与金融项目失衡分布时间基本相同或相近，两个项目在 30 多年间都出现过五个失衡年份，其基本特征是逆差失衡主要发生在中国国内经济紧缩调整时期和国际经济和国际金融危机时期，且受国际金融危机影响较大，特别是资本与金融项目更易受到国际金融危机的影响（见图 7-27）。

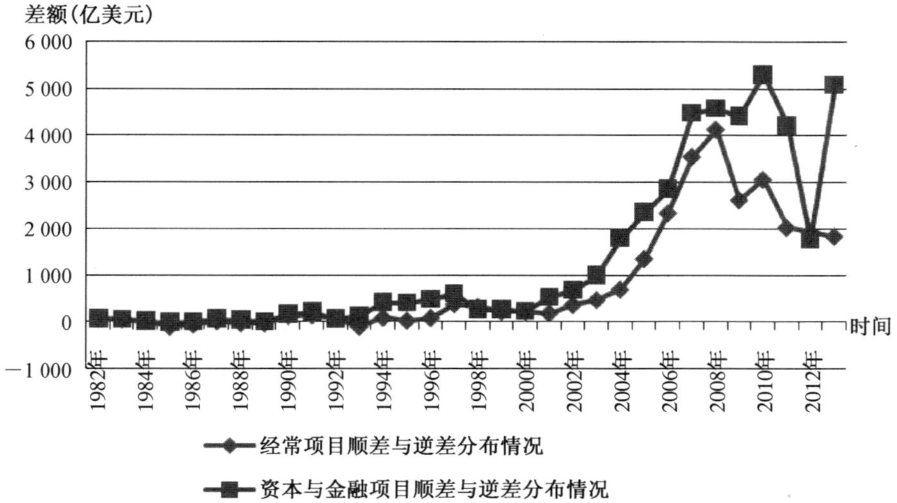

图 7-27　中国国际收支经常项目和资本与金融项目差额失衡情况

数据来源：中国国家外汇管理局。

3）中国国际收支资本与金融项目结构失衡分析

在中国国际收支资本与金融项目中，直接投资是中国传统的顺差项目，证券投资和其他投资差额受短期跨境资本流动影响起伏较大，这种格局同样与结构性、政策性因素密切相关。

从政策结构来看，自改革开放以来，中国各级政府大力鼓励和吸引外国直接投资，1994 年以后，随着金融、财税和外贸改革的更进一步深入，大量外国资本流入中国市场，中国国际收支资本与金融项目彻底扭转了逆差并且连续多年持续顺差。当时，中国为调整产业结构，在市场换技术发展的思路下，不断改善投资环境，同时利用具有比较优势的劳动力成本和一系列优惠政策来吸引外商直接投资。中国经济的高速增长和良好的市场经营环境，使外商直接投资企业获得了丰厚的利润，在这种情况下，外商直接投资的增长是理所当然的。由于“两头在外”，加工贸易条件下的出口额必然大于进口额，贸易顺差即为加工生产带来的增加值，这必然带来国际收支经常项目顺差。反映在中国国际收支资本与金融项目方面就是中国的资本与金融项目呈现为资本净流入（见图 7-28）。

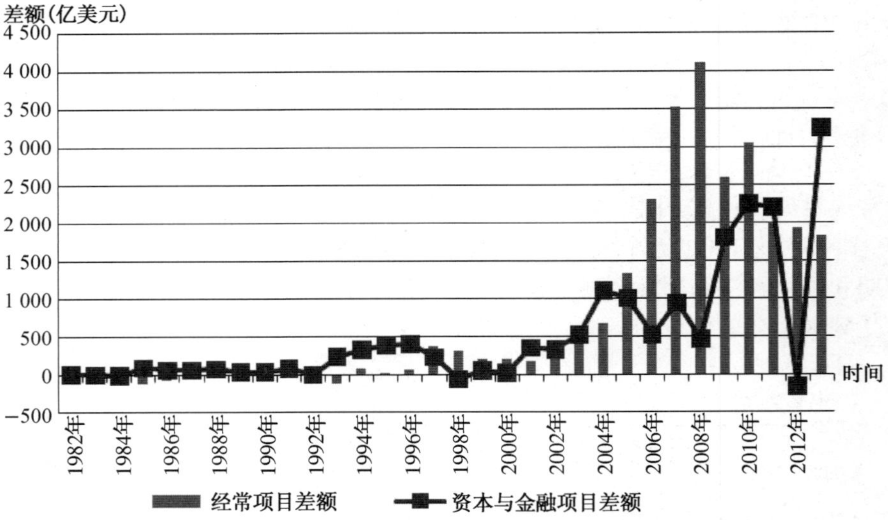

图 7-28　1994—2013 年中国国际收支资本与金融项目和经常项目差额对比

数据来源：中国国家外汇管理局。

从资本流向结构来看，加入世界贸易组织后，中国的市场更加全面开放，中国国际收支资本与金融项目的交易规模更是迅速上升和扩大，中国积极参与国际要素市场资源配置，大量资本进入中国内地市场。同时，中国金融机构和企业也积极走向国际市场，资本双向流动和交易规模急剧扩大。从 1982—2013 年年底，中国国际收支资本与金融项目累计实现顺差16 631.6 亿美元，同期中国国际收支经常项目累计实现顺差 25 769.8 亿美元。

3. 中国国际收支总差额失衡轨迹探析

1）中国国际收支总差额失衡比例与规模分析

一国国际收支平衡是绝对的，而失衡则是相对的。一般来讲，一国国际收支很难做到绝对平衡，不是顺差就是逆差，只不过是顺差和逆差程度大小而已。

从国际收支交易总规模来看，2013 年中国国际收支交易总规模为 8.272 6 万亿美元，较

2012 年的 7.453 4 万亿美元增加 0.82 万亿美元，增幅为 11%；2013 年中国国际收支交易规模若按人民币计价则交易总规模相当于 655.960 亿元人民币，与同期 GDP 之比为 87%，较 2012 年略降 4 个百分点。伴随着中国经济进一步发展和开放，中国国际收支交易总规模在未来仍会保持持续扩大和上升，特别是在服务等项目的交易规模将会持续放大。中国国际收支交易规模的快速增长只是反映了中国与世界其他经济体经济交往的总量和程度，它说明了中国经济与世界其他国家的政治经济等交易往来愈加密切和繁荣，相互间的依赖程度更加紧密，但并不能反映中国国际收支的失衡程度和风险。

2）中国国际收支总差额失衡时间与结构分布分析

自 1978 年改革开放以来的大部分年份中国国际收支总差额处于顺差状况，这当中只有 1985 年、1986 年和 1989 年发生逆差，逆差额分别为－24.5 亿美元、－10.9 亿美元和－6 亿美元。中国国际收支在较长时期保持了经常项目和资本与金融项目的双顺差，情况在 2012 年出现了明显转化，多年来一直处于顺差的资本与金融项目在 2012 年发生 168 亿美元的逆差。这可能也预示着中国长期以来保持的国际收支双顺差格局就此结束，中国在今后将交替出现国际收支资本与金融项目的顺差和逆差。

1994 年中国外汇体制改革以来，中国国际收支持续顺差，特别是 2001 年中国加入世界贸易组织以来，国际收支不但延续"双顺差"格局，而且顺差规模持续急剧扩大。2012 年，中国国际收支状况在总体上相对改善，国际收支总顺差为 1 763 亿美元(见图 7-29)。

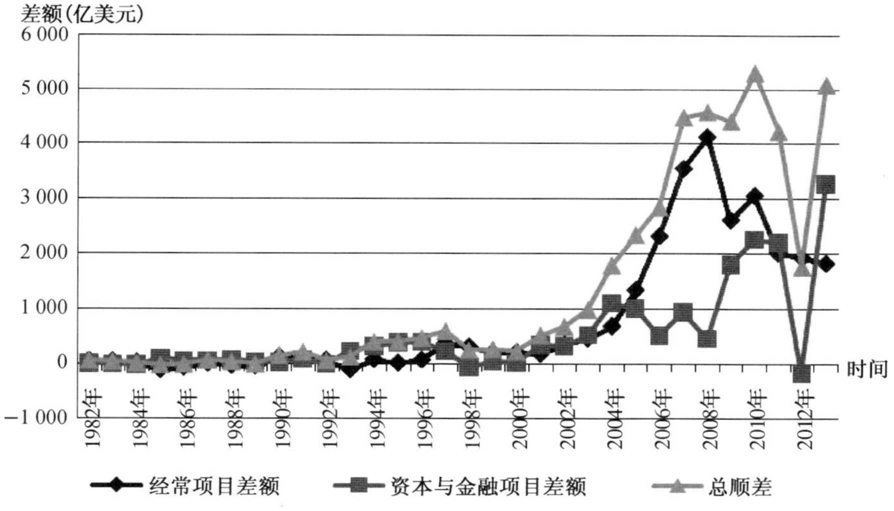

图 7-29　1982—2013 年中国国际收支长期失衡结构分布图

数据来源：中国国家外汇管理局。

另外，从中国国际收支净误差和遗漏项目来看，1982—2013 年，中国国际收支净误差和遗漏呈不规则变化，从 2003 年开始中国国际收支净误差和遗漏项目上下波动幅度加剧，2003—2008 年年初呈现净流入状态。从 2008 年年中开始，由于美国次贷危机和欧洲债务危机的持续干扰与影响，中国国际收支净误差和遗漏项目连续出现资本净流出现象，且流出规模迅速扩大和上升，2013 年更达到最高的 776 亿美元，这被归结为统计误差、货币折算问题以及可能存在的洗钱行为(见图7-30)。

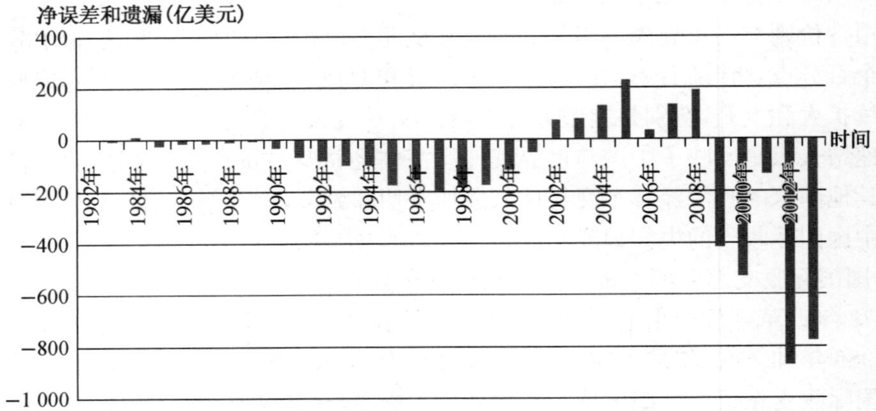

图 7-30　2001—2012 年中国国际收支净误差和遗漏

数据来源:中国国家外汇管理局。

从整体结构与比例来看,中国国际收支误差与遗漏项目在全部国际收支交易规模中只占非常微小的部分,并未超过国际公认的临界线(见图 7-31)。但由于中国金融监管体系还有诸多不完善之处,统计误差和遗漏也存在需要完善之处,所以,这一数据并非完全可以反映相关风险。

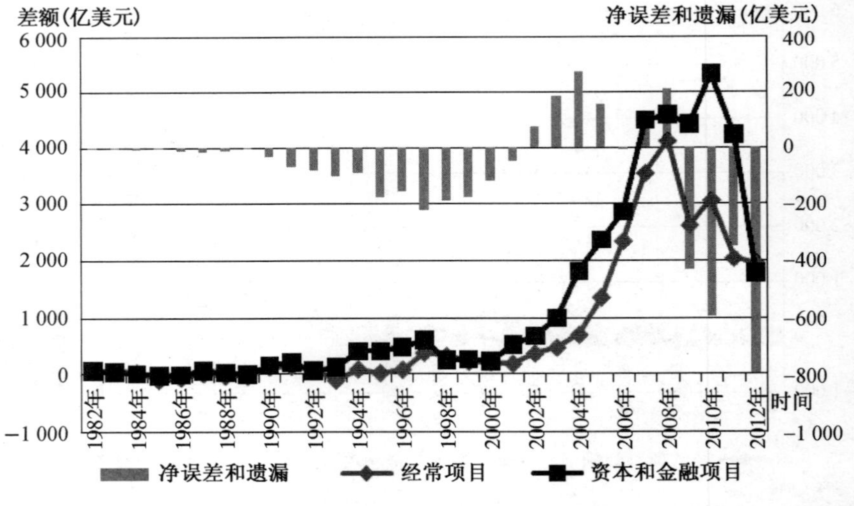

图 7-31　中国国际收支经常项目、资本与金融项目和误差与遗漏项目差额

数据来源:中国国家外汇管理局。

3) 中国国际收支失衡原因分析

中国国际收支长期顺差失衡主要是长期以来的政策导向造成的,中国经济的改革开放是经济市场化的过程,但由于长期以来的计划经济思想影响,在中国经济市场化的过程包裹了过多政府干预的思想与行为。我们长期以来过度重视与依赖投资和出口对经济的拉动作用,忽视了消费对经济的拉动效应,扭曲了市场经济规律,扭曲了消费的真谛,恩惠外国人,苦了老百姓。如果再早 10 年左右刺激消费,平衡投资和出口,转变经济发展方式,则中国国际收支状况

所反映的外部均衡就会更加健康。反过来，外部均衡更加健康的话，国内经济矛盾也会相应大大降低。

从理论视角来看：首先，中国国际收支长期失衡是在经济全球化背景下，中国参与国际分工的必然结果，中国良好的投资环境、低廉的劳动力等生产要素价格，促使跨国公司在全球分工布局中，逐步将加工制造环节向中国转移，带动了中国外资的流入和进出口顺差的增长。其次，这是中国经济处于工业化、城镇化和国际化进程中的阶段性特征。再次，这是中国储蓄持续大于投资，国内需求不足的外在表现，内在表现是政府收税太多，花钱太多，没有把钱花到应该花的地方，造成居民预防性储蓄过多，影响了国内需求和消费水平提升到更高层次。总而言之，以“双顺差”格局为特征的单边性国际收支失衡已经成为中国经济运行的突出问题和深层次矛盾之一，虽然双顺差结构今后会发生变化，但国际收支失衡造成的矛盾和问题将长期影响中国内外经济均衡发展。

三、风险度量与预测

随着中国经济转型的深入发展，中国经济与世界其他国家关系越来越紧密，经济的开放程度日益扩大，对中国宏观经济分析也应该纳入全球一体化的环境之中，突破传统经济的分析框架，以促使中国实现内部均衡与外部均衡的双重均衡。中国国际收支失衡与国际收支风险是多方面的，对中国宏观经济增长潜在的不确定性风险也是多方面的。

（一）中国国际收支风险度量

1. 国际收支的贸易收支项目失衡风险度量

1）国际收支账户分析基础

国际收支是一国在一定时期内全部对外经济交易的系统的货币记录。国际收支账户是国际收支记录的基础，与此相关联的是国民收入账户。国民收入账户记录了与一个国家的收入和产出有关的全部交易。影响一国国民收入账户变化的因素主要有四个：第一，消费(C)，指私人部门为满足日常的需要而用于生活的支出。第二，投资或储蓄(I 或 S)，指私人部门的收入除消费外剩余的部分。从供给角度看，它表现为储蓄(S)；从需求角度看，它表现为投资(I)。私人部门的投资和消费的区分是，一般将企业的购买视为投资，个人或家庭的购买归为消费。第三，政府支出(G)，包括军费开支、公共福利费开支和行政事业费开支。第四，商品和劳务的进出口净额。

封闭经济的国民收入均衡，可用式(7-1)表示：

$$Y = C + I + G \tag{7-1}$$

式中 Y——国民收入；

C——消费；

I——投资；

G——政府开支。

这个关系式中不涉及国际收支。

开放经济的国民收入均衡，可用式(7-2)表示：

$$Y = C + I + G + X - M \tag{7-2}$$

式中 X——商品和劳务出口；

M——商品和劳务进口。

这个关系式说明在开放经济中，国际收支与国民收入有着密切的联系，商品和劳务进出口额所占的比重越大，内外经济相互作用的程度就越深。在西方发达国家的经济中，贸易总额常占国民生产总值的较高比重。

国际收支与货币供给。国际收支是国际经济社会中一种货币现象，它与一国货币供给有紧密联系。货币供给的变化对国民收入、利息率、投资等都有影响。一般地，货币供应量 M 增加⟶利息率(i)下降⟶投资(I)增加⟶国民收入(Y)增加；货币供应量减少⟶利息率上升⟶投资减少⟶国民收入减少。

在封闭经济中，货币供给基本上等于本国信贷量(D)。开放经济中的货币供给包括两部分：国内信贷量和国际货币与国内货币的交换量。后者即为国际储备(U)与汇率(E)之积。国际收支差额就意味着国际储备的变化，在汇率不变的条件下，国际储备的变化必然引起货币供给的变化，其关系式可以表示为：

$$M = D + R \cdot E \tag{7-3}$$

上述这些基本的关系式表明了国际收支与宏观经济变量投资、消费、出口以及货币政策之间的基本关系，是国际收支失衡分析的基础。

2) 贸易收支决定模型

贸易收支为出口与进口之差。影响出口的因素包括世界经济活动水平、出口价格水平和出口供给能力；影响进口的因素包括国内经济活动水平、进口价格水平和进口替代能力。因此，当我们在仅考虑汇率变动对出口价格水平和进口价格水平的影响时，从贸易收支的决定模型可知，中国贸易收支在理论上由世界总出口水平、国内产出水平、汇率水平以及出口供给能力、进口替代能力等决定。即：

$$TB = EX - IM = f(+EXW, -IGDP, +REX, +S, -K) \tag{7-4}$$

式中 EXW——世界总出口水平；

$IGDP$——本国总需求；

REX——人民币兑美元汇率水平；

S——本国对出口的供给能力；

K——本国对进口的替代能力。

中国转型经济时期所取得的一个显著成就是，通过不断实施对外开放政策，外商直接投资持续流入中国，这不但提高了进口替代能力，而且增强了出口供给能力。三资企业生产了大量以前需要进口的商品，使中国的进口替代能力大大提高，因此在实际估计工业制成品进口时采用累计直接投资作为反映进口替代能力的解释变量。在此，采用累计外商直接投资，KDI 同时表示出口供给能力 S 和进口替代能力 K。随着外商直接投资的增加，出口供给能力上升，意味着出口增加；进口替代能力也上升，意味着进口减少，因而贸易收支上升。引入累计外商直接投资之后，贸易收支决定模型为：

$$TB = EX - IM = f(+EXW, -IGDP, +REX, +KXDI - 1) \tag{7-5}$$

表 7-10 给出了关于中国贸易收支决定模型的计量分析结果，模型采用 1980—2013 年年度数据，因变量 *TB* 为贸易收支，自变量包括世界总出口水平 *EXW*、中国国内生产总值指数 *IGDP*(2000 年＝100)、累计外商直接投资 *KXDI* 以及人民币兑美元汇率水平。

表 7-10　**贸易收支决定模型**

自变量	因变量：*TB*			
	模型 1：1980—1994 年	模型 2：1980—2002 年	模型 3：1980—2007 年	模型 4：1980—2013 年
EXW	0.013(3.5)	0.016(3.3)	0.049(7.1)	0.055(8.6)
IGDP	－7.45(－4.2)	－4.8(－2.6)	－14.6(－4.6)	－15.2(－5.1)
KXDI(－1)	—	0.220(3.6)	0.368(2.8)	0.3467(2.7)
REX	79.9(2.9)	—	—	—
常系数	－97.4(－1.9)	－145.6(－2.3)	－468.6(－2.8)	－474.3(－2.9)
调整后的 R2	0.587	0.861	0.912	0.938
D.W.	1.279	1.369	1.010	1.152

注释：括号内数字为 *t* 统计值。

模型结果显示，中国贸易收支的影响因素在 1994 年前后发生了显著变化，模型 1 给出了 1980—1994 年之间的实证结果，以世界总出口额表示外部总需求、以国内生产总值指数表示国内总需求和以人民币兑美元汇率表示汇率水平对贸易收支产生显著影响。模型 2 至模型 4 将实证区间延伸到 1994 年之后。实证结果显示，由于人民币兑美元汇率自 1994 年之后长期保持稳定，汇率水平对贸易收支的影响并不显著，但是，随着外商直接投资不断进入中国，以累计外商直接投资表示的出口供给能力和进口替代能力对贸易收支产生了显著影响。

模型 2 给出了 1980—2002 年之间的实证结果，与模型 1 相比，在加入 WTO 之前，以世界总出口额表示的外部总需求对贸易收支的影响并未发生显著变化。但是，如果进一步考虑加入 WTO 之后的近几年时间，在一个更长的样本区间里，外部总需求对贸易收支的影响效果显著上升。从模型 3 和模型 4 的实证结果可以看出，贸易收支对世界总出口的反应系数已经从加入 WTO 之前的 0.016 上升到 0.055。累计外商直接投资对贸易收支的影响也表现如此。随着实证区间的延伸，考虑加入 WTO 之后的近几年间的模型 3 和模型 4 与仅考虑 WTO 之前的模型相比较，累计外商直接投资对贸易收支的影响效果也显著上升了。

根据模型 4 的结果，世界总出口水平增长 1 亿美元，将使贸易收支增加 0.055 亿美元；而中国的产出水平每增长 1 个百分点，将使贸易收支下降 15.2 亿美元。也就是说，实证结果表明，中国贸易收支顺差随着外部总需求的增加而增加，而中国自身的经济增长对其则表现出抑制作用。实证结果还进一步表明，累计外商投资所表现出的三资企业的出口供给能力和进口替代能力不断加强，累计外商直接投资增加 1 亿美元，贸易收支增加 0.352 亿美元。

2. 国际收支失衡的货币因素分析与度量

2014 年 3 月末，中国国家外汇储备余额为 3.95 万亿美元，居全球第一，相当于德国的国民经济总量(见图 7-32)。巨额外汇储备是中国多年来改革开放和市场经济发展的显著成果，有力支持和保证了强大的国家信用和经济发展。同时，多年来外汇储备单边增长，无休无止，的确成为中国宏观经济稳定运行的一大隐患，巨额外汇储备又成了中国的软肋，美国动辄就要进行货币超发和贬值，中国老百姓面朝黄土背朝天辛苦赚来的血汗钱，就这样被人家宽松量化货币政策和乱发国债糟蹋了。西方通过债务和货币贬值来赖债，巨额外汇储备本身就成为烫手的山芋和“核武器”。中国主动地减持，西方就说你破坏国际金融秩序，中国增持，西方又拿你当傻子。

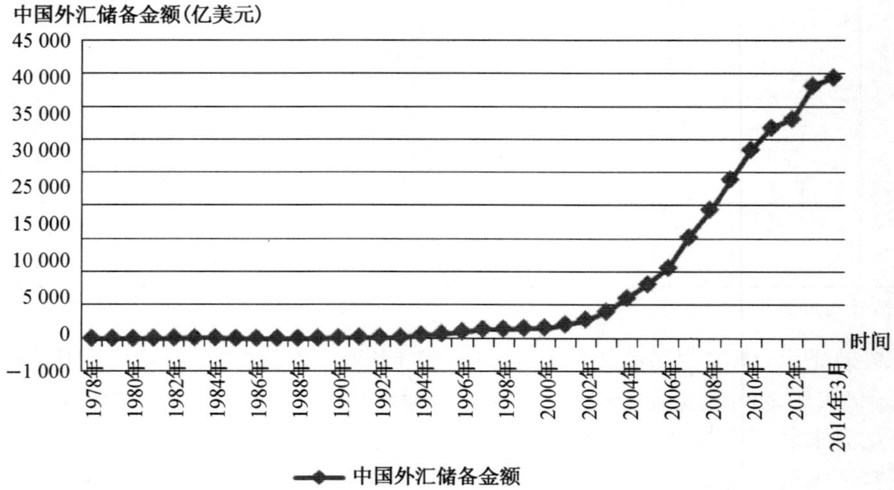

图 7-32　1978—2014 年 3 月中国外汇储备余额变化情况

在现行人民币汇率制度和保持人民币币值稳定的货币政策目标下，中国货币当局不得不持续买入因国际收支顺差带来的外汇资产，这导致与国际储备相对应的货币当局对外净资产快速增加。货币当局的主要资产包括国外净资产 FS、对政府债权 LG、对其他存款性公司债权 LB 和对其他金融性公司债权 lnMF 等，主要负债包括基础货币 MB、政府存款 DG 和发行债券 DB 等。货币当局的国外净资产 FS 与其他各项资产和负债共同决定了基础货币，而不断增加的国外净资产主要是由持续上升的外汇储备形成的。

中国多年来实行的外汇结售汇制度和近年来的人民币升值预期是中国国际收支顺差持续增长的主要因素，持续的国际收支顺差必然引起基础货币投放的被动增加，货币供应量也必然出现乘数倍增。2013 年 3 月末中国广义货币供应量 M2 余额为 103.61 万亿元。

根据费雪交易方程式 $V = PT$，在一定时期内货币流通速度 V 和社会总交易量 T 稳定的情况下，货币供应量 M 的大幅度增长必然引起物价水平的上涨。2012 年中国全年居民消费价格比 2011 年上涨 2.6%。当前中国货币政策调控面临着对内控制通货膨胀和稳定经济增长，对外实现国际收支平衡的两难困境。为此，我们从外汇储备与 $M0$，$M1$ 及 $M2$ 之间关系进行分析(见表 7-11)。

表 7-11　**中国货币供应量(1990—2013 年)**　单位:亿元人民币

年份	$M0$	$M1$	$M2$
1990	2 644.4	6 950.7	15 293.40
1991	3 177.8	8 633.3	19 349.90
1992	4 336	11 731.5	25 402.20
1993	5 864.7	16 280.4	34 879.80
1994	7 288.6	20 540.7	46 923.50
1995	7 885.3	23 987.1	60 750.50
1996	8 802	28 514.8	76 094.90
1997	10 177.6	34 826.3	90 995.30
1998	11 204.2	38 953.7	104 498.50
1999	13 455.5	45 837.3	119 897.90
2000	14 652.65	53 147.15	134 610.26
2001	15 688.8	59 871.59	158 301.92
2002	17 278.03	70 881.79	185 006.97
2003	19 745.99	84 118.57	221 222.82
2004	21 468.3	95 970.82	253 207.70
2005	24 031.67	107 278.76	298 755.67
2006	27 072.62	126 035.13	345 603.59
2007	30 334.32	152 519.17	403 401.30
2008	34 218.96	166 217.13	475 166.60
2009	38 246.97	221 445.81	610 224.52
2010	44 628.17	266 621.54	725 851.79
2011	50 748.50	289 847.73	851 590.94
2012	54 659.77	308 664.23	974 148.8
2013	58 574.44	337 291.05	1 106 524.98

数据来源:中国人民银行。

在此,把外汇储备(RE)、$M0$,$M1$ 及 $M2$ 等数据作图,结果发现其大致呈正相关,然而增长率即斜率是不同的(见图 7-33)。

对 RE 和 $M0/M1/M2$ 进行相关性检验得出下列结论(见表 7-12)。

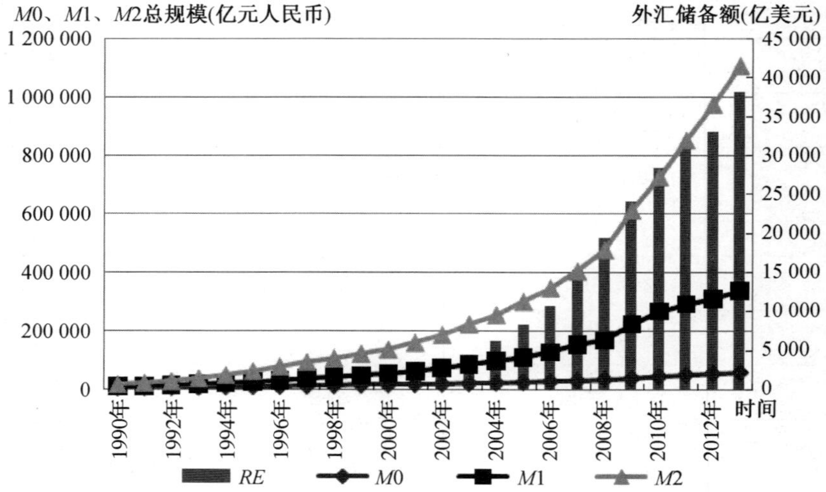

图 7-33 1990—2013 年中国外汇储备与 M0、M1 及 M2 关系图

表 7-12 **RE 和 M0/M1/M2 相关性检验**

项目		RE	M0	M1	M2
RE	Pearson 相关性	1	.975**	.993**	.995**
	显著性(双侧)		.000	.000	.000
	N	23	23	23	23
M0	Pearson 相关性	.974**	1	.995**	.994**
	显著性(双侧)	.000		.000	.000
	N	23	23	23	23
M1	Pearson 相关性	.990**	.994**	1	.999**
	显著性(双侧)	.000	.000		.000
	N	23	23	23	23
M2	Pearson 相关性	.992**	.993**	.999**	1
	显著性(双侧)	.000	.000	.000	
	N	23	23	23	23

** 在 .01 水平(双侧)上显著相关。

检验表明 RE 和 M0/M1/M2 各数据之间均存在较强的相关性，接下来我们对外汇储备与各因素之间关系进行进一步探讨。取对数并检验其平稳性(见表 7-13)。

表 7-13 **外汇储备额与货币供给平稳性检验**

变量	检验方法	t-Statistic	Prob	平稳度
lnM0	Augmented Dickey-Fuller test statistic	−3.465 615	0.819 4	平稳 ***
lnM1	Augmented Dickey-Fuller test statistic	−3.163 290	0.869 5	平稳 ***
lnM2	Augmented Dickey-Fuller test statistic	−2.453 239	0.784 9	平稳 ***

注：平稳 *** 表示在 1% level 上可信，平稳 ** 表示在 5% level 上可信。

可以看出，以上数据都是一阶平稳的，先来对 $\ln M0$，$\ln M1$，$\ln M2$ 和 $\ln RE$ 进行估计并分析其关系，可得结果：

$$\ln M0 = 0.303\,052\ \ln RE - 0.194\,482\ \ln RE(-1) + 0.331\,625\ \ln RE(-2) + 6.293\,765\ C$$

(3.804 303) (−1.784 017) (4.504 054) (70.095 08)

(0.879 661) (0.709 014) (0.773 629) (0.789 790)

R-squared = 0.991 884

Durbin-Watson stat = 1.167 565

$$\ln M1 = 0.376\,434\ \ln RE - 0.148\,746\ \ln RE(-1) + 0.366\,514\ \ln RE(-2) + 6.460\,553\ C$$

(3.803 276) (−1.098 182) (4.006 434) (57.910 55)

(0.098 977) (0.135 448) (0.091 482) (0.111 562)

R-squared = 0.993 071

Durbin-Watson stat = 1.948 014

$$\ln M2 = 0.411\,998\ \ln RE - 0.096\,649\ \ln RE(-1) + 0.323\,258\ \ln RE(-2) + 7.049\,264\ C$$

4.219 700 −0.723 341 3.582 075 64.054 5

0.097 638 0.133 615 0.090 244 0.110 052

R-squared = 0.994 121

Durbin-Watson stat = 1.826 103

对比上述三个关系，可以认为外汇储备变动对于货币投放有着明显的影响，然而影响程度却不同，当期 $M2$ 对于当期外汇储备最为敏感，$M1$，$M0$ 影响则会依次递减。虽然目前来看，外汇占款进入流通领域是不完全的，然而，它的影响却是长期存在的，中国人民银行近年来多次频繁调整存款准备金利率，至 2011 年 6 月 20 日存款准备金最高调整到 21.50%，其中一个重要目的就是为了冲销外汇占款问题。2013 年以来，中国人民银行开始对农村县域和中小银行层面结构性和局部性调整存款准备金，结构性地释放流动性。

3. 国际收支失衡的对外净资产风险度量

对外净资产(Net Foreign Asset, NFA)是一国国际投资头寸表中对外资产与对外负债之差，也称净头寸。中国在 1992—2002 年的对外净资产连续 11 年为负，为对外净债务国。自 2003 年起，中国的对外净资产开始为正，成为对外净债权国。中国对外净资产为正，主要是高比例的储备资产，以及 1998 年开始为正的债务型净资产，2004 年以来呈较快上升的趋势，主要是中国持有外国中长期债券的上升。2013 年年末，中国对外净资产增幅较 2012 年下降 4.9 个百分点(见图 7-34)。2004—2013 年，中国对外净资产从 2 764 亿美元增长至 19 716 亿美元，年均增速为 27%。其中，2004—2007 年年均增速高达 63%。2008 年以来，中国对外金融负债增速超过对外资产，对外净资产增速逐步放缓。这一方面反映了危机以来，中国经常项目收支逐渐趋向基本平衡，对外资产积累速度放缓；另一方面也反映了在发达国家实施量化宽松货币政策背景下，全球低利率、宽流动性，中国境内企业普遍采取“资产本币化、负债外币化”的财务运作倾向。

2013 年年末，中国对外金融资产 5.94 万亿美元，对外负债 3.97 万亿美元，分别较 2012 年年末增长 14%和 19%，较 2012 年增速分别上升 4 个百分点和 9 个百分点；对外金融净资产 1.97 万亿美元，较 2012 年年末增长 6%(见图 7-35)。

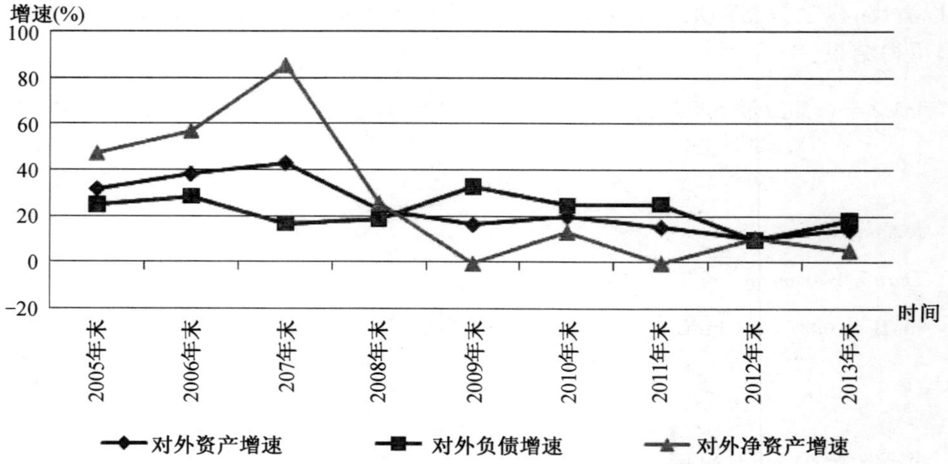

图 7-34 2005—2013 年中国对外资产、负债及净资产增速

数据来源:中国国家外汇管理局。

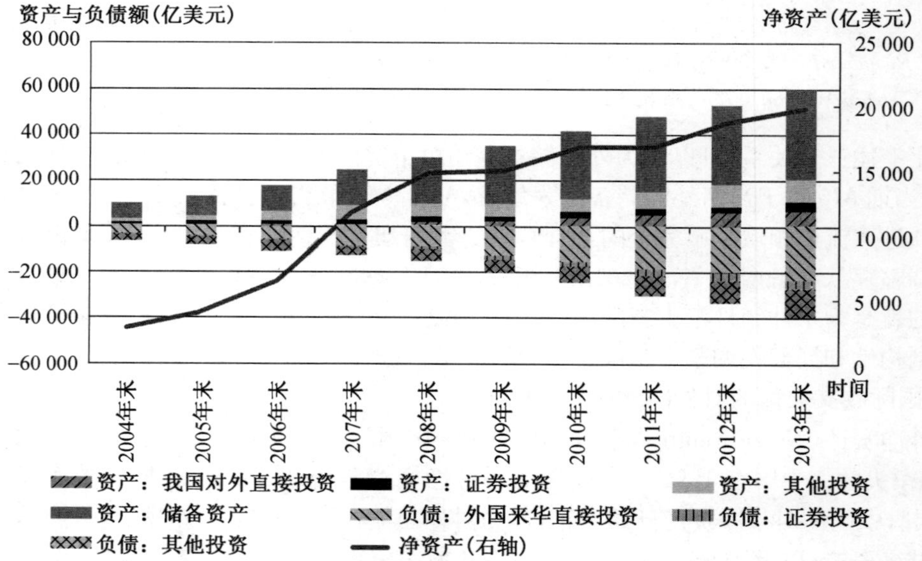

图 7-35 2004—2013 年中国对外金融资产、负债及净资产状况

数据来源:中国国家外汇管理局。

中国对外金融开放度(即对外金融资产负债总额/GDP)为 108%,较 2012 年提高 4 个百分点;对外金融净资产与 GDP 之比为 21%,较 2012 年略降 1 个百分点。但与主要发达经济体相比,中国对外金融开放度仍存在一定差距(见图 7-36)。

2013 年年末,中国其他投资负债 12 309 亿美元,占对外总负债的 31%,占比较 2012 年上升 2.9 个百分点,主要是由于跨境人民币交易规模扩大,以存款形式回流国内的资金增多,以及境内外利差扩大导致的境内向境外举债增长。外国来华直接投资 23 475 亿美元,占 59%,占比较 2012 年下降 2.6 个百分点,仍居主导地位。外来证券投资负债 3 868 亿美元,占 10%,占比较 2012 年微降 0.3 个百分点。

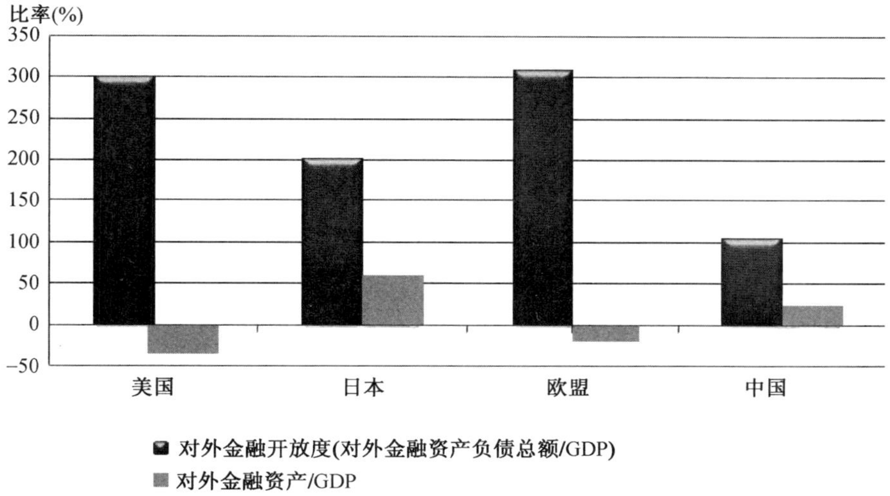

图 7-36 2012 年年末中国与主要发达经济体对外金融开放度比较

数据来源:国际货币基金组织、中国国家外汇管理局。

2013 年年末,中国对外净资产增幅较 2012 年下降 4.9 个百分点(见图 7-37)。2004—2013 年,中国对外净资产从 2 764 亿美元增长至 19 716 亿美元,年均增速为 27%。其中,2004—2007 年的年均增速高达 63%。2008 年以来,中国对外金融负债增速超过对外资产,对外净资产增速逐步放缓。这一方面反映了危机以来,中国经常项目收支逐渐趋向基本平衡,对外资产积累速度放缓;另一方面也反映了在发达国家实施量化宽松货币政策背景下,全球低利率、宽流动性,中国境内企业普遍采取"资产本币化、负债外币化"的财务运作倾向。

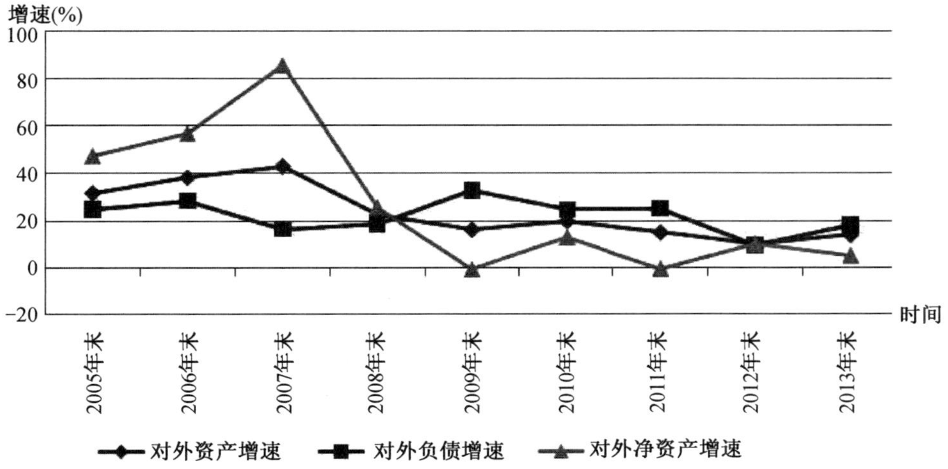

图 7-37 2005—2013 年中国对外资产、负债及净资产增速

数据来源:中国国家外汇管理局。

根据中国国家外汇管理局公布的 2012 年年末中国国际投资头寸表显示,截至 2012 年年末,中国对外金融资产存量 51 749 亿美元,较 2011 年年末增长 9.2%。从项目构成看,储备资产 33 879 亿美元,对外直接投资 5 028 亿美元,证券投资 2 406 亿美元,其他投资 10 437 亿美

元。对外金融资产主要集中在货币当局，以外汇储备为主。高额的储备资产主要来源于经常项目和资本项目“双顺差”的多年累积。保持充足的外汇储备对确保国际清偿能力，维护国家经济金融安全具有重大意义。但是，其他形式的外汇资金运用占比较低，也显示中国扩大对外投资渠道尚有较大潜力。数据还显示至2012年年底中国持有国外证券投资比例持续增大，其中持有美国国债12 028亿美元，为美国国债第一大债权国（见表7-14）。

表7-14 **中国外汇储备与中国持有美国国债数量** 单位：亿美元

年份	外汇储备	美国国债
2000	1 655.74	603
2001	2 121.65	786
2002	2 864.07	1 184
2003	4 032.51	1 590
2004	6 099.32	2 229
2005	8 188.72	3 100
2006	10 663.40	3 969
2007	15 282.49	4 776
2008	19 460.3	7 274
2009	23 991.52	8 948
2010	28 473.3	11 601
2011	31 811.48	11 519
2012	33 115.89	12 028
2013	38 213.15	12 670

资料来源：中国国家外汇管理局、美国财政部。

随着中国外汇储备的日渐增加，外汇储备的保值与增值压力日益增大，因而造成国家对外投资冲动加大，这往往会造成风险的过多积累。在缺乏更好的投资手段时，对外投资的结果表现为对外净资产的增加，其中以对美国国债的购买最为明显。

从表7-15可以看出，外汇储备的增长伴随着美国国债持有数的增加。这说明在中国外汇储备投资选择中，美国国债一直是外汇储备投资的重要选择。虽然随着外汇储备规模的不断增加，中国购买美国国债的数量也不断增加，但美国国债占中国外汇储备的比例基本保持稳定，从2000—2013年，中国持有美国国债占外汇储备的比重最高为2002年占41%，最低为2007年占31%，大部分年份为35%～38%，最高持有美国国债占外汇储备的年平均比重为37%（见图7-38）。

表7-15 **中国热钱流入与流出估算值及其指标** 单位：亿美元；%

年份	净直接投资流入增加	外债增加	经常账户顺差	境外上市融资	外汇储备增加	热钱估算	热钱估算/外汇储备增加	热钱估算/GDF增加
2001	451.00	575.76	174	9	466	−743.76	−159.61	−58.97
2002	500.43	−6.70	354	23	742	−128.73	−17.35	−9.98
2003	506.60	167.27	431	65	1 060	−109.87	−10.37	−5.87
2004	551.30	436.32	689	78	1 904	149.38	7.85	5.14

（续表）

年份	净直接投资流入增加	外债增加	经常账户顺差	境外上市融资	外汇储备增加	热钱估算	热钱估算/外汇储备增加	热钱估算/GDF 增加
2005	601.46	335.53	1 324	206	2 526	59.01	2.34	2.02
2006	515.55	420.43	2 318	394	2 853	−794.98	−27.87	−22.59
2007	570.11	506.30	3 532	127	4 609	−126.41	−2.74	−2.12
2008	524.02	9.43	4 206	46	4 783	−2.45	−0.05	−0.03
2009	384.70	384.86	2 433	157	3 821	461.44	12.08	11.74
2010	369.25	1 202.91	2 378	354	4 696	391.84	8.34	4.65
2011	493.35	1 460.59	2 017	113	3 848	−235.94	−6.13	−1.64
2012	344.96	419.89	2 138	160	1 304	−1 758.85	−134.88	−19.44
2013 年第一季度	60.78	279.84	552	9.71	1 571	668.67	42.56	38.43*

资料来源：中国国家统计局、中国国家外汇管理局、国际货币基金组织。
数据来源：中国国家外汇管理局。

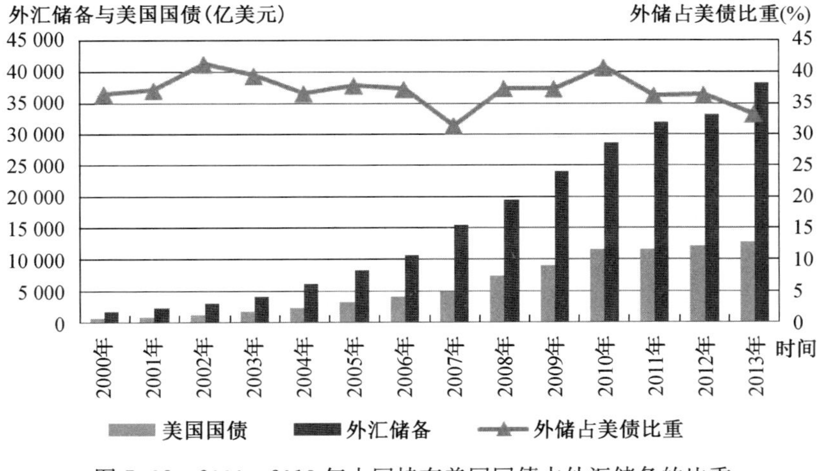

图 7-38 2000—2013 年中国持有美国国债占外汇储备的比重

数据来源：中国国家外汇管理局、美国财政部。

对上述数据变量进行 Pairwise Granger Causality Tests。

Pairwise Granger Causality Tests
Date：07/03/2014 Time：11:36
Sample：2000 2013
Lags：2

Null Hypothesis：	Obs	F-Statistic	Probability
RE does not Granger Cause AD	11	10.021 6	0.012 24
AD does not Granger Cause RE		0.348 17	0.719 39

可以看出，在 alpha=0.05 的显著性水平下，外汇储备是持有美国国债的格兰杰原因，由此证实了外汇储备的增加是购买美国国债的推动力，进行回归找出之间关系。

$$ATS = 0.152\,277\,RE + 0.581\,686\,RE(-1) - 0.229\,67\,RE(-2) + -0.398\,207\,RE(-3) + 11.222\,83\,C$$

$$R\text{-}squared = 0.990\,541$$

$$Durbin\text{-}Watson\ stat = 2.033\,845$$

美国国债数量与上期外汇储备呈强烈正相关关系，上期外汇储备增加将导致购买更多国债。

热钱流入是中国外汇收支失衡的另一影响因素，热钱流入对外汇储备的积累和经济增长有增加作用，而热钱流出则有减少作用。热钱由贸易顺差、直投净流入、境外投资收益、境外上市融资和外汇储备增量计算得出。2001—2013 年，中国热钱流动占外汇储备增加额和占 GDP 增加额的年平均比重分别为 27.39%和 8.11%。2012 年，热钱净流出占外汇储备增加额的比重高达 134.88%，占 GDP 增加额的比重也达到 19.44%，是较长时期以来少有的异常水平。热钱流出对外汇储备和经济增长的抵减作用增强，反映出民间或企业及个人对外汇持有的偏好不断增强，进而形成外汇资金从更多由官方海外持有向更多由非官方海外持有变化的格局。2013 年上半年，中国跨境资本流动一举改变上年度大量流出的状况，而呈现急剧流入态势，下半年这一态势有所缓和(参见表 7-15)。

2013 年，中国交易形成的外汇储备增加 4 327 亿美元。其中，稳定性较高、与实体经济关系较大的跨境资金净流入 3 594 亿美元，对外汇储备增长的贡献率为 83%。波动性较大的跨境资金净流入达 720 亿美元，贡献了 17%，与同期 GDP 之比仅为 0.8%。从 2001 年以来的累计情况看，与实体经济关系较大的跨境资金净流入基本贡献了全部的储备增长，波动性较大的跨境资金呈现小幅净流出。从 1994 年以来的更长时期看，1994—2002 年中国波动性较大的跨境资金持续净流出，2003—2011 年以净流入为主，2012 年出现大幅净流出，2013 年又重回小幅净流入。但总体来看，波动性较大的资金流动净额与 GDP 之比并不高，说明我国随着经济实力的不断提升，对跨境资金波动的承受力越来越强(见表 7-16)。

表 7-16 **2001—2013 年中国跨境资金流动中的稳定性和波动性因素** 单位：亿美元

年份	稳定性较高的资本流动		波动性较大的资本流动		外汇储备变动
	规模	对外汇储备贡献率(%)	规模	对外汇储备贡献率(%)	
2001	548	118	−74	−16	466
2002	822	111	−67	−9	742
2003	925	87	137	13	1 060
2004	1 291	68	610	32	1 904
2005	2 228	88	238	9	2 526
2006	3 320	116	−512	−18	2 853
2007	4 923	107	−347	−8	4 609
2008	5 354	112	−589	−12	4 783

（续表）

年份	稳定性较高的资本流动		波动性较大的资本流动		外汇储备变动
	规模	对外汇储备贡献率(%)	规模	对外汇储备贡献率(%)	
2009	3 304	86	660	17	3 821
2010	4 236	90	435	9	4 696
2011	3 677	96	146	4	3 848
2012	3 843	389	－2 920	296	987
2013	3 594	83	720	17	4 327
合计	38 063	104	－1 562	－4	36 620

数据来源：中国国家外汇管理局。

（二）中国国际收支风险预测

国际收支风险是在国际收支状况可能恶化的情况下出现的风险，其包括国际收支自身存在的风险和可能对宏观经济运行产生的不利影响以及宏观经济失衡本身对国际收支失衡的反作用。国际收支风险具有客观性，其伴随着国际经济活动和国际贸易与资本流动而产生，是一种常态状况。国际收支风险具有扩散性，其不是某种孤立的系统内风险，可以通过某些传导机制进行扩散。国际收支风险具有可识性，其可以通过一些国际经济金融指标被认知。尽管在实践中准确预测国际收支风险存在较大难度，但国际收支风险在一定程度上是可测的。

基于上述中国国际收支结构分析和数量分析，在发掘和论证检验中国国际收支失衡各个变量之间的相互关系和相互影响的作用机理下，以此来设计国际收支风险监测与预警指标，建立中国国际收支风险指数，对中国面临的国际收支风险进行预测。

1. 国际收支失衡风险指标的筛选

根据相关的风险监测和预警理论，国际收支风险预测最基本的要素是确定相关的国际收支风险指标，通过观测这些指标对国际收支出现的异常变动进行分析和监测，进而预测可能发生的国际收支风险及其对宏观经济运行产生的不确定性。然而，影响国际经济金融稳定的因素十分复杂，而且各种因素的相对重要性及相互作用也因一国的发展水平、开放程度、经济周期、经济结构以及政府干预程度的不同而大相径庭。

七项国际收支风险指标是在借鉴和吸收相关风险监测和预警系统的研究成果，并基于我们对中国国际收支失衡风险传导机制进行的理论和实证研究制定的。其中，反映国际收支自身风险的四项指标为出口增长率、FDI 增长率、贸易收支/GDP 和（FDI＋经常收支）/GDP，反映国际收支对宏观经济不利影响的三项指标为对外开放度、国际储备变动/GDP 和国际储备变动/基础货币变动。

2. 国际收支失衡风险度量指数

国际收支风险指标体系确定后，要进一步对每一个指标确定不同风险状态的临界值。确定国际收支风险指标临界值较为困难，国际上有公认标准的，临界值的确定将根据国际标准来确定，没有国际标准的，将根据中国经济不同发展阶段的特征，结合国际收支运行的特点，计算出该指标的最高、最低和平均值，并确定上下浮动比例，或者采用自回归移动平均 ARMA

模型，利用时间序列过去值的加权求和来建立一个平稳的时间序列模型，以确定单个指标的临界值（见表 7-17）。在此根据风险指标所处安全状态的不同给出具体得分。处于安全状态的得 0；处于关注状态的得 1 分；处于风险状态的得 2 分；处于预警状态的得 3 分。然后，将各风险指标得分进行加总，得到国际收支风险指标体系的综合得分。

表 7-17 **国际收支风险指标及其临界值**

风险指标	风险状态			
	安全	关注	风险	预警
出口增长率（%）	5～10	−5～5， 10～20	−15～−5， 20～30	−15 以下， 30 以上
FDI 增长率（%）	5～10	−5～5， 10～20	−15～−5， 20～30	−15 以下， 30 以上
贸易收支/GDP（%）	−2～+3	−3～−2， 3～6	−5～−3， 6～8	−5 以下， 8 以上
（FDI+经常收支）/GDP（%）	0～+5	−2～0， 5～8	−3～−2， 8～10	−3 以下， 10 以上
对外开放度（%）	30 以下	30～50	50～70	70 以上
国际储备变动/GDP（%）	−1～+3	−2～−1， 3～6	−3～−2， 6～9	−3 以下， 9 以上
国际储备变动/基础货币变动（%）	25 以下	25～40	40～60	60 以上

基于国际收支风险指标体系的综合得分，在此对国际收支风险指数进行分级。国际收支风险共分五个等级：安全、较安全、一般、较危险和危险。其相关的国际收支风险指数为从 1～5，而所对应的综合得分区间根据表 7-18 给出。国际收支风险指数从低到高，意味着国际收支风险不断加大。

表 7-18 **国际收支风险指数分级**

风险等级	风险指数	综合得分	含　义
安　全	1	0～4	收支适度
较安全	2	5～8	收支相对适度，不会有大的风险
一　般	3	9～12	收支有一定风险，出现各种对宏观经济不利的影响
较危险	4	13～16	须立即重视收支风险的存在，施行各种措施进行调节
危　险	5	17～21	收支风险极大，须采取紧急措施纠正

3. 2014 年中国国际收支风险指数预测

2014 年以来，世界经济形势依然复杂，国内经济平稳运行，稳中向好。中国外贸进出口也呈现逐步回暖的态势。中国国际收支既存在扩大顺差的因素，也存在减少顺差的因素。2014

年全球经济尤其是发达经济体表现将好于 2013 年，国内全面深化改革、进一步提高市场的作用，有助于贸易和直接投资等资金持续流入；在国内外利差驱动下，企业相关财务运作将导致外汇资金净流入较多。但同时，美联储量化宽松货币政策退出机制仍存在不确定性，中国经常项目顺差与 GDP 之比进一步收窄，人民币汇率继续趋向合理均衡水平，一旦市场预期发生变化，也可能引起跨境资金流动阶段性波动。在此国际国内背景下，对 2014 年各项国际收支风险指标进行预测，我们给出了 2014 年各项国际收支风险指标的预测区间。

2014 年经济形势总判断。预计 2014 年全球经济复苏的力度和强度有所增强，美国和德国将可能率先表现出复苏势头，但发达经济体和新兴经济体表现仍将差异化，发达经济体经过金融危机的彻底疗休即将开始脱茧而出，而新兴经济体依然处于缓慢转型当中，体态依然虚弱，步履依然蹒跚，面临的经济发展风险依然扑朔迷离。

2014 年是中国深入贯彻落实党的十八大和十八届二中、三中全会以及中央经济工作会议精神，坚持稳中求进、改革创新、经济转型的关键一年。要处理好"稳增长"与"调结构"两者之间的关系。2014 年中国国际收支将继续保持较大顺差格局，但顺差仍将继续缓慢下降。随着发达经济体经济的复苏和需求的增加，中国仍将保持一定的贸易顺差，美国量化宽松政策逐步退出将可能引起部分热钱回流，中国国际收支资本和金融项目资金波幅将加大。2013 年中国对外金融开放度（即对外金融资产负债总额/GDP）为 108%，较 2012 年提高 4 个百分点；对外金融净资产与 GDP 之比为 21%，较 2012 年略降 1 个百分点。但与主要发达经济体相比，中国对外金融开放度仍存在一定差距（见图 7-39）。

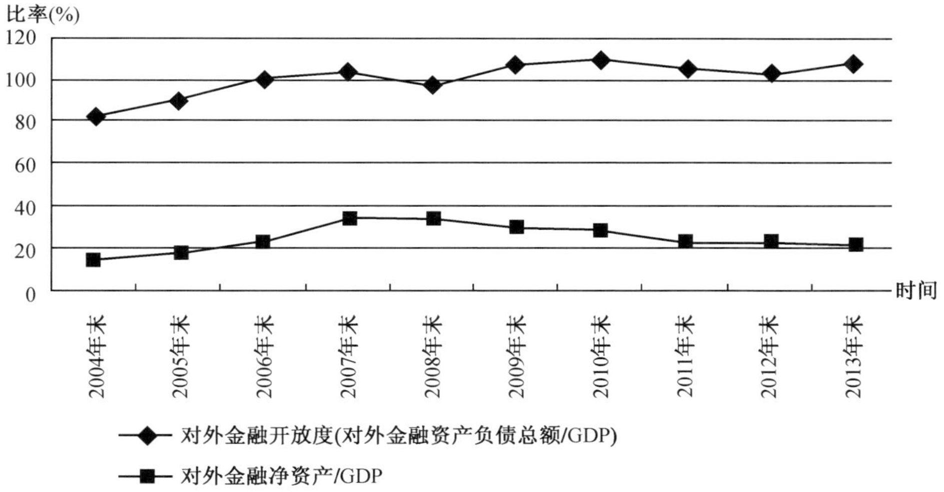

图 7-39 2004—2013 年中国对外金融开放度以及对外净资产与 GDP 之比

数据来源：中国国家外汇管理局。

2014 年中国经济整体增长趋势将继续保持增长，经济增长预期目标还将维持在 7.5%左右、居民消费价格指数（CPI）涨幅则可能在 3%左右。2014 年，央行可能会维持稳健的货币政策，M2 同比增速将继续保持平稳状态，预计全年 M2 增速将在 13.5%左右。根据可获得的信息和数据，我们预测 2014 年中国出口增长率和 FDI 增长率为 6%～9%和 7%～10%。世界总出口水平和外商直接投资等正向影响因素出现回升，而中国经济增长则维持在弱平衡状态。相对于 2013 年的 2.2%，贸易收支/GDP 将保持相对平稳，2014 年以来全球大宗商品，像能源、资源类的大宗商品出现了供过于求，价格在持续下跌，2014 年其预测区间为 3%～4.5%。外商直接投资稳步增长，经常收支也因贸易收支等继续保持稳步回升，相对于 2013 年的 5%，(FDI＋经常收支)/GDP 将相对平稳，2014 年其预测区间为 6%～8.5%。2014 年对外开放度[(出口＋进口)/GDP]预测区间为 47%～53%。大宗商品和资源品价格的低落将导致经常收支小幅下降，而 FDI 回稳和对外投资增加而导致资本收支下降，国际储备增速将继续放缓。2014 年国际储备变动/GDP 将基本维持在 2%～3.5%；2014 年国际储备变动/基础货币变动也将回落到 41%～52%(见表 7-19)。

表 7-19 **2014 年国际收支风险指标预测区间及其风险状态**

风险指标(%)	预测区间	风险状态	各项得分(分)
出口增长率	6～9	安全	0
FDI 增长率	7～10	安全	0
贸易收支/GDP	3～4.5	安全	0
(FDI＋经常收支)/GDP	6～8	关注	1
对外开放度	47～54	关注	1
国际储备变动/GDP	2～3.5	安全到关注区间	0.5
国际储备变动/基础货币变动	41～52	安全	0

根据上述预测结果，我们可以判断各项国际收支风险指标所处的风险状态及其相应得分。出口增长率于 2014 年所处的风险状态为“安全”区间，得 0 分；FDI 增长率于 2014 年所处的风险状态为“安全”区间，得 0 分；贸易收支/GDP 于 2014 年所处的风险状态为“安全”，得 0 分；(FDI＋经常收支)/GDP 于 2014 年所处的风险状态为“关注”，得 1 分；对外开放度于 2012 年所处的风险状态为“关注”，得 1 分；国际储备变动/GDP 于 2014 年所处的风险状态为“安全”到“关注”区间，得 0.5 分；国际储备变动/基础货币变动 2014 年所处的风险状态为“安全”，得 0.5 分。

将上述五项国际收支风险指标得分进行加总，并按照表 7-17 给出的国际收支风险分级标准，我们得到 2014 年中国国际收支风险体系的综合得分区间为 2.5 分，与此相对应的国际收支风险指数等级为较安全和安全边界区，这是中国国际收支失衡状况继 2013 年后又一次得到这样较好改善的 1 年。这就是说，中国经济的外部失衡状况是改善了，外部失衡风险得到有效释放，但问题往往是两方面的，中国宏观经济的外部均衡风险有所释放，但由于当前国内经济仍处于经济转型和结构调整的攻坚阶段，面临的国内国际各种矛盾和问题既棘手又艰巨，中国国际收支将依然面临着众多机遇与挑战。

四、风险管理

(一) 中国国际收支管理形势展望

从全球来看，2014 年世界经济面临的主要风险是复苏乏力，增长缓慢。一方面，美国逐步推出量化宽松政策，货币政策刺激力度减弱，经济内在复苏动力尚未明显恢复，美国经济仍将处在缓慢复苏历程之中，预计 2015 年下半年开始美国经济可逐渐出现较为有力的复苏。另一方面，欧元区经济仍然脆弱，2014 年仍将处于底部缓慢爬升之中，债务危机有所缓解，财政压力依然存在，金融市场的风吹草动仍会掀起局部震荡。随着乌克兰危机的化解，欧洲地缘危机短期将转危为安。但伊拉克冲突的升级将带来新的地区动荡和石油资源价格的波动，地缘政治的不确定性可能会抬高石油价格，削弱世界经济复苏与增长。

就中国国内经济来看，由于 2014 年国际经济处于缓慢复苏之中，发生危机和动荡的风险概率比 2013 年大为缓解。所以中国经济的外部环境相比 2013 年要温和和更加阳光一些，世界经济的缓慢复苏为中国提供一定的外部需求。但就中国国内来说，多年来累计形成的粗放型发展为中国经济结构转型制造了诸多困境和难题。三驾马车无论哪一驾马车都难以抬头，政府在稳增长、保通胀和促就业之间艰难抉择。2014 年，中国国际收支将继续保持基本平衡，但“促平衡”的任务依然艰巨，国际收支失衡风险将会有微弱减轻，风险压力依然不小，主要原因是内部均衡与外部均衡的相互制约和影响。一方面，国内外经济和金融运行充满变数，地方债务风险、影子银行风险和房地产泡沫风险依然是中国宏观经济运行面临的最主要风险。另一方面，世界经济的持续低速增长、金融去杠杆化延续、贸易保护主义明显抬头等，将抑制中国扩大出口和吸引外资；中国将加快转变经济发展方式和调整经济结构，着力扩大内需，稳步增强消费对经济增长的拉动作用，进口增长有望加速；国内外经济复苏出现反复、发达国家宏观经济政策转向、主权债务问题恶化或地缘政治冲突激化等不确定、不稳定因素较多。利率倒挂，短期跨境资本流动加剧和“资产本币化、负债外币化”资本运作模式将会引起人民币币值的波动和投机风险，甚至可能引发阶段性的资本集中流出、国内金融市场波动和动荡加剧风险。

（二）中国国际收支风险管理政策取向

2014 年，中国将深入贯彻落实党的十八大、十八届三中全会以及中央经济工作会议精神，坚持稳中求进、改革创新，着力推动外汇管理改革创新，加快推进人民币资本项目可兑换，继续简政放权，促进贸易投资便利化，发挥市场在外汇资源配置中的决定性作用，完善外汇储备经营管理，加强跨境资金监测分析和预警体系建设，探索建立宏观审慎管理框架下的外债和资本流动管理体系，防范跨境资金双向流动风险，进一步增强外汇管理服务于实体经济和防范金融风险的能力，推动外汇管理工作再上新台阶！

党的十八届三中全会制定新一轮经济改革总体目标和大政方针，全面深化改革的蓝图已经展开，党中央在新的历史起点上为进入新时代的改革果敢抉择、指引方向。科学发展需要全面深化改革，我们必须以更大的政治勇气和智慧坚持正确的方法论，注重改革的系统性、整体性、协同性，才能更快地由“经济大国”迈向“经济强国”，实现中华民族复兴的中国梦。

中央经济工作会议指出 2014 年中国经济工作要坚持稳中求进，统筹稳增长、调结构、促改革，保持经济增速在合理区间平稳运行；突出民生优先，促进社会公正；保持物价稳定，为推进改革和调整结构创造良好环境；加快转变经济发展方式，促进提质增效升级，推动经济持续健康发展。要把握好经济社会发展预期目标和宏观政策的黄金平衡点，不断完善调控方式和手段。

2014 年，中国国际收支“扩顺差”与“减顺差”的因素并存。其中，经常项目顺差将保持一定规模，与 GDP 之比维持较低水平；国内外宏观环境中的不确定因素较多，资本和金融项下总体将呈现振荡走势。在此情景下，未来的主要政策方向仍然是促进国际收支基本平衡、防范跨境资本的冲击。

(1) 从国际视野来看，观察当前和今后世界经济形势，必须联系国际金融危机的大背景。国际金融危机影响具有长期性，国际市场争夺更趋激烈，必须顺势而为、转变思路。要冷静扎实办好自己的事，大力推进改革创新，把发展的强大动力和内需的巨大潜力释放出来，以转变经济发展方式的主动、调整经济结构的主动、改革开放的主动，赢得在经济发展上的主动和国际竞争中的主动，努力创造和维护政治关系友好、经贸规则有利、发展空间广阔的良好环境。

(2) 从中国国内宏观经济全局来看，坚持稳中求进、改革创新，必须继续实施积极的财政政策和稳健的货币政策。要进一步调整和改革财政支出结构，厉行节约，提高资金使用效率，完善税收政策和体制改革。要保持货币信贷及社会融资规模合理增长，改善和优化融资结构和信贷结构，提高直接融资比重，推进利率市场化和人民币汇率形成机制改革，增强金融运行效率和服务实体经济能力。

(3) 从中国国际收支风险管理层面来看，要按照“扩内需、调结构、减顺差、促平衡”的思路，建立健全可持续的国际收支平衡机制：加快转变经济发展方式和调整经济结构，坚定不移地把扩大内需作为经济发展的长期战略方针，着力推动外汇管理改革创新，继续简政放权，促进贸易投资便利化，发挥市场在外汇资源配置中的决定性作用，充分发挥消费的基础作用；把稳定出口和扩大进口结合起来，推动对外贸易平衡发展；要努力释放有效需求，充分发挥消费的基础作用、投资的关键作用、出口的支撑作用，把拉动增长的消费、投资、外需这“三驾马车”掌控好。

(4) 从人民币国际化改革程序方面来看，要进一步完善人民币汇率机制，加快推进人民币资本项目可兑换，化解和防范汇率风险对国际收支的不利影响。在进一步扩大人民币汇率浮动幅度后，要更进一步增加人民币汇率弹性，按照“主动、渐进和可控”的原则进一步完善有管理的浮动汇率，进一步加大人民币跨境直接结算和人民币双边直接兑换工作，在中国(上海)自由贸易区加大金融创新和实践，探索人民币国际化的新模式和新途径，有效促进金融体制和机制创新发展。

(5) 从国际收支运行微观监管来看，探索建立宏观审慎管理框架下的外债和资本流动管理体系，防范跨境资金双向流动风险，进一步增强外汇管理服务实体经济和防范金融风险的能力。要加快推进外汇管理体制改革创新，转变外汇管理职能，完善外汇储备经营管理体制。要密切注视和监管短期跨境资本流动，不断完善跨境资金流动监管体系，充实和完善政策预案，抑制投机性热钱频繁和过度流入和流出，防范跨境资本双向流动冲击，减少对中国经济的冲击和影响。

经济全球化和一体化趋势在长期还会继续深化，在未来很长时期经济全球化和一体化对全球经济带来的变化和起伏波动将是剧烈和显著的。中国经济有望保持稳定增长，但增长速度相对稳步趋缓是不可改变的趋势，中国国际收支长期顺差失衡状况在未来总体上也会逐步缓解，相应风险也会逐步微微释放。国际经济运行中的各种风险和不确定性将会明显增加，国内经济也将面临一定挑战，中国国际收支形势的复杂性将会增加，未来几年随着人民币跨境贸易结算、双边直接兑换、来回浮动幅度的增大等国际化进程的日益加快，中国国际收支的结构性风险将会更加凸显，但中国国际收支整体风险则因这些改革措施和政策的有效实施反而会逐步有所降低和减弱，这也是我们深化改革、开放政策和释放改革红利所期望和梦想的。

附表

1. 中国国际收支年度平衡表(1982—1997)

单位:亿美元

项目	1982年	1983年	1984年	1985年	1986年	1987年	1988年	1989年	1990年	1991年	1992年	1993年	1994年	1995年	1996年	1997年
一、经常账户差额	57	42	20	−114	−70	3	−38	−43	120	133	64	−119	77	16	72	370
贷方	254	254	293	301	312	405	479	502	608	705	856	922	1 264	1 543	1 814	2 184
借方	197	211	273	415	382	402	518	545	488	572	792	1 041	1 188	1 526	1 741	1 815
A. 货物和服务差额	48	26	1	−125	−74	3	−41	−49	107	116	50	−118	74	120	176	428
贷方	237	233	268	283	298	392	459	478	574	659	788	866	1 189	1 472	1 717	2 072
借方	189	207	267	408	372	389	500	528	467	543	738	983	1 116	1 353	1 541	1 644
a. 货物差额	42	20	0	−131	−91	−17	−53	−56	92	87	52	−107	73	181	195	462
贷方	211	207	239	251	258	347	411	432	515	589	696	757	1 026	1 281	1 511	1 827
借方	169	187	239	382	349	364	464	488	424	502	644	863	953	1 101	1 315	1 364
b. 服务差额	6	6	0	6	18	20	13	7	15	29	−2	−11	1	−61	−20	−34
贷方	26	26	29	31	40	44	49	46	59	70	92	109	164	191	206	246
借方	20	20	29	25	23	25	36	39	44	41	94	120	163	252	226	280
B. 收益差额	4	12	15	8	0	−2	−2	2	11	8	2	−13	−10	−118	−124	−110
贷方	10	15	19	14	9	10	15	19	30	37	56	44	57	52	73	57
借方	6	3	4	5	9	12	16	17	20	29	53	57	68	170	198	167
C. 经常转移差额	5	5	4	2	4	2	4	4	3	8	12	12	13	14	21	51
贷方	7	6	6	4	5	4	6	5	4	9	12	13	18	18	24	55
借方	2	1	2	2	1	2	1	1	1	1	1	1	4	4	2	3
二、资本和金融账户差额	−17	−14	−38	85	65	27	53	64	−28	46	−3	235	326	387	400	210
贷方	36	30	45	212	213	192	203	212	204	203	302	508	618	677	710	926
借方	53	44	83	127	148	164	150	148	232	157	305	274	291	290	310	716
A. 资本账户差额	0	0	0	0	0	0	0	0	0	0	0	0	0	0	0	0
贷方	0	0	0	0	0	0	0	0	0	0	0	0	0	0	0	0
借方	0	0	0	0	0	0	0	0	0	0	0	0	0	0	0	0
B. 金融账户差额	−17	−14	−38	85	65	27	53	64	−28	46	−3	235	326	387	400	210

（续表）

项　　目	1982年	1983年	1984年	1985年	1986年	1987年	1988年	1989年	1990年	1991年	1992年	1993年	1994年	1995年	1996年	1997年
贷方	36	30	45	212	213	192	203	212	204	203	302	508	618	677	710	926
借方	53	44	83	127	148	164	150	148	232	157	305	274	291	290	310	716
1. 直接投资差额	4	8	13	13	18	17	23	26	27	35	72	231	318	338	381	417
贷方	4	9	14	20	22	23	32	34	35	44	112	275	338	377	424	454
借方	0	1	1	6	5	6	9	8	8	9	40	44	20	39	43	38
1.1　中国在外直接投资差额	0	−1	−1	−6	−5	−6	−9	−8	−8	−9	−40	−44	−20	−20	−21	−26
贷方	0	0	0	0	0	0	0	0	0	0	0	0	0	0	0	2
借方	0	1	1	6	5	6	9	8	8	9	40	44	20	20	21	27
1.2　外国在华直接投资差额	4	9	14	20	22	23	32	34	35	44	112	275	338	358	402	442
贷方	4	9	14	20	22	23	32	34	35	44	112	275	338	377	424	453
借方	0	0	0	0	0	0	0	0	0	0	0	0	0	19	22	10
2. 证券投资差额	0	−6	−16	30	16	11	9	−2	−2	2	−1	31	35	8	17	69
贷方	0	2	9	30	16	12	12	1	0	6	9	50	45	18	34	92
借方	0	8	26	0	0	1	3	3	2	3	9	20	10	10	16	23
3. 其他投资差额	−21	−16	−34	41	32	0	20	40	−52	9	−74	−27	−27	40	2	−276
贷方	31	20	22	162	175	157	159	177	169	154	182	183	235	282	253	380
借方	52	35	56	120	143	157	138	137	221	145	256	210	262	241	251	655
三、储备资产变动额	−42	−27	5	54	17	−17	−5	−22	−61	−111	21	−18	−305	−225	−317	−357
贷方	1	0	7	56	19	0	1	1	0	0	24	1	0	0	0	0
借方	43	27	2	2	1	17	5	23	61	111	3	18	305	225	317	357
四、净误差与遗漏	3	−2	12	−25	−12	−14	−10	1	−31	−68	−83	−98	−98	−178	−155	−223
贷方	3	0	12	0	0	0	0	1	0	0	0	0	0	0	0	0
借方	0	2	0	25	12	14	10	0	31	68	83	98	98	178	155	223

2. 中国国际收支年度平衡表(1998—2013)

单位:亿美元

项　　目	1998年	1999年	2000年	2001年	2002年	2003年	2004年	2005年	2006年	2007年	2008年	2009年	2010年	2011年	2012年	2013年
一、经常账户差额	315	211	205	174	354	431	689	1 324	2 318	3 532	4 206	2 433	2 378	1 361	**2 154**	**1 828**
贷方	2 177	2 347	2 990	3 179	3 875	5 196	7 032	9 039	11 478	14 684	17 462	14 842	19 355	22 897	24 665	26 637
借方	1 862	2 135	2 785	3 005	3 521	4 766	6 342	7 715	9 160	11 152	13 256	12 409	16 977	21 536	22 511	24 809
A. 货物和服务差额	438	306	289	281	374	358	512	1 246	2 089	3 080	3 488	2 201	2 230	1 819	**2 318**	**2 354**
贷方	2 074	2 210	2 796	2 994	3 654	4 850	6 583	8 369	10 617	13 423	15 818	13 333	17 436	20 898	22 483	24 250
借方	1 636	1 903	2 507	2 713	3 280	4 492	6 071	7 123	8 528	10 342	12 330	11 131	15 206	19 079	20 165	21 896
a. 货物差额	466	360	345	340	442	444	590	1 342	2 177	3 159	3 606	2 495	2 542	2 435	**3 216**	**3 599**
贷方	1 835	1 947	2 491	2 661	3 257	4 383	5 934	7 625	9 697	12 201	14 347	12 038	15 814	19 038	20 569	22 190
借方	1 369	1 587	2 147	2 321	2 815	3 939	5 344	6 283	7 519	9 041	10 741	9 543	13 272	16 603	17 353	18 591
b. 服务差额	−28	−53	−56	−59	−68	−85	−78	−96	−88	−79	−118	−294	−312	−616	**−897**	**−1 245**
贷方	239	262	304	333	397	468	649	744	920	1 222	1 471	1 295	1 622	1 860	1 914	2 060
借方	267	316	360	393	465	553	727	840	1 008	1 301	1 589	1 589	1 933	2 477	2 812	3 305
B. 收益差额	−166	−145	−147	−192	−149	−102	−51	−161	−51	80	286	−85	−259	−703	**−199**	**−438**
贷方	56	83	126	94	83	161	206	393	546	835	1 118	1 083	1 424	1 443	1 670	1 855
借方	222	228	272	286	233	263	257	554	597	754	832	1 168	1 683	2 146	1 869	2 293
C. 经常转移差额	43	49	63	85	130	174	229	239	281	371	432	317	407	245	**34**	**−87**
贷方	47	54	69	91	138	185	243	277	316	426	526	426	495	556	512	532
借方	4	4	5	6	8	10	14	39	35	55	94	110	88	311	477	619
二、资本和金融账户差额	−63	52	19	348	323	549	1 082	953	493	942	401	1 985	2 869	2 655	**−318**	**3 262**
贷方	893	918	920	995	1 283	2 432	3 984	4 851	7 346	9 936	9 845	8 634	11 667	14 495	13 520	17 271
借方	956	866	901	648	960	1 883	2 903	3 897	6 853	8 994	9 444	6 649	8 798	11 840	13 838	14 009
A. 资本账户差额	0	0	0	−1	0	0	−1	41	40	31	31	39	46	54	**43**	**31**
贷方	0	0	0	0	0	0	0	42	41	33	33	42	48	56	45	45
借方	0	0	0	1	0	0	1	1	1	2	3	3	2	2	3	14
B. 金融账户差额	−63	52	20	348	323	549	1 082	912	453	911	371	1 945	2 822	2 600	**−360**	**3 232**

（续表）

项　目	1998年	1999年	2000年	2001年	2002年	2003年	2004年	2005年	2006年	2007年	2008年	2009年	2010年	2011年	2012年	2013年
贷方	893	918	920	995	1 283	2 432	3 984	4 809	7 305	9 903	9 812	8 592	11 618	14 439	13 475	17 226
借方	956	865	900	647	960	1 883	2 902	3 897	6 852	8 992	9 441	6 647	8 796	11 838	13 835	13 995
1. 直接投资差额	411	370	375	374	468	494	601	904	1 001	1 391	1 148	872	1 857	2 317	**1 763**	**1 850**
贷方	456	410	421	471	531	579	681	1 112	1 333	1 694	1 868	1 671	2 730	3 316	2 956	3 478
借方	45	40	46	97	63	85	80	208	331	303	720	799	872	999	1 194	1 629
1.1　中国在外直接投资差额	−26	−18	−9	−69	−25	0	−20	−137	−239	−172	−567	−439	−580	−484	**−650**	**−732**
贷方	4	6	13	2	3	20	3	6	7	19	22	42	76	174	234	364
借方	30	24	22	71	28	20	23	143	246	191	589	481	656	658	883	1 096
1.2　外国在华直接投资差额	438	388	384	442	493	495	621	1 041	1 241	1 562	1 715	1 311	2 437	2 801	**2 412**	**2 582**
贷方	455	404	408	468	527	559	678	1 106	1 326	1 675	1 846	1 629	2 654	3 142	2 723	3 114
借方	17	17	24	26	34	64	57	65	85	112	131	318	217	341	311	532
2. 证券投资差额	−37	−112	−40	−194	−103	114	197	−47	−684	164	349	271	240	196	**478**	**605**
贷方	19	18	78	91	23	173	347	261	497	771	872	1 102	636	519	829	1 041
借方	56	130	118	285	126	59	150	308	1 181	606	524	831	395	323	352	436
3. 其他投资差额	−437	−205	−315	169	−41	−60	283	56	136	−644	−1 126	803	724	87	**−2 601**	**776**
贷方	418	489	421	695	730	1 680	2 956	3 437	5 475	7 439	7 072	5 820	8 253	10 603	9 689	12 707
借方	854	695	736	526	771	1 739	2 672	3 381	5 340	8 083	8 198	5 017	7 528	10 516	12 290	11 930
三、储备资产变动额	−64	−85	−105	−473	−755	−1 061	−1 901	−2 506	−2 848	−4 607	−4 795	−4 003	−4 717	−3 878	**−966**	**−4 314**
贷方	1	13	6	0	2	3	5	19	6	5	1	1	0	10	136	13
借方	65	98	111	473	757	1 064	1 905	2 526	2 854	4 612	4 796	4 005	4 717	3 888	1 101	4 327
四、净误差与遗漏	−187	−178	−119	−49	78	82	130	229	36	133	188	−414	−529	−138	**−871**	**−776**
贷方	0	0	0	0	78	82	130	229	36	133	188	0	0	0	0	0
借方	187	178	119	49	0	0	0	0	0	0	0	414	529	138	871	776

资料来源：中国国家外汇管理局。

参考文献

[1] 中国国家外汇管理局. 2013年中国国际收支报告[EB/OL]. http://www.safe.gov.cn/model_safe.

[2] 中国国家外汇管理局. 中国国家外汇管理局年报(2013)[EB/OL]. http://www.safe.gov.cn/model_safe.

[3] 中国国家外汇管理局. 中国跨境资金流动监测报告(2010—2013)[EB/OL]. http://www.safe.gov.cn/model_safe.

[4] 中国国家统计局. 中华人民共和国2013年国民经济和社会发展统计公报[EB/OL]. http://www.stats.gov.cn/

[5] 卢锋. 中国国际收支双顺差现象研究:对中国外汇储备突破万亿美元的理论思考[J]. 世界经济,2006(11).

[6] 余永定,覃东海. 中国的双顺差性质、根源和解决办法[J]. 世界经济,2006(3).

[7] 李治国. 货币需求弹性、有效货币供给与货币市场非均衡模型——解析"中国之谜"与长期流动性过剩[J]. 经济理论与经济管理,2007(11).

[8] 方先明,裴平,张谊浩. 外汇储备增加的通货膨胀效应和货币冲销政策的有效性——基于中国统计数据的实证检验[J]. 金融研究,2006(7).

第八章　金融运行风险

一、绪论

在全球经济形势尚不安全明朗的情况下，2014 年中国经济面临着各种风险。其中，金融运行因为影子银行、地方政府债务、房地产泡沫和不确定的国际经济环境等因素而存在较大风险，这些风险因素既包括金融系统本身，又与实体经济紧密联系，因此，必须予以重点关注。

金融系统运行风险是宏观经济运行风险的重要因素，同时也受宏观经济中各种冲击的影响，形成一种相互交替影响的动态效应。本报告从开放的宏观经济视角，把金融系统作为宏观经济的一部分，一方面研究源于其自身和实体经济冲击因素导致的金融运行风险，另一方面研究金融运行风险对实体经济波动的传递效应。通过其对实体经济波动的影响可以度量金融运行风险的大小，通过对包括实体经济冲击等因素的分析可以对金融运行风险进行预测。

采用动态随机一般均衡模型(DSGE)方法，实证研究采用贝叶斯(Bayes)方法，实证数据则采用月度数据(对非月度的 GDP 等数据，采用 Chow-Lin 法转换成月度数据)，具体如下：

理论模型包括居民、企业、政府、金融、世界经济等主要部分。其中，居民的效用函数包括消费、流动性(货币)、休闲等变量；企业分为投资品厂商、中间品厂商和最终品厂商；政府通过税收、货币发行等手段维持预算平衡；金融部门提供货币供给服务，其自身联系宏观经济的环节包括居民存款、贷款、准备金等；世界经济则考虑进出口和资本流动两个方面。本研究构建新凯恩斯模型，价格水平和名义工资呈现粘性特征。

实证研究采用月度数据。对部分数据，如 GDP，通过 Chow-Lin 法处理，转变成月度数据，对各数据进行去趋，计算其各期缺口对当期趋势的比例，用于反映对趋势的偏离程度。模型有关参数采用 Bayes 方法估计出参数以后，以金融运行对宏观经济的冲击的大小来度量金融运行风险。其基本逻辑是：对产出的负向冲击越大、持续时间越长，则金融运行风险越大。通过历史数据，将金融运行风险的各影响因素的分布进行区域划分，给出不同区域及其概率，利用模型(及估计参数的均值)计算各影响因素在不同情况下对产出的影响，从而对金融运行风险进行评估与预测。

二、风险因素识别

(一) 金融运行风险产生的因素

金融运行风险是一个宏观概念，是从总体上评估各种金融交易的集合是否稳定，不稳定将对宏观经济带来多大的冲击。由此，研究金融运行风险，需从金融总量结构框架出发，分析各种总量关系的稳定性和影响。

参与金融运行的基本主体包括居民、央行、商行、企业，联系它们之间的包括现金、居民存款、资本资产、准备金、银行贷款、企业存款、外汇储备等基本的跨期交易合约。需要说明的是，实际上，商业银行和企业都存在着国外投资者的资金支持，但相对于国内的融资规模而言比较小。

这些交易合约稳定，则金融系统相对稳定；反之，若这些交易合约中任一类发生了突然、显著的变化，则必然导致其他所有交易合约发生变化，从而金融系统不再稳定，产生金融运行风险。例如，如果发生剧烈的资本流出，则央行的外汇储备将急剧减少，从而其他金融交易规模也相应缩小，使国内的金融规模萎缩(如表现为流动性不足、资本资产价格下跌等)，如果这种状况持续时间较长，则实体经济也将受到剧烈冲击。

从金融系统的主体来看，商业银行构成的子系统处于中心地位。这是因为，一方面，中国的融资结构仍以银行贷款为代表的间接融资为主，另一方面，商业银行在货币创造过程中起到关键作用。从金融交易本身来看，所有的跨期交易(零和博弈的衍生品交易除外)都涉及资金供给与资金需求，这种交易契约的稳定性的影响因素就成为金融运行风险的来源，我们对此进行详细分析。

1. 来自资金需求方的主要风险因素

1) 贷款规模与增速

截至 2014 年 4 月，金融机构贷款余额合计已超过 75 万亿元人民币，与 GDP 的比值约为 130%，虽然与 2013 年同期约 140%的比值有显著下降，但规模仍然偏大。其中短期贷款达到 40%，这对贷款者来说是一个必须面对的问题，在目前经济状况仍较低迷的条件下，银行面临着较大的风险。

从近年来贷款余额的增速可以看出，自 2011 年起，短期贷款余额增速远高于中长期贷款和贷款总额增速，这说明自 2011 年以来，长期项目对资金的需求减弱(固定投资增速有所下降)，而短期资金需求增速加快，长期积累就会由于短期贷款迅速到期而加大贷款者的还款压力。

2) 贷款流向的隐患

从贷款的具体去向来看，地方政府债务、房地产贷款和制造业贷款占据了较大比重。需要强调的是，在近年来的贷款中，形成的地方政府债务与房地产贷款的风险值得特别关注。

特别地，近 5 年来，中国的房地产贷款余额增速很快：2007 年年底不到 5 万亿元，至 2012 年年底已达到 12.11 万亿元，年均增幅超过 20%，速度惊人；房地产贷款余额/贷款余额的比例合计也近 20%，房地产余额/GDP 比例也近 20%，比例相当高。房地产贷款的规模和增速，使其成为诱发金融运行风险的重要因素：一旦房价下跌，房地产贷款违约风险就会急剧上升。尽管购房者贷款占据房地产贷款的比重较高，而且中国的购房者首付比例相对较高，但是，如果房价下跌幅度足够大，则购房者违约的概率也会很大。此外，地产商建房过程中的杠杆比率较高，房价下跌容易引起恐慌、库存加大、资金回收困难，其违约风险也会不可避免地上升。从 2013 年起房地产限购限贷的措施使房地产贷款规模增长得到了一定的控制，但绝对规模仍然较大。

3) 贷款者的经营环境

目前，贷款者面临的国内外环境都相对较差。从国内经济来看，自 2010 年以来，中国 GDP 增长率持续下降，从 12.1%下跌到 2013—2014 年的 7.5%左右，下跌超过 1/3。从世界经济环境来看，欧元区 GDP 增速从 2010 年以来持续下降，2013 年第一季度为负，虽然此后有所增长(截至2014年第一季度为0.5%),但其通胀率却持续下降。美国的失业率状况相对有所好转,但GDP增速仍然没有能够迅速回升的迹象,日本的GDP增长率与2013年同期相比虽有所上升,但仍未真正走出长期低迷。特别是美国的量化宽松货币政策可能退出,对全球经济的负向冲击尤为值得关注。因此,从国内外的经济环境来看,短期内对国内的贷款者来说是不利的,这是主要的金融风险来源。

2. 来自资金供给方的主要风险因素

1) 货币供给

从货币余额增速来看,2013年$M2$同比增速比较平稳,与2012年相比增速有所下降,2014年增速则相对放缓;$M1$的同比增速则从2012年以来逐渐上升。虽然货币余额增速近年来不算太大,但从2009年来持续增加,货币规模已经比较大。

2) 准备金

法定准备金率对货币乘数起着重要影响,上调法定准备金率说明货币调控从紧,反之下调准备金则说明货币供给有所放松。超额准备金则在一定程度上反映了金融系统中的流动性状况,如果超额准备金较大,说明流动性充裕;反之,说明流动性紧缺。2010年后,超额准备金率已经很小,说明流动性比较紧张。从2013年前几个月来看,甚至有准备金不足的现象,说明流动性不足的情况已比较严重,而2013年6月前后出现所谓“钱荒”的现象,更是流动性缺乏的重要表现。进入2014年虽然央行在流动性控制上已略有放松,但仍然偏紧。

(二) 2014年金融运行的重大风险来源

1. 影子银行

1) 分类

中国影子银行是在正规银行体系以外,具有“类银行”的特点,发挥债务融资功能的信用中介机构,主要包括信托公司、担保公司、典当行、地下钱庄、货币市场基金、各类私募基金、小额贷款公司以及各类金融机构理财等表外业务、民间融资等,总体呈现出机构众多、规模较小、杠杆化水平较低但发展较快的特征,主要可分为商业银行系统内的影子银行业务(银行理财产品、委托贷款、未贴现的银行承兑汇票等表外业务)、具有“类银行”特点的非银行金融机构(信托公司、金融租赁公司、财务公司、汽车金融公司、消费金融公司、证券公司、小额贷款公司、典当行)、具有债务融资功能的非正规金融活动(主要是民间借贷和私募基金)。

2) 规模

对广义影子银行系统的主要业务与规模进行梳理,结果如下。

(1) 银行理财产品。2011年年末银行理财产品余额为4.59万亿元,2012年年末银行理财产品余额达7.1万亿元,保本类占比30%。据此估算,非保本理财产品规模约4.97万亿元。截至2013年12月31日,2013年银行理财产品发行量接近47 000款,其中非结构性人民币理财产品超过43 000款,同比增长45%,2013年银行理财余额约10万亿元。

(2) 委托贷款。根据央行数据,2010年年末委托存款余额8 748亿元,2011年余额为12 962亿元,2012年年末委托存款余额约12 838亿元,2013年委托贷款余额约为25 465亿元。从数据上看,2013年的增幅偏大。

(3) 信托公司的“类银行”业务。资金信托一直是中国信托资产的主体,但以“长期股权投资”方式运用的是股权投资而非债权投资,因此不属于影子银行。银信合作和信托与私募基金合作部分与银行理财产品及私募基金存在重复计算,也许要扣除。从近年来的数据看,2010

年，规模 3.04 万亿元；2011 年，规模 4.81 万亿元。2012 年年末，除用于“长期股权投资”以外的信托公司资金信托余额约 6.29 万亿元，银信合作部分约 2.03 万亿元，与私募基金合作部分约 2 570 亿元。因此，信托公司的“类银行”业务约 4.01 万亿元。2013 年，中国信托业资产总规模创历史新高，达 10.91 万亿元，与 2012 年的 7.47 万亿元相比，同比增长 46%，略低于 2012 年的 55.27%。其中，长期股权投资资金占比为 9.10%，银信合作资金占比为 20.03%，私募基金合作资金占比 2.33%，由此可知属于影子银行的资金约为 7.48 万亿元。

(4) 民间借贷。因为数据的可得性问题，民间借贷规模数据统一性较差。根据有关调查和调研汇总出近年来的民间借贷估计规模，总体上，近年来民间借贷规模约 4 万亿元。

需要说明的是，广义影子银行业务占比中，信托资产、证券公司定向资产管理业务均分别扣除了与银行合作的部分。按此统计方法估算，2013 年，广义影子银行规模总计约 30 万亿元，约占 GDP 的 50%。其中，银行理财产品、信托资产业务和民间借贷、财务公司资产规模及委托贷款业务这五个方面占比较大，达到广义影子银行业务的 70%，而其他影子银行业务则比较分散，占比较小。

对监管当局来说，狭义影子银行风险最值得关注。将银行非保本理财产品、信托公司类银行业务、民间借贷、委托贷款等计入狭义影子银行业务，总计约 20 万亿元，占广义影子银行规模的 70%左右。其中，银行理财产品、信托产品和民间借贷风险相对较大。

2. 地方政府债务

2013 年 6 月，国家审计署公布的数据为 17.9 万亿元，虽然目前地方政府债务规模数据不统一，但大多数研究结果基本上处于 20 万亿～25 万亿元，与影子银行规模大体相当。

从债务结构看，中国的地方政府债务的债权人主要以国内机构和个人为主，地方政府债务是多年累积而成。30 多年来，地方通过自身经济发展和财力增长，偿债能力不断提高，偿债条件不断改善，逾期违约率一直处于较低水平。从偿债条件看，除财政收入外，中国地方政府拥有固定资产、土地、自然资源等可变现资产比较多，可通过变现资产增强偿债能力。此外，中国经济处于高速增长阶段，基础设施建设给地方经济和政府收入创造了增长空间，有利于改善其偿债条件。

但目前面临的一个主要问题是，除了地方政府债务规模较大以外，实体经济运行状况相对过去 30 年的平均水平来看比较低，地方政府收入增长减慢，加上房地产价格下行的压力（地方政府出售土地获得资金的能力下降），使得地方政府债务的偿债能力受到影响。更重要的是，地方政府债务若发生违约事件，其间接影响后果更为严重，因为这会极大地打击市场信心，改变市场预期，加上国际上宏观对冲基金的做空冲击，其可能带来的一系列后果很难预料。

3. 房价下行压力

房价下行对中国金融风险的影响非常关键，除了其与数十个经济行业具有很强的相关性外，还在于其与前述两项金融风险密切相关：

首先，有较大规模的影子银行资金特别是信托资金流向房地产，房价下行会导致这些资金偿付的违约风险加大。表 8-1 是近两年来主要的信托风险实践，从中可以看出，大多数事件都涉及房地产信托。由此可见，如果房价出现较大规模的下跌，影子银行系统可能发生剧烈风险。

表 8-1　　**近两年来主要信托风险事件**

时间	事 件 简 介	资金投向
2012.9	鄂尔多斯伊金霍洛旗棚户区改造项目集合资金信托计划	房产
2012.12	青岛凯悦中心集合资金信托项目，融资方房屋销售不畅而无法到期偿付	房产
2012.12	中信制造——三峡全通贷款集合资金信托计划	制造
2013.1	舒斯贝尔特定资产收益权投资集合信托计划，项目公司工程严重停滞，中信信托司法申请拍卖抵押土地	房产
2013.3	洋城锦都置业特定资产收益权投资集合资金信托计划，项目处在停建状态，回款并不足偿还	房产
2013.3	昆山·联邦国际资产收益财产权信托计划，融资方资金周转困难，且由于存在多处法律、法规争议，融资方拒绝还款付息	房产
2013.4	温州泰宇花苑项目开发贷款集合资金信托计划，项目楼盘停工近 1 年，公司负责人逃离出境	房产
2013.6	上海录润置业股权投资集合资金信托计划，项目工程进度严重滞后，担保方陷入债务危机形成诉讼，录润置业卷入其中	房产
2013.7	荣腾商业地产投资基金信托计划，项目销售不力，融资方回款困难	房产
2013.7	中粮信托——中金佳成房地产基金 1 号集合资金信托计划，由于各方股东之间存在矛盾，项目未能开工，预计无法按合同约定到期偿还本息	房产
2013.10	焱金 2 号孝义德威集合资金信托计划延期 1 年	房产
2013.11	山东火炬置业有限公司贷款集合资金信托计划，项目进程缓慢，融资方无力偿还	房产
2013.12	吉信—松花江 77 号山西福裕能源项目收益权集合资金信托计划，出现兑付危机，该项目融资方山西福裕能源所在的联盛集团金融负债近 300 亿元，已基本失去债务清偿能力	矿产（煤）
2013.12①	“诚至金开 1 号”，融资方振富集团的资产盈利性和流动性缺乏	矿产（煤）
2014.1	“诚至金开 2 号”，不能按照 10%的预期年收益率兑付当期收益	

其次，有不少地方政府财政收支失衡，严重依赖于出售土地。当房地产价格下行时，地产商对土地的需求热情会受到抑制。在这种情况下，地方政府的收支会面临更大压力，当大规模债务的利息支出都存在困难时，违约风险就会急剧上升，由此可能引发一系列的金融风险。

房地产价格波动与影子银行、地方政府债务和金融风险之间的关系如图 8-1 所示。

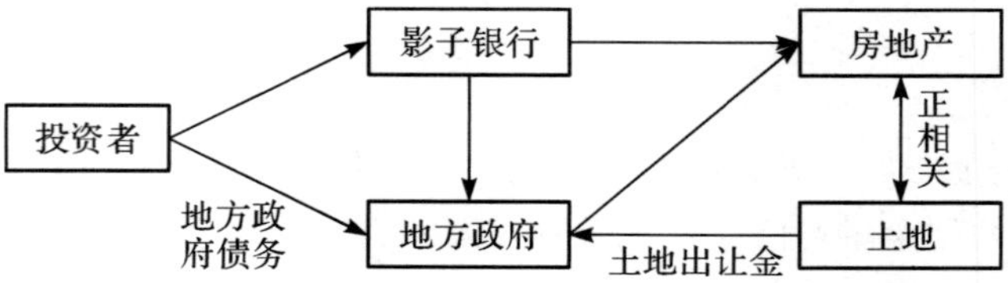

图 8-1　房地产对影子银行和地方政府债务的影响

① 该风险事件于 2012 年 6 月发生，延续至 2014 年年初。

三、风险度量与预测

（一）基本模型

1. 居民

设代表性的居民个体的偏好是关于消费品 C_t、实际货币余额 M_t/P_t 和闲暇 $1-L_t$，其中 L_t 表示用于就业工作的时间比例。居民的目标是最大化效用的预期贴现：

$$E\sum_{j=0}^{\infty}\beta^j\left[\frac{C_{t+j}^{1-\alpha}}{1-\alpha}+\frac{\gamma}{1-b}\left(\frac{M_{t+j}}{P_{t+j}^C}\right)^{1-b}+\chi\frac{(1-L_{t+j})^{1-\eta}}{1-\eta}\right]$$

家庭的预算约束为：

$$\frac{M_t}{P_t}+C_t+\frac{B_t}{P_t}+\frac{P_t^I}{P_t}K_t=\frac{M_{t-1}}{P_t}+\frac{B_{t-1}(1+i_{t-1})}{P_t}+(r_{t-1}-\delta)K_{t-1}+\frac{W_t}{P_t}L_t$$

我们采用三种基本产品的生产函数：中间品（如原料）、投资品（如机器设备等固定资产）、消费品，其中 W_t 是名义工资水平，L_t 是居民的劳动投入，K_t 是资本存量（包括厂商发行的债券和股票），P_t 是消费品（属于最终商品）的名义价格水平，i 是名义利率，π 是通胀率。家庭选择消费、货币持有量、政府债券和资本以最大化终生效用，其一阶条件见附录。

我们采用 Erceg 等（2000）的方法描述名义工资的粘性，将居民的劳动考虑为异质而又有一定相互替代性。在每一期，一部分居民（比例为 φ^w）可以选择最优化自己的名义工资水平，另一部分则只能根据预期通胀率来调整名义工资[比例为 $(1-\varphi^w)\varphi^w$]，或只能将本期名义工资保留在上期的水平[比例为 $(1-\varphi^w)(1-\varphi^w)$]。因此，全社会工资水平为：

$$W_t^{1-\theta^w}=\varphi^w W_t^{*,\,1-\theta^w}+(1-\varphi^w)\phi^w(1+\pi_t^e)W_{t-1}^{1-\theta^w}+(1-\varphi^w)(1+\phi^w)W_{t-1}^{1-\theta^w}$$

式中　θ^w ——不同劳动之间的替代弹性；

W_t^* ——最优化的工资水平。

2. 厂商（企业）的行为

我们将厂商分为三类：最终品、中间品和投资品厂商。

1）最终品厂商

最终品厂商是完全竞争的，生产同质的最终商品。最终商品的生产函数为：

$$Y_t^{1-\theta}=\int_0^1 y_{it}^{1-\theta}\mathrm{d}j$$

式中　θ ——中间品之间的替代弹性。

中间品种类被标准化为 $i\in[0,1]$。考虑进出口问题，则国内需求的最终品生产为：

$$Y_{Ht}^{1-\eta}=\rho Y_{Ht}^{d,\,1-\eta}+(1-\rho)Y_{Ft}^{f,\,1-\eta}$$

式中　η ——最终品的国际替代弹性；

$Y_{Ht}^{d,\,1-\eta}$ ——国内最终厂商由国内中间品生产的复合商品；

$Y_{Ft}^{f,\,1-\eta}$ ——进口的复合商品；

ρ ——国内对国内复合商品的需求比例。

2）中间品厂商

中间品厂商具有垄断竞争地位。假设在每一期都有部分厂商不能调整价格，采用 Calvo (1983)的价格粘性模型，在每一期，三种厂商分别有比例 φ 会保持原有的价格；剩余的 $(1-\varphi)\phi$ 的比例则会对价格按预期通胀率进行调整，$(1-\varphi)(1-\phi)$ 比例的中间厂商维持上期价格。

首先，厂商会考虑成本最小化，即在生产 $Y_t^i = F^i(K_t^i, L_t^i)$ 的前提下，使得工资支付和中间品成本最小化，转化为最优化问题。

$$\min_{L_t^i, K_t^i}\left\{\frac{W_t^i}{P_t^i}L_t^i + (r_t - \delta)K_t^i + \zeta_t^i[Y_t^i - F^i(K_t^i, L_t^i)]\right\}$$

式中 ζ_t^i ——厂商按照第 i 类商品计价的边际成本，只有当要素配置实现厂商的利润最大化时方为 1；

r_t ——实际利率；

δ ——折旧率。

该问题的一阶条件见附录。

其次，厂商的定价决策问题是选择 P_t^{*d} 和 P_t^{*f} 以最大化如下问题：

$$E\sum_{j=0}^{\infty}\Delta_{t+j}\left[\frac{P_t^{*d}}{P_{t+j}}Y_{t+j}^d + \frac{P_t^{*f}e_{t+j}}{P_{t+j}}Y_{t+j}^f - \varphi_t^i Y_{t+j}\right]$$

式中 Δ ——贴现因子；

e ——名义汇率。

3）投资品厂商

投资品厂商采用本国生产的最终品以及现有的资本存量来生产投资品，投资品的生产函数为：

$$K_t = K_{t-1}(1-\delta) + I_t - CA(I_t)$$

式中 I_t ——投资量；

CA ——调整成本。

为了引入金融的影响，我们考虑投资品厂商、中间品厂商均通过银行信贷获得融资。这样，信贷规模就成为影响投资、产品生产的因素，由此可以分析实体经济与金融风险之间的关系。

3. 金融系统与政府部门

将金融系统主要分为央行与商业银行两个层次（固然也包括居民、厂商等的储蓄、投资与融资行为，但从货币发行角度来看，可以抽象为这两个层次）。中央银行的作用是制定货币政策，主要是指货币发行，体现在其资产负债表上。中国央行主要联系着如下基本业务：外汇资产（存量），设为 F_t；购买的国债（存量），设为 B_t^M；向商业银行发放的再贷款，设为 B_t^B；收取国债利息、再贷款利息（利率设为 i_t^B）、外汇资产收益（收益率设为 i_t^F），以及高能货币，设为 H_t；发行的央行票据，设为 B_t^C。高能货币包括发行的现金和商业银行的准备金。央行的资产负债表预算应满足：

$$\begin{aligned}(F_t - F_{t-1}) + (B_t^M - B_{t-1}^M) + (B_t^B - B_{t-1}^B) \\ = i_{t-1}B_{t-1}^M + i_{t-1}^B B_{t-1}^B + i_{t-1}^F F_{t-1} + (H_t - H_{t-1}) + (B_t^C - B_{t-1}^C)\end{aligned}$$

等式左边表示央行的资产增量，右边表示负债与权益的增量。

商业银行的业务主要包括存贷款，设商业银行持有的外汇资产为 F_t^B，持有的国债为 $B_t^{M,C}$，各类贷款为 D_t，各类存款为 S_t，则其资产负债表预算满足：

$$\begin{aligned}&(F_t^B - F_{t-1}^B) + (B_t^{M,C} - B_{t-1}^{M,C}) + (D_t - D_{t-1})\\&= i_{t-1}^F F_{t-1}^B + i_{t-1} B_{t-1}^{M,C} + i_{t-1}^D D_{t-1} + (S_t - S_{t-1})\end{aligned}$$

等式的左边表示商业银行的资产增量，右边表示负债与权益的增量。这样 $D_t - D_{t-1}$ 就表示各类贷款余额增量。

政府部门面临着如下的预算约束：

$$G_t + i_{t-1} B_{t-1}^{\mathrm{T}} = T_t + (B_t^{\mathrm{T}} - B_{t-1}^{\mathrm{T}})$$

等式左边表示政府在商品、劳务及转移支付上的支出与债务利息支出，右边表示税收与政府债券的发行。

由于中国中央银行的属性，我们将其与政府部门合二为一，得到两者总体的预算约束：

$$\begin{aligned}&G_t + (F_t - F_{t-1}) + (B_t^B - B_{t-1}^B) + i_{t-1} B_{t-1}\\&= T_t + i_{t-1}^B B_{t-1}^B + i_{t-1}^F F_{t-1} + (H_t - H_{t-1}) + (B_t^C - B_{t-1}^C) + (B_t - B_{t-1})\end{aligned}$$

式中　B_t ——流通在公众和商业银行等机构的政府债券。

4. 世界经济

我们将本国以外的世界经济看作一个整体，本国与世界经济之间可以进行贸易和资本流动。从商品角度看，居民既可以选择国内消费品，也可以消费国外的消费品；厂商既可以选择国内的投资品，也可以选择国外的中间品和投资品；相似地，政府的购买也是如此。本国按外币计价的净出口为：

$$EX_t = Y_{Ht}^f P_{Ht}^f - Y_{Ft}^f P_{Ft}^f$$

5. 技术冲击与货币冲击

当经济中开始出现风险积累时意味着经济的总供给与总需求之间出现了某种程度上的不匹配或失衡，当然，这种失衡是由许多种因素造成的。例如，若经济已经处于充分就业状态，但由于某种原因导致总需求旺盛、超过总供给时，物价就会上升，产出也上升，此时表现为经济“过热”，而当物价上升的预期已经形成，则总供给曲线左移，导致物价进一步上升，而产出下降回复到充分就业的产出水平；若经济处于充分就业状态，由于某种原因导致总需求的萎缩，则经济就会发生相反的波动。因此，经济风险或短期经济波动的分析实际上是对经济与均衡产出状态的偏离的分析。

经济中总供给冲击主要表现为对生产函数的冲击。原材料价格的下降、自然资源可获得性的增加、劳动力数量的增加以及劳动力教育水平的提高都会造成正面的总供给冲击；反之，原材料价格的上升、自然资源可获得性的下降、各种自然灾害对工农业生产的破坏以及劳动力数量的减少等都会造成负面的总供给冲击。

总供给的冲击体现在生产函数中的 z_t 。根据实际商业周期理论，假设它们服从如下过程：

$$z_t = \vartheta z_{t-1} + e_t$$

式中 常数 ϑ ——前一期冲击对本期冲击的影响；

e_t ——白噪声。

其中中间品生产函数采用 K-B 形式：

$$y = F(K_t, L_t) = z_t K_t^{1-\alpha} L_t^{\alpha}$$

经济中总需求冲击主要表现为对产品市场均衡(IS 曲线)与货币市场(或金融市场 LM 曲线)的冲击。减税、货币供应量的增加、政府支出的增加、出口需求的增加、对未来经济走势乐观的预期等都是正面的总需求冲击；反之，税收增大、政府支出减少、货币供应量下降、出口需求减少等则是负面的总需求冲击。这些总需求冲击中，我们认为货币供给是受到宏观经济变量的影响而有所调整的，并设货币供给速率的扰动 $u_t = \mu_t - \mu_t^*$ 服从过程：

$$u_t = \xi u_{t-1} + \sum_i \psi z_{t-1} + e_t^M$$

式中 u_t ——货币供应速度；

ξ ——前期变量的影响；

e_t^M ——白噪声；

ψ ——货币当局根据总供给的冲击作出的调整。

由以上几个部分建立的模型是我们进行金融运行风险预测的基本模型。

(二) 实证研究

1. 数据处理

采用中国 2001—2013 年的消费、投资、政府支出、进出口、产出、通胀率，以及包括货币供求等在内的金融指标的季度数据，先去趋，获得对趋势偏离的百分比，作为实证研究数据(部分参数则根据现有文献进行校准)。该模型包含消费者、三类商品厂商、金融机构和政府部门的行为方程，将金融系统与实体经济结合起来，以分析金融系统运行是否符合实体经济的需要，用于判别金融运行风险。

采用 Chow-Lin 法，将部分季度数据(GDP)转换为月度数据，具体处理见附录。月度数据处理中有关参数估计采用 Matlab 编程计算。

2. 参数估计

在进行参数估计之前，对各月度数据进行去趋，先进行季度调整，再采用 H-P 滤波方法去除趋势，剩下的残差与趋势相比较，得出当期对趋势的偏离比例。

我们采用 Bayes 方法来估计模型参数。假设需要估计的模型参数向量为 $\boldsymbol{\theta}$，数据集为 $\boldsymbol{Y}$，则根据 Bayes 法则，可得参数的条件概率密度为：

$$f(\boldsymbol{\theta} \mid \boldsymbol{Y}) = \frac{f(\boldsymbol{Y} \mid \boldsymbol{\theta}) g(\boldsymbol{\theta})}{f(\boldsymbol{Y})}$$

式中 $g(\boldsymbol{\theta})$ ——参数的先验密度。

由于计算 $f(\boldsymbol{Y})$ 具有难度，因此采用马尔科夫链蒙特卡罗模拟方法(MCMC)来处理。我们只考虑参数的连续分布，故采用 M－H 算法，Bayes 参数估计采用 Matlab 编程进行计算。

(三) 金融运行风险度量与预测

1. 金融运行风险度量

我们将金融运行风险划为“高风险”、“较高风险”、“有风险”、“风险关注”和“无风险”五个级别。2013 年,总体金融运行风险在“较高风险”区间,如图 8-2 所示。

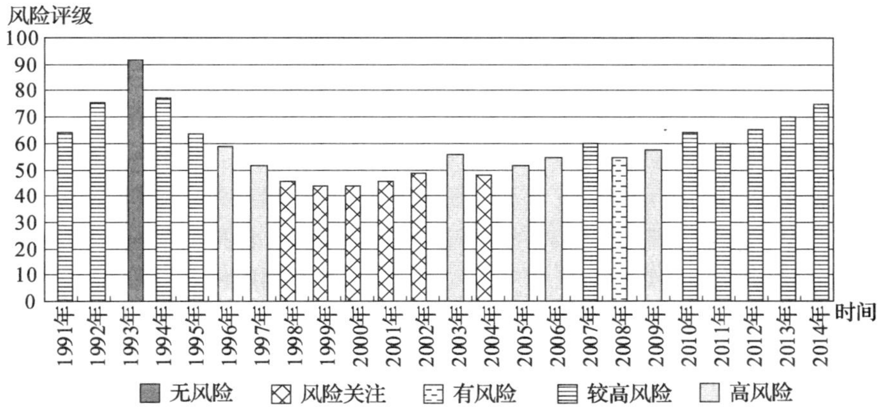

图 8-2　金融运行风险评级

与 2013 年相比,我们评估 2014 年的金融运行风险有所上升,引起金融运行风险上升的主要原因有以下几点。

1) 国际经济、金融环境导致的不确定性加大

近年来美国和日本都采取了量化宽松货币政策,导致资本向新兴市场国家流入,中国采取了相应的应对措施,在维持经济持续增长的同时,也使经济积累了相当风险(如资产泡沫等)。随着美国经济逐渐好转,其量化宽松货币政策逐渐终结①,资本流入势头可能产生逆转,导致资本流出,如果发生持续资本流出,则金融系统将出现流动性不足。此外,欧洲经济状况难以乐观,特别是其通胀率很低,有发生通缩的危险,因此欧洲在 2014 年前两个季度均采取了相应的刺激性政策。

国际经济和金融环境主要通过资本流动、进出口对中国经济形成影响,并由宏观经济运行反过来影响金融风险。理论上,如果形成了货币贬值的市场预期,则国际资本迅速流出,货币会发生贬值,在很短的时间内,出口贸易尚不会因为本币贬值而增大。这样,外汇储备会迅速减少,增大主权信用风险,进一步强化其货币贬值的预期。为了防止这种情形出现,必然收缩货币供给(否则本国外汇储备会被耗尽),从而形成经济紧缩,发生衰退。此外,即使单纯的做空交易,在一定程度上扩大对货币的需求,这就对货币供求形成一种冲击,使 *LM* 曲线左移,利率升高,也是可能引起经济紧缩。如果资本项目完全封闭,则资本不能迅速流出,而只能通过扩大进口的方式逐渐流出,资本自由流动条件下贬值预期导致的经济紧缩(从而引起衰退)的情况就不易发生。

中国资本项目没有开放但存在热钱跨境流动的渠道,汇率制度是有管理的浮动汇率,因此若市场形成人民币贬值的预期,则资本会设法流出,而人民币贬值速度不会像完全浮动那么快速,因此资本流出会持续较长时间。如果为了防止长期的资本流出,则收缩货币提高利率成为必然,就可能导致经济紧缩,那么首先就会加大金融运行风险。

从中国近年来热钱流动数据来看,基本上,热钱主动流入都伴随人民币升值,股市相对上

① 从有关经济数据来看,这种趋势大体上已经确立。

涨，热钱主动流出都伴随人民币贬值，股市下跌。由此可以看出，若资本流出，资产价格将会下跌，如果流出规模足够大、时间足够长，则会对实体经济造成危害。

从美元汇率走势来看，美元有进一步走强的趋势，但欧元区采取了相应的刺激性政策。因此，资本回流美国，造成新兴市场国家(包括中国)的资本外流可能性也相应增大。但是考虑到欧元区的经济状况和政策，国际资本流动和出口的不确定性增大。

2) 房地产价格下行压力加大地方政府债务和影子银行风险

房地产行业对国民经济具有广泛而深远的影响，还因为房地产行业涉及许多相关行业，上游包括钢铁、水泥等建筑材料，下游包括家居装潢、五金建材、电器和家电，以及生产这些产品的化工、有色金属冶炼等；此外还有房地产相关的设计、建筑、物业、中介机构、银行和其他金融机构等。这些行业包括主要的制造业和服务业，对就业、经济增长等宏观经济指标起到非常关键的作用。但是，房价上涨的速度也非常惊人，特别是 2012 年下半年至 2013 年出现了又一轮普涨，进一步加大了地产泡沫化的程度，在其他因素的作用下①，房价下行的压力有所加大。因为房地产贷款规模比较大，故蕴含着一定的金融风险。若房地产价格下降幅度过大，一方面可能直接引发部分个人购房者违约，另一方面也会使开发商的销售收入减少而影响其偿还能力，这些风险若管理不善，就可能产生系统性的问题。

地方政府的财政收入有很强的土地依赖性，特别是 2009—2011 年，土地出让金的增速超过地方政府财政收入的增速非常明显，而且土地出让金占地方政府财政收入的比重近年来也不断上升，2010 年甚至高达 76%以上。从债务资金来源看，2012 年年底债务余额中，银行贷款和发行债券是债务资金的主要来源。由于近年来地方政府的财政收入面临困难，加上对土地出让金的依赖，而房地产泡沫又比较严重，因此，地方政府的债务一旦发生违约，则会由于其对居民信心带来严重影响而引发系列金融风险。

此外，大量的影子银行资金流向房地产，包括城投项目。一旦房价发生持续性下跌，投向房地产的影子银行资金就面临违约风险。考虑到 20 万亿元左右影子银行规模较大(占银行贷款余额的 25%左右)，违约事件一旦蔓延，必然形成系统性的金融风险，再通过金融对宏观经济的影响，甚至有形成新的经济危机的可能②。

3) 宏观经济政策面临两难

首先，当前适度从紧的经济政策实际上是一种主动去杠杆化的过程。当前的金融运行风险是过去经济问题长期积累的结果，特别是 2008 年以来的大规模刺激性政策，各地的投资急剧扩张、货币供给也迅速扩大，从而出现物价上涨、成本上升。经济过热的势头有一定的持续期，当持续期结束，经济重新回复原有状态，甚至在某些因素的影响下陷入相对低迷或衰退的状态。

其次，金融作为实体经济的支持部门，其自身运行面临风险是正常的，如果总是通过改善其外部环境而长期忽视其自身建设，忽视其自身风险管理能力的培养，则这样的金融系统的稳定性始终得不到提高，面临不确定性和冲击时甚至可能放大风险。

此外，当前如果采取刺激性政策，对财政政策来说，因为地方政府债务已经有了较大规模，而如果放任地方政府进一步举债，可能诱发较大风险；对货币政策来说，由于当前的货币存量已经很高，而且当前国际上还存在着做空中国的言论，因此，扩大货币有可能引发资本外逃，从

---

① 如实体经济下行导致收入减少、热钱流出等。

② 这也是部分宏观对冲基金做空中国的一项依据。

而引起进一步的金融风险。

可见，目前宏观经济政策存在着两难：如果继续从紧，特别是货币从紧，则经济下行压力比较大；而如果放松，很可能重新回到原来发展模式，原有风险暂时潜伏但长期积累。因此，政策须在经济下行与促进改革之间权衡，找到合理的均衡点。但问题是这种均衡点的把握比较难，稍不注意就可能偏向某一边，即或者经济快速下行，或者重新回到原路。而维持这种均衡的成本并不小。

2. 金融运行风险的压力测试与仿真结果

截至 2013 年年底，房地产贷款余额、地方政府债务余额(按银行贷款占比 75%计算)、影子银行余额占的比重都较大。在此，对房地产贷款、地方政府债务和影子银行风险，以及金融运行的环境(包括国内宏观经济运行状况和国际经济环境)的影响进行单独的压力测试与仿真。

1) 房价波动的仿真结果

房价下行压力是当前中国金融运行风险很重要的一个影响因素①，因为房价波动的效应不仅仅影响房地产贷款风险，还影响影子银行系统和地方政府债务。此外，房地产业还带动了中国几十个相关行业，因此，房价波动将通过影响房地产业和其他相关行业影响中国经济，带来持续的金融运行风险。相对于购买力来说，目前的关键问题是中国的房价偏高。假设中国房价分别下跌 5%、10%、15%、20%几种情况，在不考虑宏观经济政策措施的情况下，通过本项目建立的模型对金融运行风险进行估计，结果如表 8-2 所示。

表 8-2　**房价波动对金融运行风险的仿真结果**

房价下跌比率(%)	金融运行风险变化	经济运行风险②
5	—	—
10	上升，维持现级别	*GDP* 下降 0.5%～1.5%
15	上升至上一级别底部	*GDP* 下降 1.5%～2%
20	上升至上一级别中部	*GDP* 下降 2%～2.5%

需要说明的是，我们考虑了房地产与银行贷款、影子银行和地方政府债务之间的相关性，在仿真中分别设定它们的相关性，如表 8-3 所示。

表 8-3　**房价波动与银行贷款、财政收支和影子银行的相关系数设定**

项目	房价波动	银行贷款	财政收支	影子银行
房价波动	1	0.1～0.2	0.5～0.7	0.4～0.6
银行贷款		1	—	—
财政收支			1	—
影子银行				1

由此可以看出，房价波动对金融运行风险具有较强的影响，特别是当房价下跌 15%以上时，金融运行风险的级别将上升，宏观经济运行风险的影响也将变得不可忽略。

如果我们再考虑到房价波动对居民信心的影响，即居民预期也受影响、易形成恐慌性的羊群效应，则在一定时期内(政策干预出台前)，金融系统可能出现发散式的动态演化，房价加速

① 实际上可能是最重要的影响因素。
② 按月最大值折算为年计。

下跌，金融风险急剧上升，只有政府出台强硬的干预措施，才可能改变居民预期，防止金融风险的进一步恶化。

此外，房价下跌还对当前金融运行风险有另一个重要影响，即地方政府债务形成叠加效应。如果房价出现剧烈下跌、中央政府不采取措施，财政预算严重依赖土地出让金的许多地方政府将面临严重的财政危机，加剧已经积累的金融运行风险。

2）地方政府债务违约的仿真结果

地方政府债务在近年来因为其规模而备受关注，特别是部分地方政府为了地方经济的发展大肆举债，并且，近年来部分地方政府的财政收支严重依赖于土地出让金。地方政府债务发生违约，对经济造成的冲击主要在于居民信心，导致金融风险上升、流动性紧张。我们对地方政府债务违约比例为1%、5%、10%、15%几种情况进行风险测算，结果如表8-4所示。

表8-4 **地方政府债务违约金融运行风险的仿真结果**

地方政府债务违约比例(%)	金融运行风险变化	经济运行风险
1	上升至本级顶部	*GDP*下降0～0.3%
5	上升至上一级底部	*GDP*下降0.5%～0.8%
10	上升至上一级中部	*GDP*下降0.8%～1.5%
15	上升至上一级中上部	*GDP*下降1.5%～2%

事实上，地方政府债务存在违约风险已经引起市场的警觉，但如果地方政府债务违约一旦发生，对居民信心产生冲击比其他冲击可能更大，因此金融风险上升会比较明显。在中央政府不出台措施的情况下，这种冲击有可能进一步放大，从而影响实体经济。如果违约比例逐渐增大，即使中央政府不出台措施，居民对出台措施的预期也会有所上升。因此，当地方政府债务违约比例逐渐上升时，金融风险和经济运行风险的上升并非非常剧烈；但这时候的居民预期并不稳定，很容易形成经济衰退的恶性循环。

需要说明的是，我们尚无法从模型中考虑地方政府债务违约反过来对房价波动的影响。但直观地，如果地方政府债务违约，具有投资属性的房产价格肯定会发生波动，而这种波动反过来又会进一步刺激包括政府债务违约等行为在内的金融风险进一步加剧。

3）影子银行风险的仿真结果

影子银行业务规模较大，其潜在的风险积累较高。总体上，影子银行资金的期限相对较短，融资成本相对较高，基本上是银行融资渠道紧缩后的一种替代或“创新”。为了简化，我们将影子银行当做一种直接融资来处理，并假设违约率分别为0.5%、1%、5%和10%几种情况，不考虑“刚性兑付”，仿真结果如表8-5所示。

表8-5 **影子银行不同违约率对金融运行风险的仿真结果**
（不考虑与房价和地方政府债务的相关性）

需求下降比率(%)	金融运行风险变化	经济运行风险
0.5	维持现级别	<0.05%
1	上升，维持现级别	*GDP*下降<0.2%
5	上升至上一级别中部	*GDP*下降0.5%左右
10	上升至上一级别上部	*GDP*下降0.5%～1%

从仿真结果来看，影子银行的违约对金融风险的影响相对不算大，但这是我们没有考虑其与房价波动和地方政府债务之间的相关性的结果①。如果考虑到它们之间的相关性，其对应的风险应该更大一些。

4）实体经济下行的仿真结果

我们假设制造业（模型中采用中间品企业的60%来替代）的需求萎缩1%、5%、10%、15%，不考虑政策干预，测试结果如表8-6所示。

表8-6　**制造业需求萎缩对金融运行风险的仿真结果**

需求下降比率（%）	金融运行风险变化	经济运行风险
1	上升，维持现级别	<0.2%
5	上升至上一级别中部	*GDP* 下降0.3%～0.8%
10	上升至上一级别上部	*GDP* 下降0.8%～1.5%
15	上升至上一级别顶部	*GDP* 下降2%～3%

制造业若面临需求萎缩会导致产出和投资需求下降、资产价格下跌，特别是在价格粘性下，产出下降的幅度比较大。此外，制造业萎缩会对就业产生很大影响，失业率上升会进一步导致消费需求的紧缩。如果萎缩持续时间较长，则制造业相关的固定投资也会萎缩，从而进一步导致制造业的需求萎缩，由此导致金融运行风险上升。

制造业萎缩的最直接、最主要的原因是金融危机导致内外两个市场需求都大幅萎缩，制造企业普遍陷入困境，影响了资金的周转效率，降低资金的流动性，造成企业资金占用增加、还款难度加大、不良贷款增多。

需要说明的是，我们的模型目前尚不能综合考虑制造业萎缩对地方政府债务、影子银行等的影响，但它们之间有一定的相关性，制造业负向冲击导致宏观经济下行，居民收入减少，信心下降，资本也会流出，房价可能进一步下跌，地方政府的偿债能力降低，影子银行脆弱性会进一步增加。

5）资本跨境流动的仿真结果

国际经济环境对短期金融风险的影响渠道主要是资本跨境流动。资本流出必然导致金融系统的流动性紧张：资本流出将减少外汇储备，从而减少基础货币，在存款准备金保持不变的情况下，商业银行的货币创造也将缩小，从而表现为M2的紧缩，通过货币与产出之间的联系，对经济运行产生冲击。

我们假设资本流出规模占中国外汇储备的1%、5%、10%、15%几种情况进行测试，不考虑宏观政策干预，人民币汇率维持正负5%的波动区间，结果如表8-7所示。

表8-7　**资本流出对金融运行风险的仿真结果**

资本流出/外汇储备	M2紧缩	金融运行风险变化	经济运行风险
1%	0.2万亿～0.7万亿元	上升，维持现级别	—
5%	1.2万亿～1.4万亿元	上升至上一级别底部	*GDP* 下降0.2%～0.5%
10%	2.5万亿～3万亿元	上升至上一级别中部	*GDP* 下降0.8%～1.5%
15%	3.5万亿～4.5万亿元	上升至上一级别顶部	*GDP* 下降1.7%～2.2%

① 与地方政府债务相似，较难确定影子银行反过来对房价和地方政府债务的影响。

从仿真结果可以看出，当外汇储备突然减少 5%时，短期内金融运行风险将上升一个级别，并导致经济运行风险上升；当外汇储备突然减少 10%时，则短期内 GDP 受到的冲击折算为年计将在 1.2%左右，风险上升非常明显。此外，如果外汇储备减少是脉冲式的而非持续性的，则其影响不超过 2 个季度；但是如果考虑到人们预期改变带来的影响，则持续时间难以确定（经济有可能发散而非恢复初始均衡状态）。从历史数据来看，近年来大多数情况下，月度资本流出（以热钱表示）基本上属于 1%～5%的范围（所以，金融运行风险仍然可控。尽管如此，目前国际上部分金融机构在做空中国经济，虽然其本质属于投机性交易，但这些金融机构为了实现自己投机成功的目的，可能宣扬中国经济下行从而实现影响与中国相关资产价格、影响金融市场预期的目的，有可能成为资本流出的重要驱动力量。正如我们仿真过程中发现的，一旦金融市场的预期受到影响，则资本流出对金融运行风险的影响可能很大。

我们再假设资本流入规模占外汇储备的比重为 1%、5%、10%几种情况进行仿真，不考虑宏观政策干预，结果如表 8-8 所示。

表 8-8 **资本流入对金融运行风险的仿真结果**

资本流入/外汇储备	M2 扩张	金融运行风险变化	经济运行风险
1%	0.5 万亿～0.9 万亿元	上升，维持现级别	—
5%	1.4 万亿～1.6 万亿元	上升至上一级别底部	*GDP* 上升 0.2%～0.5%
10%	2.5 万亿～3 万亿元	上升至上一级别中部	*GDP* 上升 0.8%～1.5%

资本流入过大也会导致金融风险，主要原因是资本流入会导致资产价格升高、通货膨胀等结果。

需要说明的是，我们的模型显示在资本流入或流出中，货币乘数也会发生相应的变化：资本流出时货币乘数相应减小，资本流入时货币乘数相应增大，货币乘数的不稳定也因此成为金融运行风险的一个重要环节。

四、结论与建议

2014 年金融运行风险中的突出因素是货币余额较大、房地产泡沫存在破灭风险、地方政府债务规模与影子银行规模较大，以及实体经济面临下行压力和国际经济金融环境不确定性较大等。为此，我们作出如下建议。

（一）采取差别化的货币与信贷政策，提高政策效果

截至 2014 年 4 月，中国的 *M*2 已近 117 万亿元，*M*2/GDP 比率近 200%，从规模上看已成为全球最大的货币供应经济体，因此，应尽力控制货币供给过快。但是，由于中国央行的独立性相对较弱，控制货币供给速度需要其他多方面的措施相配合。从过去的资金流向看，大量的资金流向了制造业、房地产业等行业，这些行业在一定程度上畸形发展，除了挤占资源，其边际产出能力也逐渐下降，风险积累也逐年上升。此外，其他行业特别是中小企业多年来一直存在融资困难的问题。

从长期来看，应提高金融效率，避免只能依赖“粗放式”货币投放来适应经济发展的境况。提高金融效率，需要大力发展中国债券市场，深入推进股票市场上市制度改革，提高直接融资比例，转变社会融资方式，借以减轻对银行信贷方式的过度依赖，既能形成银行体系利率市场

化改革的外在压力，又能纾解银行体系改革的内在风险；应改变以上调存款准备金率、控制信贷规模等数量调控手段为主的货币政策思路，逐渐过渡为以利率价格手段为主，流动性延续宽松手段为辅的策略。流动性延续适当的宽松，可以提供金融资源供给避免伤害到实体产业正常性贷款需求，与利率价格上调合力形成对金融资源需求的有效调控；应主动适时调整国家产业政策与财政投资进度，控制国内基础设施等固定投资的过快增长，从而避免信贷配给手段造成的不公平；鼓励发展服务于中小企业的地方性小型金融机构，打破金融领域与实体经济领域的市场垄断，为发挥市场在资源配置中的主导作用提供制度基础。

从短期来看，央行主要采取了定向控制的手段，将资金定向投入需要扶持的领域。这种操作对亟须资金的部门是有利的，特别是中小企业，能在相对从紧的经济环境中持续生存发展下去。但是，这种操作也具有时效性，因为资金一旦流入实体经济，很难控制其只在央行倾向的部门内部循环，它必然逐渐流向其他部门，从而使定向调控逐渐失效。因此，央行应在着力解决货币投放领域的同时，也要采取相应的措施延长定向调控的时效性，以提高资金的效率。

（二）采取适当措施缓解房地产下行压力

经过 2013 年全面的房价上涨，2014 年房价出现了明显的分化：一线城市相对稳定，二线、三线和四线城市的房价出现了较大的下行压力。正如我们前文所述，房价下行会带来剧烈的金融风险。鉴于房地产业对中国经济的影响，国家必须采取措施防止房价剧烈波动特别是暴跌行为，为此需要从如下几个方面进行长期管理：

加强对房地产市场的宏观监控和管理。首先，要加强对房地产建设的投资管理，根据收入的水平来确定投资规模，使房地产的产与销基本适应，不至于过多积压；其次，要加强房地产二级市场的管理，防止过分的投机与炒作；此外，应调整房地产开发结构，大力发展安居型房地产，加强市场统计和预测工作。

加强金融监管力度，合理引导资金流向，满足合理的住房需求。要进一步健全金融监管体系，增加监管手段，增强监管能力，提高监管水平；要加强信用总规模的控制，不使社会总信用过度脱离实质经济的要求而恶性膨胀；要加强投资结构的调控，通过利率、产业政策引导资金流向生产经营等实质经济部门；要加强外资和外债的管理。此外，要加强对银行的监管，一方面从源头上控制投机资本，另一方面则为实际的居住需求提供资金支持。

建立全国统一的房地产市场运行预警预报制度，建立房价剧烈波动的应急机制。加强和完善宏观监控体系，应当通过对全国房地产市场信息及时归集、整理和分析，就市场运行情况作出评价和预测，定期发布市场分析报告，合理引导市场，为政府宏观决策作技术支持；建立房价剧烈波动的应急处理机制，稳定市场预期。

（三）积极解决地方政府债务问题

从长期上，应加快经济体制改革，健全完善财政体制。转变地方政府的职能，实现经济分权，加快经济建设，进一步增强可用财力，解决地方政府显性债务问题。加快基础配套设施建设，改善投资环境，促进个体私营经济和外向型经济的发展。这是一个长期性问题，短期内难以迅速解决。

建立健全地方政府债务管理体系。建立地方政府债务信息公开披露制度。有效的信息披露是提高债务管理效率的前提，可以帮助地方政府避免债务风险的发生，建立严格的信息披露制度的内容不仅包括地方债务中的显性债务，也包括或有债务、隐性债务等。同时应该实行严格的债务投资决策责任制。各级地方政府应该建立严格的债务投资决策审核制度，杜绝行政领导随意取舍的行为，规范贷款资金的运行程序，严格核准项目的可行性和必要性。

完善地方政府融资体系。应借助成熟的资本市场的运行模式和经验，在考虑本国经济发展特点的同时，汲取发达国家好的经验，完善中国地方政府债务融资体系。随着融资渠道的拓宽，短期内地方政府债务的问题可以得到缓解。

（四）采取措施防范影子银行引发系统性风险

加强预防性监管。影子银行是金融创新的结果，是银行信贷投放的有益补充。由于实体经济的融资需求旺盛，资产管理需求日益扩大，影子银行发展具有必然性。但从其发展过程上看，中国相应的监管政策具有"先发展、后监管"的特征，并且由于监管较少且较为隐蔽、缺乏政府信用担保与央行最终贷款人的保护，影子银行具有较强的动态脆弱性。如果影子银行出现问题，会导致相关融资渠道关闭从而引起社会资金面的收缩，甚至可能导致社会资金链断裂。因此，影子银行是系统性风险的重要来源，容易成为金融危机爆发和恶化的诱因，如美国次贷危机就是影子银行脆弱性的一种具体体现。自 2013 年以来，中国经济实体平均增速下降的趋势已经确立，而过去多年高速发展中积累的金融风险则可能因为实体经济增速相对放缓而加大，因此要始终在风险可控的前提下循序渐进地推进金融创新，将对影子银行的事后监管变为预防性监管，同时，将影子银行纳入法制和规范的框架，防止影子银行发展与实体脱钩。

制定影子银行风险应对机制。影子银行具有混业经营特点，与中国实行的分业监管模式容易冲突。为此，在既定的分业监管模式下，国家应根据各类影子银行的社会效应与风险程度分类实施归口管理，同时建立跨部门的信息共享以及监管合作机制，监管部门之间要加强沟通、协调与合作，避免出现监管盲区。此外，目前中国影子银行的统计尚不利于及时有效对影子银行风险进行评估，因此需要建立影子银行统计监测体系，建立统一、全面、共享的金融业综合统计体系，建立影子银行风险监测、评估与预警体系。为加强对影子银行风险的有效控制，需制定应对影子银行风险的措施和机制。针对影子银行容易爆发风险的具体环节，设计合理的信息披露机制，提高理财和信托产品的透明度；建立正规银行和影子银行之间的防火墙，阻断影子银行与商业银行的风险传导渠道；建立针对影子银行体系突发事件的应急机制，建立合理的市场退出机制与救助机制，避免影子银行体系风险形成系统性的金融冲击。

加强市场培育。在当前的影子银行业务中，刚性兜底往往是普遍性的问题，这种操作不利于金融市场的培育：刚性兜底导致投资者理性不足而产生盲目性，同时相关金融中介因为业务竞争而被迫释放刚性兜底的错误信息，而融资者则会因此产生较强的机会主义，这样的结果使影子银行在发展迅速的同时，风险积累的程度也可能非常严重。为此，在打破刚性兜底怪圈的同时，更应加强整个金融市场的培育，使投资者、融资者和金融中介的决策都趋于理性，降低市场中的机会主义，才有助于在未来的发展过程中降低影子银行的系统性风险。

（五）积极应对金融运行的国际环境变化

当前，全球经济仍未摆脱金融危机的影响，而地区发展不平衡的现象也比较突出。美国经济势头相对较好，从而加大 QE 全面退出的概率，这样的操作可能有两个方面的影响：一方面，若美国经济全面复苏，会增大全球总需求，从而改善中国金融运行的外部环境；另一方面，短期内可能加剧资本流出。此外，欧元区 2014 年 6 月 5 日降息和信贷刺激政策，也会对中国的出口形成一定压力。为此，应稳定汇率预期，防止资本的剧烈流动。

加强政府的宏观调控力度。首先，推进国内金融改革的深化，减少在利率管理、市场准入、投资限制等方面的直接管制和行政干预，深化外汇市场改革，逐步放松外汇需求管理，逐步采用市场手段进行间接调控汇率和利率；将利率和汇率形成机制市场化，维持稳定而合理的实际汇率和实际利率；有效地化解银行不良资产，推出套期保值、规避风险的金融工具，减少居民的风险预期。其次，缩短不同所有制企业之间待遇的差距，适时改善投资环境，减少交易成本来增强投资的吸引力。

监督和防范资本流动。规范企业对外直接投资、借壳上市以及国际并购中的资产评估和财务管理，加强对金融机构及境外国有资产存量运营的监督和管理；强化对涉外投资行为的监管力度，截堵资本外逃中通过贸易和资本项目的转移渠道，制订严格的收付汇纪律，实行严格的审批手续，加强对进出口重点部门、重点种类交易行为的管理；建立私有产权保护制度，大力宣传贯彻法律对私人合法财产保护的有关规定，打消私营企业对政策变化的担心，消除私人资本外逃的动因。

此外，除了解决好以上各个方面的问题，更关键的是要合理地引导市场预期、稳定市场信心，从而稳定经济中各参与主体的行为，降低金融运行风险。

附　　录

1. 居民的一阶条件

家庭选择消费、货币持有量、政府债券和资本以最大化终生效用，一阶条件满足：

$$C_t^{-\alpha}=C_{t+1}^{-\alpha}\beta(1+i_t)E\left(\frac{P_t}{P_{t+1}}\right)$$

$$\frac{\gamma\left(\frac{M_t}{P_t^C}\right)^{-b}}{C_t^{-\sigma}}=\frac{i_t}{1+i_t}$$

$$C_{t+1}^{-\alpha}\beta(r_{t-1}-\delta)E\frac{P_t}{P_{t+1}}=C_t^{-\alpha}$$

2. 中间品厂商一阶条件

最优时的一阶条件满足：

$$\varphi_t^i=\frac{W_t^i}{P_t^iF_L^i(K_t^i,L_t^i)}$$

$$\varphi_t^i=\frac{r_t-\delta}{F_K^i(K_t^i,L_t^i)}$$

3. 月度数据插值处理

假设需要产生 T 个月度观察向量 $\boldsymbol{x}_m$，如 GDP，且 $\boldsymbol{x}_m$ 与一组月度观察 $\boldsymbol{X}_m$（如消费、投资、进出口等）相关，并具有如下关系：

$$\boldsymbol{x}_m=\boldsymbol{X}_m\boldsymbol{\alpha}+\boldsymbol{e}_m$$

式中　$\boldsymbol{X}_m$——包含一系列经济指标，如月度消费、投资、进出口、货币余额等；

$\boldsymbol{e}_m$——0 均值的残差，且具有自回归形式。

$$e_{mt}=\rho e_{mt-1}+v_{mt}$$

v_{mt} 是独立同分布的，具有 0 均值，方差为 σ^2，因此 $\boldsymbol{e}_m$ 的协方差为：

$$\Sigma_e = \frac{1}{1-\rho^2}\boldsymbol{V}_m$$

式中　$$\boldsymbol{V}_m = \begin{bmatrix} 1 & \rho & \cdots & \rho^{T-1} \\ \rho & 1 & \cdots & \rho^{T-2} \\ \vdots & & & \vdots \\ \rho^{T-1} & & \cdots & 1 \end{bmatrix}$$

$\boldsymbol{x}_m$ 与其季度观察 $\boldsymbol{x}$ 之间具有如下关系：

$$\boldsymbol{X} = \boldsymbol{C}\boldsymbol{x}_m = \boldsymbol{C}\boldsymbol{X}_m\boldsymbol{\alpha} + \boldsymbol{C}\boldsymbol{e}_m = \boldsymbol{X}\boldsymbol{\alpha} + \boldsymbol{e}$$

式中　$\boldsymbol{X} = \boldsymbol{C}\boldsymbol{X}_m$；

$\boldsymbol{e} = \boldsymbol{C}\boldsymbol{e}_m$。

矩阵 $\boldsymbol{C}$ 为：

$$\boldsymbol{C} = \begin{bmatrix} 1 & 1 & 1 & 0 & & & \cdots & & 0 \\ 0 & 0 & 0 & 1 & 1 & 1 & 0 & \cdots & 0 \\ \vdots & & & & & & & & \vdots \\ 0 & & & \cdots & & & 0 & 1 \; 1 & 1 \end{bmatrix}$$

采用广义最小二乘估计，可生成月度数据：

$$\boldsymbol{x}_m = (\boldsymbol{X}^T\hat{\boldsymbol{V}}^{-1}\boldsymbol{X})^{-1}(\boldsymbol{X}^T\hat{\boldsymbol{V}}^{-1}\boldsymbol{x}) + \hat{\boldsymbol{V}}_m\boldsymbol{C}^T(\boldsymbol{C}^T\hat{\boldsymbol{V}}_m^{-1}\boldsymbol{C})^{-1}\boldsymbol{e}$$

式中　$\hat{\boldsymbol{V}}$ ——与 $\boldsymbol{V}_m$ 对应的矩阵，将通过季度观察 X 的自回归系数估计出来。

4. 风险度量方法

风险指标权重描述影响该风险指标的下一级指标的影响，反映了各下级指标的重要程度，我们的确定思路如下：

首先，根据前文建立的基本模型，获得稳定均衡状态下各经济变量的稳定值，例如稳定的人均产出、人均现金持有量、通胀预期等；其次，对经济中各个需要考察的状态变量，给定 1% 的变动，则根据动态模型，可以计算出未来重新达到均衡前各状态变量的动态变化，因而也就能够确定各状态变量对其稳定值的偏离的大小。下面进行说明。

设稳定均衡下各状态构成的向量为 $\boldsymbol{x}^* = (x_1^*, \cdots, x_N^*)^T$，那么一旦发生对稳态均衡的偏离，则各状态变量的动态方程可以在稳定均衡附近展开为

$$x_{i,t+1} - x_{i,t} = \frac{\partial\varphi_i(\boldsymbol{x})}{\partial x_1}\bigg|_{x_i=x_i^*, i=1,\cdots,N}(x_{1,t} - x_i^*) + \cdots + \frac{\partial\varphi_i(\boldsymbol{x})}{\partial x_N}\bigg|_{x_i=x_i^*, i=1,\cdots,N}(x_{N,t} - x_N^*)$$

显然，$\dfrac{\partial\varphi_i(\boldsymbol{x})}{\partial x_i}\bigg|_{x_i=x_i^*, i=1,\cdots,N}$ 为常数，因此

$$\boldsymbol{x}_{t+1} - \boldsymbol{x}_t = \boldsymbol{\Psi}(\boldsymbol{x}^*)(\boldsymbol{x}_t - \boldsymbol{x}^*)$$

式中　$\boldsymbol{\Psi}(\boldsymbol{x}^*) = \left(\dfrac{\partial\varphi_i(\boldsymbol{x})}{\partial x_i}\bigg|_{\boldsymbol{x}=\boldsymbol{x}^*}\right)_{N\times N}$。

这样，由这些状态变量构成的动态系统就在稳定均衡状态附近波动。为了将波动转换为

无量纲形式，设任一状态变量 x_i 偏离其稳定值的百分比为 u_i，那么：

$$u_{i,t}=\frac{x_{i,t+1}-x_{i,t}}{x_i^*}$$

$$\frac{x_{i,t+1}-x_{i,t}}{x_i^*}=u_{i,t+1}-u_{i,t}$$

因此状态变量的线性动态可以转化为：

$$u_{i,t+1}-u_{i,t}=\sum_{j=1}^{N}\frac{x_j^*}{x_i^*}\frac{\partial\varphi_j(\boldsymbol{x})}{\partial x_j}\bigg|_{\boldsymbol{x}=\boldsymbol{x}^*}u_{j,t}$$

这是一组关于各状态变量对各自的稳定状态的偏离的百分比的变动的线性方程，描述了我们所关注的经济在某些变量受到冲击后的动态调整过程，显然，各状态变量对其稳定值的偏离就是由 u_i 来描述的，若 u_i 越大，则该变量偏离稳定的程度越大，该变量对应的风险指标也越大；反之，越小。

考虑各风险指标的权重。若以各经济变量的稳定值为参照（原点），$\boldsymbol{u}_t=(u_{1,t},\cdots,u_{N,t})^T$ 反映了第 t 期的经济状态相对于稳定经济状态的位置，而 $\rho(\boldsymbol{u}_t)=\sqrt{\sum_{i=1}^{N}u_{i,t}^2}$ 则反映了第 t 期的经济状态相对于稳定经济状态的"距离"，该"距离"越大，经济运行风险也越大。

给各个经济变量（或风险指标）指定权重的主要根据，是看该变量每变动 1%，对其他经济状态的影响程度如何。如果经济系统线性已经完成，并且有关的系统参数也已经校准确定完毕，则该基本系统已经确定。若在期初人为地赋予某个 $u_{i,0}=1\%$，而 $u_{j,0}=0, j\neq i$，即经济在稳定状态时人为地给予某个变量 1%的外生冲击，那么该经济系统就开始逐期调整直到重新稳定。当然，很可能该冲击的影响还没有消除时，现实中很可能新的冲击又已出现。但是在认识中，我们可以识别出每一次冲击的"纯粹"的影响。而方程组 $u_{i,t+1}-u_{i,t}=\frac{\partial\varphi_i(\boldsymbol{x})}{\partial x_i}\Big|_{\boldsymbol{x}=\boldsymbol{x}^*}u_{i,t}$ 告诉我们各个经济指标如何逐期变化，当经济重新稳定时，可能是在第 T_i 期之后，那么在这 T_i 期内，经济一直处于失衡（有风险）的状态。我们采用 $\gamma_i=\sum_{j=0}^{T_i}\rho(\boldsymbol{u}_{t+j})$ 表示此 1%的外生冲击对经济造成的总体影响，而采用 $\omega_i=\frac{\gamma_i}{\sum_{i=1}^{N}\gamma_i}$ 表示第 i 个经济变量（对应于某个或某些风险指标）对总体风险的贡献，因此我们采用 ω_i 作为各指标的风险权重。这样，一旦给出了各主要的风险指标，则风险总体指标对应的值就是以 ω_i 为权重的加权。

外生地给定经济变量 1%的冲击后，经济重新稳定所需要的时间不同，因此不同的 i 对应于不同的 T_i，而 T_i 的确定则完全通过对经济系统的计算机模拟来确定。很显然，T_i 越大表明该状态变量的影响时间越长。当经济重新稳定的时候，T_i 可能未必是整数，我们采用"四舍五入"的方式来近似代替，否则 γ_i 无法计算。我们主要以月度为时间单位，因此总体来说误差在可接受范围内。

参考文献

[1] 唐海燕，贾德奎. 中国宏观经济运行季度指数[M]. 上海：上海人民出版社，2014.

［2］GOODHART C A E, SUNIRAND P, TSOMOCOS D P. A time series analysis of financial fragility in the UK banking system[J]. Annals of Finance, 2006(2).

［3］TSOMOCOS D P. Equilibrium analysis, banking, and financial instability[J]. Journal of Mathematical Economics, 2003(3).

［4］HOGGARTH G, SAPORTA V. Costs of banking system instability: some empirical Evidence[J]. Financial Stability Review, 2001(6).

［5］LAGUNOFF R, SCHREFT S. A model of financial fragility[J]. Journal of Economic Theory, 2001(2).

［6］GOODHART C A E, SUNIRAND P, TSMOCOS D P. A model to analyze financial fragility[J]. Economic Theory, 2006(1).

［7］HALDANE A, HALL S, SAPORTA V, TANAKA M. Financial stability and macroeconomic models[J]. Bank of England Financial Stability Review, 2004(6).

［8］HOGGARTH G, WHITLEY J. Assessing the strength of UK banks through macroeconomic stress tests[J]. Bank of England Financial Stability Review, 2003(6).

［9］FENDER L, JACOB G. Overview: Global financial crisis spurs unprecedented policy actions [J]. BIS Quarterly Review, 2008(9).

［10］ALLEN F, GALE D. Bubbles and crises[J]. The Economic Journal, 2000(1).

［11］ERCEG C J, CHRISTOPHOR J, DALE W, HENDERSON A T. Optimal monetary policy with staggered wage and price contracts [J]. Journal of Monetary Economics, 2000(46).

［12］DEJONG D N, CHETAN D. Structural Macroeconomictrics [M]. Princeton University Press, 2007.

［13］YANNICK K. Financial fragility in emerging market countries: firm balance sheets and the productive structure [N]. PSE Working Papers, 2005.

第九章　财 税 风 险

一、绪论

(一) 研究背景

2013 年中国国民经济运行节奏稳健，但是经济增速呈放缓趋势，2013 年上半年外部市场需求的萎缩以及近 3 年来过度投资所引发的产能过剩，使中国工业生产增速和国内生产总值(GDP)增速持续下降，并双双创下近 3 年来的最低增长速度。经济增速放缓的原因诸多，既有中国政府主动调控的原因，又有世界经济低迷造成影响的原因。在中国国内经济改革与转型期间，其发展所面临的风险不容小觑。在财政体制方面，本章主要研究由增值税扩围改革所引起的财税风险，包括财政收入增长速度放缓的风险、地方政府债务风险、地方主体税种构建的问题以及对分税制的冲击风险。

近年来，中国经济在经历了主要依靠增加财政支出、扩大公共投资的几番反危机操作之后，其“粗放型”扩张对于中国经济结构的负作用已经逐渐凸显。中国政府可用的政策调控手段已经非常少，在兼顾稳增长、调结构、控物价三重目标的前提下，实施结构性减税关乎中国宏观调控政策的成败。“营改增”是中国结构性减税的重要组成部分，会衍生出一系列的问题。

1. 财政收入增长速度放缓

宏观税负在国际惯例中一般都是通过同时期税收收入与 GDP 之比来衡量的，表示该时期内生产的全部最终产品和劳务的总价值中有多少比例以税收的形式被政府征用。因此，宏观税负越高，对企业利润和个人收入的挤压就越多。高培勇(2006)、安体富和蒋震(2009)等的研究都表明，由于中国税收收入的快速增长，近十多年来中国出现了税收占国民收入份额大幅上升、个人收入占国民收入份额大幅下降的分配格局。宏观税负水平对经济增长率的抑制作用已经得到了国外学者的肯定(如 Marsden，1983；Reed，2008)。王军平和刘起运(2005)基于中国 1985—2004 年时间序列数据的回归结果显示，宏观税负率每提高 1 个百分点，GDP 增长率就会下降 0.02 个百分点。

自 1994 年“分税制”改革以来，中国税收收入一直保持高速增长。1994—2011 年，中国税收收入年均增长 18.87%，大大超过同期 GDP(可变价格)约 14.38%的年均增长率。中国总体税收弹性系数(税收增速与 GDP 增速之比)更是从 1994 年的 0.59 增加到了 2010 年的 1.33。税收超 GDP 增长意味着中国宏观税负水平在不断提高，1994—2011 年的 17 年间，中国宏观税负水平连年攀升，已经从 1994 年的 10.52%增长到 2011 年的 20.24%，这表明每年的总产出有越来越多的份额被政府以税收的形式占用。

而中国经济现阶段已经进入增长下行期，GDP 增长速度放缓(如表 9-1 所示)，一个非常令人担忧的问题就是：“既然在中国经济高速增长时期，财政收入的增长速度要大于 GDP 的增长速度，那么在经济下行时期，财政收入增长速度会不会出现更大幅度的下滑?”这个问题的答案至关重要，因为当中国经济进入下行期时，政府可能会需要更多的财政收入来促进经济的增长，从而造成收支不平衡的矛盾。而且中国现阶段使用结构性减税政策，尤其是以“营改增”促进经济增长、调节经济结构，进一步加大了中国财政收入增长速度放缓的风险。

表 9-1 **2002—2012 年 GDP 增长速度（以可变价格衡量）**

年份	2002	2003	2004	2005	2006	2007	2008	2009	2010	2011	2012
GDP 增长速度	9.7	12.9	17.7	15.7	17.0	22.9	18.1	8.6	17.8	17.8	9.7

2. 地方政府债务风险

地方政府债务是指地方政府作为债务人，由于过去的交易或事项而引起的将会导致经济资源外流的政府现有责任。这一界定至少包含了以下三层含义：地方政府债务不仅仅是指地方政府通过发行具有一定票面价值的债券所形成的债务，地方政府债务除了包括地方政府通过信用手段取得的财政收入之外，还应当包括地方政府的某些欠款，即一些应付未付的款项，地方政府债务应包括地方政府担保的部分债务。

财政收入增长速度放缓的风险，以及增值税“扩围”导致的财政收入减少降低了整个财政收入的规模，而且增值税“扩围”之后作为地方主体税种的营业税消失，进一步缩减了地方的财权，使得地方政府更倾向于依赖地方融资平台，可能会进一步加大地方政府债务风险。

地方政府债务风险，是指地方政府无法清偿到期债务的偿债风险以及由偿债风险引发的其他风险。其可能造成的损失主要有以下四种表现形式：一是在其他支出项目正常保证的前提下，地方政府不能按期偿付到期债务。二是挪用其他支出资金，用于偿付到期债务，这将造成其他支出项目资金保证程度下降。三是开辟不正常的资金来源渠道用于偿债，如过分加重纳税人的税收负担等。四是向上级政府转嫁债务而给上级政府造成损失。地方政府债务风险就是存在于地方财政正常运行和地方政府债务危机之间的一个中间环节。

3. 地方税构建问题

受到国际经济危机的影响，中国地方财政收入形势非常严峻。这在一定程度上表现为地方非税收入增加迅速、地方财政收入猛增，在不断推高房价的同时，也使地方财政在运行过程中存在很大的风险。增值税“扩围”之后地方主体税种构建的问题愈加紧迫，现在地方主体税种构建的思路很多，但是要达到地方主体税种的几个要求，能有足够说服力的方案还没有出现。因此，研究不同方案对中国财政体制、经济发展等各方面的影响，对防范风险意义重大。

（二）文献综述

随着中国经济改革的逐步深化，“营改增”在纵向以及横向上随之在全国范围内不断推进。然而，营业税毕竟是地方政府的主体税种，在此种结构化减税浪潮下，给地方政府带来了一个个新的需要思考应对的问题。胡怡建(2011)认为，增值税“扩围”从总体上来看将会产生较为明显的减税效应，“扩围”改革的实质应是以牺牲部分财政利益为代价来推进制度进步，这就需要预测增值税“扩围”改革对财政的影响，以及考虑在财政可承受的幅度范围内把握增值税“扩围”改革力度、强度和进度。① 蔡昌(2010)认为，增值税“扩围”改革，势必会造成地方政府营业税的税基缩小，而增加共享税——增值税的税基及征收比重。因此，增值税“扩围”改革涉及中央和地方利益格局的调整，应在维持中央财政收入“占大头”，保证中央政府宏观调控能力的前

① 胡怡建. 中国增值税“扩围”改革面临八大挑战. 财税观察，2011(7)：6-7.

提下，适当调整中央与地方政府的税收划分，适度提高地方税收比重。① 高培勇(2013)认为，“分税制”毕竟不是“分钱制”，配套性临时安排毕竟不能作为长久之计，地方财政终归不能退居为“打酱油财政”——花多少钱给多少钱。只要“分税制财政体制”的方向不变，地方主体税种的设立和存在就是必需的。只要多级次政府管理的格局不变，一级政府、一级财政的基本财政规律就是不可背离的。在坚持“分税制财政体制”方向和多级次政府管理格局的前提下具有相对独立的收支管理权和收支平衡权的健全的地方财政体系，当然是不可废弃的。换言之，面对“营改增”所带来的地方主体税种和地方财政收支的新变化不能满足于治标，而须着眼于治本，重建地方主体税种以及地方税制体系以此为基础，重构地方财政收支格局。②

在这样的财税体制改革背景下，再加上 2008 年 4 万亿元投资计划地方政府配套资金筹措问题带来的债务影响，地方政府不得不面对政府债务问题。刘家义(2012)在国务院关于 2012 年度中央预算执行和其他财政收支的审计工作报告中指出，从审计 18 个省本级及省会城市本级 2011 年以来政府性债务情况看，至 2012 年年底，这些地方化解存量债务 1.33 万亿元，占 2010 年年底余额的 39%；清理后的 223 家融资平台公司资产负债率平均下降 4.16 个百分点。这些地方政府性债务余额为 3.85 万亿元，两年来增长 13%，其中 2011 年以后举借的占 46%。债务管理中还出现了一些新情况、新问题：

(1) 一些地方通过信托、BT(建设—移交)和违规集资等方式变相融资现象突出。这些地方 2 年间新举借的债务中，采用上述方式融资 2 180.87 亿元(占 16%)，其中违规集资 30.59 亿元，融资成本普遍高于同期银行贷款利率，如 BT 融资年利率最高达 20%，且不易监管，蕴含新的风险隐患。

(2) 部分地区债务增长较快，有的地区过度依赖土地收入和举借新债偿还。在审计署审计的地区中，债务增长率超过 20%的有 4 个省和 8 个省会城市本级，最高达 65%；负偿还责任的债务率超过 100%的有 9 个省会城市本级，最高达 189%。从偿债来看，4 个省和 17 个省会城市本级政府负偿还责任的债务余额中，有 55%承诺以土地收入偿还，但这些地方 2012 年需还本付息额已达其可支配土地收入的 1.25 倍。公路等行业债务大量靠借新还旧，2012 年高速公路、政府还贷二级公路债务借新还旧额分别为 453.85 亿元、170.69 亿元，其中 6 个省和 1 个省会城市本级，二级公路债务借新还旧率平均为 67%。

(3) 一些地方债务管理不规范，融资平台公司清理不到位。2011—2012 年，地方有关部门违规为 817.67 亿元债务提供担保，部分单位以虚假或不合规抵押融资 262.38 亿元；有 378.16 亿元债务资金被挪作他用，还有 271.71 亿元闲置 2 年以上。在转为“退出类”的 61 家融资平台公司中，有 55 家未完全剥离原有债务或公益性融资任务；这些地方 223 家融资平台公司 2012 年偿债资金中，有 54%来源于财政和举借新债，有 151 家当期收入不足以偿债。③

在这种形式之下，中国整个宏观经济运行必然会面临下行的压力。唐建伟(2012)认为，2012 年是地方政府偿债的高峰年之一，潜在风险已在局部有所凸显。而地方政府的财力一旦出现问题，后续经济承受的下行风险无疑将加大。李佐军表示：“地方政府的收入来源，如工商企业税收、土地财政等大大减少，支出的压力反而持续增加，尤其是还本付息压力在增加，最后

① 蔡昌.对增值税“扩围”问题的探讨[J].税制改革，2010(5)：44-45.

② 高培勇.“营改增”的功能定位与前行脉络[J].税务研究，2013(7)：4-6.

③ 刘家义.关于 2012 年度中央预算执行和其他财政收支的审计工作报告[R].2013(06)：11-13.

的结果就是财政收支失衡压力加大；如果经济进一步下滑，地方政府的负债压力会急剧加大。”贺铿则指出，债务风险不在于债务占国内生产总值（GDP）的比例是多少，例如欧洲的债务占GDP的比例约在40%，日本是100%，但是欧洲一些国家反而出了问题。中国的债务比例在40%以内，但是存在很多深层次问题，是很容易出问题的。他透露，目前已经出现个别地方政府还债难的现象。徐立凡（2013）认为，从地方政府的信用来说，由于正规地方债都由财政部代为发售，实际上担保风险并不大，真正承担信用风险的是中央财政。而多年来中央财政的高速增长，保证了不会出现基本的信用问题。但从地方政府的直接债务来说，则确实存在不少风险。一方面，地方政府的融资渠道多种多样，走正规渠道的占多大比例不得而知。另一方面，近年来地方政府债务率过高、拖欠债务等情况已有出现，而且有的地方情况还很严重。审计署6月上旬发布的“36个地方政府本级政府性债务审计结果公告”显示，36个地方政府中16个地区债务率超100%，债务率最高达219%，这已经远远超过60%的警戒线；此外，还查出其违规为817亿元债务提供担保。窥一斑而知全豹。尽管现在还需要对全国性的政府性债务作出审计，但一些地区债务风险过高，违规担保额度过大已是不争的事实。如果不将全面情况查清楚，那就既无法回答国际上一些人对中国政府性债务的疑虑，也不利于全面降低地方债务的风险。相反，很可能出现的情况是：地方造成的债务风险由国家承担，全体纳税人成为地方激进融资的买单者。①

针对此类宏观经济运行的下行风险，各学者纷纷献策，短期的政策建议着力于规范地方融资行为，抑制地方债务的过度增长，降低地方政府债务的累积风险。具体来说，首先是要尽快摸清地方债务特别是隐性债务的底数，尽快实现政府债务信息透明化，在此基础上强化问责机制，将地方政府债务纳入地方政府决策者和金融监管者的问责范围，建立项目监管制，监控信贷资金流向，还要加快建立地方投融资平台和金融机构破产清算的配套制度。对于地方政府投融资平台要重点进行规范，包括做实资本金，限制负债率，健全治理结构，培训平台高管等（肖耿等，2009；高自强，2010；贾康，2010；刘煜辉、张榉成，2010；时红秀，2010；魏加宁，2010）。对于如何完善财政体制，刘尚希（2009）提出了实行辖区财政的建议，也即让每一级政府建立其辖区范围内各级财政平衡的责任目标，实现各级财政财力与事权的匹配。对于转变政府职能，许成钢（2010）指出，进一步深化政企分开的体制改革，地方政府退出对商业活动的直接参与是非常重要的。而就地方治理结构而言，改变现行体制对地方官员片面追求经济增长的激励，使地方政府从经济增长型政府转变为公共服务型政府（陈健，2007）。②

二、风险识别

大量文献研究表明，中国各级地方政府投资对经济增长起到了重大作用，并且长久以来中国税收收入的超GDP增长，以及地方政府债务的膨胀为经济增长提供了强大支持。但结构性减税政策的实施，尤其是“营改增”的推进可能会减少中国的税收收入总量，并降低税收收入的增长速度。而地方政府债务的膨胀也会促使中央政府加强对地方债务问题的管理。税收收入增长

① 徐立凡. 政府性债务不能是个谜团. [EB/OL]. http://www.chinanews.com/gn/5094238.shtml. 2013-7-29.

② 龚强，王俊，贾珅. 财政分权视角下的地方政府债务研究：一个综述[J]. 经济研究，2011(7)：145-147.

速度放缓与地方政府债务管理加强所引致的政府投资的减少会产生经济增长速度的下行风险。

(一)"营改增"之后财政收入增长速度放缓的风险

近十年来,中国税收收入快速增长,税收与个人收入占国民收入的比重出现了此消彼长的现象。中国税收收入占国民收入的比重大幅度上升,而个人收入占国民收入的比重大幅度下降[高培勇(2006)①、安体富和蒋震(2009)②等]。宏观税负在国际惯例中一般都是通过同时期税收收入与GDP之比来衡量的,表示该时期内生产的全部最终产品和劳务的总价值中有多少比例以税收的形式被政府征用。因此,可以用宏观税负的概念来说明中国税收收入超国内生产总值增长的现象。现有的研究表明,宏观税负水平过高会抑制经济增长(如Marsden,1983③;Reed,2008④)。而国内方面,王军平和刘起运(2005)基于中国1985—2004年时间序列数据的回归结果显示,宏观税负率每提高1个百分点,GDP增长率就会下降0.02个百分点⑤。

表9-2 **1995—2012年税收超国内生产总值增长情况**

年份	国内生产总值增速(%)	国家税收收入增速(%)	差值(%)
1995	26.13	17.77	−8.36
1996	17.08	14.44	−2.64
1997	10.95	19.16	8.21
1998	6.87	12.49	5.62
1999	6.25	15.33	9.08
2000	10.64	17.78	7.14
2001	10.52	21.62	11.09
2002	9.74	15.26	5.52
2003	12.87	13.50	0.63
2004	17.71	20.72	3.01
2005	15.67	19.09	3.41
2006	16.97	20.94	3.97
2007	22.88	31.08	8.20
2008	18.15	18.85	0.71
2009	8.55	9.77	1.22
2010	17.78	23.00	5.22

① 高培勇.中国税收持续高速增长之谜[J].经济研究,2006(12):13-23.

② 安体富,蒋震.调整国民收入分配格局提高居民分配所占比重[J].财贸研究,2009(7):50-55.

③ MARSDEN K. 1983. Links between Taxes and Economic Growth: Some Empirical Evidence [C]. World Banking Working Paper, 1983(605).

④ REED W R. The Robust Relationship between Taxes and US State Income Growth [J]. National Tax Journal, 2008(61):57-80.

⑤ 王军平,刘起运.如何看待中国宏观税负——基于"非应税GDP"的科学评价[J].财贸经济,2005(8):34-42.

（续表）

年份	国内生产总值增速(%)	国家税收收入增速(%)	差值(%)
2011	17.83	22.58	4.74
2012	9.69	12.12	2.43
平均值	14.24	18.08	3.85

数据来源:《2013年中国统计年鉴》。

注:国内生产总值增速=(本年度国内生产总值－上年度国内生产总值)÷上年度国内生产总值;国家税收收入增速=(本年度国家税收收入－上年度国家税收收入)÷上年度国家税收收入;差值=国家税收收入增速－国内生产总值增速;平均值为各年度非加权平均值。

从表9-2可以看出,从1995—2012年中国税收收入一直保持高速增长。1995—2012年,中国税收收入的平均增长速度为18.08%,超过国内生产总值(可变价格)14.24%的平均增长速度,并且除1995年与1996年以外,其他年份的税收收入增长速度均高于国内生产总值的增长速度。税收收入超国内生产总值增长意味着中国宏观税负不断升高,每年的国民收入中有越来越多的份额被政府以税收的形式占有。①

过高的宏观税负水平对经济的负面作用是毋庸置疑的,但是这也为中国政府提供了充足的财政收入,保证了中国政府的支出,为政府采取促进经济增长、进行宏观调控等政策措施提供了充足的资金保证。各级政府已经习惯了财政收入的高速增长,在这种情况下,实行减税的税收政策引起中国财政收入的减少可能会产生很多负面影响。

（二）结构性减税与加强地方政府债务管理所引起的短期经济下行风险

中国转型期的一个最重要的特征就是地方政府在地区经济乃至全国经济的发展中一直扮演着重要角色,经济转型的过程可以看作是一个从中央政府命令型经济到地方政府主导型经济,再到市场主导型经济的转型过程。当前,中国正处于从地方政府主导型经济向市场主导型经济过渡的进程中,这一时期的主要特征就是地方政府在经济转型中发挥着重要和核心的作用。由于地方政府具有相对独立的经济利益,成为推动中国经济快速增长的行为主体,因此在"GDP竞赛"目标的推动下,各地方政府纷纷采取了许多措施扩大本地投资。这其中,既有地方政府直接增加投资作为总需求的一部分促进地区经济增长,也有通过地方政府投资,为私人投资创造良好的投资环境,进而促进私人投资的扩大从而间接拉动地区经济增长。也就是说,上述两种政府投资的经济增长效应机制同样适用于地方政府。地方政府这种通过加大本地投资带来的经济增长在推动中国经济总体增长中的作用势必会越来越显著。②

刘进、丁伟和刘军民(2004)使用1981—2002年的时间序列分析,得出中国公共支出、公共投资对经济增长有正向影响,且累积效应和相关滞后性较为明显的结论。③ 张海星(2004)

① 根据同一时期OECD统计数据显示,世界上主要国家的宏观税负均保持在一个稳定的水平上,甚至美国等个别国家近年来还有轻微下降的趋势。OECD, Revenue Statistics 2010 - Special feature: Environmental Related Taxation, OECD Publishing. http://dx.doi.crg/10.1787/rev_stats-2010-en-fr。

② 张宏霞.中国地方政府投资的经济增长效应研究[J].哈尔滨商业大学学报(社会科学版),2012(5):26-34.

③ 刘进,丁伟,刘军民.关于公共支出与经济增长关系的分析与实证研究[J].财政研究,2004(3):50-52.

运用内生增长理论构建计量经济模型，对公共物质资本投资、公共人力资本投资及R&D投资与经济增长的相关性进行了协整检验和格兰杰因果关系检验，发现这三种公共投资具有不同程度的正向经济增长效应，并且其促进经济增长的路径也不相同。① 于长革(2004) 通过建立政府公共投资与经济增长之间的关系的理论模型，得出结论：公共投资通过直接的资本形成和间接对私人投资的刺激，对经济增长具有明显促进作用，两者呈显著的正相关关系。② 郭庆旺和贾俊雪(2006) 对中国1978—2004年公共资本投资对长期经济增长的影响作实证分析。结论是，中国两种形式的公共资本投资与经济增长之间确实存在着长期均衡关系。其中，政府公共物质资本投资对长期经济增长的正影响更为显著，而公共人力资本投资对长期经济增长的正影响较小，且在短期内不利于经济增长。③ 庄腾飞(2006) 建立了两个计量模型，对中国14个省区1991—2003年的面板数据进行了实证检验，得出在转型经济时期的中国，无论公共支出还是政府消费性支出都对经济增长有显著的正向作用，而公共支出中的转移性支出与经济增长呈现非常弱的正相关关系。④

可以看出地方政府投资对中国经济增长具有明显的正面效果，在结构性减税尤其是"营改增"导致的政府税收收入增长速度放缓的情况下，地方财政收入进一步减少，限制了地方政府可利用的税收收入数量。与此同时，地方债务问题进一步加剧，中央开始高度重视与管理地方政府债务问题，进一步限制了地方政府可使用的资金来源。在这种情况下，地方政府投资必然会减少，从而引起中国经济增长速度的短期放缓。

(三) 结构性减税与加强地方政府债务管理引起长期经济增长速度下行的风险

储蓄率是经济增长理论中的重要因素，不管是传统的索洛增长模型还是后来发展的内生增长模型都将储蓄率作为一个重要的因素来分析一国经济的长期均衡增长速度问题。不管是结构性减税还是加强地方政府债务管理都会减少政府可利用的资金的数量。由于一般认为居民的储蓄率要低于政府部门，因此这会降低中国整体的储蓄率水平，从而对经济的长期增长产生影响。张卫国等(2010)基于中国29个省、自治区、直辖市1987—2007年面板数据，实证检验了地方政府投资行为与经济长期增长的关系，认为地方政府投资行为对经济长期增长有着显著的促进作用。其中一个重要原因在于实行财政分权制度以来的激励机制强化使然，地方政府作为具有相对独立利益的经济主体更加积极地参与经济生活，通过采取多种方式努力吸引和扩大投资；为促进当地经济发展，地方政府之间还展开竞争，地方政府间的竞争改善了投资的政策环境，也促进了市场机制的生成与发展，从而较为有力地促进了经济增长。⑤ 因此，可以看出，实施结构性减税或加强地方政府债务管理会引起中国经济长期增长速度下行的风险。

(四) 结构性减税与地方政府债务风险

自2008年国际金融危机以来，中国政府推行4万亿元投资计划是金融危机后最早出台的

① 张海星.公共投资与经济增长的相关分析——中国数据的计量检验[J].财贸经济，2004(11)：43-49+97.

② 于长革.经济增长与政府公共投资分析[J].经济科学，2004(6)：103-111.

③ 郭庆旺，贾俊雪.政府公共资本投资的长期经济增长效应[J].经济研究，2006(7)：29-40.

④ 庄腾飞.公共支出与经济增长关系的新视角——基于省际面板数据的经验研究[J].财经科学，2006(11)：45-52.

⑤ 张卫国，任燕燕，侯永建.地方政府投资行为对经济长期增长的影响——来自中国经济转型的证据[J].中国工业经济，2010(8)：23-33.

应对计划，其资金流向主要为公共基础设施建设领域、公共服务领域以及灾后援建领域。而为配合中央的 4 万亿元投资计划，各地方政府也开始推行配套投资计划，这也就催生了地方政府债务规模不断扩大、债务增长速度不断加快等问题。地方政府投融资平台缺乏有效的监管体系，由此带来的债务风险日益加大，引起了学术界的广泛讨论。

政府融资的理论主要源于"市场失灵"这一现象，即公共物品、准公共物品的提供需要借助政府的力量，故政府举借债务目的不同于营利性微观主体，其在投资时并不适用成本—收益模型进行分析。也可以说，政府投资更看重的是整个社会福利的增加，即达到全民福祉帕累托改进状态。相应的，其投资领域主要为那些风险大、投资期长、收益较少，很多企业不愿意投资的领域，而这种投入与收益的不对等，正是政府债务存在风险的重要因素。此外，政府融资渠道相对比较单一，主要依赖于银行信贷方式，尤其以短期借款为主，但若出现银行资金短缺的情况（如 2013 年中期银行业"钱荒"现象），则地方政府融资则会产生资金链条断裂隐患，面临资金周转困境，进而产生债务风险。

三、风险的传导机制

（一）"营改增"之后财政收入增长速度放缓的风险

增值税"扩围"改革早已引起了众多学者的关注，前期的争论与研究主要放在了对增值税"扩围"的意义及目标、"扩围"的路径及行业选择等方面。早在 2002 年，邵瑞庆等人就对交通运输业实行增值税的可行性进行了分析。① 贾康、施文泼(2010)通过研究两税并行的弊端，指出实行增值税"扩围"的必要性，并提出增值税"扩围"改革的最终目标是建立一个全面覆盖商品和服务的增值税。② 肖绪湖、汪应平(2011)则认为单一的增值税并非是最好选择，现阶段中国营业税税制的优越性仍然存在，统一增值税制时机并不成熟。③ 王金霞(2009)认为扩大增值税征收范围应分三步达到对生产、销售的所有领域征收增值税的目标，同时，应合理确定中央与地方财权，积极稳妥地进行税务机构改革。④ 胡怡建(2011)总结了上海市在解决增值税"扩围"难题中的一些制度创新。⑤ 姜明耀(2013)指出上海试点方案距离改革的理想目标仍有相当大的距离，认为可将货物与劳务双元增值税模式作为过渡方案，首先解决营业税不利于服务业专业化的突出矛盾，建议构建收入清算系统，依据消费型增值税目的地原则，结合产品的最终消费形态以消费地划分收入，维持现行增值税收入共享机制与地方税收管理权基本不变，降低改革阻力，确保改革稳步推进。⑥

在经历了对要不要"扩围"、什么时间以及如何"扩围"的讨论之后，很多学者开始对增值税"扩围"对税收收入的影响展开研究。如姜明耀(2011)通过对"扩围"后行业税负的测算，指出增值税"扩围"改革所导致的服务业税负波动幅度大于工业，服务业行业增值率较高且行业间

---

① 邵瑞庆，巫珊玲，劳知雷. 交通运输业实行增值税的可行性分析[J]. 税务研究，2002(10)：56-59.

② 贾康，施文泼. 关于扩大增值税征收范围的思考[J]. 中国财政，2010(19)：39-41.

③ 肖绪湖，汪应平. 关于增值税扩围征收的理性思考[J]. 财贸经济，2011(7)：24-28+62.

④ 王金霞. 扩大增值税征税范围的思考[J]. 税务研究，2009(8)：48-50.

⑤ 胡怡建. 增值税扩围风向[J]. 新理财(政府理财)，2011(11)：24-25.

⑥ 姜明耀. 货物与劳务双元增值税模式探讨——增值税"扩围"改革的一个过渡方案[J]. 财贸经济，2012(3)：31-37.

差距明显是服务业税负波动较大的重要原因。[①] 潘文轩(2012)提出根据税负平衡点谨慎选择服务业行业税改后适用的增值税税率，并认为上海市增值税"扩围"制定的租赁业、交通运输业的试点税率水平偏高，有必要予以降低。[②] 胡怡建和李天祥(2011)认为增值税"扩围"对税收收入的影响程度主要取决于营业税和增值税税率、服务业增值率、产品和服务的中间投入结构等方面的因素。[③] 胡春(2013)运用投入产出表对上海改革方案推广到全国后对税收收入的影响进行了分析。结果发现，增值税"扩围"改革会导致税收收入减少，但不同行业有增有减。[④]

正如上文所述，中国学术界和政策研究部门普遍认为"营改增"能够减少国家税收收入，促进中国经济增长，但是其分析主要停留在静态层面，对"营改增"经济效应在长期中的演变没有很好地阐述清楚。以"营改增"对税收收入的影响为例，供给学派认为，减税政策可以促进经济的增长，而经济的增长又可以通过扩大税基来促进税收收入的增长。虽然在减税政策之初，国家税收收入大幅减少，但是随着减税政策对经济的带动作用显现，税基扩大，税收收入又有所回升，因此，"营改增"对税收收入的影响应该是逐渐减弱的。一般认为，减税对经济的带动作用有限，减税政策之后税收收入虽然有所回升，但是回升幅度有限，一般不能超过最初的税收收入水平。但是，"营改增"不仅仅是一项减税政策，它还可以减少重复征税，优化资源配置，对经济的带动作用要大于一般的减税政策，这就为"营改增"之后税收收入回升，并最终超过原有的水平提供了可能。

增值税"扩围"政策对税收收入的影响可以分为直接影响与间接影响。增值税"扩围"政策对税收收入的直接影响，主要分为两个方面：一方面，是"扩围"行业的两税税负变化以及原增值税纳税行业的可抵扣进项税额增加两种效应引起的，一般来说，这是一种减税效应，这种效应主要是对两税(营业税、增值税)、城建税及教育费附加产生影响；另一方面，相关企业两税税负的减少会影响企业的利润，从而对企业所得税产生影响，一般来说这是一种增税效应。因为"扩围"对第二方面的影响程度明显小于第一方面。因此，总体来说，增值税"扩围"对税收收入的直接影响是一种减税效应。增值税"扩围"政策对税收收入的间接影响主要表现为增值税"扩围"改革减少了营业税的重复征税现象，减轻了部分行业税负，优化了资源配置，带动了经济发展，使得两税税基增加，从而又对税收收入的增长产生了促进作用，本章称为增值税"扩围"对税收收入影响的间接效应。增值税"扩围"的这两种效应共同对国家税收收入产生影响。

(二) 结构性减税与加强地方政府债务管理所引起的短期经济下行风险

结构性减税会在短期内减少政府税收收入，在长期中减缓税收收入的增长速度，从而减少国民总收入中政府多占的份额。加强地方政府债务管理会减少地方政府对非财政收入资金的使用能力。由于一般认为居民的储蓄率要低于政府，从而结构性减税与加强地方政府债务管理会减少整个社会的储蓄率，从而降低整个社会的投资率。凯恩斯理论认为在社会有效需求

---

① 姜明耀. 增值税"扩围"改革对行业税负的影响——基于投入产出表的分析[J]. 中央财经大学学报，2011(2):11-16.

② 潘文轩. 增值税扩围改革有助于减轻服务业税负吗？——基于投入产出表的分析[J]. 经济与管理，2012(2):51-54.

③ 胡怡建，李天祥. 增值税扩围改革的财政收入影响分析——基于投入产出表的模拟估算[J]. 财政研究，2011(9):18-22.

④ 胡春. 增值税"扩围"改革对财政收入的影响——基于上海改革方案和投入产出表的分析[J]. 财经科学，2013(1):118-124.

不足、生产要素就业不充分时增加政府投资能够促进经济增长。而且如前文所述，在中国现有的情况下，政府投资对经济增长起到了积极的促进作用。因此，结构性减税与加强地方政府债务管理会减少政府对国民收入的使用能力，从而减少社会储蓄率水平，进而产生短期经济增长速度下行的风险。

（三）结构性减税与加强地方政府债务管理引起长期经济增长速度下行的风险

索洛增长模型几乎是所有增长分析的起点，对于理解经济增长理论具有重要的意义，因此本章使用索洛增长理论的一些概念来解释由于加强政府债务管理而导致的政府购买或政府投资减少对经济增长的影响。下式为索洛增长模型的重要方程①。

$$\dot{k}(t)=sf(k)-(n+g+z)k$$

式中　k——单位有效劳动所拥有的资本量；

$\dot{k}(t)$——k 的增长率；

s——储蓄率；

$f(k)$——生产函数的紧凑形式，表示单位有效劳动的社会产出；

n——人口增长率；

g——技术增长率；

z——折旧率。

因此，$sf(k)$——单位有效劳动的实际投资；

$(n+g+z)k$——为了维持现有的单位有效劳动的资本量而必须维持的投资水平。

当加强政府债务管理，从而导致政府收入减少时，这部分收入会保留在居民部门。当政府可控制的财力减少时，其可以通过减少政府投资或者减少政府购买来实现政府财政支出平衡。政府的这两种政策选择会产生两种不同的结果。由于一般认为总投资等于总储蓄，因此，政府部门减少政府购买会增加社会的总储蓄率，而政府部门减少政府投资会减少社会的总储蓄率。由于政府部门的政府购买具有相对的刚性，与政府投资相比，更不容易减少，因此，本章更倾向于认为党加强地方债务管理时，政府部门会减少政府投资，从而减少社会总储蓄率。据此判断，此处以加强地方政府债务管理导致社会总储蓄率降低为例来分析其对经济增长的影响。

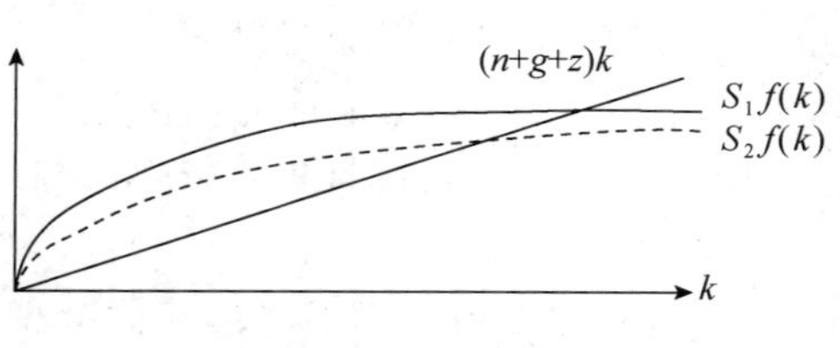

图 9-1　储蓄率变化对单位有效劳动资本量的影响

以图 9-1 为例，图中给出了单位有效劳动的实际投资与持平投资的关系，当实际投资与持平投资曲线相交于一点时经济达到平衡。

式中　s_1——初始的社会总储蓄率；

s_2——政府减少投资之后的社会总储蓄率。

可以看出，如果社会总储蓄率降低，那么实际投资曲线与持平投资曲线的交点将会左移，因此均衡增长路径上单位有效劳动所持有的资本量小于初始状态。

（四）结构性减税引起地方政府债务风险

截至 2013 年 6 月底，地方政府负有偿还责任的债务 108 859.17 亿元，负有担保责任的债

① 戴维罗默. 高级宏观经济学[M]. 3 版. 上海：上海财经大学出版社，2009：11.

务 26 655.77 亿元，可能承担一定救助责任的债务 43 393.72 亿元。为了摸清中国政府债务存量和结构，审计署本着“见人、见账、见物，逐笔、逐项审核”的原则展开了第二次政府债务全面审计，并于 2013 年 12 月 30 日发布审计公告，此次审计的内容既包括政府负有直接偿还义务的负债，还包括政府作为第三方提供担保以及政府负有救助义务而承担的负债。此次共审计 62 215 个政府部门和机构、7 170 个融资平台公司、68 621 个经费补助事业单位、2 235 个公用事业单位和 14 219 个其他单位，涉及 730 065 个项目、2 454 635 笔债务。对每笔债务，审计人员都依法进行了核实和取证，审计结果分别征求了有关部门、单位和地方各级政府的意见。

根据近年来地方政府性债务在举债主体和融资方式上出现的新情况，本次审计，在政府负有担保责任的债务中，包括了全额拨款事业单位为其他单位提供担保形成的债务 383.52 亿元；在政府可能承担一定救助责任的债务中，包括了地方政府通过国有独资或控股企业、自收自支事业单位等新的举债主体和通过 BT(建设—移交)、融资租赁、垫资施工等新的举债方式为公益性项目举借，且由非财政资金偿还的债务 19 730.13 亿元。地方政府性债务具体情况是：从政府层级看，省级、市级、县级、乡镇政府负有偿还责任的债务分别为 17 780.84 亿元、48 434.61亿元、39 573.60 亿元和 3 070.12 亿元(见表 9-3)。

表 9-3 **政府层级债务** 单位：亿元

政府层级	政府负偿还责任债务	政府或有负债	
		担保责任负债	救助义务负债
省级	17 780.84	15 627.58	18 531.33
市级	48 434.61	7 424.13	17 043.70
县级	39 573.60	3 488.04	7 357.54
乡镇	3 070.12	116.02	461.15
合计	108 859.17	26 655.77	43 393.72

从举借主体看，融资平台公司、政府部门和机构、经费补助事业单位是政府负有偿还责任债务的主要举借主体，分别举借 40 755.54 亿元、30 913.38 亿元和 17 761.87 亿元。

从债务资金来源看，银行贷款、BT、发行债券是政府负有偿还责任债务的主要来源，分别为 55 252.45 亿元、12 146.30 亿元和 11 658.67 亿元。

从债务资金投向看，资金主要用于基础设施建设和公益性项目，在已支出的政府负有偿还责任的债务 101 188.77 亿元中，用于市政建设、土地收储、交通运输、保障性住房、教科文卫、农林水利、生态建设等基础性、公益性项目的支出为 87 806.13 亿元，占 86.77%(见表 9-4)。

表 9-4 **债务资金投向**

债务支出投向类别	政府负偿还责任债务	政府或有负债	
		担保责任负债	救助义务负债
市政建设	37 935.06	5 265.29	14 830.29
土地收储	16 892.67	1 078.08	821.31

（续表）

债务支出投向类别	政府负偿还责任债务	政府或有负债	
		担保责任负债	救助义务负债
交通运输设施建设	13 943.06	13 188.99	13 795.32
保障性住房	6 851.71	1 420.38	2 675.74
科教文卫	4 878.77	752.55	4 094.25
农林水利建设	4 085.97	580.17	768.25
生态建设、环境建设	3 218.89	434.60	886.43
工业和能源	1 227.07	805.04	260.45
其他	12 155.57	2 110.29	2 552.27
合计	101 188.77	25 635.39	40 684.31

其中，用于土地收储债务形成大量土地储备资产，审计抽查的34个重点城市，截至2013年6月底储备土地1 602平方千米；用于城市轨道交通、水热电气等市政建设和高速公路、铁路、机场等交通运输设施建设的债务，不仅形成了相应资产，而且大多有较好的经营性收入；用于公租房、廉租房、经济适用房等保障性住房的债务，也有相应的资产、租金和售房收入。

从未来偿债年度看，2013年7～12月、2014年到期需偿还的政府负有偿还责任债务分别占22.92%和21.89%，2015年、2016年和2017年到期需偿还的分别占17.06%、11.58%和7.79%，2018年及以后到期需偿还的占18.76%。①

根据近年来的审计结果，以及地方政府债务的实际情况，笔者认为有如下问题较为突出：

一是部分地区债务规模增长较快，一些省会城市本级的债务风险凸显。36个地方政府本级中，有11个省本级和13个省会城市本级2012年债务规模比2010年有所增长，其中4个省本级和8个省会城市本级债务增长率超过20%。一些省会城市本级债务率和偿债率指标偏高，2012年，有9个省会城市本级政府负有偿还责任的债务率超过100%，最高的达188.95%；如加上政府负有担保责任的债务，债务率最高的达219.57%。有13个省会城市本级政府负有偿还责任债务的偿债率超过20%，最高的达60.15%；如加上政府负有担保责任的债务，偿债率最高的达67.69%。由于偿债能力不足，一些省会城市本级只能通过举借新债偿还旧债，5个省会城市本级2012年政府负有偿还责任债务的借新还旧率超过20%，最高的达38.01%。14个省会城市本级政府负有偿还责任的债务已逾期181.70亿元，其中2个省会城市本级逾期债务率超过10%，最高的为16.36%。

二是地方政府筹融资平台负债比重仍然较高。从审计结果中的表述来看，其绝对额度仍居首位，所占比例分别为对应项目的37.44%、33.14%、46.36%，详见表9-5。

① 审计署. 2013年第32号公告：全国政府性债务审计结果.

表 9-5 地方政府负债

举债主体类别	政府负偿还责任债务	政府或有负债	
		担保责任债务	救助义务负债
融资平台公司	40 755.54	8 832.51	20 116.37
政府部门和机构	30 913.38	9 684.20	0.00
经费补助事业单位	17 761.87	1 031.71	5 157.10
国有独资或控股企业	11 562.54	5 754.14	14 039.26
自收自支事业单位	3 462.91	377.92	2 184.63
其他单位	3 162.64	831.42	0.00
公用事业单位	1 240.29	143.87	18 963.36
合计	108 859.17	26 655.77	43 393.72

三是部分地方以土地出让收入为偿债来源的债务余额增长，但土地出让收入增幅下降，偿债压力加大。2012 年年底，4 个省本级、17 个省会城市本级承诺以土地出让收入为偿债来源的债务余额 7 746.97 亿元，占这些地区政府负有偿还责任债务余额的 54.64%，比 2010 年增长 1 183.97 亿元，占比提高 3.61 个百分点；而上述地区 2012 年土地出让收入比 2010 年减少 135.08 亿元，降低 2.83%，扣除成本性支出和按国家规定提取的各项收入后的可支配土地出让收入减少 179.56 亿元，降低 8.82%。这些地区 2012 年以土地出让收入为偿债来源的债务需偿还本息 2 315.73 亿元，为当年可支配土地出让收入的 1.25 倍。①

可见，地方政府主要是依靠筹融资平台进行资金借入，而主要依靠土地出让收入来偿还负债，土地财政特点显著。

四、风险的度量

(一)"营改增"之后财政收入增长速度放缓的风险

根据田志伟(2014)通过 CGE 模型的测算，我们认为 1＋7"扩围"在不同时间阶段对税收收入的影响差异很大。在静态分析下，1＋7"扩围"会使得税收收入减少 2.148%，按照 2013 年 1～6 月税收收入测算，大约相当于 2 545.84 亿元；在动态分析下，第一年 1＋7"扩围"使得国家税收收入下降 0.754%，大约相当于国家税收收入减少 893.65 亿元；第二年回升到 0.842%，大约相当于国家税收收入增加 997.95 亿元；第三年及以后会逐渐回升到 1.089%，大约相当于国家税收收入增加 1 290.7 亿元。

虽然根据田志伟(2014)②的分析，增值税"扩围"对国家税收收入的减税影响只是暂时的，但是由于营业税与增值税在国家税收超增长中的作用是不同的，因此增值税扩围可能会改变中国国家税收收入超增长的现状。

① 审计署.2013 年第 24 号公告：36 个地方政府本级政府性债务审计结果.

② 田志伟，胡怡建."营改增"对各行业税负影响的动态分析——基于 CGE 模型的分析[J].财经论丛，2013(4)：29-34.

表 9-6 **增值税与营业税税收收入增长速度比较**

年份	增值税增长速度(%)	营业税增长速度(%)	差值(%)
1995	12.74	29.18	16.45
1996	13.85	21.61	7.75
1997	10.84	25.81	14.97
1998	10.49	18.94	8.45
1999	6.98	5.93	−1.05
2000	17.29	12.00	−5.29
2001	17.66	10.45	−7.21
2002	15.33	18.71	3.38
2003	17.13	16.08	−1.04
2004	24.62	25.93	1.31
2005	19.67	18.16	−1.51
2006	18.46	21.18	2.71
2007	21.00	28.34	7.33
2008	16.33	15.86	−0.47
2009	2.69	18.19	15.50
2010	14.13	23.78	9.65
2011	15.04	22.59	7.55
2012	8.86	15.12	6.27
平均值	14.62	19.33	4.71

数据来源:《2013 年中国统计年鉴》。

注:增值税增长速度=(本年度增值税税收收入−上年度增值税税收收入)÷上年度增值税税收收入;营业税增长速度=(本年度营业税税收收入−上年度营业税税收收入)÷上年度营业税税收收入;差值=营业税增长速度−增值税增长速度;平均值为各年度非加权平均值。

表 9-6 给出了中国 1995—2012 年增值税税收收入与营业税税收收入每年的增长速度。可以看出,营业税税收收入的平均增长速度为 19.33%,增值税税收收入的平均增长速度为 14.62%,营业税税收收入的增长速度大于增值税 4.71%。且在 1995—2012 年的 18 年中,营业税税收收入增长速度大于增值税的有 12 年,且一般程度较大;营业税税收收入增长速度小于增值税的只有 6 年,但程度一般较小。这说明营业税的增长速度要快于增值税,在这种情况下,“营改增”之后,国家税收收入的超 GDP 增长可能会放缓。但是这个结论成立的前提是营业税税收收入增长速度快于增值税不是由于营业税税基增长速度快于增值税税基引起的。为了验证这个结论,此处分别测算了增值税与营业税税收收入与其税基之比,并对其增长速度进行了比较,如表 9-7 所示。

表 9-7 **增值税与营业税实际税率**

年份	增值税/增值税税基(%)	营业税/营业税税基(%)	增值税实际税率增长速度(%)	营业税实际税率增长速度(%)
1995	10.43	3.65	−11.98	4.32
1996	10.06	3.80	−3.53	4.03
1997	9.98	4.19	−0.86	10.31
1998	10.67	4.43	6.93	5.71
1999	10.82	4.27	1.49	−3.50
2000	11.37	4.22	5.07	−1.14
2001	12.29	4.10	8.08	−2.85
2002	13.03	4.35	5.97	5.93
2003	13.17	4.48	1.11	3.05
2004	13.83	4.89	5.00	9.15
2005	13.97	4.96	1.05	1.49
2006	14.00	5.08	0.20	2.36
2007	14.00	5.20	−0.04	2.31
2008	13.82	5.08	−1.28	−2.23
2009	13.67	5.29	−1.09	4.08
2010	13.12	5.57	−3.96	5.35
2011	12.88	5.77	−1.89	3.52
2012	13.23	5.90	2.75	2.29
平均值	12.46	4.74	0.72	3.01

数据来源:《2013 年中国统计年鉴》。

注:"增值税/增值税税基"指增值税税收收入与增值税税基之比,增值税税基数据取自《2013 年中国统计年鉴》中的工业(不包括建筑业)国内生产总值;"营业税/营业税税基"是指营业税税收收入与营业税税基之比,营业税税基数据取自《2013 年中国统计年鉴》中的服务业国内生产总值与建筑业国内生产总值之和;增值税实际税率增长速度=(本年度增值税实际税率−上年度增值税实际税率)/上年度增值税实际税率,此处的增值税实际税率=增值税/增值税税基;营业税实际税率增长速度=(本年度营业税实际税率−上年度营业税实际税率)/上年度营业税实际税率,此处的营业税实际税率=营业税/营业税税基。

通过表 9-7 可以看出,从 1995—2012 年"增值税/增值税税基"的平均值是 12.46%,"营业税/营业税税基"的平均值是 4.74%,"增值税/增值税税基"的平均值要大于"营业税/营业税税基"。但是从其增长率来看,增值税实际税率增长速度小于营业税实际税率增长速度。这说明剔除掉增值税与营业税税基差异引起的税收收入的变化之后,营业税税收收入的增长速度仍然快于增值税。

基于这样的判断,增值税"扩围"之后税收收入的增长速度将会放缓。根据《2013 年中国统计年鉴》,2012年营业税税收收入15 747亿元,占国家税收总收入的15.65%,根据我们前面的测算,营业税改为增值税之后,国家税收收入增长平均降低0.74%。同时由于增值税更容易受经济波动的影响,因此,营业税改为增值税之后,不仅国家税收收入增长速度将有所放缓,而且其抗经济波动的能力减弱。

(二) 结构性减税与加强地方政府债务管理所引起的短期经济下行风险

为了研究加强地方政府债务管理对经济增长速度的影响,我们设置了一个中国可计算一般均衡模型,该模型包括商品市场与要素市场,并进一步区分为国内市场与国外市场;包括三个国内经济参与者,即居民、企业与政府,以及一个国外主体;商品市场分为44个部门①,其中1个农业部门,24个工业部门以及19个服务业部门。为了研究企业所得税对收入分配的影响,进一步按照《2011年中国统计年鉴》的标准将居民账户划分为13个组,其中农村5组,城镇8组②。因此,限于篇幅,此处主要介绍生产部门与居民部门模型的构建以及宏观闭合规则③。

1. 生产模块

模型使用两层嵌套的生产函数来描述厂商的生产行为。第一层生产函数,增加值与中间投入以固定替代弹性(CES)生产函数来形成商品的总供给。

$$QA_a = A_a[\delta_a QVA_a^{\rho_a} + (1-\delta_a)QINTA_a^{\rho_a}]^{\frac{1}{\rho_a}}, \quad a \in A$$

企业遵循成本最小化的原则,合理选择不同中间投入的比例。给定企业的产量,企业行为的表现形式为:

$$\min C_a = PVA_a \cdot QVA_a + PINTA_a \cdot QINTA_a, \quad a \in A$$

$$\text{S. T.} \quad QA_a = A_a[\delta_a QVA_a^{\rho_a} + (1-\delta_a)QINTA_a^{\rho_a}]^{\frac{1}{\rho_a}}, \quad a \in A$$

式中 下标 a——a 行业;

QA——行业产量;

QVA——行业增加值;

$QINTA_a$——行业的中间投入;

PVA、$PINTA$——分别表示三者的价格;

A——规模参数;

δ——份额参数。

上述方程表示在固定的生产条件、固定的产量下,使得成本 C 最小。用拉格朗日方程求解:

$$\min L = PVA_a \cdot QVA_a + PINTA_a \cdot QINTA_a$$
$$-\lambda \cdot \{QA_a - A_a[\delta_a QVA_a^{\rho_a} + (1-\delta_a)QINTA_a^{\rho_a}]^{\frac{1}{\rho_a}}\}, \quad a \in A$$

对相应变量求微分,有一阶条件:

---

① 部门划分同时依据《2007年中国投入产出表》与《2010年中国投入产出延长表》。

② 具体划分见《2011年中国统计年鉴》。

③ 模型的其他部分可见张欣(2010)。

$$\frac{\partial L}{\partial QVA_a} = PVA_a - \frac{\lambda A_a}{\rho_a}[\delta_a QVA_a^{\rho_a} + (1-\delta_a)QINTA_a^{\rho_a}]^{\frac{1}{\rho_a}-1}\delta_a\rho_a QVA_a^{\rho_a-1} = 0$$

$$\frac{\partial L}{\partial QINTA_a} = PINTA_a - \frac{\lambda A_a}{\rho_a}[\delta_a QVA_a^{\rho_a} + (1-\delta_a)QINTA_a^{\rho_a}]^{\frac{1}{\rho_a}-1}(1-\delta_a)\rho_a QINTA_a^{\rho_a-1} = 0$$

将上述两个一阶条件合并，我们得到：

$$\frac{PVA_a}{PINTA_a} = \frac{\delta_a}{1-\delta_a}\left(\frac{QINTA_a}{QVA_a}\right)^{1-\rho_a}, \quad a \in A$$

这是成本最小化的优化条件。再加上生产模块的价格方程，就得到了 CGE 模型生产模块的三个基本方程：

$$QA_a = A_a[\delta_a QVA_a^{\rho_a} + (1-\delta_a)QINTA_a^{\rho_a}]^{\frac{1}{\rho_a}}, \quad a \in A$$

$$\frac{PVA_a}{PINTA_a} = \frac{\delta_a}{1-\delta_a}\left(\frac{QINTA_a}{QVA_a}\right)^{1-\rho_a}, \quad a \in A$$

$$PA_a \cdot QA_a = PVA_a \cdot QVA_a + PINTA_a \cdot QINTA_a, \quad a \in A$$

第二层生产函数，劳动与资本以固定替代弹性（CES）生产函数来形成增加值。将 QVA 看做是要素市场的供应方程，则同理可得要素市场的三个基本方程。

$$QVA_a = A_a^{va}[\delta_a^{va} QLD_a^{\rho_a^{va}} + (1-\delta_a^{va})QKD_a^{\rho_a^{va}}]^{\frac{1}{\rho_a^{va}}}, \quad \frac{1}{P_a^{va}} \in A$$

$$\frac{WL(1+tval_a)}{WK(1+tient_a)(1+tvak_a)} = \frac{\delta_a^{va}}{1-\delta_a^{va}}\left(\frac{QKD_a}{QLD_a}\right)^{1-\rho_a^{va}}, \quad a \in A$$

$$PVA_a \cdot QVA_a = (1+tval_a)WL \cdot QLD_a + (1+tient_a)(1+tvak_a)WK \cdot QKD_a + tiq_a PA_a QA_a, \quad a \in A$$

QLD、QKD 分别表示不同行业对劳动和资本的需求，WL 与 WK 分别表示劳动和资本的价格。模型将增值税看成一种要素税，$tval$ 与 $tvak$ 分别表示劳动与资本的增值税实际税率。同时，按照通常的处理方法，将企业所得税看做是单独对资本征收的一种税①，用 $tient$ 表示企业所得税的实际税率。

中间投入的方程为：

$$QINT_{ca} = ica_{ca} \cdot QINTA_a, \quad a \in A, c \in C$$

$$PINTA_a = \sum_{c \in C} ica_{ca} \cdot PQ_c, \quad a \in A$$

ica 表示中间投入部分的投入产出直接消耗系数。以上八个方程组成了 CGE 模型的生产模块。

2. 居民模块

居民模块描述居民在收入约束下的效用最大化问题。为了更好地体现企业所得税通过商品向消费者转嫁的行为，此处使用斯通-杰瑞（Stone-Geary）效用函数导出 LES 需求函数，用于刻画商品价格及居民收入变化对居民消费的影响。居民收入主要来自要素市场上的劳动与资本回报，同时还有来自企业对居民、政府对居民以及国外部门对居民的转移支付。居民交纳个人所得税及其他费用之后形成可支配收入，用于消费与储蓄。

---

① 使用一般均衡的方法研究企业所得税问题时经常使用这种处理方法，如 Harberger(1962)。

$$YHh = WL \cdot shif_{hl} \cdot QLSAGG + WK \cdot shif_{hk} \cdot QKSAGG + transfr_{hent} + transfr_{hrow} + transfr_{hgov}, \quad h \in H$$

$$PQ_c QH_{ch} = PQ_c R_{ch} - shrh_{ch}[mpc_h(1 - ti_h)YH_h - \sum_h PQ_c R_{ch}], \quad c \in C, h \in H$$

式中　YH——居民收入；

$QLSAGG$——劳动总供给；

$QKSAGG$——资本总供给；

QH——居民消费量；

下标 h——第 h 组收入群体；

l——劳动；

k——资本；

$shif$——份额参数；

$shif_{hl}$——劳动收入中第 h 组收入群体所占的份额；

$shif_{hk}$——资本收入中第 h 组收入群体所占的份额；

$transfr$——转移支付；

row——国外部门；

ent——企业；

gov——政府；

R_{ch}——第 h 组收入群体对商品 c 的基本消费量；

$shrh_{ch}$——第 h 组收入群体花费在商品 c 上的边际预算份额；

mpc——居民的消费倾向；

ti——所得税税率。

3. 宏观闭合规则选择

研究中国国情可发现：首先，中国劳动力市场具有大量的剩余劳动力，存在大量非自愿失业或者隐性失业。其次，中国固定资产投资受利率和税收政策影响较小，而受政府行为影响较大。再次，中国国内有效需求不足，内需对经济的带动作用有限。这三点正好符合凯恩斯闭合中生产要素具有价格下降粘性、经济主要依靠有效需求来拉动的本质，因此此处选择凯恩斯闭合作为 CGE 模型的闭合规则。

$$WL = \overline{WL}$$
$$WK = \overline{WK}$$

为了剔除其他因素对商品价格的影响，将投资、政府购买及国外部门储蓄外生，内生化政府储蓄以及实际税率。

4. 政策情景设置

现有的宏观数据本身是含税的，因此，为了研究加强地方政府债务管理对经济增长的影响，需要使用反事实假设。假设由于加强地方政府债务管理而导致政府可支配资金减少是会通过两种途径达到收支平衡：第一种是减少政府购买，第二种是减少政府投资。此处使用这两种假设作为政策扰动项来研究加强地方政府债务管理对经济增长的影响。

5. 数据基础与参数选择

为了构建社会核算矩阵，根据《2011 年中国统计年鉴》以及国务院发展研究中心网统计数据库数据整理得到不同收入群组分别从劳动要素、资本要素以及转移支付中得到的收入构成①。使用国务院发展研究中心网所提供的不同收入分组的家庭人均消费支出数据与《2011年中国统计年鉴》给出的不同收入分组的家庭人口数相结合，测算出不同收入分组的家庭平均消费支出数据。这些数据的行业划分与此处的行业划分并不一致，因此，使用聂海峰等(2010)提供的方法将其一一对应，得到初始的分行业的不同收入分组的消费矩阵。再根据不同收入分组的家庭平均消费支出比例对《2010年中国投入产出延长表》的城镇消费合计与农村消费合计进行划分，作为行控制向量，将《2010年中国投入产出延长表》中的分行业分城乡的消费数据作为列控制向量，然后分别使用RAS法进行更新，将更新后的两个矩阵合并便可得到最终的分行业的不同收入分组的消费矩阵。

本章的社会核算矩阵的编制主要依靠《2010年中国投入产出延长表》、《2007年中国投入产出表》②、《2011年中国统计年鉴》、《2011年中国税务年鉴》、分行业的不同收入分组的消费矩阵以及不同收入分组的收入构成矩阵，社会核算矩阵使用交叉熵RAS法调平。CGE模型中的份额参数以及规模参数通过SAM表校准估算得到，模型中CES生产函数、Armington函数以及CET函数中的替代弹性主要参考郑玉歆(1999)和GTAP5的数据，居民收入弹性和弗里希参数主要参考Thurlow(2008)和GTAP5。

6. 模拟测算结果

表9-8 **政府购买支出变化对主要经济变量的影响**

项目	相对值	绝对值(亿元)	*R*值
政府购买	−10%	−5 197.21	1.00
GDP	−0.90%	−3 652.63	0.70
总工资	−0.52%	−1 105.13	0.21
总资本需求	−1.40%	−2 669.01	0.51
农业	−0.08%	−56.38	0.01
工业	−0.28%	−2 479.52	0.48
服务业	−1.73%	−5 300.33	1.02

注：数据是根据可计算一般均衡模型计算得出。*R*值表示各主要经济变量变化量的绝对值与政府购买支出变化量的绝对值之比。

通过表9-8可以看出，当由于地方政府债务问题导致政府收入减少从而政府购买支出减

① 《2011年中国统计年鉴》对城镇家庭与农村家庭的经营性收入使用了不同的名称，对城镇使用的是“经营净收入”的概念，对农村使用的是“家庭经营收入”的概念。对农村“家庭经营收入”，《2011年中国统计年鉴》给出的解释是农村住户以家庭为生产经营单位进行生产筹划和管理而获得的收入，因此，本章将其计入劳动收入所得，而将城镇“经营净收入”计入资本要素收入。根据郭庆旺、吕冰洋(2012)的测算，这种处理方法严重低估了资本要素收入占居民总收入的比重，这主要是由于高收入人群数据缺失所致，由于并没有更加齐全的数据，因此使用这个数据研究企业所得税对收入分配的影响。但在构建中国社会核算矩阵(SAM)时使用白重恩、钱震杰(2009)提供的方法测算出资本要素与劳动要素收入，然后按照中国统计年鉴的比例在不同收入人群之间进行拆分，得到可计算一般均衡模型社会核算矩阵中的收入构成部分。

② 《2007年中国投入产出表》主要用于行业划分。

少 10%时，国内生产总值将降低 0.9%，总就业减少 0.52%，农业总产值减少 0.08%，工业总产值减少 0.28%，服务业总产值减少 1.73%。可以看出，政府通过减少从居民部门获得收入而减少政府购买时会使得主要经济指标有所降低，这与传统的凯恩斯理论是相一致的。

但是由于地方政府债务的大小未知，更加无法预测加强对地方政府债务的监管会使得政府购买减少多少，因此我们使用各个经济指标变化量的绝对值与政府购买变化量的绝对值相比，得到政府购买变化对各经济指标的影响。通过表 9-8 可以看出，政府购买减少 100 个单位，中国国内生产总值将会减少 70 个单位，居民总工资将会减少 21 个单位，资本总需求减少 51 个单位，农业总产值减少 1 个单位，工业总产值减少 48 个单位，服务业总产值减少 1.02 个单位，这说明加强对政府债务的管理从而导致政府购买的减少对服务业的损害最大，工业次之。

表 9-9 **政府投资支出变化对主要经济变量的影响**

项　目	相对值	绝对值	R 值
投资	−5%	−9 680.20	1.00
GDP	−1.60%	−3 223.21	0.33
总就业	−1.75%	−1 859.85	0.19
总资本需求	−1.36%	−1 298.31	0.13
农业	0.49%	170.10	−0.02
工业	−3.44%	−15 094.75	1.56
服务业	−0.07%	−112.34	0.01

注：数据是根据可计算一般均衡模型计算得出。R 值表示各主要经济变量变化量的绝对值与政府投资支出变化量的绝对值之比。

通过表 9-9 可以看出，当由于地方政府债务问题导致政府收入减少从而减少 5%的总投资时，国内生产总值将降低 1.6%，总就业减少 1.75%，农业总产值增加 0.49%，工业总产值减少 3.44%，服务业总产值减少 0.07%。

其中：总投资减少 100 个单位时，国内生产总值将减少 33 个单位；总就业减少 19 个单位时，资本总需求减少 13 个单位，农业总产值增加 2 个单位，工业总产值减少 156 个单位，服务业减少 1 个单位。这说明加强政府债务管理而导致政府收入减少从而导致总投资减少时会使得国内生产总值减少，且对工业的影响远大于农业与服务业。

表 9-10 **政府购买支出变化对各行业总产值的影响**

行　业	情　景　一	情　景　二
农林牧渔业	−0.04%	−0.08%
煤炭开采和洗选业	−0.22%	−0.45%
石油和天然气开采业	−0.28%	−0.55%
金属矿采选业	−0.14%	−0.27%
非金属矿及其他矿采选业	−0.24%	−0.47%
食品制造及烟草加工业	0.09%	0.17%
纺织业	−0.13%	−0.25%

（续表）

行　业	情　景　一	情　景　二
纺织服装鞋帽皮革羽绒及其制品业	0.03%	0.05%
木材加工及家具制造业	−0.39%	−0.77%
造纸印刷及文教体育用品制造业	−0.47%	−0.93%
石油加工、炼焦及核燃料加工业	−0.29%	−0.58%
化学工业	−0.32%	−0.64%
非金属矿物制品业	−0.11%	−0.22%
金属冶炼及压延加工业	−0.12%	−0.24%
金属制品业	−0.15%	−0.30%
通用、专用设备制造业	−0.14%	−0.28%
交通运输设备制造业	−0.09%	−0.18%
电气机械及器材制造业	−0.08%	−0.17%
通信设备、计算机及其他电子设备制造业	−0.15%	−0.29%
仪器仪表及文化办公用机械制造业	−0.30%	−0.60%
工艺品及其他制造业	−0.04%	−0.07%
电力、热力的生产和供应业	−0.20%	−0.41%
燃气生产和供应业	0.02%	0.04%
水的生产和供应业	0.01%	0.03%
建筑业	−0.03%	−0.06%
交通运输业	−0.39%	−0.79%
仓储业	−0.22%	−0.45%
邮政业	−0.75%	−1.50%
电信业	−0.15%	−0.30%
计算机服务和软件业	−0.06%	−0.12%
批发和零售业	0.03%	0.06%
住宿和餐饮业	−0.27%	−0.53%
金融业	−0.13%	−0.26%
房地产业	0.28%	0.56%
租赁业	−0.24%	−0.49%
商务服务业	−0.31%	−0.62%
研究与试验发展业	−2.06%	−4.12%
综合技术服务业	−0.85%	−1.69%
水利、环境和公共设施管理业	−2.45%	−4.91%
居民服务和其他服务业	0.11%	0.22%
卫生、社会保障和社会福利业	−3.01%	−6.01%
教育	−1.61%	−3.23%
文化、体育和娱乐业	−1.29%	−2.59%
公共管理和社会组织	−4.80%	−9.60%

注：数据是根据可计算一般均衡模型计算得出。情景一与情景二分别对应政府购买减少5%和10%两种情景。

从表 9-10 可以看出，当政府减少购买性支出时，行业总产值减少最多的五个行业分别为“公共管理和社会组织”、“卫生、社会保障和社会福利业”、“水利、环境和公共设施管理业”、“研究与试验发展业”以及“教育”，全部属于服务业。行业总产值增加最多的五个行业分别为“房地产业”、“居民服务和其他服务业”、“食品制造及烟草加工业”、“批发和零售业”以及“纺织服装鞋帽皮革羽绒及其制品业”，有三个服务业，两个制造业。

表 9-11 **政府投资支出变化对各行业总产值的影响**

行 业	情 景 一	情 景 二
农林牧渔业	0.25%	0.49%
煤炭开采和洗选业	−1.48%	−2.95%
石油和天然气开采业	−1.13%	−2.26%
金属矿采选业	−2.56%	−5.12%
非金属矿及其他矿采选业	−2.48%	−4.96%
食品制造及烟草加工业	0.69%	1.39%
纺织业	0.22%	0.44%
纺织服装鞋帽皮革羽绒及其制品业	0.67%	1.35%
木材加工及家具制造业	−1.68%	−3.36%
造纸印刷及文教体育用品制造业	−0.28%	−0.57%
石油加工、炼焦及核燃料加工业	−1.21%	−2.42%
化学工业	−0.70%	−1.40%
非金属矿物制品业	−3.39%	−6.79%
金属冶炼及压延加工业	−2.62%	−5.23%
金属制品业	−2.07%	−4.13%
通用、专用设备制造业	−2.97%	−5.95%
交通运输设备制造业	−1.96%	−3.93%
电气机械及器材制造业	−1.89%	−3.77%
通信设备、计算机及其他电子设备制造业	−1.42%	−2.84%
仪器仪表及文化办公用机械制造业	−1.30%	−2.59%
工艺品及其他制造业	−0.98%	−1.95%
电力、热力的生产和供应业	−1.06%	−2.11%
燃气生产和供应业	0.41%	0.82%
水的生产和供应业	0.68%	1.36%
建筑业	−4.54%	−9.08%
交通运输业	−1.34%	−2.67%
仓储业	−1.86%	−3.73%

（续表）

行业	情景一	情景二
邮政业	−0.17%	−0.34%
电信业	−0.02%	−0.04%
计算机服务和软件业	−1.30%	−2.59%
批发和零售业	−0.31%	−0.61%
住宿和餐饮业	0.55%	1.09%
金融业	−0.07%	−0.15%
房地产业	0.82%	1.65%
租赁业	−0.22%	−0.45%
商务服务业	0.04%	0.07%
研究与试验发展业	−0.78%	−1.56%
综合技术服务业	−1.17%	−2.34%
水利、环境和公共设施管理业	0.35%	0.69%
居民服务和其他服务业	1.30%	2.60%
卫生、社会保障和社会福利业	0.78%	1.55%
教育	1.19%	2.38%
文化、体育和娱乐业	0.40%	0.79%
公共管理和社会组织	−0.03%	−0.07%

注：数据根据可计算一般均衡模型计算得出。情景一与情景二分别对应政府购买减少 2.5%和 10%两种情景。

从表 9-11 可以看出，当投资减少时，行业总产值减少最多的五个行业分别为“建筑业”、“非金属矿物制造业”、“通用、专用设备制造业”、“金属冶炼及压延加工业”以及“金属矿采选业”，均属于工业。行业总产值增加最多的五个行业分别为“居民服务和其他服务业”、“教育”、“房地产业”、“卫生、社会保障和社会福利业”以及“食品制造及烟草加工业”，其中四个属于服务业，一个属于工业。

（三）结构性减税与加强地方政府债务管理引起长期经济增长速度下行的风险

由于索洛增长模型认为社会总资本的增长速度与人口增长速度、技术进步速度以及折旧率有关，而与社会总储蓄率无关。因此，在索洛增长模型的框架下，加强政府债务管理从而导致政府投资减少并不会影响长期经济均衡增长速度，但会影响均衡增长路径下的经济总量。

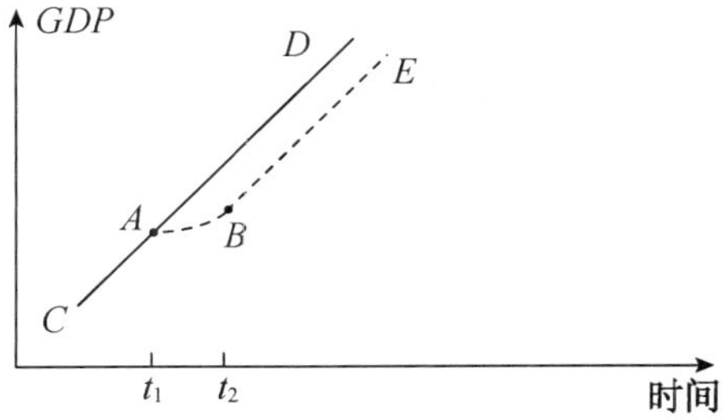

图 9-2 政府投资减少对 GDP 的影响

图 9-2 展示了政府投资减少对中国 *GDP* 的影响。其中，*CD* 为政府投资减少之前 *GDP* 的增长路径，根据索洛增长理论，*GDP* 的平衡增长速度等于人口及技术的增长速度之和，*CD* 的斜率表示 *GDP* 的增长速

度。在 t_1 时刻政府投资减少之后,GDP 的增长路径由 CD 变为 $CABE$。在政府投资减少之初,经济增长速度放缓。因此,AB 段的斜率要小于 CD 的斜率;在长期中,根据索洛增长理论,经济增长速度又重新收敛于人口及技术的增长速度之和,因此,若不考虑政府投资减少对人口增长以及技术进步的影响,BE 与 CD 平行。由此可以看出,政府投资减少能够在短期内减少经济的增长速度,长期中减少经济总量。可以看出,政府投资减少对经济增长速度的贡献是短期的,而对经济总量的贡献是长期的。可以说,政府投资减少对中国经济具有“水平效应”(即对经济总量的影响),但不具有“增长效应”(即对经济长期增长速度的影响)。即政府投资减少在短期内减小了经济的增长速度,在长期中对经济增长速度没有影响,但可以在长期中减少不同时点的经济总量。

(四) 结构性减税与地方政府债务风险

对于政府债务风险掌控的认识,目前通用的指标不仅限于资产负债率、债务率、债务依存度、偿债率、担保债务比率等,但并没有形成一个可以衡量债务风险的标准。所谓的警戒线大多也只是经验判断或有关国家和机构的一些规定。如 1992 年欧盟的《马斯特里赫特条约》规定的赤字率 3%、负债率 60%经常被有关人员引为所谓的“国际安全线”或“国际警戒线”标准,实质上这只是当时加入欧盟的门槛条件而非标准,与衡量财政风险度的“国际安全线”或“国际警戒线”根本不相干。当今世界赤字率超过 3%或负债率超过 60%的国家屡见不鲜,但这些国家并没有出现债务危机、财政危机。如目前美国债务已经超过 14.294 万亿美元的法定上限,达到 15.027 万亿美元,为 2010 年 GDP 的 102.5%,美国的赤字率 2009 年为 11.5%、2010 年为 10.3%。① 可见,分析债务风险,就一定要将中国存量债务实际情况作为出发点和落脚点。

我们认为,理解地方政府债务的关键是其能够可持续存在。Barro(1979)认为,政府的支出原则应为量入为出,即其支出应该等额于其收入,则政府债务的增量为当期可获得的利益作最大值;Besancenot et al.(2004)认为,政府债务资金使用分为消费型和投资型,其中,消费型债务资金没有投资收益,而投资型债务未来会有一定的投资收益,故可用来偿还债务本息,即可计算出赤字率;刘立峰(2009)认为,政府能够承受的最大债务规模应该是其已经无力进行新项目投资时需要归还的负债本息。可用模型表示为:

$$d=\frac{y[1-(1+p)/(1+r)^n]}{(r-p)/(1+r)}$$

$$y=e+c$$

式中 d——政府所能承受债务规模极限;

p——债务增长率;

r——债务平均利率;

n——债务期限;

y——所需偿债资金总额;

e——平台收益;

c——财政收入。

① 冯进路,刘勇.当前及“十二五”期间中国地方政府债务风险问题分析[J].金融观察,2012(2):31-33.

上文所述，政府投资项目一般为微利性质公益性项目，故 y 的值相当于财政收入 c，是可以确定的变量，r 的标准亦可确定，则 d 主要受 $r-p$ 的影响。若 $r<p$，则 $d<0$，说明政府债务是可以持续下去的；若 $r>p$，则 $d>0$，即偿债利率大于债务增长率，也就是说，举借债务无法缓解现存债务压力，这种情况下地方政府债务呈现不可持续局面。

而在实际中，由于土地财政的不可持续性其密切相关的融资平台偿债资金也不可能保持持续增长的势头，一旦融资平台偿债资金增长率随政府土地收益下滑而快速下降，融资平台的偿债能力就将会被极大削弱。特别是当融资平台资金年均增长率低于债务平均利率时，债务将失去可持续性，融资平台无法偿还未来年度的债务本金和利息，债务违约不可避免。因此，通过上述分析可知，由政府土地收益的不可持续性所形成的"融资平台资金增长率持续下降→融资平台偿债能力极大削弱→融资平台债务无法还本付息"的连锁效应将最终导致地方政府融资平台债务风险爆发。①

（五）小结

营业税改为增值税之后，国家税收收入平均增长速度将会有所降低。同时由于增值税更容易受经济波动的影响，因此，营业税改为增值税之后，不仅国家税收收入增长速度将有所放缓，而且其抗经济波动的能力减弱。在税收收入减少的情况下，如果要加强地方债务管理，地方政府资金来源减少，地方政府会通过减少政府性购买或者减少投资来减少开支。我们假设政府减少的这部分开支全部留在了居民部门，用于居民消费。通过研究可以发现，如果加强地方政府债务管理导致地方收入减少，那么不管地方政府减少的是政府性购买还是减少投资，都会导致经济增长速度放缓，从而产生经济增长速度下行风险、就业减少风险等。

根据测算，当由于地方政府债务问题导致政府收入减少从而政府购买支出减少 10%时，国内生产总值将降低 0.9%，总就业减少 0.52%，农业总产值减少 0.08%，工业总产值减少 0.28%，服务业总产值减少 1.73%。由于地方政府债务问题导致政府收入减少从而减少 5%的总投资时，国内生产总值将降低 1.6%，总就业减少 1.75%，农业总产值增加 0.49%，工业总产值减少 3.44%，服务业总产值减少 0.07%。可以看出，政府通过少从居民部门获得收入而减少政府购买时会使得主要经济指标有所降低，这与传统的凯恩斯理论是相一致的。

但是由于无法预测加强对地方政府债务的监管会使得政府购买或政府投资减少多少，因此我们使用各个经济指标变化量的绝对值与政府购买或政府投资变化量的绝对值相比，得到政府购买变化对各经济指标的影响。通过前面测算可以看出，政府购买减少 100 个单位，中国国内生产总值将会减少 70 个单位，居民总工资将会减少 21 个单位，资本总需求减少 51 个单位。农业总产值减少 1 个单位，工业总产值减少 48 个单位，服务业总产值减少 1.02 个单位，这说明加强对政府债务的管理从而导致政府购买的减少对服务业的损害最大，工业次之。总投资减少 100 个单位时，国内生产总值将减少 33 个单位，总就业减少 19 个单位，资本总需求减少 13 个单位，农业总产值增加 2 个单位，工业总产值减少 156 个单位，服务业减少 1 个单位。这说明加强政府债务管理而导致政府收入减少从而导致总投资减少时会使得国内生产总

① 洪源，郭平."土地财政"视角下的地方政府融资平台债务风险研究[J].西安财经学院学报，2012(9)：74-78.

值减少，且对工业的影响远大于农业与服务业。

而且，从中国目前财政收入的结构来看，由于土地财政的不可持续性，其密切相关的融资平台偿债资金也不可能保持持续增长，当融资平台资金年均增长率低于债务平均利率时，地方政府融资平台债务风险可能爆发。

由于索洛增长模型认为社会总资本的增长速度与人口增长速度、技术进步速度以及折旧率有关，而与社会总储蓄率无关，政府投资减少能够在短期内减少经济的增长速度，长期中减少经济总量。我们可以看出，政府投资减少对经济增长速度的贡献是短期的，而对经济总量的贡献是长期的。可以说，政府投资减少对中国经济具有"水平效应"(即对经济总量的影响)，但不具有"增长效应"(即对经济长期增长速度的影响)，即政府投资减少在短期内减小了经济的增长速度，在长期中对经济增长速度没有影响，但可以在长期中减少不同时点的经济总量，也就是说，加强地方政府债务管理具有在短期中降低经济增长速度，在长期中减少经济总量的风险。

五、风险的应对

如前所述，税收收入增速放缓与地方主体税种缺失共同减少了地方政府的税收收入，地方政府税收收入的减少是如前所述的"营改增之后财政收入增长速度放缓的风险"、"结构性减税与加强地方政府债务管理所引起的短期经济下行风险"以及"结构性减税与加强地方政府债务管理引起长期经济增长速度下行的风险"的主要原因，因此应对这三个风险的关键也在于构建地方主体税种，保证地方政府税收收入；加强地方政府债务管理，促进地方政府合理使用地方债，依靠使用效率的提高来弥补资金数量减少的问题等。

(一) 地方主体税种的选择及构建

我们认为，根据世界各国的经验，在中长期可以将房产税作为地方的主体税种。很多学者认为房地产财产税是地方政府的重要收入来源。① 相对于中央财政，竞争性本身就是地方财政所具有的一个重要特征。通过征收财产税，可保障各个地方政府都有一个相对稳定的税源，并使各个地方政府均可按本地的条件设置财产税率，这就可减少地方政府在税源上的竞争，而使各地方政府间的竞争更多地集中到提高公共产品的供应效率上。② 除此之外，房产税的税基不可移动，易于管理与征收，适合作为地方税税种。而且使用房产税作为地方主体税种还可以强化居民的纳税意识与主人翁意识，促进居民监督管理政府，促进社会主义民主建设。而且居民以脚投票的机制还可以促进地方政府加强基础设施建设，促使地方政府将税收收入用于改善民生服务。

2011 年，为贯彻中央政府对房地产行业政策的指导精神，上海、重庆两地迅速开启试点并发布相关实施细则。由于两地制定政策的立足点不同，截至目前收效各异。现将两地政策作梳理、比较如表 9-12 所示。

---

① Fischel, Walliam A. Property Taxation and the Tiebout Model: Evidence for the benefit View Form Zoning and Voting [M]. Cheltenham, UK: Edward Elgar Publishing Limited, 1992: 171-177.

② 邓宏乾，徐松明. 改革房地产税制 重构地方主体税种[J]. 学术论坛，2010(1): 107-112.

表 9-12 上海、重庆两地房地产相关政策比较

项目	上海	重庆
征税对象	上海市家庭购买的第二套及以上住房；非上海市家庭所购住房	重庆市民拥有的独栋商品房；重庆市民新购高档住房；非重庆市民新购第二套及以上住房
应纳税额	应税新购住房面积×单价×税率×70%	应税建筑面积×单价×税率
单价的认定	上年度新建商品房成交价均价	上两个年度城区新建商品房建筑面积成交价平均数
适用税率	0.4%、0.6%	0.5%、1%、1.2%
起征点	人均 60 平方米	独栋存量商品房每户 180 平方米；新购独栋商品房每户 100 平方米

试点运行两年，上海取得房产税收入 166.1 亿元，重庆取得房产税收入 2.4 亿元。如此巨大的税收差距，一方面折射出两地制定政策出发点的不同；另一方面也反映了房产税组织财政收入的能力。

目前，社会各界对房产税的利弊众说纷纭，莫衷一是，有赞成有反对。财政是一个收支协调的体系，评价一个税种的优劣不应仅仅着眼于如何取得收入，还应关注其支出方向。我们认为，房产税改革的重点反而在于财政支出与税收收入的配比情况，如果能明确房产税支出流向，将这部分资金用于局域内保障房及公租房建设、教育、社会保障、医疗体系的改善，其征收阻力与征税成本必然大幅下降。

并且我们认为，现在是中国房产税改革的一个很好的契机。可以利用这次的房产税改革赋予地方政府一定的自主权，使得地方政府可以在一定范围内涉及税率等，部分解决长久以来的地方政府的税权问题。而且，必须注意的是主体税可以不单单是一种主体税，可能是多源，即成为一个主体税体系，除了房产税之外还可依靠征收社会保障税、资源税等来弥补中国地方政府收入的不足。比如在近期内，可以结合资源税改革的契机，两者相互配合共同担起肩挑地方财力的重担。2012 年，随着资源税改革在全国范围内的全面推开，中国资源税收入得以实现较快增长。据国家税务总局统计，2012 年全国资源税实现 904 亿元，比上年增长 51%，其中多个省、市资源税实现 1 倍以上的增长，例如黑龙江省增长 1.89 倍，广东省增长 1.57 倍，吉林省增长 1.52 倍，山东省增长 1.38 倍。今年 1 月，尽管已经没有政策性因素影响，资源税仍实现 91 亿元，同比增长 8%。资源税属于地方税种，资源税增长不仅增加了资源地的财政收入，同时增强了这些地方提供保障和改善民生基本公共服务的能力。以新疆为例，资源税改革之前的 2009 年，新疆资源税收入仅为 12 亿元。2010 年改革仅半年，新疆资源税收入就增长 27 倍，全年收入达 32 亿元。2011 年，新疆资源税收入为 65 亿元，同比增长 1 倍多。2012 年，新疆资源税收入达 69 亿元，3 年增长 5.8 倍。资源税改革给当地财政带来“立竿见影、真金白银”的实际效果。得益于资源税改革，使新疆多项民生工程得以启动。因此，房产税税收收入的可能数值与现有营业税税收收入之间存在差距并不应该成为房产税作为地方主体税种的障碍。①

① 蔺红.资源税改革增强地方财力效应明显[N].中国税务报，2013-07-11(001).

（二）“营改增”之后地方主体税种建立之前的过渡性措施

从长期来看，地方主体税种体系的构建，还可以配合环境税、遗产税等，但并不能一步到位，更不能操之过急。拿环境税来说，其概念符合中国科学发展观念，有利于构建和谐社会，是可以跟随资源税配套启动的税种。从国际上来看，环境税也成为一种税制改革的潮流。在北欧一些国家，比如芬兰、挪威、瑞典等国，纷纷在20世纪90年代开始征收环境税；随后德国、意大利、英国也陆续出台相应环境税收政策；目前美国、日本也在积极筹划开征环境税。若能发挥环境税调节经济的作用，则对中国经济转型十分有利。然而，现在正处于国际宏观经济复苏的大环境之下，中国经济的发展还要充分依靠第二产业，在已经陆续关闭过剩产能的若干行业的情况下如果出台环境税，反而会进一步增加企业负担，故环境税不宜在短期内考虑。再看遗产税，其被人们看好的作用是调节收入差距，促进社会财富积累更加公平、公正，契合“中国梦”的精神。在这样的情况下，征收“遗产税”更加成为了人们的一种愿景，其更多的是提供一种精神抚慰作用，而且，如果现在征收“遗产税”，不仅税源较少、征税成本较大，若免征额设计不科学，还容易引发巨富移民的问题。资本外流则不利于中国经济的发展，故“遗产税”也不宜在现阶段推行。

一般认为房地产作为地方主体税种是一项长期的任务，短期内房地产税收收入可能会较少，从而不能满足地方政府的需要，因此这就需要一项过渡性措施。学术领域内认为可行的过渡性措施主要有三种。

第一种是继续保持现有“营改增”的过渡性方案，将属于原征收营业税的行业征得的增值税划拨给地方政府，满足地方政府收入。这种方法简单易行，但是却存在行业划分问题，容易形成地税局与国税局争抢税源，会加大征管成本。

第二种是改革现有的增值税的分享比例，对“营改增”之后的行业进行统一征收，将征收到的增值税税收收入按比例划分为地方政府收入与中央政府收入。这一方案的主要缺点在于税权的地域划分会有继续刺激地方政府为了税收收入过度投资的风险，从而造成资源的浪费。而且由于不同地区营业税收收入占地方政府税收收入的比重不同，因此不同地区可能需要不同的分享比例，因此会增加地方政府与中央政府的谈判成本，造成管理的混乱。

第三种是在增值税改革过程中对增值税目前还比较难以征收的行业（如金融业）以及一些进项税额较少的生活性服务业按照简易办法征税，将这一部分分给地方，作为地方政府的收入。这些行业在“营改增”中面临的问题实质上是税负问题。以金融业为例，若无法抵扣的进项税额较大，必然会增加其行业税负，有违“营改增”的原则，故可以考虑采用简易征收的办法作为一定时期的过渡性措施，确定合理的征收率以及减免税政策，我们建议使用这种方案。

（三）加强地方政府债务管理

1. 明确地方政府债务支出范围

1）明确政府与市场之间的关系

政府行为与市场行为的问题一直是财政学界热度不减的话题，党的十八届三中全会指出：要发挥市场在资源配置中的决定性作用。在这样的背景下，应该更加重视上位概念的理顺，正确划分政府与市场边界，力争政府行为不缺位、不越位，将一些市场项目交给民间资本运营，减轻财政支出压力。政府职能的发挥理论上应回归到提供公共物品上，故政府举债支出也应该与此相匹配。

2）明确中央财政与地方财政之间的关系

长期以来，中国中央政府与地方政府之间存在财力与责任不对等的问题，1978年，中央的财政收入比重为15.5%，地方的财政收入比重为84.5%，经过逐年改革，中央的财政收入总体上升，而地方却相反，至2010年，中央的财政收入已达到51.1%，地方的财政收入比重为48.9%。然而，中央与地方之间事权的变化却与之不相匹配，地方政府承担的公共事务从40%上升到75%左右。这会使得地方的事权与财权之间的矛盾更加尖锐。因此，必须合理确定中央与地方政府之间的事权划定范围与财权分配关系，按照事权和财权相匹配的原则深化财政体制改革，明确地方政府举借债务的支出范围。

3）完善地方政府政绩考核机制

目前，中国地方政府官员的考核指标以GDP为主，故地方政府多有投资冲动，以拉动本地GDP增长，在财政收入有限的前提下，举借债务成为普遍选择。在中国着力转变政府职能的形势下，应完善地方政府政绩考核机制，构建更加契合经济发展方式转变的考核指标，转变地方政府官员执政思路。

2. 完善地方政府债务监管体系

1）构建财政投融资管理体系

为确保财政投融资的支出范围、操作方式与贷款利率符合经济的可持续发展，且能够体现政府政策意图，各地方政府财政部门应该因地制宜，会同其他部门（如国有资产监管部门、金融银行部门、审计部门、投融资管理部门）研究制定出促进投融资平台规范管理、防范风险的发展办法，构建出一套财政投融资管理体系。

2）将地方政府债务纳入预算管理

在目前地方政府债务管理比较混乱的情况下，应将债务资金纳入预算管理，编制各级政府专门的建设资金预算，强化地方政府主要领导平衡预算的政治法律责任，确保地方政府债务规模控制在适度的范围之内，不能给后任留下包袱。地方政府在编制公共预算时应当将政府债务纳入本地区国民经济发展计划，一并报同级权力机构审查，获得批准后作为财政活动予以执行，有效发挥财政部门对政府债务的管理、监控、预警作用，对政府债务借、用、还进行统一规范管理。①

3）对地方政府债务进行披露

汉娜（2002）提出的债务风险矩阵理论认为，地方政府债务分为两种，即显性负债和隐性负债。显性负债由于所受关注比较高，一般会纳入地方政府预算管理之内；而隐性负债隐蔽性强，通常为或有负债，缺乏有效统一的监测管理制度进行管理，成为“火药桶”。针对这种情形，首先，政府应定期对债务进行审计，摸清债务规模与结构。其次，地方政府应该编制资产负债表，对于负债设置明细科目进行反映，对资金的来源和去向进行掌控和比对，披露于公众的视野之中。再次，应该建立地方债务预警机制，一方面，对传统指标如债务率、资产负债率、偿债率等指标进行把握披露；另一方面，因地制宜，设置符合当地实际情况的指标，对地方政府债务进行防控。

3. 加强对地方政府投融资平台整顿

1）对投融资平台债务分类管理

各地政府将地方政府融资平台债务进行分类管理，将其分为纯公共物品、准公共物品和非

① 全承相. 地方政府债务风险管理研究[J]. 湖南财政经济学院学报，2012(28).

公共物品三类，对其分别核算、分别融资，以实现债务规模与偿债资金相匹配，另一方面，也应及时将对应于非公共物品债务进行限制。对于收益不足以偿付的债务，应充分考虑其可行性与必要性，进而限制举债规模，降低负债比率。

2）加强对投融资平台的规范

目前，各地政府投融资平台良莠不齐，应进一步加强对其清理规范，从平台的经营状况、财力能力、平台结构等方面着手，通过资产重组、注入优质资产等方式打造优质平台，弃置劣质平台，规范平台建设。

4. 完善地方政府债务偿还机制

1）科学制定偿债计划

各级地方政府应该对负偿还责任债务、负担保责任债务以及负救助义务债务进行分类以及登记管理，对各类债务区分出账龄，结合前期债务偿还情况以及自身财力情况制定偿还时间表，并进行后续管理。

2）合理设置偿债基金

持续的财政收入补充是偿还债务的保障和前提条件，而目前中国地方财政中，以土地出让作为主要财政收入的情况屡见不鲜，这种非可持续性的财政收入模式应该及时变更。在这种情况下，在建立规范、严密的土地出让收益中长期管理制度的基础上，可考虑设立由政府土地出让金收入扣除土地开发成本后的收益归集形成的土地收益基金，并明确政府土地收益基金动用的依据、程序和年度最高份额，以扭转当届政府在出让土地上的短期行为倾向。同时，采用市场化的基金管理运作模式，实现土地收益保值增值，使得土地收益分配具有可持续性，为各届政府提供较为稳定的建设资金来源。此外，对于地方政府取得财政收入与其他非经常性收入，也可作为偿债基金进行专项管理。

参 考 文 献

[1] 安体富. 如何看待近几年中国税收的超常增长和减税的问题[J]. 税务研究，2002(8).

[2] 安体富，蒋震. 调整国民收入分配格局提高居民分配所占比重[J]. 财贸研究，2009(7).

[3] 曹广忠，袁飞，陶然. 土地财政、产业结构演变与税收超常规增长——中国“税收增长之谜”的一个分析视角[J]. 中国工业经济，2007(12).

[4] 方红生，张军. 攫取之手、援助之手与中国税收超 GDP 增长[J]. 经济研究，2013(3).

[5] 高培勇. 中国税收持续高速增长之谜[J]. 经济研究，2006(12).

[6] 郭喜，高红. 试析中国税收增长率高于 GDP 增长率的价格因素[J]. 内蒙古大学学报(哲学社会科学版)，2009(5).

[7] 胡怡建，刘金东. 存量资产、虚拟经济与税收超 GDP 增长之谜[J]. 财贸经济，2013(5).

[8] 贾康，刘尚希，吴晓娟，史兴旺. 怎样看待税收的增长和减税的主张——从另一个角度的理论分析与思考[J]. 管理世界，2002(7).

[9] 江晶晶，单超. 中国 M2/GDP 高比率问题研究[J]. 经济科学，2010(4).

[10] 李华. 分税制下税务稽查影响因素研究[J]. 财贸经济，2011(3).

[11] 吕冰洋,李峰.中国税收超GDP增长之谜的实证解释[J].财贸经济,2007(3).

[12] 唐登山,吴宏.税收增速大于GDP增速的产业结构分析[J].数量经济技术经济研究,2008(10).

[13] 汤玉刚,苑程浩.不完全税权、政府竞争与税收增长[J].经济学(季刊),2011(10).

[14] 王剑锋.经济因素在税收增长中贡献作用的估算:1997—2005[J].税务与经济,2007(6).

[15] 王军平,刘起运.如何看待我国宏观税负——基于"非应税GDP"的科学评价[J].财贸经济,2005(8).

[16] 温忠麟,张雷,侯杰泰,刘红云.中介效应检验程序及其应用[J].心理学报,2004(5).

[17] 项后军,潘锡泉.汇率变动、货币政策与通货膨胀[J].统计研究,2011(5).

[18] 谢旭人.税收增长为何高于GDP增长[J].中国新闻周刊,2006(4).

[19] 许宪春.税收收入增长与GDP增长[J].税务研究,2005(3).

[20] 周黎安,刘冲,厉行.税收努力、征税机构与税收增长之谜[J].经济学(季刊),2011(1).

[21] ACEMOGLU D, JOHNSON S, ROBINSON J, THAICHAROEN Y. Institutional causes, macroeconomic symptoms: volatility, crises and growth[J]. Journal of monetary economics, 2003, 50(1).

[22] ANG B W, CHOI K H. Decomposition of aggregate energy and gas emission intensities for industry: a refined Divisia index method[J]. The Energy Journal, 1997.

[23] ANG B W, HUANG H C, MU A R. Properties and linkages of some index decomposition analysis methods[J]. Energy Policy, 2009, 37(11).

[24] ANG B W, LIU F L. A new energy decomposition method: perfect in decomposition and consistent in aggregation[J]. Energy, 2001, 26(6).

[25] ANG B W, Zhang F Q. A survey of index decomposition analysis in energy and environmental studies[J]. Energy, 2000, 25(12).

[26] CHAREMZA W W, DEADMAN D F. New directions in econometric practice: General to specific modelling, cointegration and vector autoregression[M]. E. Elgar, 1992.

[27] ENGLE R F, GRANGER C W. Co-integration and error correction: representation, estimation, and testing[J]. Econometrica: Journal of the Econometric Society, 1987.

[28] JOHANSEN S. Cointegration in partial systems and the efficiency of single-equation analysis[J]. Journal of Econometrics, 1992, 52(3).

[29] LESCAROUX F. Decomposition of US manufacturing energy intensity and elasticities of components with respect to energy prices[J]. Energy Economics, 2008, 30(3).

[30] MARSDEN K. Links between taxes and economic growth: Some empirical evidence[M]. World Bank, 1983.

[31] OECD. Revenue Statistics 2010 - Special feature: Environmental Related Taxation, OECD Publishing. http://dx.doi.crg/10.1787/rev_stats-2010-en-fr.

［32］ PESARAN M H， SHIN Y， SMITH R J. Bounds testing approaches to the analysis of level relationships［J］. Journal of applied econometrics， 2001， 16(3).

［33］ REED W R. The robust relationship between taxes and US state income growth ［J］. National Tax Journal， 2008.

［34］ ZARNIKAU J. A note： will tomorrow's energy efficiency indices prove useful in economic studies ［J］. The Energy Journal， 1999.

第十章　低碳视角下中国能源经济发展风险

一、绪论

在人类社会的发展过程中，资源是人类维持生存与发展的必要物质要素，人们通过劳动将资源转化成生活资料，用于支持各项生命活动。能源安全问题是涉及自然资源学、社会学、经济学、环境学、地理学等多学科交叉的复杂科学问题，同时，也是关系国家核心利益的重大战略问题。能源资源、社会经济与环境之间存在着一系列复杂的因果关系和联动效应，开展能源安全理论、方法研究有助于厘清能源系统内部要素之间复杂的因果关系。定量把握能源安全演化的基本态势，为进一步适时制定能源安全战略提供科学依据。

（一）能源风险形势

2013 年，我国煤炭、石油和天然气三大传统能源对外依存度呈现出普遍上涨格局。其中，煤炭进口依存度上涨至 8.13%，天然气对外依存度首超 3 成涨至 30.2%，原油对外依存度达到 57.34%，距离 61%“红线”已经非常接近。

1. 经济增长的不确定性

2011 年以来，福岛核事故、欧债危机、地缘冲突、油价波动等一连串的事件，无一不在刺激着中国能源安全的敏感神经。对于中国这样一个拥有 13 亿人口的大国来说，能源问题具有特别重要的意义。

表 10-1　　**中国 2000—2012 年能源经济基本形势**

年份	能源消费弹性系数	单位 GDP 能耗降低率(%)	SO_2减排率(%)	烟尘减排率(%)	常规能源的占比(%)	常规能源自给率(%)
2000	0.42	6.42	−6.92	−0.52	93.58	90.15
2001	0.4	6.49	2.42	8.15	92.5	90.02
2002	0.66	3.41	1.1	5.42	92.7	89.36
2003	1.53	−2.13	−10.74	−3.56	93.51	88.54
2004	1.6	1.33	−4.28	−4.48	93.28	86.91
2005	0.93	4.42	−11.55	−8.04	93.22	88
2006	0.76	6.29	−1.52	7.99	93.34	87.34
2007	0.59	11.75	4.89	9.36	93.18	86.86
2008	0.41	12.06	6.33	8.57	92.34	87.39
2009	0.57	2.96	4.82	6.02	92.24	87.69
2010	0.58	8.35	4.52	6.31	91.74	87.71
2011	0.76	6.64	4.01	5.64	91.33	87.87
2012	0.51	7.92	3.91	4.98	90.91	88.03

未来5～10年仍将是中国工业化和城市化进程快速深化的阶段，能源需求还将进一步增加。从表10-1可以看出：能源消费弹性系数和单位GDP能耗相比前几年得到了有效的降低，能源的主要污染物SO_2和粉尘得到了有效控制，从2007年起污染物总量持续下降。常规能源（煤炭、石油和天然气）占一次能源比率逐年下降，且常规能源的总体自给率高于其他发达国家。这些反映了中国能源风险的新变化趋势，碳排放效率和油气对外依存度逐渐引起人们的重视，控制总能源消耗量成为主要目标。

2. 能源格局的不平衡

总体来讲，在世界能源格局中，美洲国家能源失衡的状况有所改善，但其能源进口依存度也会继续上升，这一变化也为世界能源格局的变动带来诸多不确定因素。在北美地区，随着生物燃料产量的增长引发的乙醇汽油对原油进口的替代，以及非常规油气的开发，其能源赤字（主要为石油）将转变为略有盈余，其中美国还将成为天然气净出口国。在欧洲地区，其石油和煤炭领域的能源赤字将会大幅增加，由于欧洲境内石油和天然气产量的下降以及天然气消费的增长，欧洲目前几乎所有的能源净进口增量都是天然气进口，这些新增的天然气需求主要通过前苏联地区的天然气生产以及天然气贸易得到满足。在中国，由于国内能源消费的增长超出了国内能源供给的增量，石油、煤炭和天然气等化石能源进口量都将快速增长，印度的情景也与此相似，亚洲其他国家的能源进口量不会有大幅度的增长。总体来说，当前世界能源格局不平衡的问题并没有得到解决，而且在未来仍有进一步恶化的可能性。

有研究结果认为：单独的能源安全政策并不减少石油的使用，全球石油消费仅仅是被推迟几十年，石油储量实际上仍会在21世纪末耗尽。而如果能源安全政策是综合考虑的，考虑到最优的应对气候变化和大气污染的政策，那么全世界石油储量不会被耗竭，至少在2022年之前不会耗竭，石油总累积需求大约会减少24%。而且，这个政策对气候变化、大气污染、能源安全的联合考虑会有很多其他好处，不管是可达到的温室气体减持水平还是石油消费减少水平都优于考虑任一项政策目标。

3. 核电减少对世界能源局势的影响

当前世界电力需求的增长速度远远超过全部能源的平均增长速度，同时由于电力行业基础设施投资规模较大，因此该行业面临的挑战将更加严峻。2011年福岛核电站事故之后，许多国家都对核能发展政策作出了调整，核电发展前景并不容乐观，日本、德国、瑞士等核电份额降幅较大，而北美等国家核电则受到了来自廉价天然气的竞争。尽管中国、韩国、印度和俄罗斯等国核电有所发展，但其在全球电力供应结构中的份额很可能会逐渐下降，这一趋势对全世界化石燃料消费、电力价格以及节能减排目标的实现将会有重大影响，煤炭作为世界电力行业主要燃料的地位可能因此得以继续维持，同时可再生能源也将可能在这一背景下提供更多的新增发电能力。

4. 页岩气能源发展的不确定性

根据美国能源信息署（EIA）的统计，2000—2012年，美国页岩气年产量由117.96亿立方米上升至2 762.95亿立方米，复合增长率达到30%。特别是自2006年以来，Barnett、Haynesville、Marcellus等优质页岩资源相继开发，使页岩气产量在2006—2012年的复合增长率高达48%。随着页岩气的大规模开发，页岩气占美国天然气总产量的比重由2000年的2.2%上升至2012年的40.5%。与此同时，常规天然气占天然气总产量的比重不断下降，来自气田的天然气产量占天然气总产量的比重由2000年的73.3%下降至2012年的43.1%。

而美国于2011年也首次超越俄罗斯成为世界最大的天然气生产国。而中国页岩气的技术可采储量约31.6万亿立方米，约占全球的14.3%，但由于其地质结构复杂、技术力量薄弱、水资源匮乏、基础建设不足和政策体制的局限性，以及投资巨大，盈利尚不确定等因素，近几年进展缓慢。依照美国经验，未来页岩气开采过程中如环保、经济效益等问题也将体现。不过近年来随着政策面放宽以及天然气持续涨价预期，页岩气开发工作将持续推进。其中，页岩气技术可采资源量超过200万亿立方米/英尺的国家，如表10-2所示。

表10-2　**页岩气技术可采资源量超过200万亿立方米/英尺的国家**

序号	国家	总资源量		技术可采资源量	
		万亿立方米	万亿立方米/英尺	万亿立方米	万亿立方米/英尺
1	中国	144.5	5 101	36.1	1275
2	美国	93.0	3 244	24.4	862
3	阿根廷	77.4	2 732	21.9	774
4	墨西哥	67.0	2 366	19.3	681
5	澳大利亚	39.1	1 381	11.2	396
6	加拿大	42.2	1 490	11.0	388
7	利比亚	32.5	1 147	8.2	290
8	阿尔及利亚	23.0	812	6.5	230
9	巴西	25.7	906	6.4	226

5. 碳减排措施

在全球范围内，技术进步大大降低了一次能源使用过程中二氧化碳排放的增长速度，但即使在各国继续采取严格能源政策的前提下，这一排放速度依然不能达到科学家所建议的世界安全碳排放路径(450微米左右)。虽然发达国家已经开始实施减排措施，而且新兴市场国家能源消费结构中碳强度也有所降低，但仍然不能抵消因经济快速发展而带来的二氧化碳排放量的增长。由于能源消费机构的特点，发电行业仍存在很大的减排空间，但目标的实现将主要依赖于各国是否愿意承担减排成本的政治意愿。

（二）能源经济发展的要求

不同的国家面临不同的能源经济发展要求，其中如何管理天然气对外依存的风险成为大多数欧洲国家能源安全关注的核心问题，法国和芬兰关注的焦点集中在是建立新的核电站还是回归煤炭时代上，美国则必须面对越来越偏离“能源独立”战略目标这一事实。对于经济迅速发展中的中国，全面建成面向世界的能源安全体系，建成能源预警与应急体系成为能源经济发展的重要需求。其中，中共十八大明确提出了控制能源消费总量的战略任务，研究“十三五”及中长期能源消费总量控制目标，并提出现实可行的落实路径及对策措施，是“十三五”能源规划的重要内容。研究内容主要包括：① 深入研究阶段性能源增长与经济社会发展关系，论证“十三五”能源规划及中长期实施能源消费总量控制，以及到2020年控制煤炭消费比重在60%以下的可行性。② 研究提出2020年能源及煤炭消费总量控制目标，以及实施能源及煤炭消费总量控制的实现路径。③ 根据天然气、非化石能源开发利用的基础和条件，研究提出京津冀、长三角、珠三角等重点区域的煤炭减量替代方案。

中国已向国际社会承诺，2020 年“非化石能源占一次能源消费比重达到 15%”，该目标的实现对改善中国的能源结构、保障能源安全、推动能源健康发展具有重要意义。“十三五”能源规划需要系统评估实现该目标存在的问题及难度，提出保障目标完成的重大举措。其他主要目标如下：

(1) 能源消费总量得到有效调整。能源效率实现大幅度提升，在保障经济社会发展目标顺利实现的基础上，力争 2020 年和 2030 年能源消费总量控制在 48 亿吨标准煤和 55 亿吨标准煤以内。

(2) 能源供应保障能力明显提高，确保能源资源的安全、稳定、经济供给。2020 年和 2030 年国内能源供应能力在 40 亿吨标准煤和 45 亿吨标准煤以内。

(3) 国际能源合作更趋深入，能源储备体系日臻完善。统筹能源进口与能源储备，2020 年和 2030 年进口能源 8 亿吨标准煤和 10 亿吨标准煤，石油战略储备分别达到 60 天和 70 天消费量，天然气战略储备 60 亿立方米和 105 亿立方米，建立适当规模的民用核燃料储备。

(4) 能源供应结构有所优化。实现天然气、核能和可再生能源等清洁低碳能源的快速有序发展，2020 年和 2030 年非化石能源在一次能源消费结构中的比重提高到 15%和 20%左右。

(5) 能源环境明显改善，碳排放强度明显降低。能源消费产生的主要污染物排放亦显著降低，2020 年和 2030 年二氧化硫排放量总量分别控制在 2 000 万吨和 1 700 万吨以内，碳强度分别比 2005 年下降 60%～65%和 55%～60%。

(6) 科技自主创新能力显著增强。能源科技投入大幅增加，形成一批具有自主知识产权的能源核心技术，自主创新能力明显增强。

2020 年和 2030 年，中国力争将能源对外依存度控制在 20%以内，其中，石油对外依存度低于 70%，天然气对外依存度低于 45%。

(三) 经济研究评述

为了实现上述主要目标，国内外许多学者对于能源安全进行了研究。其中，基于中国知网(CNKI)中国期刊全文数据库，检索篇名中含有“能源安全”的核心期刊(检索年限为 2009—2013 年)，获取 437 篇文献。中国能源安全关注的研究领域和内容集中在六个方面：能源安全战略研究(超过 60%)，能源安全现状及问题揭示(10.5%)，能源安全影响因素分析(9.2%)，能源安全概念、机理及理论探讨(6.4%)，能源安全定量评价(5.3%)和其他(6.4%)(见图 10-1)。

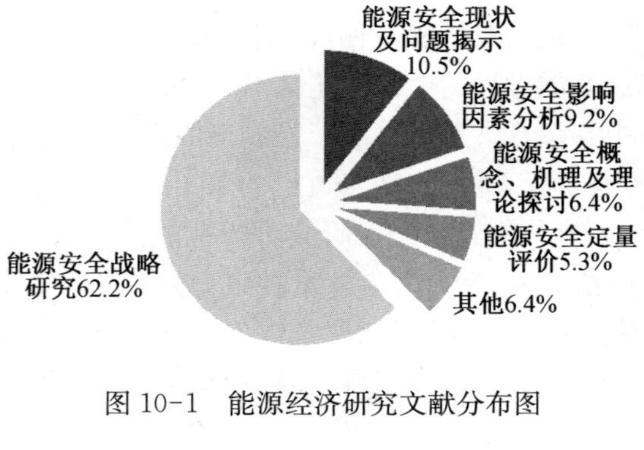

图 10-1　能源经济研究文献分布图

通过文献分析发现，目前，中国能源安全研究侧重于定性，而定量研究成果较少，且定量研究主要集中在石油供应安全、能源安全预警与能源供应脆弱性方面。总体而言，定量研究尚存在以下不足：① 研究成果匮乏。能源安全定量研究在国内能源安全研究领域中的份额尚不足6%。② 研究缺乏共识。对能源安全概念界定存在差异，导致国内无法形成较为一致的能源安全定量研究准则，从而引致能源安全评价缺乏共识。此外，现阶段中国能源安全研究尚处于学术研讨阶段，尚未有权威组织或机构定期对中国能源安全进行跟踪或预警。

其中，亚太能源研究中心（the Asia Pacific Energy Research Centre，APERC）提出了能源安全的“4A”概念，即：可利用性（Availability）——地质因素；可得性（Accessibility）——地缘政治因素；可负担能力（Affordability）——经济因素；可接受能力（Accept－ability）——环境和社会因素。这四者之间不是相互孤立，而是存在复杂的相互作用关系。立足于能源安全“4A”定义，APERC 认为影响能源供应安全的因素主要来自以下五个方面：① 燃料储备及国内外供给者情况。② 经济体满足预期能源需求的供给能力。③ 经济体能源资源和供给者多样化水平。④ 获取能源资源的便利性，与可得性相关的能源基础设施如能源运输基础设施。⑤ 地缘政治因素。近年来的部分研究文献总结如下：

吴大鹏等对中国外部能源利用与能源供需平衡进行了分析研究，指出了资源禀赋的制约与当前经济发展对能源的需求决定了中国能源外部利用的现实紧迫性。并总结出中国外部能源利用对外依存度逐年攀升并呈现持续上升趋势，来源地由集中向多元转变，运输方式由海运为主向多种方式协同转变，获取方式由长期贸易向“走出去”转变。外部能源利用面临着资源获取难度增大、运输能力和运输安全难以保障、能源需求过快增长、接卸能力不足等诸多问题。

房维中从宏观经济的角度指出能源消费的过量增加，导致人们对资源的开发强度加大，且发展了大量本应淘汰的落后技术，造成资源的大量浪费以及安全事故的频繁发生，同时使生态和环境遭到严重的破坏。

黄征学等提出经过改革开放 30 多年的高速增长，中国经济面临资源环境的约束越来越强，石油对外依存度上升到 56.7%，铁矿石、铝土矿、铜矿、铅锌矿等重要矿产资源的对外依存度也在快速上升，最终给出加快绿色转型发展的政策建议。

李雷鸣等介绍了中国能源消费演进特征，并对其成因进行分析。邓奎提出了中国能源对外依存度快速上升，能源安全问题日益成为制约可持续发展的瓶颈，并决定了中国必须创新发展路径，构建控制能源消费总量、提高非化石能源比重、降低能源消费强度和碳排放强度四位一体的能源消费倒逼机制。

范德成等进行了低碳经济范式下能源结构优化程度评价研究，以能源经济学为理论支撑，从低碳经济发展对能源结构要求的角度，提出了社会经济效益、能源规划效益、环境效益等三个维度，并分析了各个维度的构成要素；综合运用粗糙集理论和 AHP 法进行指标约简和权值计算，构建了低碳经济范式下能源结构优化程度评价指标体系。

乔静对中国能源结构进行统计分析，从中国能源生产及消费的总量和结构两方面入手，分析了中国现有的能源状况和存在的问题，并对能源结构与能源利用效率之间的关系做了定量的回归分析，并提出相应的解决对策以优化能源结构，提高能源利用效率。

班瑞凤、魏晓平对能源结构及其利用问题进行研究，对中国能源消费结构以及能源利用中存在的一些问题做了简单的分析，并通过分析得出了可行有效的解决问题的方法。

蔡海霞对能源消费、能源效率与中国经济增长的协整分析进行研究，并利用协整理论和基于误差修正模型的Granger因果关系检验分析了中国能源消费、能源效率和经济增长的关系。协整检验表明这三者之间存在长期协整关系，GDP和能源消费之间存在双向因果关系，而GDP和能源效率之间不存在因果关系。进一步脉冲响应函数分析结果表明，能源消费和GDP在长期内存在较强的双向正向效应；中国GDP在长期内对能源效率将会产生较强的正向效应，而能源效率则对GDP存在微弱的负向效应。

刘文君介绍了碳排放约束下能源效率研究现状及展望，从能源效率的概念和分类入手，主要从能源需求的层面，系统梳理碳排放约束下能源效率研究的根源、现状和发展趋势。文章认为：碳排放约束下考虑数据不确定性的能源效率测度理论，从微观层面精确测算碳排放约束下的能源效率、节能潜力及能源效率主要影响因素等方面还有待深入研究。

（四）研究内容与思路

本研究在回顾国内能源安全研究工作的基础上，对国外能源安全理论、方法及其主要进展进行了系统梳理，分析国内外能源安全研究之间的差距，以期为国内能源安全研究提供借鉴。

本研究的主要内容为分析最新的能源经济形势，识别影响能源风险的因素，建立能源风险指标体系，计算能源风险指数，分析能源风险影响因素的特征。后续研究主要内容具体安排如下：

第一部分分析中国能源经济风险的新形势，具体体现在未来经济增长的不确定性和世界经济的增长模式。总结2009—2013年能源风险研究的文献以及今后中国能源经济发展的目标和要求。

第二部分分析中国能源风险的影响因素，主要体现在能源供需平衡的失调、石油和天然气的对外依存度大幅上升、能源结构的不合理性以及能源使用过程中的高能耗和高碳排放。

第三部分为中国能源风险指数研究，围绕能源风险指数的实证研究展开，包括运用单元回归分析单个风险因素与能源消费结构的关系，采用多元回归分析能源风险指数与能源消费结构的总体规律，揭示当前能源风险的主要矛盾。

二、风险因素识别

世界各国经济发展的历史表明：能源风险与经济发展、环境约束之间存在着明显的关系。

这里对中国能源消费、碳排放总量与经济增长的协整性与因果关系的研究，选取了1985—2013年的中国能源消费总量与实际GDP的数据。能源消费的统计数据来自中国能源统计年鉴，单位为万吨标准煤；GDP的统计数据来自中国统计年鉴，是根据以1990年为基准的GDP指数和1990年的GDP数据计算获得，得到的GDP数据均为1990年人民币不变价计算的实际GDP，单位是亿元人民币；碳排放总量通过能源消费量和能源结构换算所得，单位为万吨二氧化碳。图10-2反映了1985—2013年中国能源消费、碳排放总量和GDP的变动趋势。回归与检验的计算过程是借助计量经济软件EVIEWS5.0完成的。

根据上述方法确定1985—2013年能源消费序列最佳滞后长度为1，GDP序列最佳滞后长度为1。对1985—2013年能源消费、实际GDP和碳排放的原序列、一阶差分和二阶差分分别进行ADF单位根检验，结果如表10-3所示。

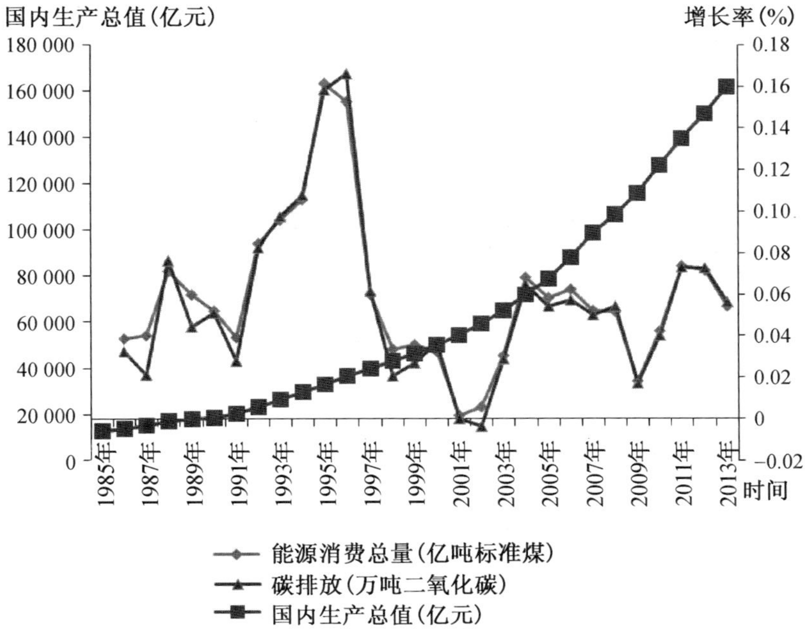

图 10-2 1985—2013 年中国能源消费、碳排放总量和 GDP 的变动趋势

表 10-3 **1985—2013 年 *ADF* 能源消费 *EC*、实际 *GDP* 和碳排放 *CM* 序列单位根检验结果**

	ADF	1%显著水平	5%显著水平	判断结果
EC	1.384 6	−2.653 4	−1.953 9	非平稳
EC 一阶差分	−1.693 5	−3.699 9	−2.976 3	非平稳
EC 二阶差分	−4.399 9	−4.356 1	−3.595 0	平稳
GDP	2.207 0	−2.653 4	−1.953 9	非平稳
GDP 一阶差分	1.005 4	−3.699 9	−2.976 3	非平稳
GDP 二阶差分	−6.938 2	−4.356 1	−3.595 0	平稳
CM	1.692 3	−2.653 4	−1.953 9	非平稳
CM 一阶差分	−2.131 5	−3.699 9	−2.976 3	非平稳
CM 二阶差分	−5.792 5	−4.356 1	−3.595 0	平稳

注:表中给出单位根检验 1%和 5%临界值均是 MacKinnon 协整临界值。

从检验结果可以知道:*GDP* 和 *EC* 属于两阶单整序列,对 1985—2013 年的 *GDP* 和 *EC* 的数据进行 *OLS* 回归得到两者之间的协整性回归方程为:

$$GDP = 0.4722 \times EC - 25584.7 + \varepsilon_t \quad (R^2 = 0.9874 \quad F = 2116.9) \tag{10-1}$$

式中 R^2 ——相关系数;

F —— F 检验;

ε_t ——残差的扰动项。

同样,*GDP* 和 *CM* 属于两阶单整序列,对 1985—2013 年的 *GDP* 和 *CM* 的数据进行 *OLS* 回归得到两者之间的协整性回归方程为:

$$GDP = 0.2050 \times CM - 259\,218.9 + \varepsilon_t \quad (R^2 = 0.9814 \quad F = 1\,430.7) \tag{10-2}$$

对残差进行单位根检验,按照 AIC 定阶准则确定滞后阶数为 1,检验结果如表 10-4 所示。

表 10-4 **1985—2013 年协整方程残差单位根检验结果(滞后阶数为 1)**

回归方程残差	*ADF* 检验值	1%显著水平	5%显著水平	判断结果
GDP 和 *EC*	−4.140 5	−4.532 6	−3.673 6	平稳
GDP 和 *CM*	−6.340 5	−4.532 6	−3.673 6	平稳

从协整方程的单位根检验结果来看,在 5%水平上两个残差序列都是平稳序列,因此,存在协整关系,进一步进行格兰杰因果关系检验,如表 10-5 所示。

表 10-5 **1985—2013 年 *GDP* 和 *EC*、*CM* 间格兰杰因果关系检验结果**

样本区间:1985—2013 年滞后期:2

零假设	观测样本数	*F* 统计量	概率
EC 不是 *GDP* 的格兰杰原因	27	1.649 5	0.215 0
GDP 不是 *EC* 的格兰杰原因		2.639 3	0.093 9
CM 不是 *GDP* 的格兰杰原因	27	1.778 6	0.192 3
GDP 不是 *CM* 的格兰杰原因		1.681 8	0.209 1

经检验,在 10%显著水平可以接受"*GDP* 是 *EC* 的格兰杰原因",其他均不成立。

(一) 能源供需平衡

保障能源供给、实现能源供需平衡是能源风险研究的基本方面。一个国家能源战略的确定首先是对供给和需求进行合理预测。能源供给一方面是国际市场的供给,另一方面是国内市场的供给;能源需求则主要是根据国内经济社会发展程度和产业结构变迁水平来进行研究的。

2012 年中国新能源规模高速发展,总资产达到了 3 668.55 亿元,增速 40.85%;负债 2 484.46亿元,增速 46.65%。行业处于快速成长期。2012 年风电设备容量为 4 505 万千瓦,占比 4.27%。风电发电设备容量占比不断提高,从 2007 年的占比 0.56%提高到了 2012 年的 4.27%,几年间占比提高了近 8 倍。

表 10-6 **中国 2002—2013 年能源消费和生产的基本形势**

指标(亿吨标准煤)	2013年	2012年	2011年	2010年	2009年	2008年	2007年	2006年	2005年	2004年	2003年	2002年
能源消费量	37.60	36.20	34.80	32.49	30.66	29.14	28.05	25.87	23.60	21.35	18.38	15.94
煤炭消费量	24.76	24.09	23.80	22.10	21.59	20.49	19.94	18.39	16.71	14.84	12.83	10.84
石油消费量	7.03	6.80	6.47	6.17	5.49	5.33	5.27	4.99	4.67	4.55	3.90	3.56

（续表）

指标（亿吨标准煤）	2013年	2012年	2011年	2010年	2009年	2008年	2007年	2006年	2005年	2004年	2003年	2002年
天然气消费量	2.13	1.88	1.74	1.43	1.20	1.08	0.93	0.75	0.61	0.53	0.46	0.38
水、核、风电消费量	3.68	3.40	2.78	2.79	2.39	2.24	1.91	1.73	1.60	1.43	1.19	1.16
原煤生产量	26.43	25.39	24.74	22.74	21.23	20.01	19.21	18.06	16.78	15.16	13.10	11.07
原油生产量	3.00	2.95	2.89	2.91	2.72	2.74	2.67	2.62	2.59	2.52	2.42	2.38
天然气产量	1.42	1.30	1.25	1.15	1.04	0.98	0.84	0.71	0.60	0.50	0.43	0.40

从表 10-6 可以看出：目前在中国经济快速发展情况下，清洁能源需求的增长速度明显快于劣质能源，能源供需矛盾已由总量不平衡转变为结构性短缺。不同的能源供需关系对能源政策的影响是不同的。中国在国民经济和社会发展“第八个五年计划”时期之前，石油资源能够支持石油生产，能源战略追求自我平衡，强调增加产量。与之相应，中国所颁布的一系列政策措施也都是以扩大能源生产、增加能源供给为出发点。“九五”计划期间，随着能源对外依存度增加，中国能源政策重点也有所调整。“十一五”计划期间，中国针对能源需求增长过快、供需矛盾、环境政策压力等问题采取了一系列措施。“十二五”计划期间，控制能源消费总量和降低化石能源比例成为重点，需要重点控制高耗能行业、发展清洁能源，提高核电安全性能也成为能源战略的方向。可以看出，能源供需关系的考虑是影响一国能源风险政策的重要因素。

能源消费弹性系数反映能源消费增长速度与国民经济增长速度之间比例关系的指标。计算公式为：能源消费弹性系数＝能源消费量年平均增长速度÷国民经济年平均增长速度。图 10-3 显示了电力和能源的消费弹性系数比较。可以看出，除了 2004 年中国能源消费弹性系数短暂超过电力消费弹性系数，其余年份中国电力消费弹性系数均大于能源消费弹性系数，说明了“经济要发展，电力要先行”。2003 年以来，中国出现了大面积的“电荒”等能源短缺，拉闸

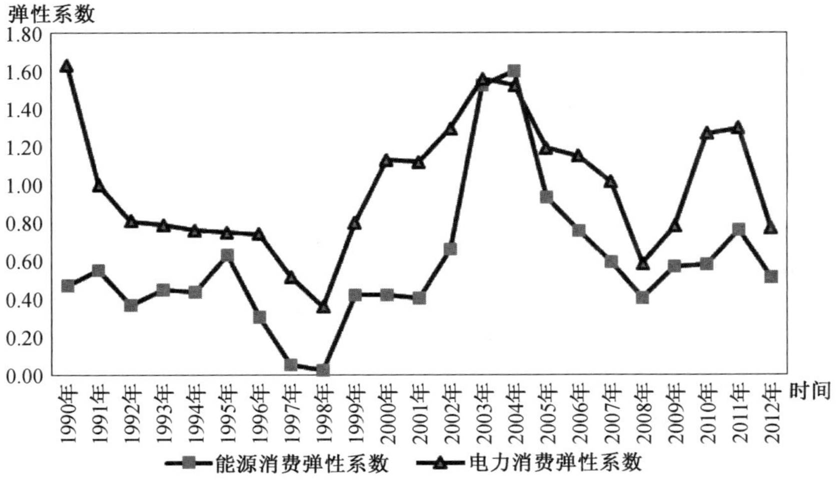

图 10-3　中国电力消费和能源消费弹性系数比较

限电现象时有发生。其中，电力消费弹性系数大于1表示经济增长的速度低于其对电力需求的增长，2000—2012年相比之前10年大于1出现的频率大幅上升。弹性系数越大，则说明在产出增长一定的前提下消耗的电力越多。

（二）对外依存度与多样化

中国能源依存度不断提高，迫使我们应对能源消费结构作出合理调整，对能源流通机制进行更合理的疏导，对能源的全球配置给予有效驾驭。科学调整能源消费结构，既是加快推进经济结构调整、转变经济发展方式的重要组成部分，也是保障国家能源安全的迫切要求。科学调整能源消费结构，首先要加快发展多元化能源。除提高新能源在电力供给中的比例外，还要鼓励技术创新，在各行业深入展开节能降耗，提高能源综合利用效率。

能源独立目的是摆脱能源的对外依赖，特别是石油、天然气的对外依赖。近年来，中国油气需求增长迅速，国内油气生产难以满足需求，对外依存度大幅上升。与此同时，国际能源市场特别是油气市场形势更为复杂多变，美国“页岩气革命”等深刻影响世界能源供需格局，石油、天然气金融属性逐渐加强，全球能源市场波动风险加剧。图10-4反映了2000—2013年中国主要常规能源的对外依存度迅速上升的趋势。油气进口依存度不断上升，能源保障和经济发展承压。因此，2013年中国能源产品进口情况表现出如下特点：

（1）国内供给不足，各类能源产品净进口量不断增加，国内能源市场不能完全满足经济发展的需要。据统计，2013年，中国原油进口量达2.82亿吨，同时，石油对外依存度上升至57.34％。与此同时，2013年中国进口天然气530亿立方米。从2006年开始进口天然气，短短几年中国天然气对外依存度超过30％。

（2）进口来源地集中、运输方式单一对能源安全不利。2013年中国传统的主要供应商大致与2012年持平，从沙特进口原油5 390万吨、从安哥拉进口4 000万吨、从俄罗斯进口2 435万吨。自伊拉克的进口大涨了49.9％，达2 351万吨，成为2013年度增幅最大的原油进口国。据普氏能源资讯统计，2013年来自中东的原油进口增长了8.6％，达到1.465 4亿吨，占到了总进口量的52％；来自拉美和非洲的原油基本稳定在2 770万吨、6 424万吨；购买自亚太的原油则下降了16.9％，为644万吨。

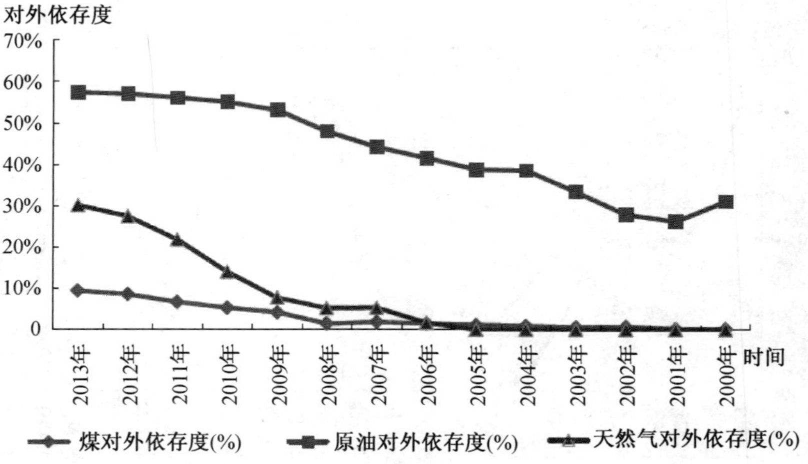

图10-4 2000—2013年中国主要能源的对外依存度

不少研究结论认为：能源独立是降低能源依赖成本的脆弱度到一个可接受的程度，而不是消除某种能源进口或者使用。美国在2030年前减少1/3的石油使用并增加1/3的石油供给，将很有可能在2040年前实现石油独立。实现石油独立需要强有力且持续的努力，中国亦是如此。如图10-4所示，中国1993年以来石油对外依存度不断上升，从2000年的31.1%升至2013年的57.34%。中国对境外石油依存度升高的时期，也恰恰是国民经济高速增长和社会发展持续稳定的时期，进口依存度的失控是威胁中国石油安全的主要因素。但依靠海外能源供给本身并非是对中国能源安全的威胁，真正的威胁来自能源消费的持续增长和能源利用率的保持不变。因此，能源风险中的多元化因素是认为能源供应源如果广泛、多样可以分散和减小能源风险。能源多样化也存在着一些限制，受到多种因素的影响，包括地理因素（与主要出口地区的距离、运输路径的安全性、货运成本）、政治关系（特别是与主要输出者的关系）、油气运输设施（选择新的供应者往往是高成本的）、炼制能力（可以处理能源的类型）、政策（正式、非正式承诺的存在）、资源（经济上、政治上、军事上的能力和意愿）。

同时，未来随着中国天然气消费量的快速增长，供需的缺口会更加显现。而随着天然气对外依存度的提高，未来中国的天然气安全问题日益凸显。这集中体现在两个方面：一是在天然气价格上受制于人。与石油相比，天然气的储存更加困难，且短期内更不易替代。因此，面对天然气供应国的提价要求，进口国往往处于被动局面，中国也不例外。二是天然气供应中断对中国的影响将更加快速和直接。一旦进口天然气出现供应中断问题，很快就会影响到与之相关的工业生产和人民生活。

（三）能源结构替代

能源替代是指能源品种之间的替代关系，这种替代关系主要源于各种能源被用到的功能上的相似性。不同能源间替代关系的考虑是对能源供需问题的进一步细化。在人类社会漫长的发展历史上，工业社会以前一直是以生物质能源为主（主要是薪柴）。工业革命的发生，煤炭代替薪柴是其动力基础，之后随着石油资源的开发获取，也因为石油的独特优势，石油与煤炭共同成为现代工业体系的基础。之后由于化石能源可耗竭的特点以及后续的环境问题，人类开始反思，使新能源逐步兴起；其中，生物质由于可再生的关系，再一次被人们重视。

表10-7 **2002—2012年各类能源的储消比和储采比**

指标	2012年	2011年	2010年	2009年	2008年	2007年	2006年	2005年	2004年	2003年	2002年
石油储量(亿吨)	33.33	32.4	31.74	29.49	28.9	28.33	27.59	24.9	24.91	24.32	24.25
天然气储量(亿立方米)	43 790	40 206	37 793	37 074	34 050	32 124	30 009	28 185	25 293	22 289	20 169
煤炭储量(亿吨)	2 299	2 158	2 794	3 190	3 261	3 261	3 335	3 326	3 373	3 342	3 318
石油储消比	7.01	7.16	7.35	7.68	7.75	7.68	7.90	7.62	7.83	8.93	9.75
煤炭储消比	95.42	90.66	126.4	147.8	159.2	163.5	181.3	199.08	227.39	260.5	306.01
天然气储消比	28.27	28.06	32.10	37.64	38.34	42.14	48.58	55.78	57.55	58.90	64.01
煤炭储采比	90.56	87.23	122.8	150.3	163	169.7	184.6	198.3	222.5	255.1	299.6
石油储采比	11.28	11.20	10.91	10.85	10.57	10.61	10.51	9.60	9.90	10.03	10.19
天然气储采比	40.84	39.15	39.85	43.48	42.40	46.39	51.25	57.15	61.00	63.65	61.75

表 10-7 是 2002—2012 年各类能源的储消比和储采比，其中储消比是技术上储量和消费量之比，储采比是技术上储量和可开采量之比。就本质而言，能源替代属于技术创新范畴，从经济学理论上看，生产中的替代主要有两种方式：一是既定的技术条件下，沿固定的生产可能进行替代；二是通过技术改进形成新的生产可能曲线，进而实现要素替代。由于边际技术替代率递减规律的影响，第一种方式的替代能力有限，但第二种的替代空间巨大。能源替代可以看作是一个博弈过程，在不同能源之间的价格影响下，能源的功能和成本具有较大影响。

（四）能源效率与环境约束

中国已成为世界第一大能源消费国，但人均能源消费仅为发达国家的 1/3。随着工业化、城市化进程的加快推进，工业用能居高不下，交通和建筑用能将大幅上升。与此同时，工业化带来了环境污染的问题，当人类物质生活水平达到一定高度后，反思工业文明的弊端成为一个必然的趋势。这种反思主要是由完成工业化的发达国家发起的，自 20 世纪 60 年代开始，《寂静的春天》、《增长的极限》等一系列书籍给世人提出了经济增长、人口增加对环境压力的警告，也警示世人环境污染带来的严重后果。

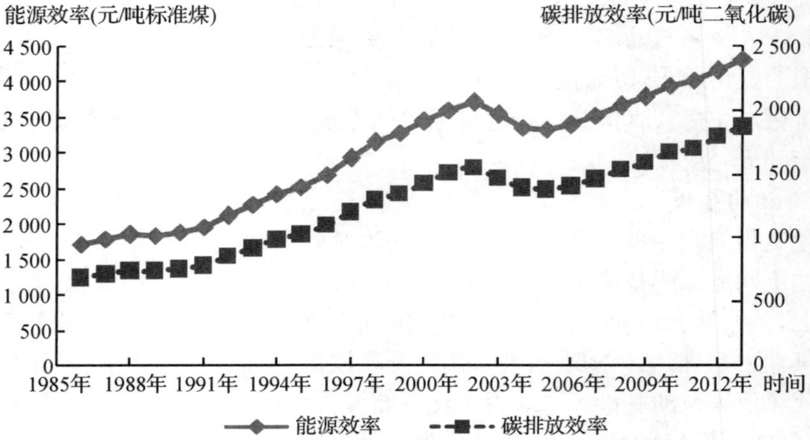

图 10-5　1985—2013 年中国能源效率和碳排放效率的变化趋势（1990 年不变价）

从 1985—2003 年，中国整体能源效率从 0.165 6 万元/吨标准煤持续提高到 0.353 8 万元/吨标准煤，而在 2004 年和 2005 年，分别下降到 0.335 4 万元/吨标准煤和 0.333 4 万元/吨标准煤。之后在 2007—2013 年能源效率又达到年增长率的 3.18%，在 20 年里中国能源效率翻了一番。以 2010 年为基准，中国的能源效率接近俄罗斯的水平，为 1.03 千瓦小时/美元 2005 年价格。图 10-5 则反映了 1985—2013 年中国能源效率和碳排放效率的变化趋势（1990 年不变价）。

表 10-8　**分行业的能源消费占能源消费总量的比例**

年　　份	2005	2007	2009	2011
建筑业	1.44%	1.47%	1.49%	1.69%
批发、零售业和住宿、餐饮业	2.05%	2.03%	2.09%	2.24%
煤炭开采和洗选业	3.19%	2.95%	3.33%	3.32%
石油加工、炼焦及核燃料加工业	5.05%	4.79%	5.00%	4.90%

（续表）

年 份	2005	2007	2009	2011
采掘业	5.90%	5.43%	5.73%	5.75%
电力、热力的生产和供应业	6.92%	6.74%	6.38%	7.00%
电力、煤气及水生产和供应业	7.49%	7.25%	6.85%	7.47%
交通运输、仓储和邮政业	7.79%	7.83%	7.73%	8.20%
非金属矿物制品业	9.03%	8.24%	8.77%	8.62%
化学原料及化学制品制造业	10.11%	10.20%	9.44%	9.97%
黑色金属冶炼及压延加工业	16.76%	17.89%	18.39%	16.92%
制造业	58.11%	58.80%	58.89%	57.59%
工业	71.49%	71.49%	71.48%	70.82%

表10-8中显示消耗能源占消费总量1.4%以上的主要行业，其中电力、热力的生产和供应业主要为能源生产过程中所消耗的能源。由此可知，能源生产过程中所消耗的能源为能源工业的自用能，占中国一次能源消费总量的7%左右。因此，能源工业既是能源生产部门，也是主要的能源消耗行业。

同时，能源是经济增长、社会发展不可缺少的驱动力，工业社会的动力基础建筑在对于化石能源的使用上。但过快的增长使得化石能源面临耗竭，同时也造成了严重的环境污染问题。虽然能源安全和环境安全两者是有区别的两个目标，但若以能源安全为中心进行描述可以概括为新时期能源安全观念内涵的扩充提出了包含环境安全在内的更高要求，同时也对能源效率提出了更高的要求，达到投入正向产出最大化、负向产出最小化。

三、能源风险指数的实证研究

（一）能源风险指标体系

伴随着中国经济快速持续的增长，中国对能源的需求大幅攀升。不断增长的能源需求和作为一个发展中国家的国际地位，使中国在国际能源的竞争中处于劣势地位，能源安全问题凸显。过去中国在影响能源安全的生产、运输、消费各环节及能源安全法律保障等方面的研究取得了一定进展，但是中国大规模工业化时间还很短，对能源安全这一复杂的系统研究不够，导致了对国家能源形势判断屡屡出现失误。中国能源安全正在经历从供应保障的稳定性为主向使用的安全性为主的转变过程，迫切需要重新思考中国能源安全问题。

本章主要从供求、进口依赖和要素效率三个方面建立能源风险指标体系。

(1) 能源供求风险指数。多年来，能源供给与需求在不断快速增长，中国能源供给与需求之间已经开始出现了失衡的现象。中国整体能源自给率一直保持在90%以上，因此主要涉及参数有能源消费弹性指数、能源生产弹性系数。

(2) 油气供应风险指数。实际上就是油气资源供给与需求相互均衡的状态。油气供应安全问题就是预计一国在经济发展过程中可能表现出来的供需失衡，以及由此可能产生的能源危机，并在这些问题出现或恶化之前寻求解决办法，防范并化解产生这些问题的风险。主要参数有油气对外依存度、油气储消比和储采比。

(3) 要素效率风险指数。主要指单位能源投入的经济产出和碳排放产出,主要用于衡量能源要素对经济产出和碳排放的贡献,其中碳排放是能源消耗的副产品。主要参数为能源效率、碳排放效率。因此,能源风险指标因素的体系如表 10-9 所示。

表 10-9　**能源风险指标因素**

指标	方面	因素	解释
能源供求风险指数	能源供需平衡	能源消费弹性系数 能源生产弹性系数	能源需求旺盛,能源消费强劲增长 能源供给增长相对缓慢,受多种因素影响
油气供应风险指数	对外依存度与多样化	对外依存度	1993 年起石油对外依存度到 2013 年的 57.34% 2006 年起天然气对外依存度到 2013 年的 30.11%
	能源替代	储采比 储消比	资源保障程度以及储量可供开采的年限 资源储量对消费的保障程度
要素效率风险指数	能源效率与环境效率	能源效率 碳排放效率	生产技术进步和管理水平提高的反应 能源的负向产出

本章中所用数据,如无特别说明均来自《中国统计年鉴》(2000—2013 年)和《中国能源统计年鉴》(2000—2013 年)。经过查阅与计算,可获得 2000—2013 年各风险指标因素的具体数值,见表 10-10。

表 10-10　**风险指标因素数据表**

年份	能源消费弹性系数 X_1	能源生产弹性系数 X_2	对外依存度/%		储采比/%		储消比/%		能源效率 X_9(元/吨标准煤)	碳排放效率 X_{10}(元/吨二氧化碳)
			原油 X_3	天然气 X_4	原油 X_5	天然气 X_6	原油 X_7	天然气 X_8		
2000	0.42	0.28	31.10	0.00	—	—	—	—	3 438	1 425
2001	0.40	0.79	26.28	0.00	—	—	—	—	3 438	1 425
2002	0.66	0.52	27.92	0.00	10.19	61.75	9.75	64.01	3 707	1 555
2003	1.53	1.41	33.40	0.00	10.03	63.65	8.93	58.90	3 538	1 467
2004	1.60	1.43	38.60	0.00	9.90	61.00	7.83	57.55	3 354	1 394
2005	0.93	0.88	38.81	0.00	9.60	57.15	7.62	55.78	3 334	1 383
2006	0.76	0.58	41.58	1.62	10.51	51.25	7.90	48.58	3 395	1 407
2007	0.59	0.46	44.24	5.25	10.61	46.39	7.68	42.14	3 522	1 462
2008	0.41	0.56	47.96	5.18	10.57	42.40	7.75	38.34	3 659	1 536
2009	0.57	0.59	53.06	7.72	10.85	43.48	7.68	37.64	3 780	1 588
2010	0.58	0.78	55.05	14.01	10.91	39.85	7.35	32.10	3 935	1 677
2011	0.76	0.76	56.07	21.77	11.20	39.15	7.16	28.06	4 012	1 701
2012	0.51	0.57	56.99	27.44	11.28	40.84	7.01	28.27	4 154	1 795
2013	0.48	—	57.34	30.11	—	—	—	—	4 307	1 872

注:表中“—”为缺失数据。

以上数据为消除异方差，按式 10-1 对数据进行标准化处理。

当 X_{ii} 为正向性指标时，

$$I_{ii} = \frac{X_{ii} - \max(X_{ii})}{\max(X_{ii}) - \min(X_{ii})} \tag{10-3}$$

当 X_{ii} 为负向性指标时，

$$I_{ii} = \frac{\max(X_{ii}) - X_{ii}}{\max(X_{ii}) - \min(X_{ii})} \tag{10-4}$$

若其中某项指标的最大值与最小值的数据之间超出 3 倍以上，则以指标数据的 100% 为上限最大值进行计算，超过的数据则记为“1”。正向性指标有能源生产弹性系数、油气储采比、油气储消比、能源效率和碳排放效率。

式中　X_{ii}——第 i 个因素第 i 年的数据；

$\max(X_{ii})$——研究年份内该指标数据的最大值；

$\min(X_{ii})$——研究年份内该指标数据的最小值。

根据式(10-3)、式(10-4)对表 10-10 中数据进行标准化处理，结果见表 10-11。

表 10-11　**风险指标因素数据标准化处理结果**

年份	能源消费弹性系数 I_1	能源生产弹性系数 I_2	对外依存度/%		储采比/%		储消比/%		能源效率 I_9(元/吨标准煤)	碳排放效率 I_{10}(元/吨二氧化碳)
			原油 I_3	天然气 I_4	原油 I_5	天然气 I_6	原油 I_7	天然气 I_8		
2000	0.97	0.00	0.84	1.00					0.11	0.09
2001	1.00	0.71	1.00	1.00					0.28	0.27
2002	0.57	0.33	0.95	1.00	0.35	0.92	1.00	1.00	0.38	0.35
2003	0.00	1.00	0.77	1.00	0.26	1.00	0.70	0.86	0.21	0.17
2004	0.00	1.00	0.60	1.00	0.18	0.89	0.30	0.82	0.02	0.02
2005	0.12	0.83	0.60	1.00	0.00	0.73	0.22	0.77	0.00	0.00
2006	0.40	0.42	0.51	0.95	0.54	0.49	0.32	0.57	0.06	0.05
2007	0.68	0.25	0.42	0.83	0.60	0.30	0.24	0.39	0.19	0.16
2008	0.98	0.39	0.30	0.83	0.58	0.13	0.27	0.29	0.33	0.31
2009	0.72	0.43	0.14	0.74	0.74	0.18	0.24	0.27	0.46	0.42
2010	0.70	0.69	0.07	0.53	0.78	0.03	0.12	0.11	0.62	0.60
2011	0.40	0.67	0.04	0.28	0.95	0.00	0.05	0.00	0.70	0.65
2012	0.82	0.40	0.01	0.09	1.00	0.07	0.00	0.01	0.84	0.84
2013	0.87		0.00	0.00					1.00	1.00

标准化的数据均在[0,1]区间，消除了各个变量的量纲效应，使每个变量都具有同等的表现力。以上所有风险因素的数据越大，其风险指标发生风险的概率越低。

(二) 能源风险因素评价

本研究将围绕能源消费结构、经济产业结构和能源风险目标方面来展开。其中，能源消费结构主要考虑传统能源(煤炭、石油和天然气)的消费量占能源消费总量的比重,而能源风险则从上述能源风险指标体系方面来考虑。根据上述能源风险指标体系,确定研究思路。由图10-6可知,由能源消费弹性系数和能源生产弹性系数两个因素可以得到能源供求风险指数,由对外依存度、储采比和储消比等因素可以得到油气供应风险指数,由能源效率和碳排放效率两个因素可以得到要素效率风险指数。

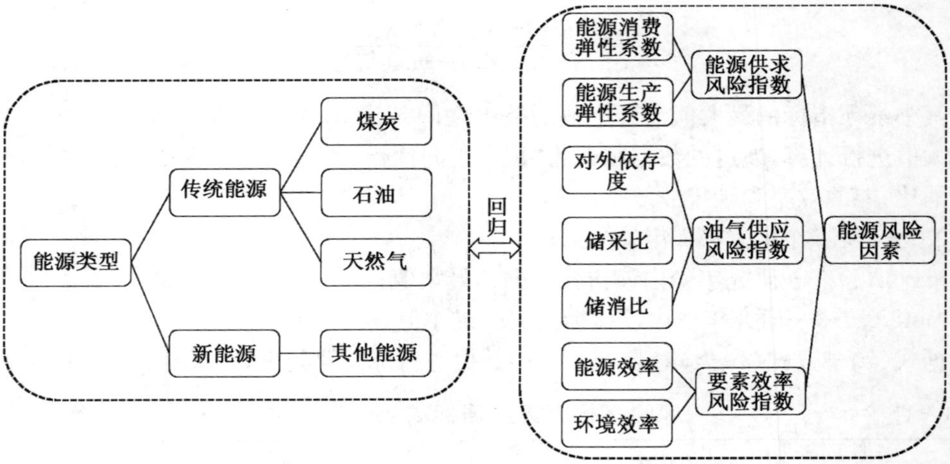

图 10-6 中国能源消费结构与能源风险关联分析

同时,上述风险指标体系的数据均已经标准化为越大越好。为了表现出风险指数越大发生能源风险的概率越大,结合表10-11中数据以及定义以下公式,可计算出能源供求风险指数(S_1)、油气供应风险指数(S_2)和要素效率风险指数(S_3),见表10-12。

$$S_1 = 1 - \sqrt{\frac{I_1^2 + I_2^2}{2}} \tag{10-5}$$

$$S_2 = 1 - \sqrt{\frac{I_3^2 + I_4^2 + I_5^2 + I_6^2 + I_7^2 + I_8^2}{6}} \tag{10-6}$$

$$S_3 = 1 - \sqrt{\frac{I_9^2 + I_{10}^2}{2}} \tag{10-7}$$

其中能源风险指数越大,发生能源风险的概率越低。

表 10-12 **各风险指数数据**

年份	能源供求风险指数 S_1	油气供应风险指数 S_2	要素效率风险指数 S_3
2000	0.316 5	—	0.903 0
2001	0.133 5	—	0.728 8
2002	0.535 1	0.098 9	0.632 1
2003	0.292 9	0.195 2	0.808 3
2004	0.292 9	0.298 4	0.978 5
2005	0.405 0	0.349 4	1.000 0

（续表）

年份	能源供求风险指数 S_1	油气供应风险指数 S_2	要素效率风险指数 S_3
2006	0.591 6	0.405 4	0.943 7
2007	0.485 5	0.496 4	0.821 9
2008	0.252 3	0.537 7	0.676 4
2009	0.408 8	0.536 8	0.560 8
2010	0.302 8	0.606 7	0.390 5
2011	0.450 3	0.594 1	0.326 0
2012	0.356 1	0.589 2	0.157 4
2013	0.387 2	—	0.000 0

从表 10-12 中的数据可得出：能源供求风险指数呈波状起伏变化，2003 年急剧下降，主要是由于对煤炭的供应量急剧增加，2002—2003 年中国煤炭产量增速超过 22%；随后能源供求风险指数逐年上升，到 2006 年升至近年来的最高水平，其原因主要是当时对煤炭的消费基本趋于稳定。2006 年以后，能源供求风险指数又开始呈下降趋势，2008 年达到近 10 年的最低峰，主要是因为金融危机对经济造成很大的冲击，导致煤炭的消费量变化较大，进而引起能源消费弹性指数的大幅度波动。2008 年后，经济基本恢复正常，所以能源供求风险指数也基本趋于稳定，在 0.40 上下波动。从 2002—2012 年，油气供应风险指数逐年上升，从 2002 年的 0.098 9 上升到 2012 年的 0.589 2，这说明中国油气的对外依存度也在逐年增大。要素效率风险指数近 10 年来基本趋于稳定，这说明中国的能源效率已经得到了很好的控制，基本趋于稳定，但是在 2003—2007 年此因素出现了反复，主要是由于能源消费的迅猛发展，煤炭在能源消费格局中占了七成左右的比例，并且趋向于饱和。

（三）能源风险指数分析

为得到各能源风险子因素在能源整体风险中的合理权重，需要对其进行灵敏度分析。设能源风险指数为 S，计算公式为：

$$S = \omega_1 S_1 + \omega_2 S_2 + \omega_3 S_3 \tag{10-8}$$

式中　ω_1，ω_2，ω_3——能源供求风险指数、油气供应风险指数和要素效率风险指数在能源总体风险中的权重，这里分别取权重组合(0.3，0.4，0.3)，(0.2，0.5，0.3)，(0.2，0.6，0.2)，得到三组能源总体风险数据，见表 10-13。

表 10-13　**能源总体风险数据表**

年份	权重组合		
	(0.3,0.4,0.3)	(0.2,0.5,0.3)	(0.2,0.6,0.2)
2002	0.389 7	0.346 1	0.292 8
2003	0.408 4	0.398 7	0.337 3
2004	0.500 7	0.501 3	0.433 3

（续表）

年份	权重组合		
	(0.3,0.4,0.3)	(0.2,0.5,0.3)	(0.2,0.6,0.2)
2005	0.561 3	0.555 7	0.490 6
2006	0.622 7	0.604 1	0.550 3
2007	0.590 8	0.591 9	0.559 3
2008	0.493 7	0.522 2	0.508 3
2009	0.505 6	0.518 4	0.516 0
2010	0.450 7	0.481 0	0.502 7
2011	0.470 5	0.484 9	0.511 7
2012	0.389 7	0.413 0	0.456 2

由表 10-13 中数据可绘制三组能源风险指数的走势图，结果如图 10-7 所示。

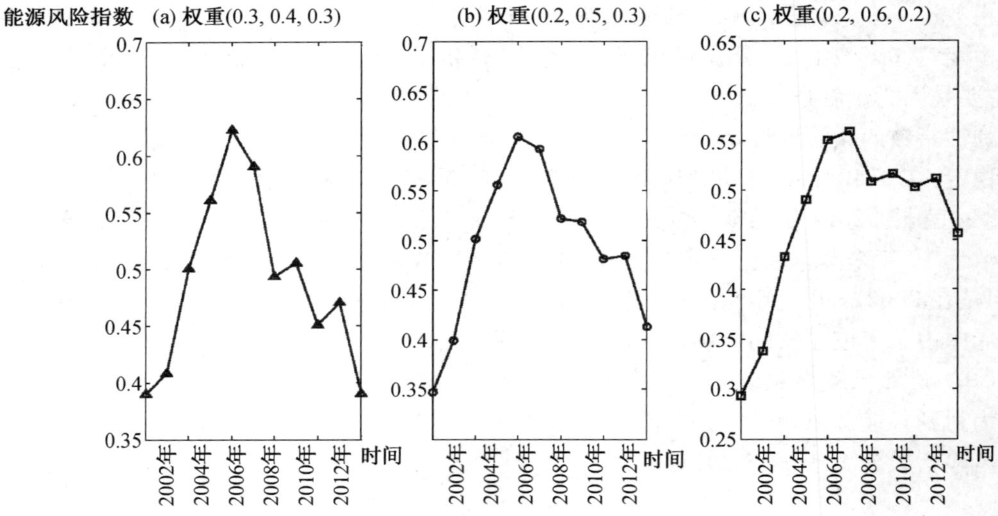

图 10-7　不同权重组合下的中国能源风险走势

由图 10-7 可知，无论在何种权重组合下，能源安全整体上都呈现相近的走势。为了便于说明，本章考虑选取(0.3，0.4，0.3)的权重组合，即图 10-7(a)所示的结果进行分析。由图(a)可得出以下结论：

(1) 新能源对能源安全的促进和改善幅度远远大于传统能源。以煤炭和水、电、风为例，20 世纪 90 年代后，由于煤矿安全形势严峻，国家逐步关闭了很多小煤矿，直接导致中国煤炭消费量逐年下滑，能源消费结构也因此发生了重大调整。特别是 2012 年，煤炭消费比重下降到了历史最低水平(66.55%)，相较于 2006 年(71.10%)下降了 4.55%左右，在此期间能源安全系数从 0.61 下降之后又缓慢上升到原位，在相同的时间段内，水、核、风电的消费比重上涨了 2.69%(由 2006 年的 6.70%上涨到了 9.39%)，这说明单位新能源消费比重的变化对能源安全的贡献能力远大于传统能源。鉴于新能源所具有的这一特征，应当考虑合理开发、配置和使用新能源，大力增加新能源在能源消费中所占比重。

(2) 我国能源安全总体上呈现“先抑后扬”的走势。在图 10-7(a)中，出现了一个非常重要的转折点：2006 年。2003 年，中国能源安全形势急速好转，经历了为期 5 年的好转期，然而到 2006 年急速下降。这一结果可能和 2006 年成为天然气进口国及近几年的石油对外依存度急速上升有关。2006 年，中国成为天然气净进口国，“自给自足”时代结束。天然气是一种优质高效的能源品种，但作为可耗竭的资源型商品，高度的依赖性、天然的稀缺性以及分布的不均衡性等特征增加了天然气的不安全程度，而其日益扩大的供需缺口也给中国能源安全带来了巨大的冲击。

随后，政府以年度报告的形式发表了《中国能源白皮书》，从国家层面总结并阐述了中国既定的能源战略、方针和政策，使能源消费的增长速度大幅放缓，能源强度迅速下降，能源安全形势开始得到改善和提高。

(3) 中国能源安全形势依然严峻。综合上述三种情况而言，中国的能源安全形势尚未达到历史最好水平，如果更多考虑能源使用对环境的影响，即能源使用对能源总体安全的作用，如图 10-7(c)中的能源风险指数比图 10-7(a)、10-7(b)更大。这一结果表明，无论从供应安全，还是从环境安全角度来看，中国的能源安全形势依然严峻，且突出表现为能源的使用对环境造成的巨大负面影响，因此急需加快中国能源消费结构调整步伐，增加清洁、高效能源的消费比重。

(四) 能源风险影响因素的特征分析

1. 风险指标因素与能源消费结构的关系

灰色关联分析是用灰关联顺序来描述因素间相关程度的方法，并强调因素间相关程度的顺序。是根据因素之间发展趋势的相似或相异程度，亦即“灰色关联度”，作为衡量因素间关联程度的一种方法。灰色关联分析方法可描述系统发展过程中因素间相对变化的情况，如果两者在发展过程中的相对变化基本一致，则认为两者关联度大；反之，则认为两者关联度就小。

本节对中国不同能源的消费比重与各个能源风险因素之间进行灰色关联分析。采用灰色关联度进行简要分析，步骤如下：① 确定参考序列和比较序列。② 数据标准化后求关联系数。③ 求关联度。④ 按关联度大小排序。⑤ 作出结果判断。

表 10-14　**各因素关联度和关联序**

能源风险因素	关联度				关联序			
	煤炭	石油	天然气	其他能源	1	2	3	4
1	0.338 9	0.835 1	0.922 1	0.649 9	天然气	石油	其他能源	煤炭
2	0.339 7	0.837 4	0.924 8	0.651 3	天然气	石油	其他能源	煤炭
3	0.338 5	0.833 6	0.920 5	0.648 5	天然气	石油	其他能源	煤炭
4	0.338 4	0.839 8	0.928 6	0.651 4	天然气	石油	其他能源	煤炭
5	0.339 4	0.836 3	0.923 4	0.650 9	天然气	石油	其他能源	煤炭
6	0.339 0	0.834 5	0.921 5	0.649 2	天然气	石油	其他能源	煤炭
7	0.338 8	0.832 2	0.918 6	0.648 1	天然气	石油	其他能源	煤炭
8	0.338 8	0.834 9	0.922 1	0.649 3	天然气	石油	其他能源	煤炭
9	0.339 5	0.832 9	0.919 0	0.649 2	天然气	石油	其他能源	煤炭
10	0.339 5	0.832 5	0.918 5	0.649 1	天然气	石油	其他能源	煤炭

根据以上方法和步骤，可以得出能源风险因素与不同能源的消费比重之间的关联度，并按照关联度数值从大到小排序，结果列于表 10-14。关联度分析的结果表明：2002—2012 年中国能源风险各个因素与不同能源的消费比重的关联度顺序均为天然气、石油、新能源和煤炭。进入 21 世纪以来，中国能源风险指数的降低与天然气有很大关系，这与 20 世纪 90 年代的石油关系保持基本一致。煤炭作为中国主要的一次能源，主要表现在保障中国经济发展的能源基础，以及进一步降低由此带来的环境污染。因此，尽管中国煤炭资源丰富，但其利用效率低，环境污染严重使之消费前景受到限制。同时，天然气、石油与能源经济风险关系最为密切，分别位居第一、第二位，说明了对优质、清洁能源的需求刚性，也说明单位优质能源的国民经济贡献度更大。

2. 各个子能源风险指数与能源消费结构的关系

回归分析法是确定两种或两种以上变量间相互依赖的定量关系的一种统计分析方法。这里采用线性回归分析法来寻找 2002—2012 年不同能源的消费比重与各个能源风险因素之间的相互关系。参数能源消费结构的单位为%，c 为煤炭消费比重，w 为石油消费比重，g 为天然气消费比重，o 为其他能源消费比重。回归方程的计算结果和 t 检验如表 10-15 所示。

表 10-15 **能源消费结构能源风险指数的回归分析**

指标	回归结果	t 检验	
		常数项	系数项
能源供求风险指数 S_1	$S_1=-0.5905+1.4226\times c$	−0.3564	0.5965
	$S_1=0.6125-2.8732\times w$	2.1014	−0.7425
	$S_1=0.4583-1.7405\times g$	3.5923	−0.4946
	$S_1=0.2939+0.5296\times o$	0.5806	−0.2053
油气供应风险指数 S_2	$S_2=1.4840-1.504\times c$	0.5628	−0.4006
	$S_2=-0.5151+12.607\times w$	0.3513	2.7031
	$S_2=-0.0821+14.613\times g$	−0.8102	5.2275
	$S_2=2.6448-11.327\times o$	8.8284	−7.4174
要素效率风险指数 S_3	$S_3=-9.788+15.109\times c$	−3.8196	4.2048
	$S_3=2.7993-28.649\times w$	10.068	−8.3811
	$S_3=1.515-24.305\times g$	10.06	−5.9479
	$S_3=-0.9027+7.9271\times o$	−0.7591	1.3154

能源供求风险指数与石油、天然气占能源消费结构的比重成负相关，说明这两者能源使用的增加能降低发生能源供求风险的概率。油气供应风险指数往往体现在主要的一次常规能源，石油、天然气和其他能源，目前增加天然气的消费能够提高能源风险指数，增加油气供应风险发生的概率。要素效率风险指数与石油、天然气的消费比重成负相关，与煤炭成正相关，说明增加天然气和石油消费比重可以很大程度减小要素效率风险发生的概率。目前中国正处在改善能源消费结构，维护能源安全的关键时期，要加快中国能源消费结构调整步伐。在保障能源稳定供应的前提下，逐步调整煤炭在中国一次能源消费结构中的比重，加速完成对“重污染、高能耗、低能效”企业的技术升级和改造。同时，倡导节能减排观念。节能减排一方面能缓解

能源供给的压力，另一方面也是提高能源效率的重要手段。因此，有必要加大宣传力度，在全社会倡导节能减排概念，使大众在观念上形成保障能源安全的意识。

3. 能源消费结构对各个子能源风险指数的影响规律

以上线性回归模型可以基本上反映影响能源风险指数的因素变化规律，但各因素对能源风险指数的总体变化规律没有很好的显示。因此，下面采用多元线性回归的方法分析能源消费结构中四类能源消费比重总体对能源风险指数的影响关系。多元线性回归模型是指对各个回归参数而言是线性的，而对于变量则是线性与非线性均可的计量模型。

运用 MATLAB 7.0 对 2002—2012 年的油气供应风险指数和能源消费结构数据进行计算，可得如图 10-8 所示的残差杠杆图和检验结果。

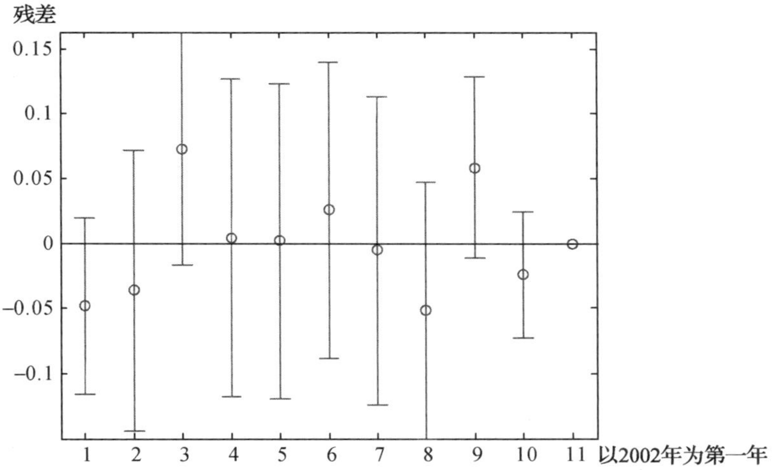

图 10-8　残差杠杆图

$$S_2=-53.1543+54.7389c+55.3666w+62.0992g+47.2944o$$

置信度 95%，且 $R^2=0.9455$，F 检验值 $=26.0077>0$，与显著性概率 $\alpha=0.05$ 相关的 $p=0.0006<0.05$，这说明，回归方程的每个自变量的选取都是有意义的。所有的残差都在 0 点附近均匀分布，区间几乎都位于[−0.2,0.2]之间。即，没有发现呈现异常的趋势，也就是说，数据中没有强影响点、异常观测点。综合起来看，以上回归结果（回归函数、拟合曲线或曲面）和回归方程的稳定性满足建模的要求。主要参数的意义为：能源消费结构的内部变动不足以撼动油气对外依存度的增长趋势，在目前新能源的增长趋势不足以抵消中国经济发展所需要的大规模基础能源。只有在大力发展新能源的基础上，对能源效率和环境效率进行开源节流，从内部发掘潜力，才能实现“十二五”的节能减排的目标。

2002—2012 年要素效率风险指数与能源消费结构的多元线性回归结果的残差杠杆图，如图10-9 所示。

$$S_3=149.0599-145.0383c-160.2353w-166.5233g-152.6039o \tag{10-9}$$

置信度 95%，且 $R^2=0.9530$，F 检验值 $=24.7968$，与显著性概率 $\alpha=0.05$ 相关的 $p=0.0007<0.004$，这说明，回归方程的每个自变量的选取都是有意义的。从残差杠杆图看出，所有的残差都在 0 点附近均匀分布，区间几乎都位于[−0.25,0.25]之间，即，没有发现高杠

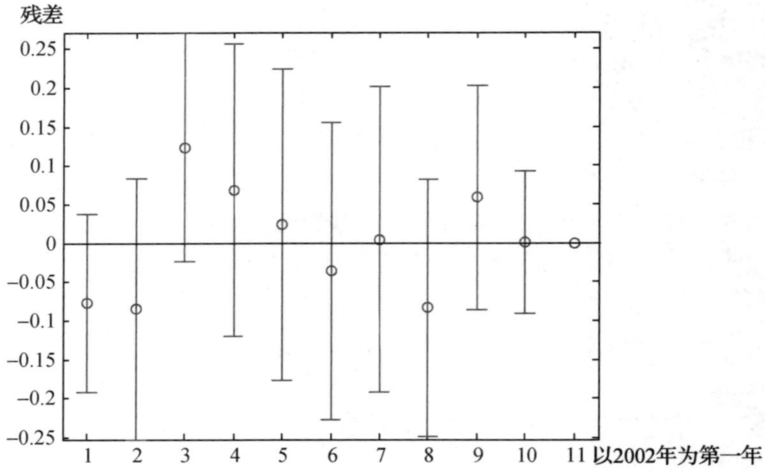

图 10-9 残差杠杆图

杆点，也就是说，数据中没有强影响点、异常观测点。多元回归方程的参数意义为：2002—2012年所有的一次能源效率和环境效率都有所提高，为总效率的提高作出了贡献，但贡献大小顺序为天然气、石油、其他能源和煤炭。因此，应该大力提高煤炭的使用效率。

4. 总能源风险指数对经济结构、能源结构的影响

$$S = 39.5685 - 37.5078c - 43.8519w - 40.0177g - 42.6756o \quad (10\text{-}10)$$

残差杠杆图如图 10-10 所示。其中，置信度 95%，且 $R^2 = 0.7540$，F 检验值 $= 4.5981 > 0$，与显著性概率 $\alpha = 0.05$ 相关的 $p = 0.0485 < 0.05$，这说明，回归方程的每个自变量的选取，都是有意义的。从残差杠杆图看出，所有的残差都在 0 点附近均匀分布，区间几乎都位于 [−0.15, 0.15] 之间，即，没有发现高杠杆点，也就是说，数据中没有强影响点、异常观测点。综合起来看，以上回归结果（回归函数、拟合曲线或曲面）基本满足研究的要求。回归方程参数的意义为：在目前的能源经济环境下，优化能源结构并不会大幅度改善中国能源安全环境。新能源开发使用的经济成本很高，能源资源的禀赋不合理，难以带来革命性的变化，所以需要多重措施同时进行，降低能源风险指数。

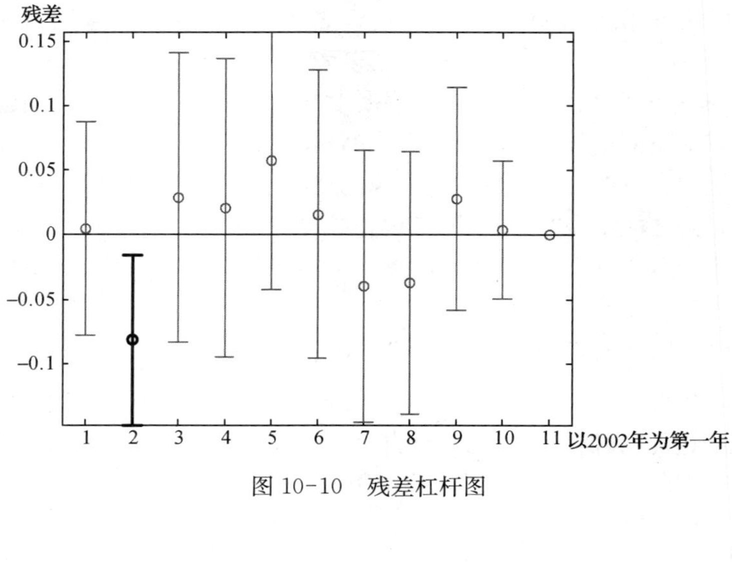

图 10-10 残差杠杆图

（五）能源风险管理

本研究中，2013 年单个指标的评分将按照百分制，并拟将风险状况划分为“无风险”（0～0.2）、“风险关注”（0.2～0.5）、“有风险”（0.5～0.7）、“较高风险”（0.7～0.9）和“高风险”（0.9～1）五个级别。其中，2013 年中国能源风险走势基本如表 10-16 所示。

表 10-16 **2013 年中国能源风险走势**

序号	风险因素	2013 年	目　标	风险值
1	能源消费弹性指数	0.273	换算成标准化为 0	高风险(1)
2	能源生产弹性系数	0.481	换算成标准化为 0.86	无风险(0.14)
3	石油对外依存度(%)	57.34	国家目标 61%	有风险
4	天然气对外依存度(%)	30.11	预期国家目标 50%	有风险
5	能源效率(元/吨标准煤)	4 472	比 2012 年能耗下降 3.7%	风险关注(定性)
6	碳排放效率(元/吨二氧化碳)	1 872	比 2012 年能耗下降 4.3%	风险关注(定性)

因此，首先，2013 年总体中国能源风险体现在外部，受到可支配的能源进口量影响。其次，能源生产弹性系数过低主要是因为 2013 年中国政府稳步压减煤炭消费，2013 年煤炭消费占能源消费总量的比重达到 65.7%，较 2012 年下降 0.9 个百分点。推动能源产业转型升级，全年关停小火电机组 447 万千瓦，淘汰落后煤矿 1 874 处、产能约 2 亿吨。全国煤矿企业数量减少 1 200 多家，下降到 6 300 家以内。现代化、规模化、集约化大型能源基地贡献率明显提升，大型煤炭基地产量占全国煤炭总产量的比重达到 90%以上，大型煤电基地外送装机规模占全国火电总装机的比重达到 7.6%。

其中，2012 年中国能源矿产普遍增长，煤炭查明储量 14 208 亿吨，新增 616.1 亿吨，同比增长 3.1%；石油查明储量 33.3 亿吨，新增 15.2 亿吨，同比增长 2.8%；天然气查明储量43 790 亿立方米，新增 9 610 亿立方米，同比增长 8.9%。2012 年中国矿产资源勘查投入持续增长，新发现一批矿产地；主要矿产品产量和进口量持续增加，供应能力不断加强；矿产资源开发利用水平不断提高，矿产资源领域对外合作进一步扩大。

四、结论与对策建议

1. 结论

大量事实表明：中国能源增长不能满足国民经济发展的需求，能源消费总量明显地受到储存量约束，能源短缺与高能耗的粗放经济增长方式，以及由能源消费所带来的环保影响，成为国民经济发展的“瓶颈”。能源的稀缺性明显体现，因此中国对能源研究的重点是如何有效地实现资源开发利用和优化配置等经济问题，包括需求预测与规划，资源结构合理，经济增长模式和速度与能源需求的关系等。

国际能源结构的优化、能源效率的提高以及能源科技的进步，都对我国能源的核心竞争力构成挑战。我国传统“以煤自给为主，以引进油、气为重心”的能源安全战略，或将逐步转向以低碳新能源技术的进步和新能源产业的发展为重心，未来中国在化石能源的高效清洁化利用、非常规能源开发、节能减排等多个方面都将迎来重大发展机遇。

近期及未来 1～2 年内的能源风险状况可总结如下：

(1) 油气进口依存度不断上升，能源保障和经济发展承压。2013年中国能源风险为“风险关注”状态，主要体现在外部，受到可支配的能源进口量影响。

(2) 亚太地区将成为全球油气需求的主要增长点，未来中国油气供应仍面临重大挑战。报告预计，2014年中国油气需求将继续上升。石油净进口量将超过3亿吨，对外依存度将超过58%。天然气消费量将保持两位数增长，进口量快速增加，对外依存度将达32%。

(3) 生产西移和消费东移，全球能源版图增加新的热点。随着非常规油气勘探开发技术取得重大突破，北美页岩油气的大规模开发使其在世界上油气生产中的地位越来越重要。同时，随着中国、印度等新兴经济体的加快发展，亚太地区已成为世界最重要的油气消费区。

因此，随着世界经济一体化进程的加快，世界经济周期与能源供求之间的关系日益密切，并在很大程度上影响着各国的能源战略和政策，中国经济正处于新一轮增长周期的上升期，对能源和运输的需求持续强劲增长，重视和研究中国有效应对世界经济周期波动的影响，加强能源风险防范，确保能源安全，具有十分重要的意义。

2. 政策措施

(1) 加强周边能源外交，打造俄罗斯和中亚国际能源合作示范区。欧亚地区历来是大国博弈的重要舞台，开展与欧亚国家的能源合作对于保证中国的能源安全和地缘政治安全、实施西部开发战略均具有重要意义。能源合作是建设“丝绸之路经济带”的“重头戏”。从建设和谐周边、确保能源供给的战略需要来看，中国必须更加重视与周边国家的能源合作，特别是与俄罗斯和中亚国家的能源合作。要利用好中国与俄罗斯和中亚国家能源领域的互补优势和国家关系优势，抓住俄罗斯和中亚国家期望同中国扩大能源合作的机遇，以积极进取、务实灵活的姿态参与该地区的双边能源合作及上合组织框架下的多边能源合作，努力实现能源供应多元化，加快提升石油战略储备水平。国际能源格局的变化提高了中国对俄能源议价的能力，中方应抓住这一机遇，在天然气谈判中争取最有利的结果。在重点打造俄罗斯和中亚国际能源合作示范区的同时，还应以积极稳妥的姿态深化与其他地区能源资源国的多领域能源合作，避免形成对俄及中亚国家的过度依赖。必须认识到，在可预见的未来，中东地区仍将是中国能源进口的主要来源地。

(2) 积极发展为能源安全保驾护航的军事力量。目前中国是对外能源投资最多的发展中国家，资源类行业的对外直接投资额占到中国对外直接投资总额的71%。但是，中国海外能源利益的增长点多位于矛盾和风险高发地区，中国的能源安全与国际环境以及地区局势之间的关联度日趋紧密。因此，中国必须把维护海外投资利益作为构建新的国际关系的重要考量。尽快加强能源战略手段和能源风险运行机制建设，其中包括为能源安全保驾护航的军事力量建设，特别要尽快提升海军远洋投放能力、能源安全危机预警能力、战略能源设施防护能力和能源安全突发事件应急能力。

(3) 以积极姿态参与全球能源治理。中国已成为全球第四大石油生产国、第二大石油消费国、第一大石油进口国、第一大能源消费国和第一大碳排放国。中国在国家能源安全压力增大的同时，在国际能源格局中的地位也在上升。中国经济持续高速发展、能源需求大幅攀升、对外依存度逐年递增，能源安全成为经济社会安全的核心问题。中国是现行国际能源秩序的后到者，要从借鉴发达国家的经验、推进能源效率提高、深化国际能源市场改革几个方面来考虑。同时，中国的能源安全观，必须从消费国的单一能源安全观转变为兼顾生产、消费与运输的综合能源安全观。

(4) 推进金融制度创新,提高能源安全保证度。中国经济的快速发展,特别是金融实力的增强,提升了其在国际能源金融秩序中的影响力。世界金融危机的发生,增大了中国对资源性商品进口的议价能力。上海国际金融中心和国际航运中心定位的确立,为中国推出具有区域影响力的原油期货创造了必要条件。中国应抓住有利时机,推进国际石油市场体系的完善和金融制度的创新,争取在亚太地区逐步形成具有影响力的基准价格,成为新的重要能源定价中心,在提升国家能源安全保障水平的同时,促进国际能源金融秩序的调整。

参考文献

[1] 刘立涛,沈镭,刘晓洁. 能源安全研究的理论与方法及其主要进展[J]. 地理科学进展,2012(4).

[2] 吴大鹏,李天德. 我国外部能源利用与区际能源供需平衡分析[J]. 求索,2012(5).

[3] 李雷鸣,马小龙. 我国能源消费演进特征及其成因分析[J]. 中外能源,2013(6).

[4] 郭小哲,段兆芳. 我国能源安全多目标多因素监测预警系统[J]. 中国国土资源经济,2005(2).

[5] 迟春洁. 能源安全预警研究[J]. 统计与决策,2006(22).

[6] 张生玲. 中国的能源安全与评估[J]. 中国人口·资源与环境,2007(6).

[7] 苏飞,张平宇. 中国区域能源安全供给脆弱性分析[J]. 中国人口·资源与环境,2008(6).

[8] 邓奎. 控制能源消费总量,强化倒逼机制[J]. 宏观经济管理,2013(4).

[9] 杨彦强,时慧娜. 中国能源安全问题研究进展述评——1998—2011 年中国能源安全战略评价[J]. 北京科技大学学报(社会科学版),2012(3).

[10] 史丹,杨彦强. 低碳经济与中国经济发展[J]. 教学与研究,2010(7).

[11] 吴利学. 中国能源效率波动理论解释数值模拟及政策含义[J]. 经济研究,2009(5).

[12] 孙立成,周德群,李群. 能源利用效率动态变化的中外比较研究[J]. 数量经济技术经济研究,2008(8).

[13] 范德成,王韶华,张伟,贾立江. 低碳经济范式下能源结构优化程度评价研究[J]. 运筹与管理,2013(6).

[14] 乔静. 我国能源结构的统计分析[J]. 商情,2013(45).

[15] 班瑞凤,魏晓平. 中国能源结构及利用问题研究[J]. 徐州工程学院学报,2008(5).

[16] 蔡海霞. 能源消费、能源效率与中国经济增长的协整分析研究[J]. 环境科学与管理,2014(2).

[17] 刘文君,邹树梁,陈远文. 碳排放约束下能源效率研究现状及展望[J]. 南华大学学报:社会科学版,2013(6).

[18] YERGIN D. Ensuring energy security[J]. Foreign Affairs, 2006, 85(2).

[19] GUPTA E. Oil vulnerability index of oil-impo rting coun-tries[J]. Energy Policy, 2008(3).

[20] CABALU H. Indicators of security of natural gas supply in Asia[J]. Energy Policy, 2010(1).

[21] GENG J B, QIANG J. Multi-perspective analysis of China's energy supply security [J]. Energy, 2014 (64).

[22] LIN W S, ZHANG N, GU A Z. A necessary part in China's future energy infrastructure[J]. Energy, 2010(35).

[23] KAYA A, YALCINTAS M. Energy consumption trends in Hawaii[J]. Energy, 2010 (35).

[24] DUAN H B, ZHU L, FAN Y. A cross-country study on the relationship between diffusion of wind and photovoltaic solar technology[J]. Technological Forecasting & Social Change, 2014(83).

[25] SUN X L, LI J P, WANG YF, WOODOW W. Clark. China's sovereign wealth fund investments in overseas energy: the energy security perspective[J]. Energy Policy, 2014 (65).

[26] ZHANG H Y, QING J, FAN Y. An evaluation framework for oil import security based on the supply chain with a case study focused on China[J]. Energy Economics, 2013 (38).

第十一章　中国经济运行的微观主体风险

一、绪论

（一）研究背景

2013年，世界经济仍处在深度调整期，国内需求面临着一定的下行风险；房价、物价涨幅明显降低；出口增长速度放缓；投资和消费增长都有不同幅度的下降；经济增长率继续下行。美国政府为了应对“财政悬崖”问题，启动了量化宽松政策，使中国面临着输入性通胀风险。宏观财政政策、货币政策调控的难度加大。

从中国国内形势来看，在政府货币紧缩和财政刺激政策退出的背景下，经济结构调整和宏观调控进一步深入。在“营改增”试点、结构性减税，城镇化和服务业发展等的推动下，GDP增速整体小幅回升概率较大。城镇化和西部大开发等新的制度性红利因素，降低贫困人口标准、扩大未来10年扶贫开发的规模等因素不可忽视。社会融资总规模扩大，货币政策以平稳为主，存贷款增长继续保持近两年的增长状况。货币市场和债券市场的利率可能震荡上行，债市整体的交易机会有限。同时，市场竞争不断激烈，原材料成本、资金成本和劳动力成本不断增长，企业经营的压力进一步加大，对企业的短期经营业绩产生了负面的影响，企业面临的风险不断加大。

虽然风险管理研究日益受到重视，但由于时间较短，人们对风险的认识有限。在整个风险管理研究中，微观主体风险的度量和评价研究相对较少。本章从影响宏观经济运行的微观主体角度出发，分析微观主体风险形成的机理和传导机制，并在此基础上采用树贝叶斯聚类模型等方法对微观主体风险进行度量和评价，为宏观经济管理和微观风险管理研究的有效衔接搭建一个基础性的研究平台，为宏观经济决策、有效的识别、评价自身风险，有效地防范和解决潜在的风险提出建议，确保企业的生存和持续成长。

（二）微观主体风险的界定

微观主体风险是指未来的不确定性对微观主体实现其经营目标的不利影响。根据风险因素的不同，国际清算银行将金融企业所面临的风险划分为经济风险、经营风险、市场风险、利率风险、信用风险、法律风险、交易对象风险以及流动性风险。1994年，美国的发起人委员会COSO在《内部控制——整体框架》报告中，将内部控制理论推进到内部控制整体框架阶段。COSO框架实现了控制要素由三要素到五要素的突破并首次将风险评估纳入内部控制整体框架之内。2004年，COSO对原有的内部控制报告进行了拓展，形成了新的《企业风险管理——整体框架》，明确提出了企业风险管理的概念。按照它们的定义，企业风险管理是一个过程，它由一个主体的董事会、管理当局和其他人员实施，应用于战略制订并贯穿于企业之中，旨在识别可能会影响主体的潜在事项，管理风险以使其在该主体的风险容量之内，并为主体目标的实现提供合理保证。这个定义反映了几个基本概念。企业风险管理是一个过程，它持续地流动于主体之内；由组织中各个层级的人员实施；应用于战略制订；贯穿于企业，在各个层级和单元应用，还包括采取主体层级的风险组合观；旨在识别一旦发生将会影响主体的潜在事项，并把风险控制在风险容量以内；能够向一个主体的管理当局和董事会提供合理保证；力求实现一个或多个不同类型但相互交叉的目标。

企业风险管理包括八个相关要素：内部环境、目标设定、事件识别、风险评估、风险应对、控制活动、信息与沟通和监督。企业风险管理的八个组成部分是一个有机的整体，体现的是一个动态的过程。1995 年，安德森提出管理经营风险的概念，将企业经营风险分为三个层面：环境流程风险、作业流程风险和决策用资讯风险。他认为环境流程风险属于政治、经济、社会等的系统性风险，此类风险影响企业经营，但企业对之几乎无影响力；决策用信息风险主要来自竞争、信誉、政府法律法规等，此类风险影响企业经营活动，企业可以影响此类风险但无力控制；作业流程风险主要来自市场、科技、人员等，企业对此具有相当控制力。尽管不同的理论研究对风险的识别和分类有所差异，但综合来看，经营风险（运营风险）和财务风险是微观主体所面临的主要风险。

1. 经营风险

经营风险是指企业在采购活动、生产活动和销售活动中产生的风险，具体表现为采购风险、生产风险和资金回收风险。采购风险是由于采购物资的时间、数量、质量和货款支付方面的不确定性所带来的物资不能满足生产需要或积压和不能按期支付货款的可能性。生产风险是由于生产质量控制、成本控制和新产品开发方面的不确定性所带来的资金回收的不确定性所引起。资金回收风险是指由于企业在产品资金转化为结算资金、结算资金再转化为货币资金的过程中，存在时间上和金额上的不确定而导致资金不能回收的风险，主要表现为应收账款的回收在时间上和金额上的不确定所导致的风险。在时间上具体表现为无法实现由产品资金到结算资金转变的风险和结算资金的拖欠风险；在金额上具体表现为结算资金不足以弥补资金成本和应收账款无法收回而形成坏账损失的风险。外部风险输入企业内部后，与企业以价值创造为导向的治理结构发生摩擦和碰撞，而且这种碰撞波及企业的方方面面，这就要求企业在复杂的形势下作出选择，也就是企业管理者作出决策。经营风险在企业内部的传递也是可以控制的，实际上风险控制是企业内部控制活动的主要内容。经营风险通过企业的内部控制、决策机制和管理机制影响企业的价值创造。经营风险从产生到在企业内部传递，本身不会消失，而且随着决策次数的增加，经营风险有加大的趋势。

2. 财务风险

对于财务风险的界定有两种不同的观点：第一种观点认为，企业财务风险是企业财务活动中由于各种不确定因素的影响，使企业财务收益与预期收益发生偏离，因此造成蒙受损失的机会和可能。企业财务活动组织和管理过程中的某一方面和某个环节的问题，都可能促使这种风险转变为损失，导致企业盈利能力和偿债能力的降低。企业的财务活动分为筹资活动、投资活动、资金回收和收益分配四个方面，财务风险就分为筹资风险、投资风险、资金回收风险、收益分配风险。第二种观点认为，财务风险是企业用货币资金偿还到期债务的不确定性。这种观点认为的财务风险与负债经营相关，财务风险是因偿还到期债务而引起的。本报告采纳的是财务风险的第一种观点，即财务风险是指企业的筹资活动、投资活动、资金回收和收益分配四个方面的风险。

（三）微观主体风险的研究思路

本报告将严格遵循风险相关问题研究的规范思路。首先，对影响微观主体风险的因素进行识别，对引致微观主体主要风险的因素进行筛选，并判断中国宏观经济中的微观主体风险的类型；其次，对微观主体的风险进行量化，以反映微观主体未来所面临的风险大小和风险程度；最后，提出管理或缓解微观主体风险的政策建议。

（四）主要研究内容及框架

本报告的主要内容有中国宏观经济运行中的微观主体风险引致因素分析，测度微观主体风险的方法综述及对微观主体风险的实证研究。在对微观主体相关的基本概念进行界定后，主要的后续研究内容具体安排如下：

第一部分，对中国宏观经济中的微观主体运行的现状进行描述，并在此基础上来分析和识别微观主体所面临的主要风险因素。

第二部分，对中国经济运行中的微观主体风险因素进行识别。从中国经济运行现状出发，识别出微观主体风险因素，为风险的度量奠定了分析基础。

第三部分，微观主体风险的度量与预测分析。首先介绍了基于行业的微观主体风险度量的贝叶斯网络聚类模型，构建了各行业的风险预警指标体系，进行样本的选择和指标的选取，并基于行业对微观主体的风险进行了预测与分析。

第四部分，结论与微观主体的风险管理对策。

二、风险因素识别

（一）微观主体运行现状

2013 年，中国实施了积极的财政政策和稳健的货币政策，国民经济运行总体良好，全年增长速度为 7.7%。由于经济结构调整的难度很大，在 2013 年没有取得结构性的进步。2014 年是加快发展方式转变的关键之年，中国经济增长可以保持稳健的步伐，将继续保持工业生产、居民消费平稳增长，继续调整产业结构，加快改革步伐，释放改革红利，激发市场活力和社会创造力，降低企业运营成本。

综观 2013 年及 2014 年的国内外宏观环境，中国微观主体的表现可以概括为如下几个方面。

1. 微观主体业绩总体盈利状况有所好转

在宏观调控的背景下，中国经济增速明显放缓，营业总收入、营业总成本比 2012 年有所上升；营业利润和净利润比 2012 年都有所增长。从表 11-1 上市公司的整体情况看，2013 年营业收入的增幅为 9.02%，营业总成本增幅为 8.47%，营业收入的增幅超过营业成本的增幅。营业利润和净利润均有所增长，其中营业利润的增长幅度为 14.27%，净利润的增长幅度为 14.40%。

表 11-1　**上市公司的整体情况(不含金融行业)**　单位:万元

项目名称	2013 年	2012 年	增长率(%)
营业总收入	2 705 687 381.78	2 481 714 740.58	9.02
营业总成本	2 185 513 822.29	2 014 924 618.39	8.47
营业利润	295 649 602.39	258 725 928.33	14.27
净利润(含少数股东损益)	241 469 165.05	211 072 457.35	14.40

资料来源：wind 资讯。

从表 11-2 中每股收益来看，2012 年每股收益各行业的增幅存在一定的差异：制造业，建筑业，批发和零售业，文化、体育和娱乐业，科学研究和技术服务业，租赁和商务服务业，房地产业，电力、热力、燃气及水生产和供应业的每股收益都有所增长。其中：文化、体育和娱乐业，科学研究和技术服务业，租赁和商务服务业的每股收益增长率超过 20%；房地产业，电力、热力、燃气及水生产和供应业的每股收益增长率超过 30%；综合业每股收益较 2012 年降低 67.44%；农、林、牧、渔业每股收益较 2012 年降低 46.40%；住宿和餐饮业每股收益较 2012 年降低 38.85%；采矿业每股收益较 2012 年降低 34.54%；交通运输、仓储和邮政业每股收益较 2012 年降低 24.41%；水利、环境和公共设施管理业每股收益较 2012 年降低 6.15%。信息传输、软件和信息技术服务业的每股收益与 2012 年基本持平。可以看出，综合业，农、林、牧、渔业，住宿和餐饮业，交通运输、仓储和邮政业，水利、环境和公共设施管理业等行业将存在一定的财务风险。

表 11-2 **各行业每股收益及增长情况**

证监会行业	2013 年	2012 年	增长率(%)
采矿业	0.32	0.50	−34.54
电力、热力、燃气及水生产和供应业	0.38	0.28	35.87
房地产业	0.45	0.34	34.25
建筑业	0.44	0.39	11.14
交通运输、仓储和邮政业	0.21	0.28	−24.41
科学研究和技术服务业	0.46	0.37	23.93
农、林、牧、渔业	0.10	0.18	−46.40
批发和零售业	0.38	0.33	14.83
水利、环境和公共设施管理业	0.40	0.43	−6.15
文化、体育和娱乐业	0.48	0.40	20.47
信息传输、软件和信息技术服务业	0.42	0.41	0.51
制造业	0.33	0.30	6.64
住宿和餐饮业	0.11	0.17	−38.85
综合业	0.21	0.65	−67.44
租赁和商务服务业	0.60	0.47	27.54

数据来源：Wind 资讯。

从表 11-3 各行业的盈利能力来看，房地产业，住宿和餐饮业，批发和零售业，采矿业，综合业，交通运输、仓储和邮政业，电力、热力、燃气及水生产和供应业，批发和零售业，采矿业，住宿和餐饮业，电力、热力、燃气及水生产和供应业的毛利率较 2012 年有所上涨，盈利能力有所提升；农、林、牧、渔业，文化、体育和娱乐业，交通运输、仓储和邮政业，综合业，科学研究和技术服务业，房地产业，信息传输、软件和信息技术服务业，水利、环境和公共设施管理业的毛利率较 2012 年有所下降，尤其是农、林、牧、渔业，文化、体育和娱乐业的毛利率降幅在 10%以上。从净利率来看，文化、体育和娱乐业，住宿和餐饮业，综合业，农、林、牧、渔业，交通运输、仓储和邮政业，制造业，信息传输、软件和信息技术服务业，建筑业，科学研究和技术

表 11-3

2013 年各行业盈利能力

证监会行业	销售毛利率(%)			销售净利率(%)			总资产净利率(%)		
	2013 年	2012 年	增长率(%)	2013 年	2012 年	增长率(%)	2013 年	2012 年	增长率(%)
采矿业	31.02	29.82	4.05	12.64	9.30	35.91	5.75	6.33	−9.13
电力、热力、燃气及水生产和供应业	26.83	23.86	12.46	15.64	11.39	37.37	4.45	2.64	68.63
房地产业	36.64	38.48	−4.76	89.72	9.98	799.19	3.62	3.13	15.43
建筑业	17.98	18.02	−0.18	5.12	5.85	−12.43	3.56	3.87	−8.00
交通运输、仓储和邮政业	29.76	31.21	31.39	10.73	18.99	−73.85	2.10	5.22	−77.66
科学研究和技术服务业	39.60	41.69	−5.02	15.61	16.22	−3.72	6.93	6.86	1.07
农、林、牧、渔业	19.68	22.12	−11.03	3.19	5.95	−46.37	1.62	3.09	−47.33
批发和零售业	16.37	15.89	3.02	5.97	2.30	159.93	3.56	3.89	−8.32
水利、环境和公共设施管理业	41.42	42.17	−1.77	17.93	18.51	−3.17	6.73	7.95	−15.29
文化、体育和娱乐业	30.69	34.44	−10.88	15.02	−0.34	−4 546.00	7.49	1.54	386.87
信息传输、软件和信息技术服务业	44.89	46.91	−4.31	11.42	16.18	−29.40	6.63	8.14	−18.59
制造业	25.74	25.84	−0.38	9.63	14.42	−33.21	5.22	4.60	13.53
住宿和餐饮业	62.36	59.78	4.31	0.40	4.77	−91.54	0.58	4.07	−85.84
综合业	24.67	26.53	−7.01	34.91	218.73	−84.04	5.43	22.29	−75.64
租赁和商务服务业	33.42	33.25	0.50	13.15	10.49	25.29	6.82	6.73	1.37

数据来源:Wind 资讯。

服务业，水利、环境和公共设施管理业的净利率有较大幅度的下降。尤其是文化、体育和娱乐业，住宿和餐饮业，综合业，农、林、牧、渔业五个行业的降幅在 50%以上；采矿业，电力、热力、燃气及水生产和供应业，批发和零售业，房地产业的净利率增幅在 30%以上。从总资产收益率上看，住宿和餐饮业，综合业，交通运输、仓储和邮政业，农、林、牧、渔业，交通运输、仓储和邮政业，信息传输、软件和信息技术服务业，水利、环境和公共设施管理业，采矿业，批发和零售业，建筑业的降幅明显。住宿和餐饮业的降幅在 85.84%。可以看出，政策因素的影响比较明显。电力、热力、燃气及水生产和供应业，文化、体育和娱乐业有大幅度的增长，增幅分别为 68.63%和 386.87%。

图 11-1 显示，2013 年各行业平均的净资产收益率与 2012 年相比大体持平。2014 年第一季度各行业净资产收益率基本上低于 2013 年的同期水平。

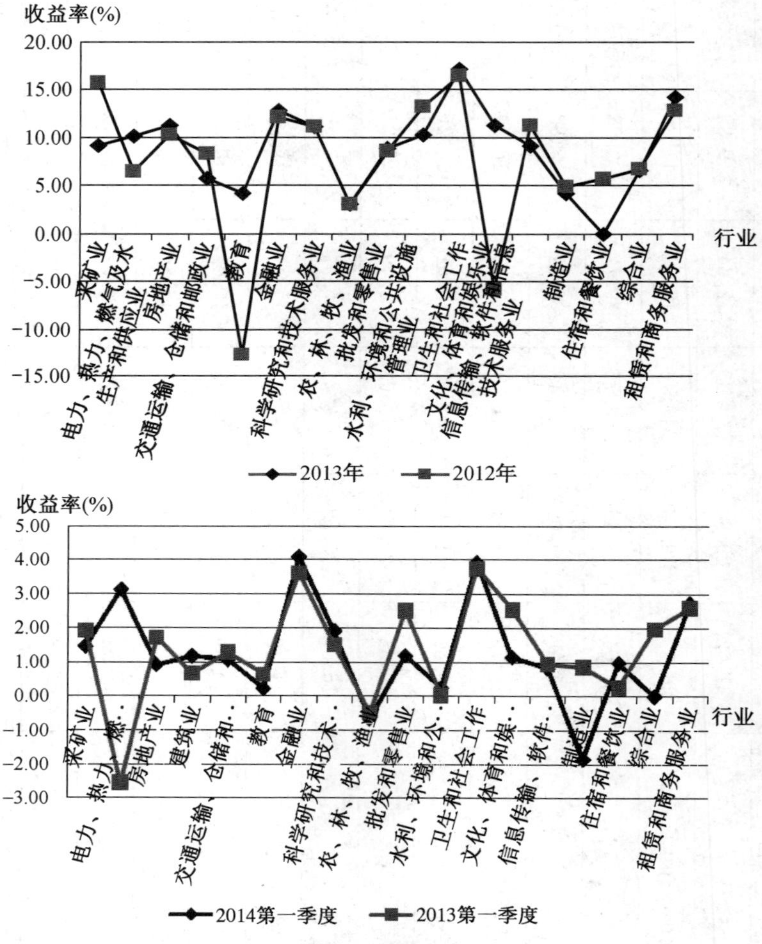

图 11-1　各行业净资产收益率的比较

2. 融资结构有所改善，负债水平有所上升

据中国人民银行公布的 2014 年第一季度金融统计数据，2014 年 3 月末，广义货币(M2)余额为 116.07 万亿元，同比增长了 12.1%，是有数据统计以来的历史新低。从金融市场的整体流动性看，流动性仍较为充裕，基本上能够满足实体经济的需要。表 11-4 显示，2014 年第

一季度社会融资规模为 5.60 万亿元。从结构上看，人民币贷款占同期社会融资规模的 53.8%，同比增加 20%；外币贷款占比 7.6%，同比增加 5.6%；委托贷款占比 12.8%，同比增加 50.59%；信托贷款占比 5.0%，同比减少 62.69%；未贴现的银行承兑汇票占比 10%，同比减少 8.26%；企业债券占比 6.9%，同比减少 43.44%；非金融企业境内股票融资占比 1.7%，同比增加 70%。

表 11-4　**2014 年第一季度社会融资规模与结构**

项　目	2014 年第一季度	2013 年第一季度	增长率(%)
融资规模(万亿元)	5.60	6.16	−9.09
其中：人民币贷款	53.8%	44.7%	20.36
外币贷款	7.6%	7.2%	5.56
委托贷款	12.8%	8.5%	50.59
信托贷款	5.0%	13.4%	−62.69
未贴现的银行承兑汇票	10.0%	10.9%	−8.26
企业债券	6.9%	12.2%	−43.44
非金融企业境内股票融资	1.7%	1.0%	70.00

资料来源：《国民经济和社会发展统计公报》，国家统计局，2013 年。

2014 年央行继续为结构调整和转型升级创造稳定的货币金融环境。货币市场、债券市场利率和票据市场利率也呈下降趋势，但总体的社会融资成本仍然较高。执行下浮、基准利率的贷款占比下降，执行上浮利率的贷款占比上升。信贷融资依然偏紧，非信贷融资收缩更凸显信贷供求紧张。

根据国家统计局发布的 2013 年国民经济和社会发展统计公报，全年上市公司累计通过境内市场筹资 6 885 亿元，与 2012 年相比增长了 15.16%。其中，A 股再筹资(配股、公开增发、非公开增发、认股权证)2 803 亿元，增长了 10.31%；上市公司通过发行可转债、可分离债、公司债筹资 4 082 亿元，增长了 19.88%。全年发行公司信用类债券 3.67 万亿元，同比降低了 19.69%。全年保险公司原保险保费收入 17 222 亿元，比 2012 年增长 11.2%。

2013 年各行业的资产负债率普遍提高。表 11-5 显示，交通运输、仓储和邮政业，房地产业，批发和零售业，建筑业，租赁和商务服务业，采矿业，水利、环境和公共设施管理业，农、林、牧、渔业，住宿和餐饮业的资产负债率都比 2012 年有所提高；房地产业的平均资产负债率在 62.72%左右，与 2012 年基本持平。综合业，科学研究和技术服务，制造业，电力、热力、燃气及水生产和供应业，文化、体育和娱乐业，信息传输、软件和信息技术服务业的资产负债率比 2012 年有所降低，尤其是综合业的资产负债率与 2012 年同期相比降低了 36.08%。

表 11-5　**2013 年行业资产负债率情况(%)**

证监会行业	2013 年	2012 年	增长率
采矿业	43.23	41.53	4.08
电力、热力、燃气及水生产和供应业	60.08	63.47	−5.34

（续表）

证监会行业	2013 年	2012 年	增长率(%)
房地产业	62.72	62.09	1.03
建筑业	68.39	66.14	3.40
交通运输、仓储和邮政业	54.84	43.40	26.36
科学研究和技术服务	33.63	36.47	−7.79
农、林、牧、渔业	45.34	41.89	8.23
批发和零售业	56.22	55.64	1.04
水利、环境和公共设施管理业	36.78	34.93	5.31
文化、体育和娱乐业	35.25	37.05	−4.88
信息传输、软件和信息技术服务业	33.37	34.90	−4.40
制造业	41.39	43.78	−5.48
住宿和餐饮业	39.43	35.98	9.60
综合业	53.98	84.46	−36.08
租赁和商务服务业	50.30	48.45	3.82

数据来源：Wind 资讯。

图 11-2 显示，建筑业，房地产业，综合业，租赁和商务服务业，农、林、牧渔业，采矿业，批发和零售业，交通运输、仓储和邮政业的每股经营活动现金流大幅度下降，大大低于 2012 年的情况。尤其是建筑业、房地产业、综合业三个行业的每股经营活动现金流的降幅超过 100%。

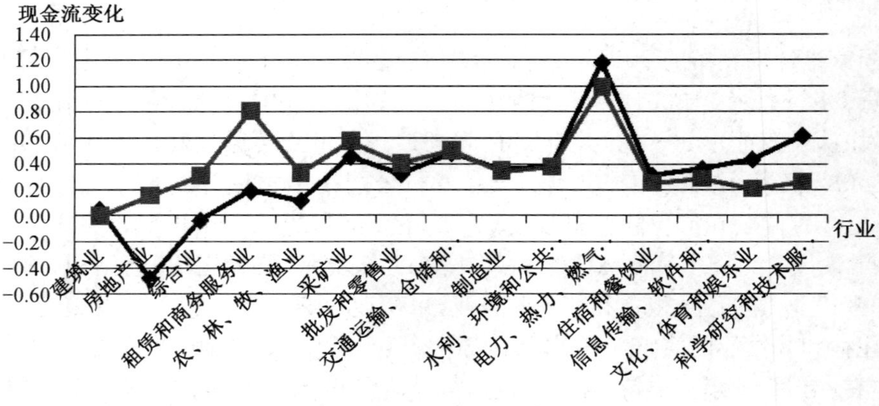

图 11-2　各行业每股经营活动现金流

3. 要素成本上升、资产管理效率喜忧参半

提高要素使用效率是实现转方式、调结构的目标，也是提高经济内生性增长动力的关键。2013 年劳动力、土地、环境、水、能源成本等要素成本上升，但微观主体的要素使用效率喜忧参半。表 11-6 可以显示微观主体的要素使用效率。从存货周转效率看，房地产业、采矿业、制造业、批发和零售业的周转次数明显地快于 2012 年；电力、热力、燃气及水生产和供应业，文化、

体育和娱乐业，水利、环境和公共设施管理业，租赁和商务服务业的周转次数略快于2012年；交通运输、仓储和邮政业，信息传输、软件和信息技术服务业，科学研究和技术服务业，住宿和餐饮业，综合业，建筑业和农、林、牧、渔业的周转次数都明显低于2012年这几个行业的存货管理效率。交通运输、仓储和邮政业的存货周转最为缓慢。从应收账款周转率来看，租赁和商务服务业，信息传输、软件和信息技术服务业，批发和零售业，农、林、牧、渔业，电力、热力、燃气及水生产和供应业，综合业，房地产业的周转明显加快；文化、体育和娱乐业，水利、环境和公共设施管理业，住宿和餐饮业，采矿业，交通运输、仓储和邮政业，科学研究和技术服务业，建筑业，制造业8个行业的周转放缓，效率很低，意味着微观主体要素的使用效率喜忧参半。

表11-6　**各行业资产管理效率**

证监会行业	存货周转率			应收账款周转率		
	2013年	2012年	增长率(%)	2013年	2012年	增长率(%)
采矿业	38.45	20.81	84.78	575.56	692.43	−16.88
电力、热力、燃气及水生产和供应业	67.49	61.52	9.70	24.71	18.80	31.40
房地产业	1.08	0.71	50.63	1 044.27	550.58	89.67
建筑业	10.91	11.15	−2.10	6.82	7.97	−14.46
交通运输、仓储和邮政业	463.17	931.31	−50.27	553.80	656.67	−15.67
科学研究和技术服务业	298.11	359.25	−17.02	5.47	6.43	−14.82
农、林、牧、渔业	2.60	2.61	−0.36	34.62	27.99	23.68
批发和零售业	722.86	12.93	5 492.50	798.67	647.31	23.38
水利、环境和公共设施管理业	30.60	26.18	16.88	30.08	44.86	−32.96
文化、体育和娱乐业	9.46	8.40	12.66	10.83	22.82	−52.55
信息传输、软件和信息技术服务业	31.04	52.23	−40.57	14.38	11.94	20.43
制造业	33.22	5.38	516.92	249.85	289.21	−13.61
住宿和餐饮业	10.67	11.87	−10.14	25.90	33.65	−23.03
综合业	3.70	4.10	−9.91	58.29	31.46	85.29
租赁和商务服务业	787.88	673.38	17.00	32.94	30.99	6.29

数据来源：Wind资讯。

房地产行业库存持续减少，存货和应收账款的周转明显加快。表11-7显示，2013年行业平均的存货周转率比2012年增长了50.63%；应收账款的周转次数比2012年明显加快，周转率增加了89.67%，总资产的周转率与2012年持平。

表 11-7 **房地产行业资产管理效率**

存货周转率			应收账款周转率			总资产周转率		
2013 年	2012 年	增长率(%)	2013 年	2012 年	增长率(%)	2013 年	2012 年	增长率(%)
1.08	0.71	50.63	1 044.27	550.58	89.67	0.24	0.24	0

数据来源:Wind 资讯。

4. 行业间收益质量的差别大

在货币政策紧缩、市场需求尚未完全释放的背景下,部分企业资金链遭受严重考验,各行业的收益质量差别很大。从表 11-8 可以看出,水利、环境和公共设施管理业,文化、体育和娱乐业,住宿和餐饮业,租赁和商务服务业,建筑业等行业的经常性损益是利润的主要来源,收益质量较高。有些行业如制造业,农、林、牧、渔业的营业外收支是利润的主要构成部分,收益质量较低。制造业,住宿和餐饮业,交通运输、仓储和邮政业,房地产业,租赁和商务服务业,电力、热力、燃气及水的生产和供应业等行业扣除非经常损益后的净利润占净利的比例不足 40%,农、林、牧、渔业,制造业的占比不足 10%。

表 11-8 **2013 年行业平均的收益质量**

证监会行业	经营活动净收益/利润总额(%)	营业外收支净额/利润总额(%)	扣除非经常损益后的净利润/净利润(%)	价值变动净收益/利润总额(%)
采矿业	74.40	11.60	55.00	17.57
电力、热力、燃气及水的生产和供应业	28.87	48.48	34.08	24.91
房地产业	46.98	13.28	20.03	41.38
建筑业	71.64	16.83	59.94	14.35
交通运输、仓储和邮政业	30.63	19.66	17.71	52.55
农、林、牧、渔业	−9.45	77.52	−11.70	41.24
批发和零售业	42.06	12.88	40.73	47.38
水利、环境和公共设施管理业	54.34	20.07	63.09	32.90
文化、体育和娱乐业	54.99	31.81	49.60	13.20
信息传输、软件和信息技术服务业	46.61	39.10	69.54	19.44
制造业	−2.64	67.42	8.75	43.18
住宿和餐饮业	57.36	8.24	10.92	38.23
综合业	35.98	25.25	48.00	44.90
租赁和商务服务业	62.04	6.17	26.58	33.24

数据来源:Wind 资讯。

图 11-3 显示，2013 年各行业经营活动的净收益占利润总额的比例波动幅度小于 2012 年的同期水平，但占比普遍低于 2012 年同期水平。电力、热力、燃气及水的生产和供应业，农、林、牧、渔业，制造业，交通运输、仓储和邮政业，水利、环境和公共设施管理业，房地产业，文化、体育和娱乐业，住宿和餐饮业，租赁和商务服务业，建筑业，采矿业的经营活动的净收益占利润总额的比例都比 2012 年低很多。图 11-4 显示，各行业在扣除非经常性损益后的净利润占净利润的比例大幅度低于 2012 年的同期水平。2013 年电力、热力、燃气及水的生产和供应业，农、林、牧、渔业，制造业，交通运输、仓储和邮政业，水利、环境和公共设施管理业，房地产业，文化、体育和娱乐业，住宿和餐饮业，租赁和商务服务业，建筑业，采矿业等行业的收益质量较差，尤其是制造业、住宿和餐饮业的收益质量较差。

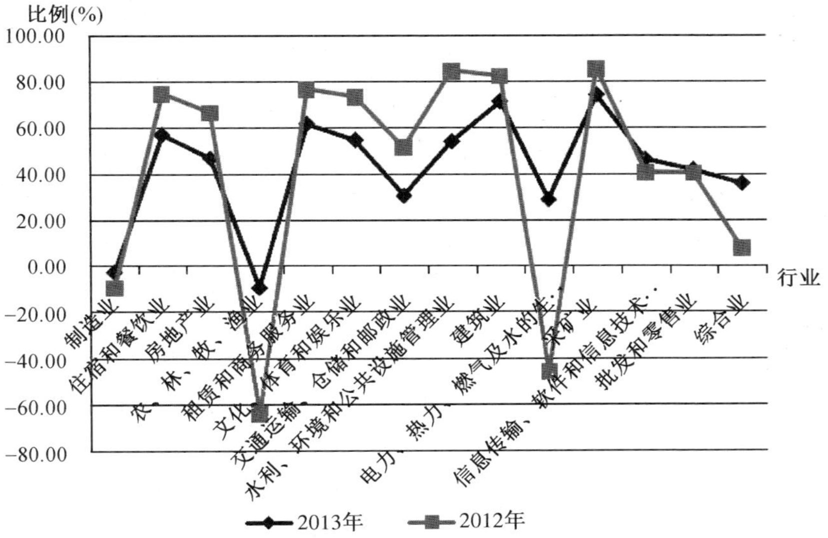

图 11-3　经营活动的净收益占利润总额的比例

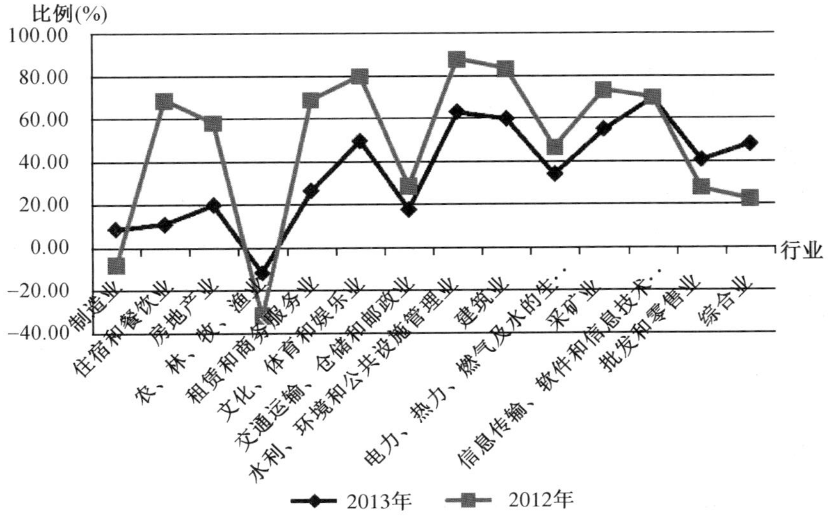

图 11-4　扣除非经常性损益后的净利润占净利润的比例

5. 初步构建创新发展的货币金融政策体系，内部控制制度稳步推进

政府加强了政策性金融对自主创新的支持，重点支持重大科技专项、重大科技产业化项目的规模化融资和科技成果转化项目、高新技术产业化项目、高新技术产品出口项目等。利用基金、贴息、担保等方式，引导各类商业金融机构支持自主创新与产业化。根据投资政策及信贷政策，商业银行对创新活力强的行业予以重点扶持。完善创业风险投资法律保障体系，依法对创业风险投资企业进行备案管理，促进创业风险投资企业规范健康发展，推进高新技术企业股份转让。

上市公司持续治理机制不断完善，管理水平进一步提升。中国陆续出台了加强对上市公司的控股股东、董事、监事、高管的监管和问责，全面提升上市公司的信息披露透明度，进一步加强对投资者合法权益的保护，大力推进上市公司合规地开展并购重组，激励和发挥证券公司、基金公司、审计机构、法律服务机构、评估机构等中介组织的专业约束作用等政策。2013年，上市公司内部控制体系的建立健全工作稳步推进。DIB迪博内部控制与风险管理数据库(www.ic-erm.com)显示，2014年319家上市公司披露其自身存在内部控制缺陷，其缺陷数量总计2 259项。其中，重大缺陷66项，占比2.92%；重要缺陷116项，占比5.14%；一般缺陷2 077项，占比91.94%。尽管监管机构对上市公司内部控制信息披露提出了新的要求，但仍有24.57%的上市公司沿用其他格式。采用不同的披露格式导致企业内部控制评价信息的可比性较差，也给投资者、监管机构、研究者等报告使用人带来阻碍。同时，在内部控制审计方面，上市公司披露的内部控制审计报告类型也各不统一；内部控制评价报告和审计报告披露不完整或不及时；内部控制缺陷信息披露不完善；内部控制缺陷等级分类不严谨，存在大事化了、小事化无的现象。内部控制评价结论与审计意见存在显著差异。内部控制审计意见与财务报表审计意见存在不一致等问题。公司遵照执行《企业内部控制基本规范》，其他自愿在年报中披露内部控制评价信息的上市公司可参照执行。大股东侵占、关联方交易不透明、募集资金使用不规范、母子公司管控不力等问题受到重视，正在逐步解决。

（二）微观主体所面临的风险因素的识别

1. 经营风险因素的识别

经营风险具体地说是在一个企业内部由于在人、过程和技术等方面失败而可能使经营发生失败的可能性。由于在人、过程和技术等方面失败而经营失败的可能性可以加以预计，因此，在制定经营计划时将这些方面的风险考虑到其中，可以从微观主体的收益质量和资产的管理效率方面来看经营风险。表11-9显示，2013年农、林、牧、渔业，制造业，交通运输、仓储和邮政业，信息传输、软件和信息技术服务业，电力、热力、燃气与水生产和供应业，科学研究和技术服务业，水利、环境和公共设施管理业的经营利润的增幅低于营业收入的增幅，这些行业的经营风险较大。

表11-9　　**2013年各行业收入和利润增长情况(%)**

证监会行业	营业总收入增长率	营业利润增长率	利润总额增长率	净利润增长率
采矿业	4.82	43.55	37.83	43.06
电力、热力燃气与水生产和供应业	10.92	3.75	31.57	42.42

（续表）

证监会行业	营业总收入增长率	营业利润增长率	利润总额增长率	净利润增长率
房地产业	34.19	824.54	267.58	−22.65
建筑业	18.12	4 816.12	−61.22	89.87
交通运输、仓储和邮政业	9.52	−39.85	−59.32	−70.93
科学研究和技术服务业	21.53	11.62	20.42	22.82
农、林、牧、渔业	10.16	−613.31	−106.01	−218.11
批发和零售业	15.16	85.71	57.72	55.89
水利、环境和公共设施管理业	13.87	8.87	10.9	14.63
文化、体育和娱乐业	13.22	16.75	10.63	9.31
信息传输、软件和信息技术服务业	20.23	−59.86	35.15	−4.96
制造业	19.97	−128.66	−115.18	−97.94
住宿和餐饮业	−9.07	−110.62	−127.71	−178.48
综合业	19.61	227.54	48.03	44.09
租赁和商务服务业	24.03	82.01	39.45	41.45

图 11-5 显示，与 2013 年同期相比，2014 年第一季度采矿业，批发和零售业，农、林、牧、渔业，房地产业等行业经营风险较高。

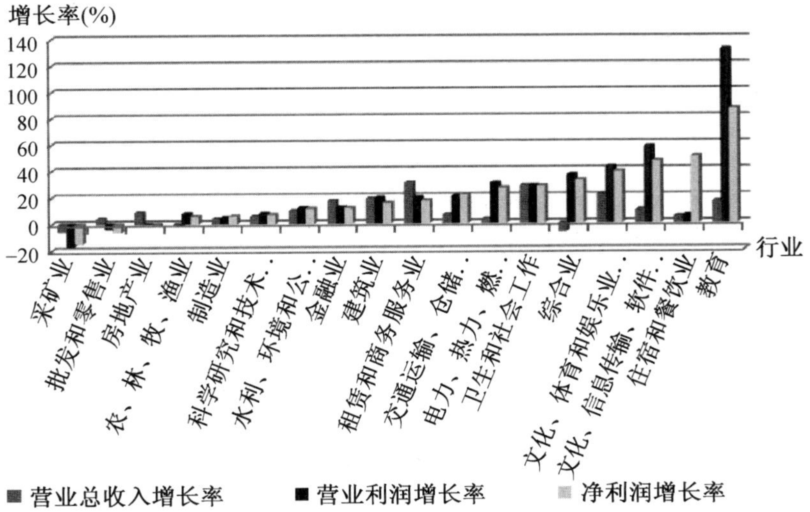

图 11-5　2014 年第一季度各行业营业收入和营业利润对比

2. 财务风险因素的识别

度量财务风险主要与微观主体的偿债能力相关，常用的财务指标可以分为三类：第一类为流动性指标，包括流动比率和速动比率，用于反映短期偿债能力，度量短期筹资风险。通常这些比率越低，债权人得不到保障的可能性越大，微观主体的风险也就越大。第二类指标反映微观主体的长期偿债能力，一般包括资产负债率、产权比率、利息保障倍数等。通常，前两项指标越低，第三项指标越高，微观主体的长期负债能力越强，筹资风险越小。现金债务总额比是衡量微观主体筹资风险的第三类指标，现金流量和债务的比率可以更好地反映微观主体的偿债能力。该比率越高，表明微观主体承担债务的能力越强。

表 11-10 显示，从偿债能力上看，农、林、牧、渔业，住宿和餐饮业，租赁和商务服务业，交通运输、仓储和邮政业，制造业，房地产业，建筑业存在一定程度的财务风险。

表 11-10　　**2013 年各行业已获利息倍数**

证监会行业	2013 年	2012 年	增长率(%)
采矿业	15.16	13.32	13.81
电力、热力、燃气及水生产和供应业	6.81	5.49	24.07
房地产业	24.01	26.97	−10.98
建筑业	7.49	7.20	3.96
交通运输、仓储和邮政业	9.64	23.17	−58.41
科学研究和技术服务业	8.97	8.58	4.51
农、林、牧、渔业	2.32	56.21	−95.88
批发和零售业	319.75	15.75	1 929.67
水利、环境和公共设施管理业	47.75	32.77	45.72
文化、体育和娱乐业	23.17	13.15	76.21
信息传输、软件和信息技术服务业	24.02	15.08	59.26
制造业	15.90	18.21	−12.67
住宿和餐饮业	4.18	16.24	−74.23
综合业	13.71	5.86	134.15
租赁和商务服务业	17.09	48.29	−64.60

数据来源：Wind 资讯。

表 11-11 显示，与 2013 年同期相比，2014 年第一季度有一定财务风险的行业是电力、热力、燃气及水生产和供应业，住宿和餐饮业，综合业，批发和零售业，租赁和商务服务业，房地产业，交通运输、仓储和邮政业，水利、环境和公共设施管理业，采矿业，文化、体育和娱乐业，农、林、牧、渔业，科学研究和技术服务业，制造业，信息运输、软件和信息技术服务业。尤其是电力、热力、燃气及水生产和供应业，住宿和餐饮业，综合业，批发和零售业，租赁和商务服务业存在较高的财务风险。

表 11-11　　**2014 年第一季度各行业平均偿债能力**

证监会行业	流动比率	速动比率	产权比率	经营活动产生的现金流量净额/负债合计
采矿业	2.61	2.37	1.19	−0.01
电力、热力、燃气及水生产和供应业	0.95	0.84	2.25	0.04

（续表）

证监会行业	流动比率	速动比率	产权比率	经营活动产生的现金流量净额/负债合计
房地产业	2.07	0.65	3.17	−0.04
交通运输、仓储和邮政业	2.19	2.00	1.53	0.05
科学研究和技术服务业	3.23	2.92	0.76	−0.06
农、林牧、渔业	3.18	2.17	1.26	0.01
批发和零售	1.59	1.17	4.16	−0.03
水利、环境和公共设施管理业	2.37	1.89	0.69	−0.03
文化、体育和娱乐业	2.73	2.33	1.12	−0.06
信息运输、软件和信息技术服务业	6.47	5.99	0.50	−0.23
制造业	3.46	2.80	1.53	−0.02
住宿和餐饮业	1.44	1.30	1.22	0.00
综合业	1.54	0.99	4.11	−0.03
租赁和商务服务业	1.92	1.71	2.37	−0.02

数据来源：Wind 资讯。

三、风险度量与分析

（一）基于行业的微观主体风险度量的贝叶斯网络聚类模型

企业风险是指由多种因素的相互作用，使企业不能实现预期效益而造成损失的可能性。财务风险和经营风险是其中的两种主要风险。企业风险预警的核心是风险预测，通过科学的风险预测可使企业在危机发生之前向经营者提出警示，从而督促企业管理人员采取有效措施，避免潜在的危机演变成损失。我们结合最大似然树学习、属性排序、基于贪婪打分—搜索的结构学习和 Gibbs 抽样等建立贝叶斯网络聚类模型，并将其用于企业财务和经营风险预测。

用 C，X_1，…，X_n 表示类与属性；c，x_1，…，x_n 表示具体的取值；D 表示数据集；N 表示数据集中的记录数量。$x_{im}(1 \leqslant i \leqslant n,\ 1 \leqslant m \leqslant N)$ 和 c_m 表示 X_i 和 C 在数据集 D 中第 m 个记录的观测值。

1. 贝叶斯网络学习

首先基于例子集建立最大似然树，并为边定向得到有向树，然后使用有向树和局部完全有向无环图分别进行块间排序和块内结点排序，得到所有结点的序列，最后在结点顺序的基础上采用贪婪打分—搜索方法进行贝叶斯网络学习。

1）最大似然树学习

分别用 $I(X_i,\ X_j)$ 和 $I(X_i,\ X_j \mid X_k)$ 表示变量 X_i 和 X_j 之间的互信息和以 X_k 为条件的条件互信息。用 L_0 表示边表，其中的元素是三元组 $(i,\ j,\ \delta)$，$j > i$，$i = 1$，…，n，$j = 2$，…，n，$\delta = 0$，1，$\delta = 1$ 和 $\delta = 0$ 分别表示存在和不存在边 $X_i - X_j$。

下面给出经典的 Chow and Liu 两步建树算法，算法时间复杂度是 $O(n^2)$。①把互信息 $I(X_i,\ X_j \mid D)$ 作为边 $X_i - X_j$ 的权重，计算所有边的权重，并按权重由大到小排序边。②遵循不产生环路的原则，依据边权重的大小，由大到小依次选择边建树，并修改边表，直到选择 $n-1$ 条边为止，得到最大似然树 T。

2）有向树学习

碰撞识别是普遍采用的确定因果关系的方法，具有操作简单、效率和可靠性高等特点，但只能发现部分(具有多父结点)边的方向。在边表 L_0 中查询，选择不存在边的结点对 X_i，X_j，设在 T 中与 X_i 和 X_j 可能形成 V 结构[2]的结点为 X_{m_1}，…，X_{m_t}，对每一个可能的 V 结构进行碰撞识别。对给定的阈值 $\delta>0$，如果 $\dfrac{I(X_i, X_j \mid X_{m_h})}{I(X_i, X_j)}>(1+\delta)$，$1\leqslant h\leqslant t$，则 X_i，X_j 和 X_{m_h} 形成 V 结构，定向为 $X_i\rightarrow X_{m_k}$ 和 $X_j\rightarrow X_{m_k}$，这样可为部分边定向。根据链图定义(在一个由有向边和无向边构成的混合图中，如果对每一个回路中的无向边任意定向都不会产生有向环，称这个混合图为链图)，所得到的是一个链图，使用基于链图的打分方法为其他边定向。设链图中没有定向的边为 e_1，…，e_s，用 G_C^{i+} 和 G_C^{i-} 分别表示边 e_1，…，e_{i-1} 已定向，而边 e_{i+1}，…，e_s 还没定向，由边 e_i 具有不同方向所构成的链图。按照 Buntine[20] 给出的基于链图分解联合概率的方法，便能计算一个链图的 MDL (Minimal Description Length)打分。根据 $MDL(G_C^{i+} \mid D)$ 和 $MDL(G_C^{i-} \mid D)$ 的大小确定边 e_i 的方向，如此下去可得到有向树，用 T_D 表示学习得到的有向树。

3）结点排序

使用有向树 T_D 可对结点进行拓扑排序，结点序列不唯一，但结点块序列唯一。首先基于有向树对结点块排序，然后再采用局部完全有向无环图法对块内结点排序，最终得到所有结点的序列。

(1) 结点块排序。在有向树 T_D 中，选择没有父结点的结点构成第一个结点块，然后从 T_D 中删除被选择的结点，以及与这些结点相联结的弧，再以同样方式选择和删除结点，便可得到结点块序列。可以证明，在不考虑块内结点顺序的情况下块序列是唯一的。

(2) 块内结点排序。块内结点排序可依据专家知识、排序算法以及两者的结合。下面给出一种块内结点排序的完全有向无环图法。该方法分为两个步骤：首先根据两个变量之间的条件相对平均熵确定块内所有结点之间弧的方向，建立完全有向图，可以证明所构建的有向图不存在环路；然后依据完全有向无环图对块内结点进行拓扑排序(排序结果唯一)。分别用 $H(X_i)$、$H(X_i \mid X_j)$ 和 $R(X_j\rightarrow X_i)$ 表示 X_i 的熵、条件熵和 X_j 对 X_i 的条件相对平均熵，$H(X_i)=-\sum\limits_{x_i} p(x_i)\log P(x_i)$。

$$H(X_i \mid X_j)=-\sum_{x_i, x_j} p(x_i, x_j)\log p(x_i \mid x_j), R(X_j\rightarrow X_i)=\frac{H(X_i \mid X_j)}{H(X_i)\cdot |X_i|}$$

对任意的 X_i，X_j，如果 $R(X_j\rightarrow X_i)>R(X_i\rightarrow X_j)$，定向为 $X_j\rightarrow X_i$，否则定向为 $X_i\rightarrow X_j$。设最终得到的结点序列为 X_{d_1}，…，X_{d_n}。

4）贝叶斯网络结构学习

在结点序列的基础上，使用局部打分—搜索方法，通过发现一个结点的父结点来进行贝叶斯网络结构学习。

(1) 打分函数。对于数据集 D 和贝叶斯网络结构 G_B，用 $MDL(G_B \mid D)$ 表示 G_B 的 MDL 打分值，打分最小的网络结构便是最好的结构。

$$MDL(G_B \mid D) = \frac{\log N}{2}|G_B| - LL(G_B \mid D)$$

$$\frac{\log N}{2}|G_B| = \frac{\log N}{2}\sum_{i=1}^{n}|X_i|\left|\prod_i\right|$$

$$LL(G_B \mid D) = \sum_{m=1}^{N+N^*}\log(p(u_m \mid G_B)) = \sum_{m=1}^{N+N^*}\log\left(\prod_{i=1}^{n}p(x_{im} \mid \pi_{im}, G_B)\right)$$

式中　$|G_B|$ ——网络参数数量；

$|X_i|$ —— X_i 的取值数量；

$\left|\prod_i\right|$ —— X_i 的父结点集 $\prod_i$ 的配置情况数量；

u_m ——数据集中的第 m 个记录；

x_{im} —— X_i 在 u_m 中的取值；

π_{im} —— $\prod_{im}$ 的配置。

局部打分定理：在两个贝叶斯网络结构 G_1 和 G_2 中，设 X_i 在两个结构中的父结点集分别为 $\prod_i^{(1)}$ 和 $\prod_i^{(2)}$，如果只有 X_i 的父结点集不同，那么 $MDL(G_1 \mid D) - MDL(G_2 \mid D) = MDL(X_i \cup \prod_i^{(1)} \mid D) - MDL(X_i \cup \prod_i^{(2)} \mid D)$。

证明：$MDL(G_1 \mid D) - MDL(G_2 \mid D)$

$$= \left[\frac{\log N}{2}|G_1| - LL(G_1 \mid D)\right] - \left[\frac{\log N}{2}|G_2| - LL(G_2 \mid D)\right]$$

$$= \left[\frac{\log N}{2}(|G_1| - |G_2|) - [LL(G_1 \mid D) - LL(G_2 \mid D)]\right],$$

由于 $LL(G_1 \mid D) - LL(G_2 \mid D) = \sum_{m=1}^{N}\left[\log\left(\prod_{i=1}^{n}p(x_i \mid \pi_i, G_1)\right) - \log\left(\prod_{i=1}^{n}p(x_i \mid \pi_i, G_2)\right)\right]$

$$= \sum_{m=1}^{N}\left[\log\left(\frac{\prod_{i=1}^{n}p(x_i \mid \pi_i, G_1)}{\prod_{i=1}^{n}p(x_i \mid \pi_i, G_2)}\right)\right]$$

$$= \sum_{m=1}^{N}\left[\log\left(\frac{p(x_{k_0} \mid \pi_{k_0}^{(1)}, G_1)\prod_{i\neq k_0}p(x_i \mid \pi_i, G_1)}{p(x_{k_0} \mid \pi_{k_0}^{(2)}, G_1)\prod_{i\neq k_0}p(x_i \mid \pi_i, G_1)}\right)\right]$$

$$= \sum_{m=1}^{N}\left[\log\left(\frac{p(x_{k_0} \mid \pi_{k_0}^{(1)}, G_1)}{p(x_{k_0} \mid \pi_{k_0}^{(2)}, G_1)}\right)\right]$$

$$= \sum_{m=1}^{N}\log[p(x_{k_0} \mid \pi_{k_0}^{(1)}, G_1)] - \sum_{m=1}^{N}\log[p(x_{k_0} \mid \pi_{k_0}^{(2)}, G_1)]$$

$$= LL(X_{k_0} \cup \prod\nolimits_{k_0}^{(1)} \mid D) - LL(X_{k_0} \cup \prod\nolimits_{k_0}^{(2)} \mid D)$$

且显然有：

$$\frac{\log N}{2}(|G_1| - |G_2|) = \frac{\log N}{2}\left(\left|X_{k_0} \cup \prod\nolimits_{k_0}^{(1)}\right| - \left|X_{k_0} \cup \prod\nolimits_{k_0}^{(2)}\right|\right)$$

因此，

$MDL(G_1 \mid D) - MDL(G_2 \mid D)$

$$= \left\{\frac{\log N}{2}\left(\left|X_{k_0} \cup \prod\nolimits_{k_0}^{(1)}\right| - \left|X_{k_0} \cup \prod\nolimits_{k_0}^{(2)}\right|\right)\left[LL\left(X_{k_0} \cup \prod\nolimits_{k_0}^{(1)}\middle|D\right) - LL\left(X_{k_0} \cup \prod\nolimits_{k_0}^{(1)}\middle|D\right)\right]\right\}$$

$= MDL(X_{k_0} \cup \prod_{k_0}^{(1)} | D) - MDL(X_{k_0} \cup \prod_{k_0}^{(1)} | D)$。

局部打分定理保证了可在结点有序的情况下进行局部打分，相对于整体打分—搜索可有效提高结构学习效率和可靠性。

(2) 搜索算法。用 $G(X_{d_i} | \prod_{X_{d_i}})$ 表示结点 X_{d_i} 和它的父结点所构成的局部结构。如果 $MDL(G(X_{d_i} | X_{d_i}^{(1)}) | D) = \min_{X_{d_k} \in \{X_{d_1}, \cdots, X_{d_{i-1}}\}} \{MDL(G(X_{d_i} | X_{d_k}) | D)\} < MDL(X_{d_i} | D)$，选择 $X_{d_i}^{(1)}$ 作为 X_{d_i} 的第 1 个父结点，否则结束 X_{d_i} 的父结点搜索，该结点没有父结点。假设已经选择了 w 个父结点 $X_{d_i}^{(1)}, \cdots, X_{d_i}^{(w)}$，如果 $MDL(G(X_{d_i} | X_{d_i}^{(1)}, \cdots, X_{d_i}^{(w)}, X_{d_i}^{(w+1)}) | D) = \min_{X_{d_k} \in \{X_{d_1}, \cdots, X_{d_{i-1}}\} - \{X_{d_i}^{(1)}, \cdots, X_{d_i}^{(w)}\}} \{MDL(G(X_{d_i} | X_{d_i}^{(1)}, \cdots, X_{d_i}^{(w)}, X_{d_k}) | D)\} < MDL(G(X_{d_i} | X_{d_i}^{(1)}, \cdots, X_{d_i}^{(w)}) | D)$，选择 $X_{d_i}^{(w+1)}$ 作为 X_{d_i} 的第 $w+1$ 个父结点，否则结束搜索。这样便可依次确定每一个结点的父结点集，最终得到贝叶斯网络结构。算法最坏情况下(学习得到的是每两个结点之间都存在一条弧的有向完全图)的时间复杂度是 $O(n^3)$。由于确定每一个结点的父结点是独立进行的，因此适合于设计并行算法来提高学习效率。用 G 表示学习得到的贝叶斯网络结构。

Gibbs 抽样要求采用满条件分布 $p(c | x_1, \cdots, x_n)$ 进行抽样，根据贝叶斯公式和贝叶斯网络理论得：

$$p(c | x_1, \cdots, x_n) = \frac{p(c, x_1, \cdots, x_n)}{p(x_1, \cdots, x_n)} = \alpha p(c) p(x_1, \cdots, x_n | c) = \alpha p(c) \prod_{i=1}^{n} p(x_i | \pi(x_i), c, G)$$

其中 α 是与 c 无关的量，$p(c)$ 是类边缘概率，$p(x_i | \pi(x_i), c, G)$ 是属性条件概率，$\pi(x_i)$ 是在贝叶斯网络 G 中 X_i 的父结点 $\prod(X_i)$ 的配置。这样可将满条件分布计算转化为 $p(c) \prod_{i=1}^{n} p(x_i | \pi(x_i), c, G)$ 的计算问题。

2. 确定类变量的值

确定类变量值的过程是一个迭代，在每一次迭代中，按照数据集中记录的顺序依次对 C 值进行修正(随机指派 C 的初始值)，修正完所有需要修正记录中的 C 值实现一次迭代，直到满足终止条件结束迭代。

设在第 m 个记录 C 具有待修正值 c_m，X_i 的值为 x_{im}，$\hat{c}_m$ 表示 c_m 经过修正后的值，C 的可能取值为 $c^1, \cdots, c^{r_c}$。用 $D^{(k-1)}$ 表示第 k 次迭代修正前的数据集，$D_m^{(k-1)}$ 表示第 k 次迭代修正中对 c_m 修正后的数据集，$D^{(k)}$ 表示第 k 次迭代修正后的数据集。

分别用 $\hat{p}(c | D)$ 和 $\hat{p}(x_1 \cdots x_n | c, D)$ 表示在数据集 D 基础上的类边缘概率和属性条件联合密度估计，对 $\hat{p}^{(k)}(c_m | D_{m-1}^{(k)}) \hat{p}^{(k)}(x_{1m}, \cdots, x_{nm} | c_m, D_{m-1}^{(k)}, T)$ 进行归一化处理，记：

$$w(h) = \frac{\hat{p}^{(k)}(c^h | D_{m-1}^{(k)}) \hat{p}^{(k)}(x_{1m}, \cdots, x_{nm} | c^h, D_{m-1}^{(k)}, T)}{\sum_{j=1}^{r_c} \hat{p}^{(k)}(c^j | D_{m-1}^{(k)}) \hat{p}^{(k)}(x_{1m}, \cdots, x_{nm} | c^j, D_{m-1}^{(k)}, T)}, h \in \{1, \cdots, r_c\}$$

对生成的随机数 λ，按如下方法确定类变量 C 的取值：

$$\hat{c}_m=\begin{cases} c^1, & 0<\lambda\leqslant w(1)\\ \cdots & \\ c^h, & \sum_{t=1}^{h-1}w(t)<\lambda\leqslant\sum_{t=1}^{h}w(t)\\ \cdots & \\ c^{r_c}, & \lambda>\sum_{t=1}^{r_c-1}w(t)\end{cases}$$

3. 迭代终止检验

采用相邻聚类变量值序列的一致性检验进行终止迭代判断。设相邻两次迭代所得到的聚类变量值序列分别为 $c_1^{(k)}$，$c_2^{(k)}$，…，$c_N^{(k)}$ 和 $c_1^{(k+1)}$，$c_2^{(k+1)}$，…，$c_N^{(k+1)}$，$\mathrm{sign}c(c_i^{(k)},c_i^{(k+1)})=\begin{cases}0, & c_i^{(k)}=c_i^{(k+1)}\\ 1, & c_i^{(k)}\neq c_i^{(k+1)}\end{cases}$。对给定的阈值 $\eta>0$，如果 $\frac{1}{N}\sum_{i=1}^{N}\mathrm{sign}c(c_i^{(k)},c_i^{(k+1)})\leqslant\eta$，则结束迭代。

（二）样本和指标的选取

1. 样本的选取

本报告中选取了 2013 年和 2014 年第一季度公布的财务报告深、沪上市的 A 股公司作为研究样本，剔除了金融行业和样本数在 10 个以下的行业。行业的划分以中国证监会 2012 年颁布的《上市公司行业分类指引》为依据。《上市公司行业分类指引》将上市公司所属行业划分为一级行业，各行业的样本数量见表 11-12。研究中使用的财务数据来源于 Wind 资讯。

表 11-12　　**2013 年和 2014 年第一季度样本的分布情况**

证监会行业	2013 年样本数	2014 年第一季度样本数
采矿业	67	67
电力、热力、燃气及水的生产和供应业	80	80
房地产业	135	135
建筑业	61	63
交通运输、仓储和邮政业	81	81
科学研究和技术服务业	12	12
农、林、牧、渔业	40	40
批发和零售业	150	150
水利、环境和公共设施管理业	27	27
文化、体育和娱乐业	14	24
信息传输、软件和信息技术服务业	140	132
制造业	1 598	1 596
住宿和餐饮业	12	12
综合业	23	23
租赁和商务服务业	23	23
合　计	2 464	2 566

2. 指标的选取

企业财务和经营风险指标均包含两部分:风险等级指标和影响风险等级的相关其他指标。风险等级分为四个级别,分别是高风险(A级)、较高风险(B级)、有风险(C级)和风险关注(D级)。① 影响企业财务风险的相关因素指标为:资产负债率、每股收益、每股经营现金流量、销售毛利率、净资产收益率、总资产净利率。② 影响企业经营风险的相关因素指标为:存货周转率、应收账款周转率、总资产周转率、营业总收入增长率、营业利润增长率。对这些相关因素指标,采用等频的方法进行离散化。

(三)基于行业的微观主体风险预测与分析

在研究过程中,我们邀请了35位企业管理、财务管理和会计学等方面的专家,采用德尔菲法(Delphi method)确定一部分企业的年度财务和经营风险等级(经过三轮的专家评价,以各专家趋于一致的风险等级为最后的风险等级),基于贝叶斯网络聚类模型进行2013年和2014年第一季度企业财务和经营风险等级引导性聚类预测,并分析预测结果。通过贝叶斯网络聚类预测,获得每一个未知风险企业的风险等级,再经过简单统计得到的各行业风险分布情况如表11-13和表11-14所示。

表11-13 **2013年各行业的财务风险分布**

风险等级 / 证监会行业	高风险 (A级)	较高风险 (B级)	有风险 (C级)	风险关注 (D级)
采矿业	0.11	0.2	0.29	0.4
电力、热力、燃气及水生产和供应业	0.19	0.29	0.31	0.22
房地产	0.25	0.22	0.3	0.22
建筑业	0.24	0.33	0.26	0.17
交通运输、仓储和邮政业	0.11	0.43	0.11	0.35
科学研究和技术服务业	0.38	0.1	0.29	0.23
农、林、牧、渔业	0.12	0.11	0.55	0.22
批发和零售业	0.17	0.24	0.29	0.31
水利、环境和公共设施管理业	0.10	0.35	0.16	0.39
文化、体育和娱乐业	0.18	0.23	0.36	0.23
信息传输、软件和信息技术服务业	0.23	0.3	0.31	0.16
制造业	0.19	0.25	0.28	0.28
住宿和餐饮业	0.17	0.08	0.42	0.33
综合业	0.13	0.35	0.3	0.22
租赁和商务服务业	0.17	0.46	0.24	0.13

表11-13显示,财务风险处于A等级的行业主要是科学研究和技术服务业;财务风险处于B等级的行业主要是租赁和商务服务业,建筑业,交通运输、仓储和邮政业,水利、环境和公共设施管理业,综合业;财务风险处于C等级的行业主要是农、林、牧、渔业,住宿和餐

饮业，文化、体育和娱乐业；财务风险处于D等级的行业主要是采矿业，水利、环境和公共设施管理业。

表 11-14　**2013 年制造业的财务风险分布**

风险等级 / 证监会行业	高风险（A级）	较高风险（B级）	有风险（C级）	风险关注（D级）
电气机械和器材制造业	0.16	0.23	0.3	0.32
纺织业	0.14	0.09	0.44	0.33
非金属矿物制品业	0.23	0.2	0.22	0.35
黑色金属冶炼和压延加工业	0.16	0.29	0.29	0.26
化学原料和化学制品制造业	0.16	0.31	0.27	0.26
计算机、通信和其他电子设备制造业	0.2	0.26	0.25	0.29
金属制品业	0.22	0.29	0.12	0.37
酒、饮料和精制茶制造业	0.14	0.37	0.26	0.23
农副食品加工业	0.16	0.24	0.32	0.27
汽车制造业	0.18	0.23	0.33	0.28
通用设备制造业	0.14	0.29	0.22	0.35
橡胶和塑料制品业	0.12	0.16	0.46	0.26
医药制造业	0.33	0.17	0.24	0.26
有色金属冶炼和压延加工业	0.17	0.23	0.23	0.38
专用设备制造业	0.16	0.27	0.17	0.4

表11-14显示，从制造业内部看，财务风险处于A等级的行业主要是医药制造业；财务风险处于B等级的行业主要是化学原料和化学制品制造业，酒、饮料和精制茶制造业；财务风险处于C等级的行业主要是黑色金属冶炼和压延加工业，电气机械和器材制造业，农副食品加工业，汽车制造业，纺织业，橡胶和塑料制品业；财务风险处于D等级的行业主要是计算机、通信和其他电子设备制造业，电气机械和器材制造业，纺织业，非金属矿物制品业，通用设备制造业，金属制品业，有色金属冶炼和压延加工业，专用设备制造业。

表 11-15　**2014 年第一季度各行业的财务风险分布**

风险等级 / 证监会行业	高风险（A级）	较高风险（B级）	有风险（C级）	风险关注（D级）
采矿业	0.09	0.22	0.26	0.43
电力、热力、燃气及水生产和供应业	0.17	0.23	0.24	0.36
房地产业	0.25	0.2	0.32	0.23
建筑业	0.22	0.35	0.28	0.15

（续表）

风险等级 证监会行业	高风险 （A级）	较高风险 （B级）	有风险 （C级）	风险关注 （D级）
交通运输、仓储和邮政业	0.14	0.42	0.08	0.36
科学研究和技术服务业	0.39	0.13	0.27	0.21
农、林、牧、渔业	0.09	0.14	0.54	0.23
批发和零售业	0.18	0.29	0.32	0.21
水利、环境和公共设施管理业	0.11	0.32	0.15	0.42
文化、体育和娱乐业	0.16	0.23	0.36	0.25
信息传输、软件和信息技术服务业	0.22	0.35	0.29	0.13
制造业	0.2	0.24	0.27	0.29
住宿和餐饮业	0.26	0.33	0.25	0.16
综合业	0.26	0.17	0.13	0.43
租赁和商务服务业	0.19	0.32	0.26	0.23

表11-15显示，2014年第一季度，财务风险处于A等级的行业主要是科学研究和技术服务业；处于B等级的行业主要是水利、环境和公共设施管理业，租赁和商务服务业，住宿和餐饮业，建筑业，信息传输、软件和信息技术服务业，交通运输、仓储和邮政业；处于C等级的行业主要是房地产业，批发和零售业，文化、体育和娱乐业，农、林、牧、渔业；处于D等级的行业主要是电力、热力、燃气及水生产和供应业，水利、环境和公共设施管理业，综合业，采矿业。

表11-16 **2014年第一季度制造业的财务风险分布**

风险等级 证监会行业	高风险 （A级）	较高风险 （B级）	有风险 （C级）	风险关注 （D级）
电气机械和器材制造业	0.17	0.24	0.26	0.33
纺织业	0.16	0.12	0.42	0.30
非金属矿物制品业	0.24	0.19	0.18	0.39
黑色金属冶炼和压延加工业	0.19	0.16	0.32	0.32
化学原料和化学制品制造业	0.18	0.29	0.24	0.30
计算机、通信和其他电子设备制造业	0.19	0.20	0.24	0.36
金属制品业	0.20	0.27	0.22	0.32
酒、饮料和精制茶制造业	0.20	0.4	0.29	0.11
农副食品加工业	0.11	0.27	0.30	0.32
汽车制造业	0.20	0.20	0.34	0.26
软件和信息技术服务业	0.24	0.27	0.30	0.19

（续表）

风险等级 / 证监会行业	高风险（A级）	较高风险（B级）	有风险（C级）	风险关注（D级）
通用设备制造业	0.16	0.27	0.24	0.33
土木工程建筑业	0.28	0.35	0.24	0.13
橡胶和塑料制品业	0.20	0.18	0.44	0.18
医药制造业	0.29	0.16	0.23	0.33
有色金属冶炼和压延加工业	0.13	0.26	0.21	0.40
专用设备制造业	0.19	0.26	0.19	0.35

表 11-16 显示，2014 年第一季度，制造业内部财务风险处于 B 级的行业主要是土木工程建筑业，酒、饮料和精制茶制造业；财务风险处于 C 级的行业主要是软件和信息技术服务业，黑色金属冶炼和压延加工业，汽车制造业，纺织业，橡胶和塑料制品业；财务风险处于 D 级的行业主要是化学原料和化学制品制造业，金属制品业，农副食品加工业，黑色金属冶炼和压延加工业，医药制造业，通用设备制造业，电气机械和器材制造业，专用设备制造业，计算机、通信和其他电子设备制造业，非金属矿物制品业，有色金属冶炼和压延加工业。

表 11-17 **2013 年各行业的经营风险分布**

风险等级 / 证监会行业	高风险（A级）	较高风险（B级）	有风险（C级）	风险关注（D级）
采矿业	0.06	0.36	0.46	0.12
电力、热力、燃气及水生产和供应业	0.21	0.2	0.22	0.38
房地产业	0.24	0.24	0.31	0.21
建筑业	0.11	0.28	0.49	0.12
交通运输、仓储和邮政业	0.09	0.41	0.33	0.17
科学研究和技术服务业	0.12	0.47	0.29	0.12
农、林、牧、渔业	0.09	0.32	0.44	0.15
批发和零售业	0.15	0.24	0.34	0.26
水利、环境和公共设施管理业	0.1	0.22	0.46	0.22
文化、体育和娱乐业	0.13	0.3	0.38	0.19
信息传输、软件和信息技术服务业	0.03	0.31	0.58	0.08
制造业	0.2	0.25	0.27	0.28
住宿和餐饮业	0.03	0.31	0.58	0.08
综合业	0.3	0.22	0.26	0.22
租赁和商务服务业	0.11	0.28	0.49	0.12

表 11-17 显示，2013 年经营风险处于 A 等级的行业主要是综合业；处于 B 等级的行业主要是交通运输、仓储和邮政业，科学研究和技术服务业；处于 C 等级的行业主要是批发和零售业，文化、体育和娱乐业，农、林、牧、渔业，采矿业，水利、环境和公共设施管理业，建筑业，租赁和商务服务业，信息传输、软件和信息技术服务业，住宿和餐饮业；处于 D 等级的行业主要是电力、热力、燃气及水生产和供应业，制造业。

表 11-18 **2013 年制造业的经营风险分布**

风险等级 / 证监会行业	高风险（A 级）	较高风险（B 级）	有风险（C 级）	风险关注（D 级）
电气机械和器材制造业	0.18	0.23	0.3	0.28
纺织业	0.19	0.14	0.4	0.28
非金属矿物制品业	0.27	0.23	0.16	0.34
黑色金属冶炼和压延加工业	0.13	0.26	0.35	0.26
化学原料和化学制品制造业	0.19	0.28	0.27	0.26
计算机、通信和其他电子设备制造业	0.18	0.23	0.21	0.38
金属制品业	0.24	0.34	0.2	0.22
酒、饮料和精制茶制造业	0.17	0.31	0.37	0.14
农副食品加工业	0.22	0.3	0.22	0.27
汽车制造业	0.21	0.21	0.35	0.23
信息传输、软件和信息技术服务业	0.21	0.31	0.31	0.18
通用设备制造业	0.17	0.26	0.26	0.31
土木工程建筑业	0.26	0.3	0.22	0.22
橡胶和塑料制品业	0.14	0.22	0.4	0.24
医药制造业	0.29	0.16	0.24	0.31
有色金属冶炼和压延加工业	0.15	0.25	0.19	0.42
专用设备制造业	0.2	0.24	0.19	0.37

表 11-18 显示，制造业内部，经营风险都处于 B 级以下等级。处于 B 等级的行业主要是金属制品业；处于 C 等级的行业主要是汽车制造业，黑色金属冶炼和压延加工业，酒、饮料和精制茶制造业，纺织业，橡胶和塑料制品业；处于 D 等级的行业主要是非金属矿物制品业，专用设备制造业，计算机、通信和其他电子设备制造业，有色金属冶炼和压延加工业。

表 11-19 **2014 年第一季度各行业的经营风险分布**

风险等级 / 证监会行业	高风险（A 级）	较高风险（B 级）	有风险（C 级）	风险关注（D 级）
采矿业	0.2	0.33	0.35	0.12
电力、热力、燃气及水生产和供应业	0.2	0.22	0.23	0.35
房地产业	0.23	0.19	0.31	0.28
建筑业	0.16	0.08	0.54	0.22

（续表）

证监会行业＼风险等级	高风险（A级）	较高风险（B级）	有风险（C级）	风险关注（D级）
交通运输、仓储和邮政业	0.14	0.2	0.43	0.23
科学研究和技术服务业	0.17	0.38	0.29	0.16
农、林、牧、渔业	0.12	0.27	0.47	0.14
批发和零售业	0.18	0.28	0.33	0.22
水利、环境和公共设施管理业	0.12	0.15	0.69	0.04
文化、体育和娱乐业	0.11	0.32	0.46	0.11
信息传输、软件和信息技术服务业	0.28	0.05	0.43	0.24
制造业	0.19	0.25	0.27	0.29
住宿和餐饮业	0.28	0.05	0.43	0.24
综合业	0.17	0.26	0.39	0.17
租赁和商务服务业	0.16	0.08	0.54	0.22

表11-19显示，2014年第一季度，经营风险都处于B级以下：处于B级的行业主要是科学研究和技术服务业；处于C级的行业主要是批发和零售业，采矿业，综合业，信息传输、软件和信息技术服务业，住宿和餐饮业，交通运输、仓储和邮政业，文化、体育和娱乐业，农、林、牧、渔业，建筑业，租赁和商务服务业，水利、环境和公共设施管理业；处于D级的行业主要是制造业，电力、热力、燃气及水生产和供应业。

表11-20 **2014年第一季度制造业的经营风险分布**

证监会行业＼风险等级	高风险（A级）	较高风险（B级）	有风险（C级）	风险关注（D级）
电气机械和器材制造业	0.16	0.22	0.28	0.33
纺织业	0.21	0.16	0.37	0.26
非金属矿物制品业	0.26	0.24	0.19	0.31
黑色金属冶炼和压延加工业	0.1	0.23	0.39	0.29
化学原料和化学制品制造业	0.14	0.27	0.26	0.34
计算机、通信和其他电子设备制造业	0.18	0.22	0.22	0.38
金属制品业	0.27	0.32	0.17	0.24
酒、饮料和精制茶制造业	0.11	0.34	0.31	0.23
农副食品加工业	0.19	0.32	0.3	0.19
汽车制造业	0.16	0.24	0.31	0.29
软件和信息技术服务业	0.22	0.26	0.32	0.19
通用设备制造业	0.15	0.28	0.23	0.34

（续表）

风险等级 / 证监会行业	高风险（A级）	较高风险（B级）	有风险（C级）	风险关注（D级）
土木工程建筑业	0.22	0.28	0.2	0.3
橡胶和塑料制品业	0.16	0.24	0.42	0.18
医药制造业	0.31	0.18	0.25	0.26
有色金属冶炼和压延加工业	0.19	0.21	0.17	0.43
专用设备制造业	0.17	0.25	0.18	0.4

表11-20显示，2014年第一季度，经营风险处于A等级的行业主要是医药制造业；处于B等级的行业主要是农副食品加工业，金属制品业，酒、饮料和精制茶制造业；处于C等级的行业主要是软件和信息技术服务业，纺织业，黑色金属冶炼和压延加工业，橡胶和塑料制品业；处于D等级的行业主要是土木工程建筑业，非金属矿物制品业，电气机械和器材制造业，通用设备制造业，化学原料和化学制品制造业，计算机、通信和其他电子设备制造业，专用设备制造业，有色金属冶炼和压延加工业。

表11-21　　**2013年微观主体的风险分布**

风险等级 / 风险种类	高风险（A级）	较高风险（B级）	有风险（C级）	风险关注（D级）
财务风险	0.20	0.28	0.29	0.23
经营风险	0.18	0.28	0.29	0.24

表11-21显示，微观主体所面临的财务风险主要为有风险（C级）等级；所面临的经营风险主要为有风险的（C级）等级。

表11-22　　**2014年第一季度微观主体的风险分布**

风险等级 / 风险种类	高风险（A级）	较高风险（B级）	有风险（C级）	风险关注（D级）
财务风险	0.21	0.23	0.26	0.30
经营风险	0.22	0.23	0.26	0.29

表11-22显示，2014年第一季度微观主体所面临的财务风险主要为风险关注（D级）等级；所面临的经营风险主要为风险关注（D级）等级。

四、结论与风险管理措施

（一）结论

本章分析和度量了影响中国经济运行的微观主体风险。通过建立各行业风险预警的树贝叶斯网络聚类模型，构建了各行业的风险预警指标体系。研究结果表明，2013年微观主体所面临的财务风险等级主要是"有风险"（C级）；所面临的经营风险等级主要是"有风险"（C级）。

2014 年微观主体所面临的财务风险主要为“风险关注”(D 级)级;所面临的经营风险主要为“风险关注”(D 级)级。

从风险的行业分布上看,2013 年微观主体财务风险处于 A 级的行业主要是科学研究和技术服务业;处于 B 级的行业主要是租赁和商务服务业,交通运输、仓储和邮政业,水利、环境和公共设施管理业,综合业,建筑业;财务风险处于 C 级的行业主要是农、林、牧、渔业,住宿和餐饮业,文化、体育和娱乐业;处于 D 级的行业主要是采矿业,水利、环境和公共设施管理业。2014 年财务风险处于 A 级的行业主要是科学研究和技术服务业;处于 B 级的行业主要是水利、环境和公共设施管理业,租赁和商务服务业,住宿和餐饮业,建筑业,信息传输、软件和信息技术服务业,交通运输、仓储和邮政业;处于 C 级的行业主要是房地产业,批发和零售业,文化、体育和娱乐业,农、林、牧、渔业;处于 D 级的行业主要是电力、热力、燃气及水生产和供应业,水利、环境和公共设施管理业,综合业,采矿业。

从制造业内部看,2013 年财务风险处于 A 级的行业主要是医药制造业;处于 B 级的行业主要是化学原料和化学制品制造业,酒、饮料和精制茶制造业;处于 C 级的行业主要是黑色金属冶炼和压延加工业、电气机械和器材制造业、农副食品加工业、汽车制造业、纺织业、橡胶和塑料制品业;处于 D 级的行业主要是计算机、通信和其他电子设备制造业,电气机械和器材制造业,纺织业,非金属矿物制品业,通用设备制造业,金属制品业,有色金属冶炼和压延加工业、专用设备制造业。

2013 年经营风险处于 A 级的行业主要是综合业;处于 B 级的行业主要是交通运输、仓储和邮政业,科学研究和技术服务业;处于 C 级的行业主要是批发和零售业,文化、体育和娱乐业,农、林、牧、渔业,采矿业、水利、环境和公共设施管理业,建筑业、租赁和商务服务业,信息传输、软件和信息技术服务业,住宿和餐饮业;处于 D 级的行业主要是电力、热力、燃气及水生产和供应业,制造业。2014 年第一季度,经营风险都处于 B 级以下:处于 B 级的行业主要是科学研究和技术服务业;处于 C 级的行业主要是批发和零售业,采矿业,综合业,信息传输、软件和信息技术服务业,住宿和餐饮业,交通运输、仓储和邮政业,文化、体育和娱乐业,农、林、牧、渔业,建筑业、租赁和商务服务业,水利、环境和公共设施管理业;处于 D 级的行业主要是制造业,电力、热力、燃气及水生产和供应业。

在制造业内部,2014 年经营风险处于 A 级的行业主要是医药制造业;处于 B 级的行业主要是农副食品加工业,金属制品业,酒、饮料和精制茶制造业;处于 C 级的行业主要是软件和信息技术服务业,纺织业,黑色金属冶炼和压延加工业,橡胶和塑料制品业;处于 D 级的行业主要是土木工程建筑业,非金属矿物制品业,电气机械和器材制造业,通用设备制造业,化学原料和化学制品制造业,计算机、通信和其他电子设备制造业,专用设备制造业,有色金属冶炼和压延加工业。

(二) 微观主体风险的管理对策

就微观主体整体而言,一方面可考虑宏观经济环境的变化,尤其是经济增长、就业、进出口等方面的变化趋势,作出合理的战略决策;另一方面则结合行业的特征,考虑影响该类企业的主要风险因素,在经营、财务安排上优先考虑相关的风险大小及控制措施,并通过公司治理结构的优化、持续有效的监控将风险控制在可接受范围之内。微观主体应把握宏观经济政策的变动趋势,在战略制定的调整、投融资活动、经营活动的导向等方面作出灵活应对,在财务、经营等方面的选择更加符合国家产业政策、更符合企业自身风险偏好的策略,以帮助其更好地实现自身的目标。

就单个的微观企业而言，可以在以下方面有所改进，以更好地管理和应对风险。

1. 建立有效的风险防范机制

根据自身发展战略目标、资产负债管理需要和经营目标确定资金运用的风险偏好、风险限额、收益要求等风险控制总目标。构筑以“岗位牵制、合规管理和内审监督”三道内控防线为特征的风险管理架构，进一步明晰风险管理、合规管理、内部审计等职能定位。在此基础上制定并实施“分类管理、合理承担、全面控制”的风险管理策略。在考核时，将流动比率、速动比率和现金流作为主要的考核指标。

企业决策部门必须增强风险防范意识，应预测估计可能产生的风险以及企业的承受能力，加强对企业管理人员的业务培训，增强他们在认识风险、分析风险和防范风险的能力，提高管理决策水平，降低决策的随意性。不断提高财务管理人员的风险意识，做到责、权、利相统一。财务风险存在于企业财务管理工作的各个环节，任何环节的工作失误都可能会给企业带来财务风险，必须将风险防范贯穿于工作的始终。企业应设置高效的财务管理机构，配备高素质的财务管理人员，规范各项规章制度，强化各项基础工作，使财务管理人员的风险意识不断提高。在利益分配方面，应兼顾企业各方利益，以调动各部门参与企业财务管理的积极性，真正做到责、权、利相统一。引进科学的风险管理程序，加强制度建设，建立健全财务风险管理机制，确定应付风险的方案和措施。制定企业财务战略和计划，优化财务决策和控制方法，健全财务信息的控制系统，出现风险时及时处理以减少损失。建立科学的内部决策制度，对风险较大的经营决策和财务活动，要在微观主体内部的各职能部门中进行严格的审查、评估、论证，通过集思广益，尽量避免因个人决策失误而造成的风险。

2. 培育具有自身特色的风险管理文化

风险管理是企业战略的重要组成部分，一个组织的风险文化将决定微观主体如何成功地进行风险管理。因此，良好的风险管理文化，会将风险管理理念贯穿于微观主体的整个流程，培养全体员工对风险管理的自觉意识和行为习惯，确保风险管理机制有效发挥，政策和制度切实贯彻执行。由于风险管理的重心与微观主体业务的发展息息相关，因此，风险管理文化与风险管理的重心如影相随。积极培育具有自身特色的风险管理文化，充分体现微观主体特色的发展愿景、积极向上的价值观、诚实守信的经营理念、履行社会责任和开拓创新的企业精神，以及团队协作和风险防范意识，以此引导和规范员工行为，形成整体团队的向心力，促进企业长远发展。董事、监事、经理和其他高级管理人员在微观主体风险管理文化建设中发挥主导和垂范作用，以自身的优秀品格和脚踏实地的工作作风，带动影响整个团队，共同营造积极向上的风险管理文化环境。同时，微观主体还要加强风险管理文化的宣传贯彻，促进文化建设在内部各层级的有效沟通，并确保全体员工共同遵守；将风险管理文化建设融入生产经营全过程，切实做到风险管理文化建设与发展战略的有机结合，增强员工的责任感和使命感，规范员工行为方式，使员工自身价值在微观主体的发展中得到充分体现。

3. 进一步完善内部控制体系

内部控制是由企业董事会、监事会、经理层和全体员工共同实施的、旨在实现控制目标的过程。有效的内部控制制度是促使企业实现稳健经营、防范经营风险的必要条件，内部控制体系的建立、维护、评价和报告是经营者的重要责任。为了确保企业经营的效率与效果、财务报告的可靠性和相关法律、法规的有效遵守，如何建立健全内部控制制度、保持企业发展后劲，积极参与国内、国际复杂而激烈的市场竞争，就成为了每一个企业的重要发展命题。企业应当根据自身情况、结合行业现状对自身内部控制建设进行评估，针对控制环境、控制活动的流程和关键控制点、信息与沟通以及内部监督环节存在的问题和缺陷进行整改，保障风险管理机制能够被有效地执行，以确保企业经营的效率与效果、财务报告的可靠性和相关法律、法规能够得到有效的遵守。加强内部控制有助于企业及时识别内外经营环境急剧变化形成的各类风险，有助于企业不断健全在战略风险、财务风险、合规风险、安全生产风险、环境风险等方面的管控措施，获得更多更好的发展机会，提升可持续发展能力。

参 考 文 献

[1] 方红星，金玉娜. 公司治理、内部控制与非效率投资：理论分析与经验证据[J]. 会计研究，2013(7).

[2] 胡为民. 内部控制与企业风险管理——实务操作指南[M]. 3 版. 北京：电子工业出版社，2013.

[3] 孙星，邱菀华. 企业财务危机预警双基点距离比值法[J]. 管理工程学报，2005(3).

[4] 吴世农，卢贤义. 我国上市公司财务困境的预测模型研究[J]. 经济研究，2001(6).

[5] 张玲，陈收，张昕. 基于多元判别分析和神经网络技术的公司财务困境预警[J]. 系统工程，2005(1).

[6] 王双成，邵军，程新章. 时间不对称数据的动态贝叶斯网络结构学习. 全国模式识别学术会议，EI 检索，2009.

[7] 王双成，邵军，杜瑞杰. 企业风险等级预测的集成聚类方法研究[J]. 中国管理科学，2010(18).

[8] 唐海燕，贾德奎，等. 中国经济运行风险研究报告(2010)[M]. 上海：立信会计出版社，2011.

[9] 唐海燕，贾德奎，等. 中国经济运行风险研究报告(2011)[M]. 上海：立信会计出版社，2011.

[10] COATS, PAMELA K, FANT L F. Recognizing financial distress patterns using a neural network tool [J]. Financial Management, 1993(22).

[11] PLATT, HARLAN D, PLATT, MARJORIE B. Predicting corporate financial distress: reflections on choice-based sample bias [J]. Journal of Economics and Finance, 2002(26).

第十二章　宏观经济周期波动研究

一、中国宏观经济第 10 轮经济周期仍处在下行通道中

在 2009 年的中国风险研究中，我们判断了 2007 年是新中国成立后第 10 个经济周期的转折点——峰谷。2013 年中国经济仍然处在下行通道中，图 12-1 显示了 1990—2013 年 GDP 增长率波动轨迹。它描述了新中国成立以来第 9、第 10 轮经济周期的运行情况。从 2007 年开始，第 10 轮经济周期达到峰顶，开始步入下行，2013 年 GDP 增长率较 2012 年略微下降，为 7.7%。

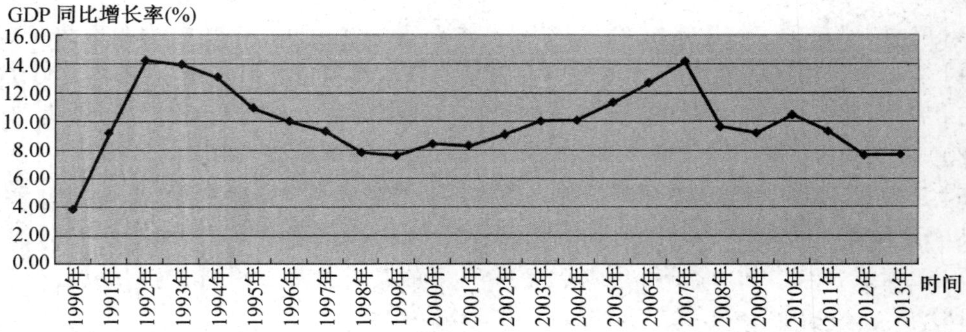

图 12-1　1990—2013 年 GDP 增长率波动轨迹

数据来源：同花顺数据库。

2013 年是全面贯彻落实党的十八大精神的开局之年，经济发展进入了转型关键期。宏观政策转入了"稳增长、调结构、促转型"的调整期，经济仍然延续了 2012 年的下行态势，在全球经济复苏仍充满不确定性、国内产能过剩压力较大等错综复杂的背景下，GDP 增长率维持在 8%以下，进入了改革开放以来的第二个调整型增长期。从季度情况看，四个季度 GDP 增长率分别为 7.7%、7.6%、7.7%和 7.7%。

2013 年宏观经济运行的总体情况如下所述。

1. 经济增速持续低迷

受稳健偏紧货币政策以及外部经济恶化的影响，2013 年中国经济增长逐季回落。2013 年 4 个季度的 GDP 同比增长率均低于 2012 年，四个季度 GDP 同比增长率分别是 7.7%、7.59%、7.68%和 7.67%，持续低迷，全年累计 7.67%，经济复苏依旧处于疲软期。见图 12-2。

2. 固定资产投资增速出现回落

出口需求的下滑直接导致投资的大幅度下滑，固定资产投资增速出现回落。

2013 年全年全社会固定资产投资 447 074 亿元，同比名义增长 19.3%，扣除价格因素实际增长 19.0%，比 2012 年回落 0.17 个百分点。

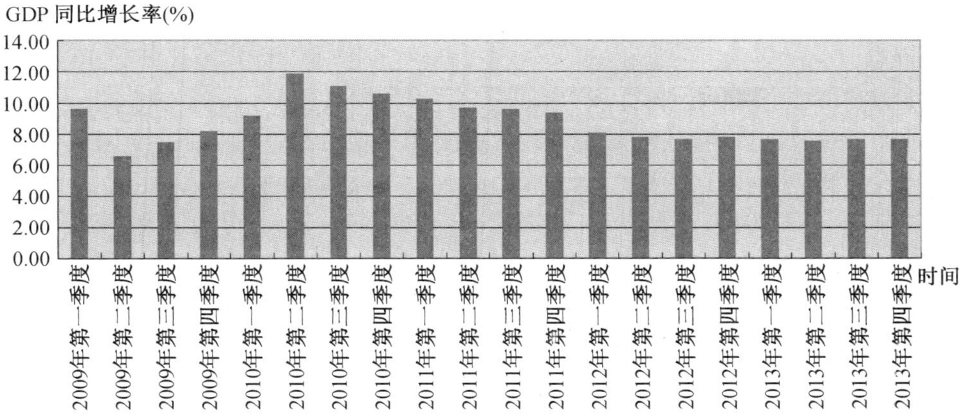

图 12-2　2009—2013 年中国 GDP 季度增速波动轨迹

数据来源:同花顺数据库

分产业看,第一产业投资 9 240.95 亿元,同比增长 32.5%;第二产业投资 184 804.36 亿元,增长 17.4%,增速回落 2.75 个百分点;第三产业投资 242 482.39 亿元,增长 21%,增速加快 0.43 个百分点。

分地区看,东部地区投资比 2012 年增长 17.9%,中部地区增长 22.8%,西部地区增长 23.0%。中西部地区仍然高于东部地区。

2013 年全年城镇固定资产投资 436 527.70 亿元,第一季度到第四季度,固定资产投资同比增长率分别是 20.90%、20.10%、20.20%和 19.60%,全年增长 19.60%,比 2012 年下降 1.05 个百分点,扣除固定资产投资价格上涨因素,实际增长 19.3%。

3. 消费需求增速减缓

2013 年全年社会消费品零售总额 237 810 亿元,同比增长率为 13.08%,与 2012 年相比,下降了 1.27 个百分点。扣除价格因素,实际增长 11.65%,与 2012 年的实际增长率 12.35% 相比,下降了 0.7 个百分点。社会消费品零售总名义增速在 2 月触底之后连续上扬到 11 月的 13.72%,而实际增速呈波动趋势,最低为 2 月份的 10.4%,最高曾达到 5 月份的 12.1%和 12 月份的 12.2%,低于 2012 年同期水平 1.3 个百分点。消费信心指数 2 月达到最高峰后持续下滑,下半年震荡回升。总体而言,城乡居民消费需求增速减缓。

4. 流动性呈现前紧后松的特点

2013 年,在稳健货币政策以及发达经济体季度宽松货币政策等因素的影响下,中国的流动性呈现前松后紧的特点。M0 余额 58 558.31 亿元,同比增长 7.1%;M1 余额 337 260.63 亿元,同比增长 9.3%,比 2012 年年末低 0.6 个百分点;M2 余额 1 106 509.15 亿元,同比增长 13.6%,比 2012 年年末低 0.2 个百分点。全年第一、第二、第三、第四季度的 $M0$ 同比增长率分别是 12.4%、9.90%、5.70%和 7.10%;$M1$ 同比增长率分别是 11.90%、9.10%、8.90%和 9.30%;$M2$ 同比增长率分别是 15.70%、14.00%、14.20%和 13.60%;金融机构贷款同比增长率分别是 14.90%、14.20%、14.30%和 14.10%。

在稳健货币政策下,2013 年 CPI 波动下降。其中,1～5 月份形成 CPI 第一轮波动,最高为 2 月份的 3.2%,其他月份分别为 2.00%、2.10%、2.40%和 2.10%。6～12 月份形成 CPI 第二轮波动,最高为 10 月份的 3.2%,最低为 12 月份的 2.50%。从 2014 年 1 月份开始 CPI

持续走低，2014 年 2 月份 CPI 回落到 2.00%。全年 CPI 同比上涨 2.6%，涨幅比 2012 年回落 0.05 个百分点。

5. 工业生产增势平稳，企业效益有所回升

受房地产低迷及出口增速回落的影响，工业生产平稳增长。2013 年，全国规模以上工业增加值同比增长 9.7%，低于 2012 年 0.3 个百分点。分季度看，第一季度同比增长 9.5%，第二季度增长 9.1%，第三季度增长 10.1%，第四季度增长 10.0%。分地区看，东部地区增加值比 2012 年增长 8.9%，中部地区增长 10.7%，西部地区增长 11.0%。2013 年工业增加值同比增长率最高达到 2 月份的 9.9% 和 12 月份的 9.7%，中间月份增速放缓，最低为 6 月份的 9.3%。

工业企业效益有所回升。全国规模以上工业企业实现利润 62 831.02 亿元，同比增加 12.20%，明显高于 2012 年 6.9 个百分点。但全年多数月份工业企业总利润同比增速放缓，2 月同比增速达到最高点 17.2%，此后震荡下调。企业景气指数四个季度分别是 125.60、120.60、121.50 和 119.50；企业家信心指数四个季度分别是 122.40、117.00、119.50 和 117.10，两个指数都是先降后升。2013 年四个季度指标均低于 2012 年同期水平。

6. 制造业经理采购指数呈现两轮波动

2013 年前两个季度 PMI 呈现第一轮波动，最高到 3 月份的 50.90%，最低到 1 月份、6 月份的 50.10%；2013 年后半年至 2014 年第一季度为 PMI 的第二轮波动，最高到 10 月份的 51.40%，最低到 2014 年 2 月份的 50.20%。全年 PMI 均值为 51.00%，低于历史均值 1.8 个百分点，低于 2009 年的最高点 5.6 个百分点，高于 2008 年金融危机时最低点 9.8 个百分点。从制造业 PMI 历史数据看，中国制造业经济整体上相较 2012 年有所回升。2013 年 PMI 指数一直在 51.0%左右浮动，显示出经济增速回落趋势有所缓和，但回暖力度不大。

7. 宏观经济景气指数显示中国经济增速放缓

2013 年，从先行指数、一致指数和预警指数的走势可以看出，中国经济回缓增速放缓。先行指数全年最高为 1 月份的 100.7，10 月份最低为 99.5；一致指数全年基本在 97.5 左右徘徊，6 月最低为 96.8；这些指标都低于 2012 年同期水平。如图 12-3 所示。

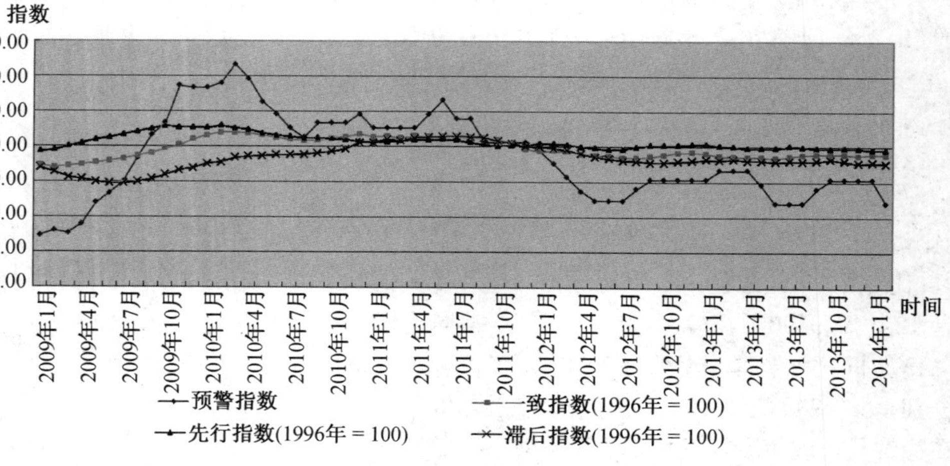

图 12-3　2009 年 1 月至 2014 年 2 月宏观经济景气指数波动轨迹

数据来源：同花顺数据库。

二、2013 年主要经济变量波动对宏观经济的影响分析

1. 工业增加值的波动对宏观经济的影响

按照常规的中国经济增长模式，5.1％的工业增长对应的应该是 3.5％的 GDP。[①] 由于缺少 GDP 的月度数据，所以我们用月度工业增加值来衡量月度经济总量。从图 12-4 可以看出，2013 年全年，工业增加值同比增长率在 8 月份达到最高值 10.4％后，缓慢回落，9 月份下滑到 10.20％，年末这一数值延续下滑趋势，11 月、12 月分别下滑到 10.0％和 9.7％。全年累计规模以上工业增加值同比增长 9.7％，低于 2012 年 0.3 个百分点。2013 年这一数值继续下降，5 月为 9.4％，6 月为 9.3％。

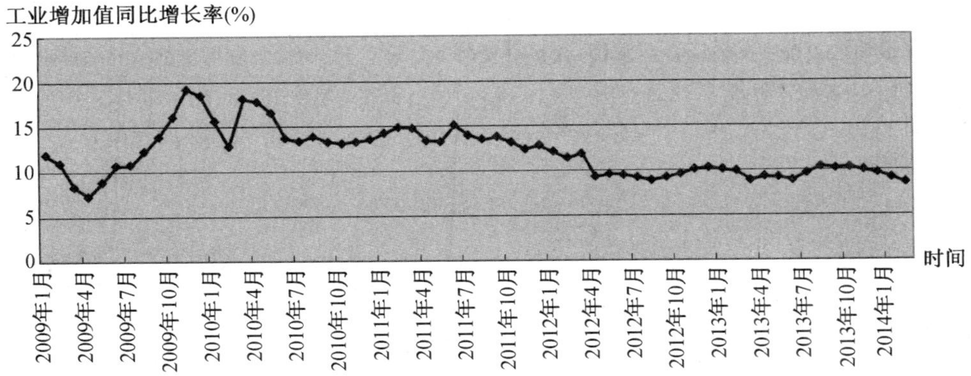

图 12-4　2009 年 1 月至 2014 年 2 月工业增加值同比增长率

数据来源：同花顺数据库。图中，各年度 1 月份工业增加值增长率的数据为前后两个月度数据的平均值。

2. 社会消费品零售总额的波动对宏观经济的影响

2013 年经济结构调整和国际复杂多变的环境使得中国经济增长速度逐季放缓，出口增速出现下滑，进出口差额大幅度减少。在这种环境下，全年社会消费品零售总额实现234 380亿元，比 2012 年名义增长 13.1％。名义增速比 2012 年低 1.2 个百分点。扣除价格因素，实际增长 11.85％，增速比 2012 年下降 0.25 个百分点，实际增速有所降低。同时，物价全面上涨，高物价迫使消费下移。消费对经济增长的贡献大大降低。从图 12-5 中可以看出，2013 年各月社会消费品零售总额增长率均低于 2012 年的同期水平，处于近年来的最低水平。

3. 居民消费价格指数、工业品出厂价格指数的波动对宏观经济的影响

落实“八项规定”、“群众路线教育实践活动”和“四风整顿”等的持续开展以及收入增速的明显回落直接导致 2013 年消费疲软，增速回落幅度较大。从图 12-6 可以看出，2013 年居民消费价格指数、工业品出厂价格指数波动较平稳，居民消费价格指数各个月份基本回到了 3％的警戒线之下，直到 2013 年 9 月开始才略有回升。2014 年 3 月工业品出厂价格指数为 97.7，居民消费价格指数为 102.4。

---

① 投资仍然是拉动中国经济增长的重要引擎. www.chinagate.com.cn，2009-04-21.

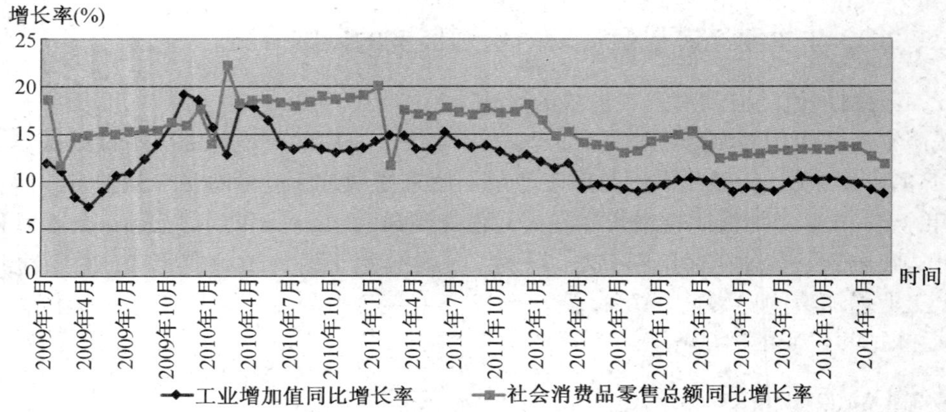

图 12-5 2009 年 1 月至 2014 年 2 月社会消费品零售总额增长率、工业增加值增长率波动轨迹

数据来源:同花顺数据库。

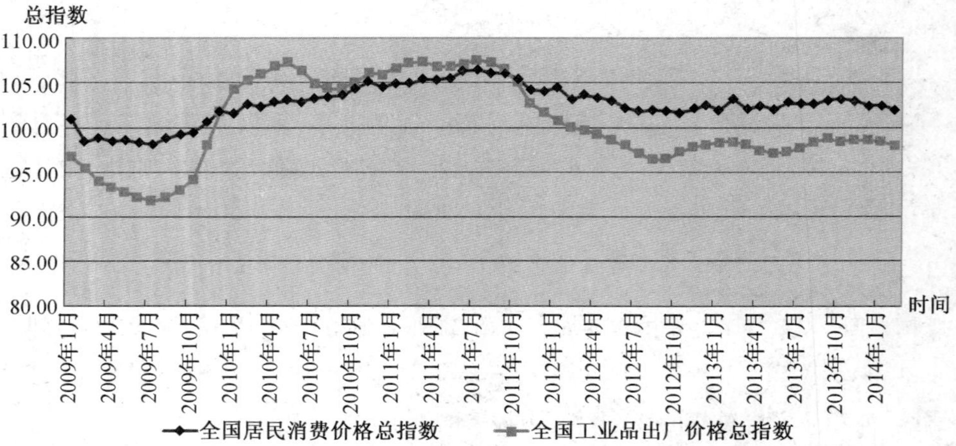

图 12-6 2009 年 1 月至 2014 年 2 月全部工业品出厂价格指数、居民消费价格指数变动轨迹

数据来源:同花顺数据库。

4. M2 的波动对宏观经济的影响

2013 年全年,在稳健货币政策的作用下,各项贷款的增长率都低于 2012 年同期水平,而 M2 同比增长率相比 2012 年略有回升。它们的增长与工业增加值的增长基本同步(见图 12-7)。

5. 出口、进口的波动对宏观经济的影响

2013 年,出口在发达国家经济小幅改善和新兴经济体持续恶化的双重作用下,呈现出“前弱后稳”、“持续低迷”的态势,外部不平衡的逆转幅度有所减弱,中国仍然实现外贸进出口总值 41 600 亿美元,同比增长 7.57%。但外需对于 GDP 的贡献依然为负。世界不平衡的持续逆转对中国结构调整带来的压力依然较为明显。

从全年来看,在稳出口政策作用下,2013 年延续了 2012 年的发展态势,出口保持了低位增长,全年出口 22 096 亿美元,增长 7.85%。2013 年各月份出口增速保持稳定,但从 2014 年 2 月开始有明显下降,降幅达 18.10%。从图 12-8 可以看出,2013 年出口增长率的波动幅度不大,与 2012 年的波动幅度基本持平。

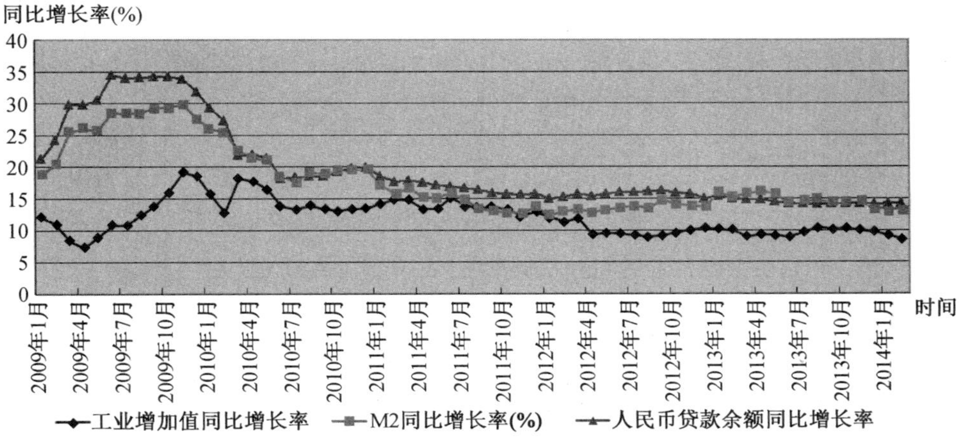

图 12-7　2009 年 1 月至 2014 年 2 月各项贷款增长率、*M2* 增长率与工业增加值增长率波动轨迹

数据来源：同花顺数据库。工业增加值增长率、各项贷款增长率各年份 1 月的数值是前后两个月的平均值。

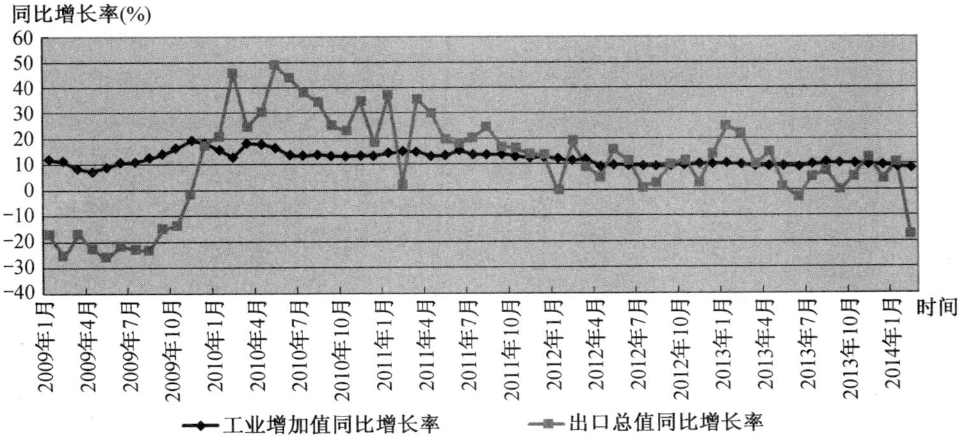

图 12-8　2009 年 1 月至 2014 年 2 月出口增长率与工业增加值增长率波动轨迹

数据来源：同花顺数据库。

在多种扩大进口的措施下，2013 年全年进口 19 504 亿美元，增长 7.26%，进口增速比 2012 年有所回升。从图 12-9 可以看出，除 2013 年个别月份及 2014 年 2 月外，2013 年全年至 2014 年第一季度进口增长率都低于工业增加值增长率。

2013 年中国出口增速高出同期进口增速 0.59 个百分点，进出口差额在 2012 年同比增加 48.68%的基础上，2014 年增速减缓为 12.54%，与进出口总值的比值为 6.23%，比 2012 年提高 0.28 个百分点。进出口差额 2014 年依旧处于下降趋势，贸易发展更趋平衡。从图 12-10 可以看出，2013 年全年，出口增长率与进口增长率波动基本一致。从图 12-11 可以看出，2013 年，进出口差额增长率波动较为平稳。

2014 年 3 月份出口规模有所增加，一改之前出口连续 2 个月环比收缩的困局。

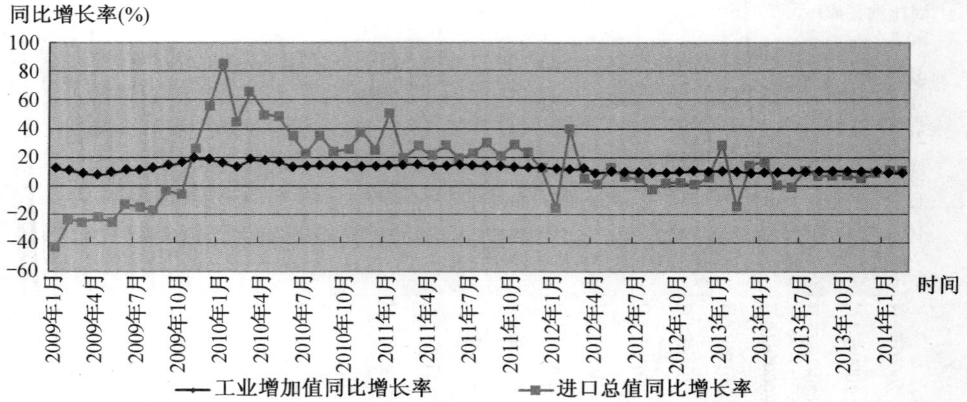

图 12-9 2009 年 1 月至 2014 年 2 月进口商品总额增长率与工业增加值增长率波动轨迹

数据来源:同花顺数据库。

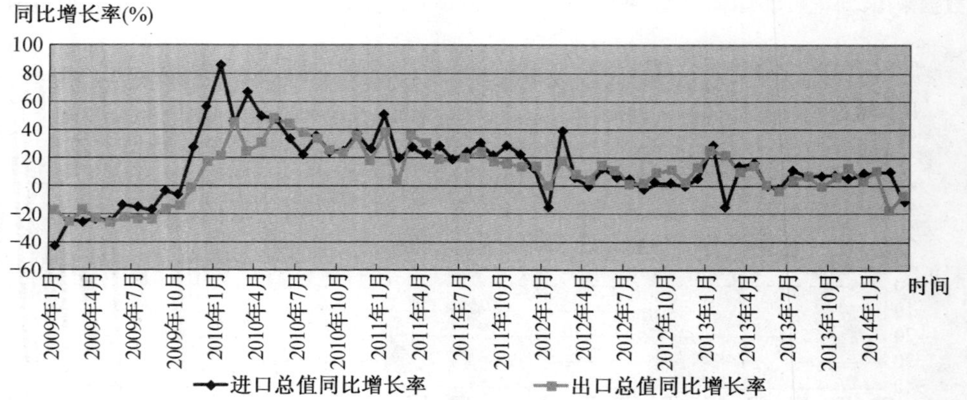

图 12-10 2009 年 1 月至 2014 年 3 月进出口增长率波动轨迹

数据来源:同花顺数据库。

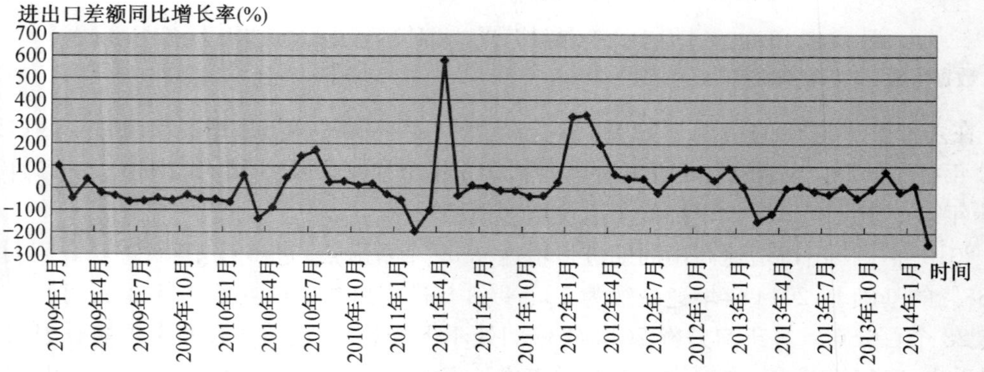

图 12-11 2009 年 1 月至 2014 年 2 月进出口差额同比增长率波动轨迹

数据来源:同花顺数据库。

6. 固定资产投资的波动对宏观经济的影响

在宏观调控下，2013 年固定资产投资增速呈逐步放缓态势，全年固定资产投资增长率基本在 19.60%左右，最高为 2 月的 21.20%，最低为 12 月的 19.60%。2014 年 2 月固定资产投资增长率进一步下降到 17.90%。见图 12-12。全年固定资产投资 447 074.00 亿元，比 2012 年增长 19.30%，扣除固定资产投资价格上涨因素，实际增长 19.00%。其中，第一产业投资 9 240.95亿元，比 2012 年增长 32.50%；第二产业投资 184 804.36 亿元，增长 17.40%，增速提高 0.31 个百分点；第三产业投资 242 482.39 亿元，增长 21.00%，增速提高 0.43 个百分点。下半年，在“稳增长”目标下，基础建设和重点工程项目的投资大幅度扩张，有效弥补了房地产低迷和出口疲软带来的投资缺口，改变了上半年投资增速下滑的局面。

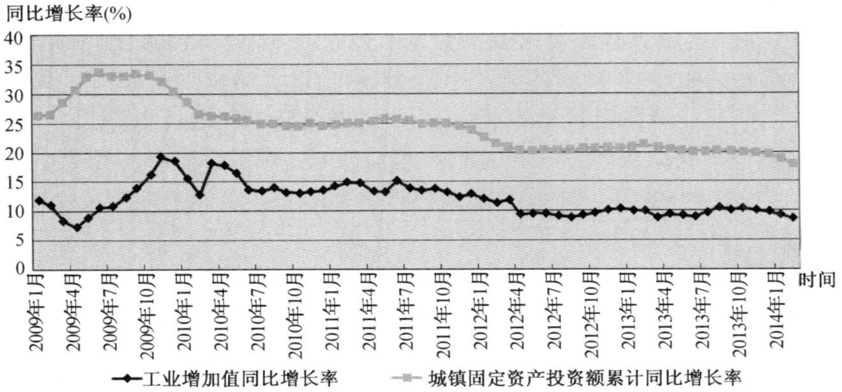

图 12-12　2009 年 1 月至 2014 年 2 月固定资产投资额增长率与工业增加值增长率波动轨迹

数据来源：同花顺数据库。各年度 1 月份的数据为前后 2 个月的平均值。

7. 财政收入的波动对宏观经济的影响

2013 年，全国财政收入 129 142.90 亿元，比 2012 年增长 10.10%，这是中国年度财政收入继 2011 年后第二次突破 10 万亿元。但从月度增幅来看，增幅在上半年逐月回落，但从下半年开始财政收入略有回升。见图 12-13。3 月财政收入同比增长率为 6.10%，4 月、5 月依次为 6.10%、6.20%。财政收入增幅回落的主要原因是经济增长放缓。

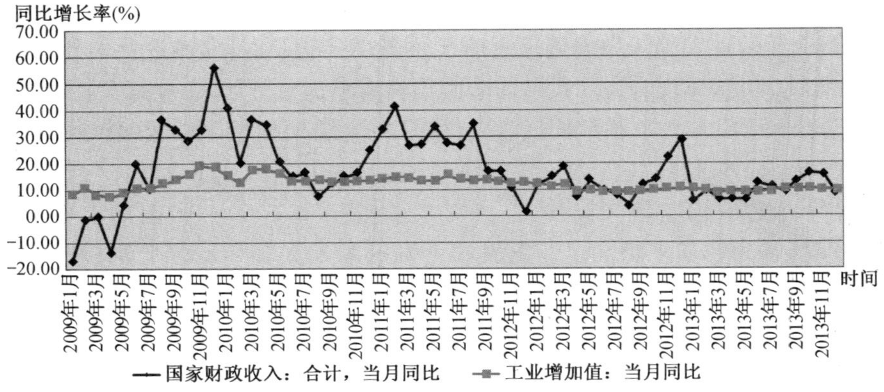

图 12-13　2009 年 1 月至 2013 年 12 月财政收入增长率与工业增加值增长率波动轨迹

数据来源：同花顺数据库。

三、2014 年中国经济面临的风险

中共十八届三中全会出台的《中共中央关于全面深化改革若干问题的决定》，标志着 2014 年是中国全面深化结构性改革的第一年，也是政治、经济、社会最为复杂的 1 年，将面临着各种风险。

1. 国际环境的不确定性风险

2014 年，总体来看，世界经济情况有望好于 2013 年，外部环境有了轻度改善。但世界经济形势依然错综复杂，充满不确定性。世界经济增长格局由新兴经济体为主导逐步过渡到发达经济体为主导，新兴经济体出现了加快调整的态势。

美国实施产业结构升级、出口倍增计划、绿色发展等众多刺激经济增长、改善经济结构的战略措施，宏观经济逐步走出低谷，房地产市场明显好转、私人消费增长回升，社会消费与投资信心增强，2014 年经济增长有望延续复苏势头。欧洲主权债务危机有所缓解，德国经济增长强劲带动整个欧元区向好，国际资本回流欧洲市场，出口竞争力回升，2014 年欧元区经济有望实现微弱增长。日本经济在安倍经济学刺激下，仍将保持温和增长态势。

2014 年，新兴经济体结构性矛盾突出，在增长放缓、资本外流和本币贬值三者叠加下，结构性改革政策将全面启动，部分新兴国家金融乃至实体经济可能出现危机，成为世界经济中的不稳定因素。

伴随着美联储 QE 政策的退出，全球非常规货币政策与超常的危机管理政策将向常规化宏观经济政策转变，金融结构的调整，世界贸易投资格局变化方向的不确定，全球债务风险仍然没有完全得到解决，世界经济充满了不稳定性。

2. 产能过剩严重，实体经济持续低迷的风险

我国实体经济面临的外需环境依然非常严峻。发达国家经济增长的较大幅度改善带来的进口需求将有明显提升，将很大程度上抵消新兴经济体进口需求的下滑，但中国在国际竞争中仍处于“前堵后追”的局面，对其出口增长形成巨大的制约。

同时，国内经济进入改革攻坚时期。宏观调控思路、方式的创新，偏紧货币政策的实施，经济运行面临较大的下行的压力风险仍然较大。

根据《2013 · 中国企业经营者问卷跟踪调查》结果，企业经营者认为，在当前宏观经济温和回暖、企业经营趋于好转的同时，制约经济增长的矛盾和问题也十分明显，回升基础尚不稳固。一是在人工成本持续上升的背景下，产能过剩的问题日益突出，并且呈现出行业面广、绝对过剩程度高的特点，企业经营者大都认为消化过剩产能可能需要较长时间，企业竞争压力加剧；二是经济增长的内生动力不足，体现为民间投资需求和消费需求仍显不足，企业家发展动力不强。

关于当前企业经营发展中遇到的最主要困难，调查结果显示，企业经营者选择比重最高的八项依次是：“人工成本上升”（79.2％）、“社保、税费负担过重”（51.3％）、“企业利润率太低”（41.1％）、“整个行业产能过剩”（36.9％）、“资金紧张”（36.6％）、“国内需求不足”（28.9％）、“缺乏人才”（28.4％）和“未来影响企业发展的不确定因素太多”（27.6％）。调查发现，近年来成本上升（包括“人工成本上升”和“社保、税费负担过重”）一直是企业发展面临的最主要困难，并且选择比重呈现上升趋势，这在一定程度上是由于“整个行业产能过剩”带来了企业竞争加剧、价格下跌，并进而导致“企业利润率太低”。因此，综合来看，产能过剩问题是近年来影响中国企业发展的重要因素。产能过剩不仅引发恶性竞争，造成企业效益下滑，而且产能过剩的行业不良贷款的增加可能引发系统性金融风险。

如图 12-14 所示，2013 年 GDP 季度增长率持续回落，2013 年第四季度 GDP 同比增长率为 7.67%。从三大产业来看，2013 年下半年三大产业略有回升，2013 年第二季度除了第三产业同比增长率为 8.30%，比上季度略有回升外，其他产业下降趋势仍在延续。

从 2013 年第四季度开始，虽然固定资产投资增速持续回升，但主要是基建投资的贡献，而制造业投资始终未见起色。

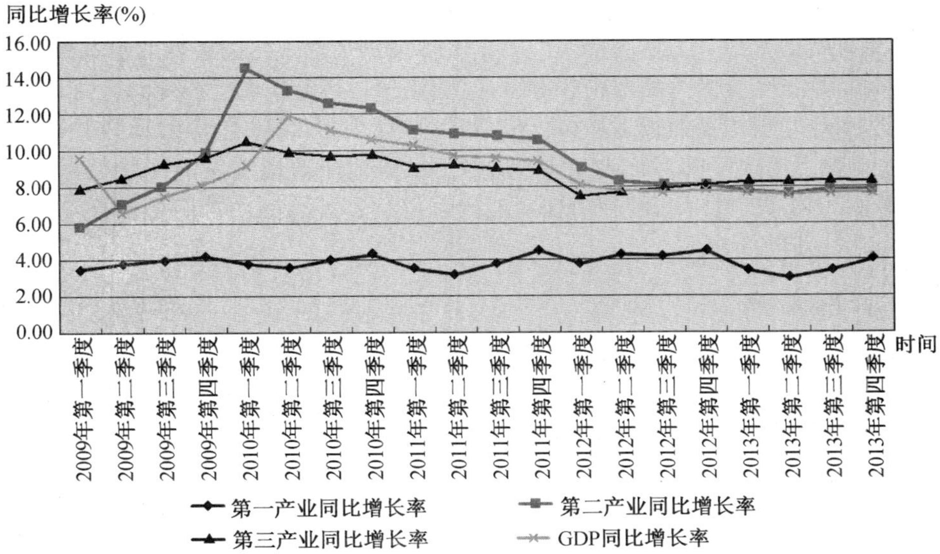

图 12-14　2009 年第一季度至 2013 年第四季度三大产业及 GDP 同比增长率

数据来源：同花顺数据库。

在制造业增速回落的引领下，工业增速趋缓较为明显。如图 12-15 所示，PMI 指数自 2013 年 11 月的全年最高值 51.40 下降到 2013 年 12 月的最低值 51.00。2014 年 PMI 略有回升，3 月为 50.30。与此同时，规模以上工业企业增加值出现下滑，见图 12-4。2013 年全年，工业增加值同比增长率在 8 月份达到最高值 10.40%后，快速回落，2013 年 12 月、2014 年 2 月分别下滑到 9.70%和 8.60%。全年累计规模以上工业增加值同比增长 9.70%，低于 2012 年 0.3 个百分点。

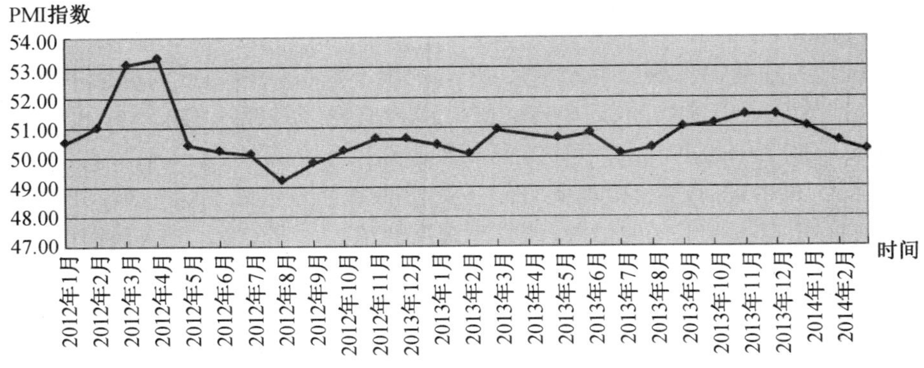

图 12-15　2012 年 1 月至 2014 年 2 月 PMI 波动轨迹

数据来源：同花顺数据库。

3. 房地产市场风险

2013 年,全国房地产开发投资 86 013 亿元,比 2012 年增长 19.79%,增速比 2012 年提高 3.6 个百分点,全国商品房销售面积 130 551.00 万平方米,比 2012 年增长 17.29%,增速比 2012 年提高 15.52 个百分点,房地产开发资金来源合计 122 122.47 亿元,比 2012 年增长 26.50%,增速比 2012 年上升 13.8 个百分点。其中,银行贷款同比增速比 2012 年增长 30.60%,资金来源中的国内贷款累计同比增长率全年各月都维持在 29.4%,2013 年这一比值相比 2012 年有所上升,11 月为 33.8%。图 12-16 分别描述了全国房地产开发投资增速、全国商品房销售面积增速、全国商品房销售额增速、全国房地产开发企业本年资金来源增速波动情况。目前,房地产宏观调控使很多城市供应偏紧,这促使了 2013 年房价反弹并造成了房地产投资增速的反弹。出现反弹后产业管制将更严格,房地产畸形发展的可能是存在的。"控房价"与"保增长"、"短期民生问题"和中期房地产可持续发展之间的冲突依然在 2014 年严重存在,房地产的市场风险增大。

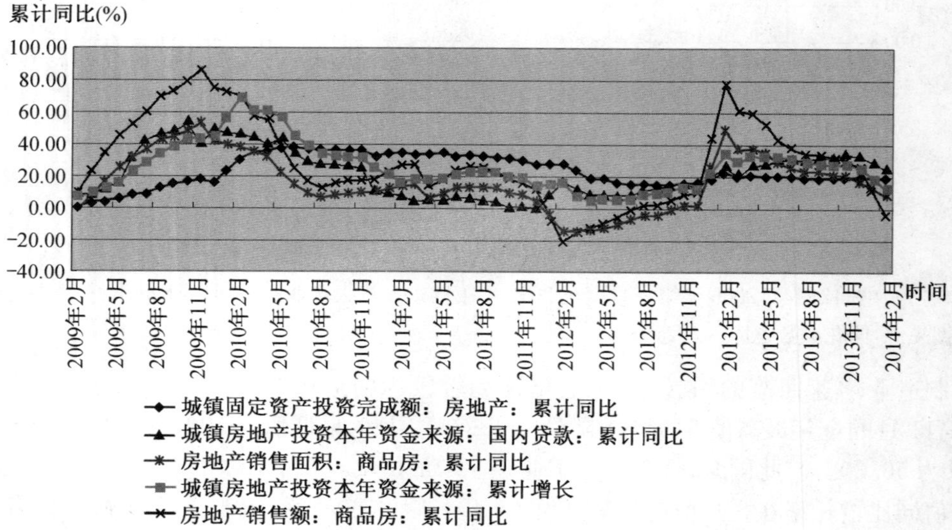

图 12-16　2009 年 2 月至 2014 年 2 月房地产开发情况

数据来源:同花顺数据库。

4. 地方政府债务风险

当前,中国地方债务的规模已十分庞大,并呈现出不断扩张的趋势。根据审计署 2013 年对 36 个地区(15 个省及其所属的 15 个省会城市、3 个直辖市及其所属的 3 个市辖区)的 2011 年和 2012 年政府性债务的审计,被审计的省市区地方债务总额共计 38 475.81 亿元,比 2010 年增长 12.94%。其中,9 个省会城市负有偿还责任的债务率超过 100%,最高的达 188.95%(如果再加上政府负有担保责任的债务,债务率最高的达 219.57%)。此次被审计的地区 2010 年年底的债务余额占全国地方债务总额的 31.79%,按其占比估算,全国地方政府债务为 12.1 万亿元。不过,这显然低估了地方债务的规模,因为此次被审计的地区大多为发达省区,债务问题没其他地区严重。债务规模巨大、债务结构不合理,而且债务隐性化趋势明显、管理混乱,存在较大的风险隐患。中国地方债务的累积及其风险的扩张,将阻碍经济发展方式的转变,降低经济发展质量,对私人投资产生"挤出效应",使经济保持较高的通胀率,不利于收入分配的改革，并恶化政府和金融体系的信用。

5. 消费相对不足的风险

2013 年，中国城镇居民人均可支配收入实际增长 7%，较 2012 年回落 2.6 个百分点，低于 GDP 的增长，回落幅度较大。农村居民人均纯收入实际增长 9.3%，较 2012 年回落 1.4 个百分点。而且从财政收入、居民可支配收入和工业企业利润名义增速对比来看，2013 年国民收入初次分配仍在向政府和企业倾斜。此外，消费者信心指数和消费者预期指数处在近 3 年较低水平。见图 12-17。根据《2013 · 中国企业经营者问卷跟踪调查》结果，企业经营者认为，从消费需求看，认为消费需求"不足"或"严重不足"的企业经营者占 61.6%，比 2012 年略降了 4.2 个百分点；"合适"的占 25.2%，"很旺"或"较旺"的占 13.2%。目前，严格公务消费、反对奢侈浪费政策影响仍在延续，对消费仍然带来持续性冲击，消费提升的基础不扎实。

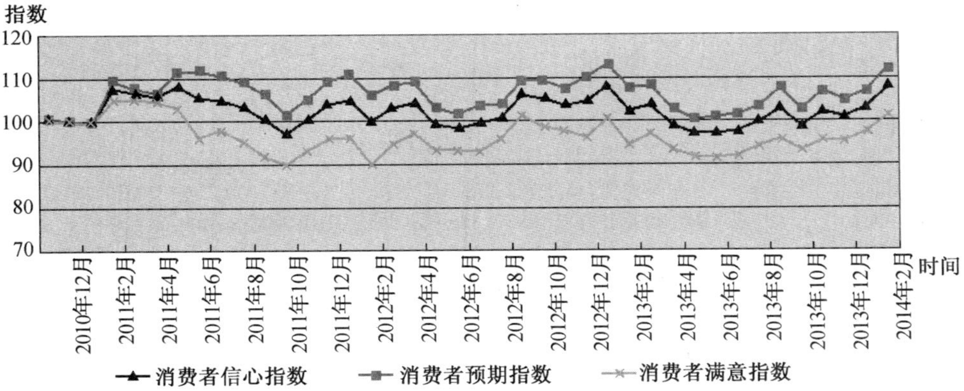

图 12-17　2010 年 12 月至 2014 年 3 月消费者三大指数波动轨迹

数据来源：国家统计局。

四、经济周期波动转折点预测

用 $X_1, \cdots, X_n, C$ 表示连续属性和类，$x_1, \cdots, x_n, c$ 为其值，D 是具有 N 个记录的数据集，数据随机产生于混合分布 P，x_{im} 和 c_m 表示 $X_i(1 \leqslant i \leqslant n)$ 和 C 在数据集 D 中第 $m(1 \leqslant m \leqslant N)$ 个记录的观测值。

根据概率公式，可得：

$$p(c \mid x_1, \cdots, x_n) = \frac{p(c, x_1, \cdots, x_n)}{\rho(x_1, \cdots, x_n)} = \frac{p(c)\rho(x_1, \cdots, x_n \mid c)}{\rho(x_1, \cdots, x_n)} = \alpha p(c)\rho(x_1, \cdots, x_n \mid c)$$

式中　α ——与 C 无关的量；

$p(c)$ ——类先验概率；

$\rho(x_1, \cdots, x_n \mid c)$ ——属性条件联合密度。

可见，计算满条件概率 $p(c \mid x_1, \cdots, x_n)$ 的核心是属性条件联合密度 $\rho(x_1, \cdots, x_n \mid c)$，我们结合高斯 copula、引入平滑参数的高斯核函数和以分类准确性为标准的属性父结点贪婪选择相结合，对连续属性朴素贝叶斯分类器（简记为 NBC）进行一阶依赖扩展，建立基于高斯 copula 的 NBC 一阶依赖扩展分类器（简记为 OEKB）。

1. OEKB

OEKB 学习需要解决两个问题：一个是分解式中的属性条件密度估计；另一个是分类器结构学习。

1）属性联合密度分解和条件密度估计

NBC 具有星形结构(用 S 表示)，但对 NBC 进行依赖扩展后的分类器一般不再具有星形结构，综合考虑效率和可靠性，我们最多只为属性增加一个新的父结点，属性之间形成约束树或森林，用 G 表示依赖扩展分类器的结构，如图 12-18 所示。

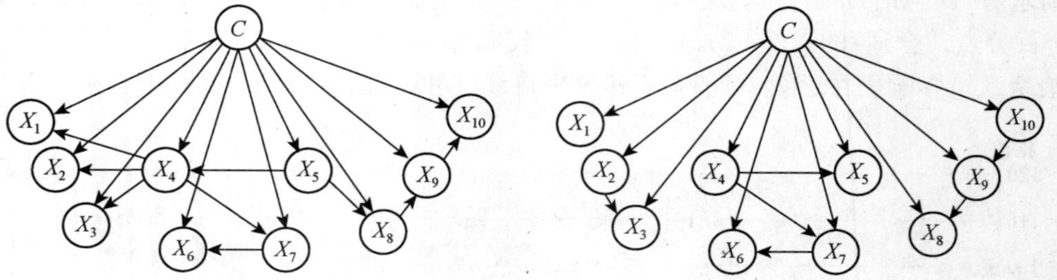

(a) 约束树　　(b) 约束森林

图 12-18　NBC 的一阶依赖扩展分类器结构

依据贝叶斯网络理论和图 12-18 中所蕴含的变量之间条件独立性关系，可以得到：

$$\rho(x_1, \cdots, x_n \mid c, G) = \prod_{i=1}^{n} \rho(x_i \mid \pi(x_i), c, G)$$

式中　$\rho(x_i \mid \pi(x_i), c, G)$ ——属性条件密度；

$\pi(x_i)$ —— X_i 的属性父结点 $\prod(X_i)$ 的取值。

我们将高斯 copula 密度函数和引入平滑参数的一元高斯核函数相结合来估计属性条件密度。分别用 $C(u_1, \cdots, u_n; \sum)$ 和 $c(u_1, \cdots, u_n; \sum)$ 表示具有协方差矩阵 $\sum$ 的高斯 copula 分布函数和密度函数，则：

$$C(u_1, \cdots, u_n; \textstyle\sum) = \Phi(\Phi^{-1}(u_1), \cdots, \Phi^{-1}(u_n); \textstyle\sum)$$

式中　$\Phi(\cdot)$ ——标准高斯分布函数；

$\Phi^{-1}(\cdot)$ —— $\Phi(\cdot)$ 的反函数。

依据 copula 和高斯 copula 的定义，可得：

$$\begin{aligned} C(u_1, \cdots, u_n; \textstyle\sum) &= \Phi(\Phi^{-1}(u_1), \cdots, \Phi^{-1}(u_n); \textstyle\sum) \\ &= \int_{-\infty}^{\Phi^{-1}(u_1)} \cdots \int_{-\infty}^{\Phi^{-1}(u_n)} \frac{1}{(2\pi)^{n/2} \mid \sum \mid^{1/2}} \exp\left(-\frac{1}{2} t' \textstyle\sum^{-1} t\right) \mathrm{d}t_1 \cdots \mathrm{d}t_n \end{aligned}$$

因此，

$$\begin{aligned} c(u_1, \cdots, u_n; \textstyle\sum) &= \frac{\partial^n C(u_1, \cdots, u_n; \sum)}{\partial u_1 \cdots \partial u_n} \\ &= \frac{\dfrac{1}{(2\pi)^{n/2} \mid \sum \mid^{1/2}} \exp\left(-\dfrac{1}{2} u' \sum^{-1} u\right)}{\prod\limits_{i=1}^{n} \dfrac{1}{(2\pi)^{1/2}} \exp\left(-\dfrac{1}{2} u_i^2\right)} \end{aligned}$$

$$= |\sum|^{-1/2}\exp\left(-\frac{1}{2}u'(\Sigma^{-1}-I_n)u\right)$$

那么

$$\rho(x_1, \cdots, x_n) = c(F(x_1), \cdots, F(x_n))\prod_{i=1}^{n}\rho(x_i)$$

$$= |\sum|^{-1/2}\exp\left(-\frac{1}{2}u'(\Sigma^{-1}-I)u\right)\prod_{i=1}^{n}\rho(x_i)$$

式中　$|\Sigma|$ ——协方差矩阵的行列式；

Σ^{-1} —— Σ 的逆矩阵；

$\boldsymbol{u}' = (x_1-\bar{x}_1, \cdots, x_n-\bar{x}_n)$，——列向量 $\boldsymbol{u}$ 的转置；

$\bar{x}_i$ —— x_i 的均值；

I_n —— n 阶单位矩阵。

用 $\hat{\rho}(x_i \mid \pi(x_i), c, D, G)$ 表示属性条件密度估计，那么：

$$\hat{\rho}(x_i \mid \pi(x_i), c, D, G)$$

$$= \frac{\hat{\rho}(x_i, \pi(x_i) \mid c, D, T)}{\hat{\rho}(\pi(x_i) \mid c, D, T)}$$

$$= \frac{|\hat{\Sigma}_{c(x_i,\pi(x_i))|D}|^{-1/2}\exp(-\frac{1}{2}\hat{\boldsymbol{u}}'_{c(x_i,\pi(x_i))|D}(\hat{\Sigma}^{-1}_{c(x_i,\pi(x_i))|D}-I_{x_i,\pi(x_i)})\hat{\boldsymbol{u}}_{c(x_i,\pi(x_i))|D})}{N(c)\,|\hat{\Sigma}_{c(\pi(x_i))|D}|^{-\frac{1}{2}}\exp(-\frac{1}{2}\hat{\boldsymbol{u}}'_{c(\pi(x_i))|D}(\hat{\Sigma}^{-1}_{c(\pi(x_i))|D}-I_{\pi(x_i)})\hat{\boldsymbol{u}}_{c(\pi(x_i))|D})}$$

$$\sum_{m=1}^{N}\mathrm{sign}(c_m)g(x_i; x_{im}, h)$$

式中　$N(c)$ ——数据集 D 中 $C=c$ 的情况数量；

$\hat{\Sigma}_{c(x_i,\pi(x_i))|D}$ ——在类约束下 $\{X_i\}\cup\prod(X_i)$ 上的协方差矩阵估计，其他的下标含义类似；

$I_{x_i,\pi(x_i)}$ 和 $I_{\pi(x_i)}$ ——约束在 $\{X_i\}\cup\prod(X_i)$ 和 $\prod(X_i)$ 上的单位矩阵；

$\mathrm{sign}(c_m) = \begin{cases}1, & c_m = c\\ 0, & c_m \neq c\end{cases}$；

$g(x_i; x_{im}, h)$ ——高斯函数；

h ——平滑参数。

2) OEKB 结构学习

OEKB 结构学习是在 NBC 的基础上，发现每一个属性新父结点的过程。首先根据 Quinlan 的信息增益率为属性排序（信息增益率中的属性密度计算采用高斯 copula 函数）；然后结合分类准确性标准（采用 10 折交叉有效性验证方法估计分类准确性）和区间异步长划分搜索方法确定 NBC 的最优平滑参数；在具有最优平滑参数 NBC 的基础上，仍以分类准确性为标准，按照属性的顺序依次进行贪婪搜索来发现属性的新父结点，建立 OEKB 结构。

用 $accuracy\_nbc(h^*, D, S)$ 表示经过平滑参数优化的 NBC 的分类准确率（h^* 是最优平滑参数），$accuracy\_bnc\_f(h^*, D, G)$ 和 $accuracy\_bnc\_b(h^*, D, G)$ 表示新增加属性父结点前和后的分类准确率，Γ_i 是属性 X_i 的父结点候选集。为表述方便，仍然用 $X_1, \cdots, X_n$ 表示排

序后的属性顺序。具体的属性父结点选择算法如表 12-1 所示。

表 12-1 **属性父结点选择算法**

输入：数据集 D，属性顺序，最优平滑参数 h^*，NBC 的分类准确率 $accuracy\_nbc(h^*, D, S)$
初始化 $\Gamma_i=\{X_1, \cdots, X_{i-1}\}$，$accuracy\_bnc\_f(h^*, D, G)=accuracy\_nbc(h^*, D, S)$，定义数组 $s[i]$，$i=1, \cdots, n$
for $X_i \in \{X_2, \cdots, X_n\}$
让 $s[i]=0$
for $X_j \in \Gamma_i$
计算对 X_i 增加父结点 X_j 后的分类准确率 $accuracy\_bnc\_b(h^*, D, G)$
if $accuracy\_bnc\_b(h^*, D, G) > accuracy\_bnc\_f(h^*, D, G)$ then
$accuracy\_bnc\_f(h^*, D, G)=accuracy\_bnc\_b(h^*, D, G)$
$s[i]=j$
end if
end for
end for
输出：$accuracy\_bnc\_b(h^*, D, G)$ 和 $s[i]$（分类器结构）

属性父结点选择是 OEKB 学习的主要部分，也是运算的主体。在属性父结点选择的过程中，所进行的主要运算是分类器的分类准确率估计，依赖扩展中的属性父结点选择最多需要进行 $\frac{n(n-1)}{2}$ 次分类准确率计算。可知，属性父结点选择算法关于分类准确率运算的时间复杂度是 $O(n^2)$。计算分类准确率的核心是高斯函数运算，计算一次分类准确率需要进行不超过 nN 次的高斯函数运算，因此，属性父结点选择算法关于高斯函数运算的时间复杂度是 $O(n^3N)$。

2. 动态 OEKB

动态 OEKB 是 OEKB 与时间序列的结合（或 OEKB 的时序扩展），能够有效利用类变量的动态时间序列信息和时间片内属性之间的依赖信息，适合于经济周期波动转折点预测。分别用 $X_i[1], X_i[2], \cdots, X_i[T] (1 \leqslant i \leqslant n)$ 和 $C[1], C[2], \cdots, C[T]$ 表示属性和类序列，$x_i[1], x_i[2], \cdots, x_i[T]$ 和 $c[1], c[2], \cdots, c[T]$ 是具体的取值；$D[1], D[2], \cdots, D[T]$ 是累计时间片数据集序列，$D[1] \subset D[2] \subset, \cdots, \subset D[T]$，$N[1], N[2], \cdots, N[T]$ 是对应时序数据集中的例子数量。

1）分类器结构和表示形式

在动态 OEKB 结构中，类时间序列构成马尔科夫链，给定一个时间片内的类时，所属的时间片属性与其他时间片内的属性和类条件独立，图 12-19 给出的是动态 OEKB 结构。

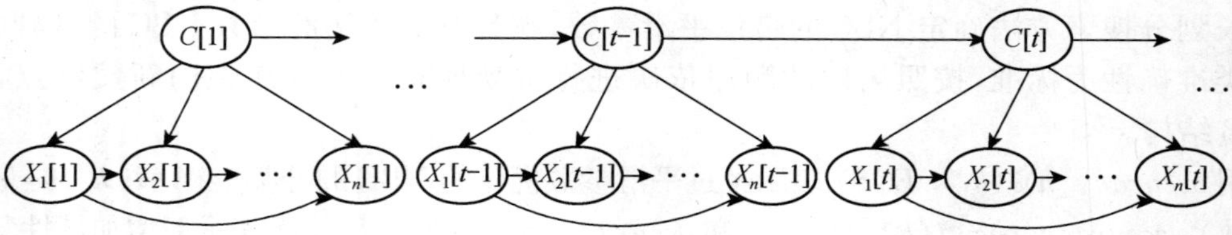

图 12-19 动态 OEKB 结构

依据贝叶斯网络理论、概率公式和图 12-19 中所蕴含的条件独立性关系可得：

$$\begin{aligned}
&p(c[t] \mid c[1], \cdots, c[t-1], x_1[1], \cdots, x_n[1], \cdots, x_1[t], \cdots, x_n[t]) \\
&= p(c[t] \mid c[t-1], x_1[t], \cdots, x_n[t]) \\
&= \frac{p(c[t], c[t-1], x_1[t], \cdots, x_n[t])}{p(c[t-1], x_1[t], \cdots, x_n[t])} \\
&= \beta p(c[t] \mid c[t-1])p(x_1[t], \cdots, x_n[t] \mid c[t]) \\
&= \beta p(c[t] \mid c[t-1], G[t])\prod_{i=1}^{n} p(x_i[t] \mid \pi(x_i[t]), c[t], G[t])
\end{aligned}$$

式中　β——与 $c[t]$ 无关的量；

$\pi(x_i[t])$——在 t 时间片内 $X_i[t]$ 的属性父结点 $\prod(X_i[t])$ 的配置。

动态贝叶斯网络分类器可表示为：

$$\underset{c[t](c[t-1], x_1[t], \cdots, x_n[t])}{\operatorname{argmax}}\left\{p(c[t] \mid c[t-1], G[t])\prod_{i=1}^{n} p(x_i[t] \mid \pi(x_i[t]), c[t], G[t])\right\}$$

式中　$p(c[t] \mid c[t-1])$——类转换概率；

$p(x_1[t], \cdots, x_n[t] \mid c[t])$——时间片属性条件联合密度。

2）分类准确性评价标准

设有时序数据 $x_1[1], \cdots, x_n[1], c[1], \cdots, x_1[T], \cdots, x_n[T], c[T]$，选择一个阈值 T_0，T_0 的值可依据时间序列的大小 T、类转移概率与条件密度估计的有效性，或实际需要来确定。用 $accuracy(dfbc, h_i, D[T], T_0)$ 表示动态完全贝叶斯分类器的分类准确率，h_i 是平滑参数，$c_{prediction}[t]$ 是使用 $x_1[1], \cdots, x_n[1], c[1], \cdots, x_1[t-1], \cdots, x_n[t-1], c[t-1]$ 进行训练，并依据 $x_1[t], \cdots, x_n[t]$ 的配置对 $c[t]$ 的预测结果，$c_{true}[t]$ 是真正的结果，那么

$$accuracy(dfbc, h, D[T], T_0) = \frac{1}{T-T_0}\sum_{t=T_0+1}^{T} \operatorname{sign}b(c_{prediction}[t], c_{true}[t])$$

式中　$\operatorname{sign}b(c_{prediction}[t], c_{true}[t]) = \begin{cases}1, & c_{prediction}[t] = c_{true}[t] \\ 0, & c_{prediction}[t] \neq c_{true}[t]\end{cases}$。

3. GDP 增长率波动转折点预测

选择对 GDP 有较大影响的 16 个宏观经济指标，从国家统计局和相关数据源获取这些宏观经济指标的年度时序数据，通过建立动态贝叶斯衍生分类器（动态贝叶斯分类器的衍生分类器）模型来对 GDP 波动转折点进行预测。

1）影响 GDP 增长率的相关指标

选择下面的指标作为动态完全贝叶斯分类器的属性：第一产业同比增长率（$X_1[t]$），第二产业同比增长率（$X_2[t]$），第三产业同比增长率（$X_3[t]$），M0 同比增长率（$X_4[t]$），$M1$ 同比增长率（$X_5[t]$），$M2$ 同比增长率（$X_6[t]$），储蓄存款同比增长率（$X_7[t]$），各项贷款总额同比增长率（$X_8[t]$），社会固定资产投资总额同比增长率（$X_9[t]$），社会消费品零售总额同比增长率（$X_{10}[t]$），居民消费价格总指数（$X_{11}[t]$），全国商品零售价格指数（$X_{12}[t]$），出口商品总额同比增长率（$X_{13}[t]$），进口商品总额同比增长率（$X_{14}[t]$），财政预算收入同比增长率（$X_{15}[t]$）和财政预算支出同比增长率（$X_{16}[t]$），GDP 同比增长率（$X_{17}[t]$）。

2）GDP 增长率波动转折点预测结果

对 1994—2012 年 GDP 增长率波动的转折点进行预测，平滑参数的优化配置选择 $h_1 = 0.026$，$h_2 = h_3 = 1$，$h_4 = 0.012$，$h_5 = 0.054$，$h_6 = h_7 = h_8 = h_9 = 1$，$h_{10} = 0.014$，$h_{11} = h_{12} = h_{13} = h_{14} = h_{15} = h_{16} = h_{17} = 1$，阈值 T_0 依次选取 1994、1995、…、2012 年，GDP 增长率波动的转折点预测情况如表 12-2 所示。对 2013 年 GDP 波动转折点的预测结果：是转折点的概率为 0.651 7，不是转折点的概率为 0.348 3。这意味着 2014 年 GDP 的增长率相对于 2013 年有 0.651 7 的可能性会上升。

表 12-2 **1994—2012 年 GDP 波动转折点预测情况**

年份	1994	1995	1996	1997	1998	1999	2000	…	2012
预测准确率	89.47	94.44	94.00	93.75	93.33	92.85	100.00	…	100.00

五、政策建议

根据上述预测结果，建议主要从以下几方面进行政策的完善。

1. 在世界经济结构调整和增长方式调整视角下，调整结构，转换经济发展模式，使经济发展可持续

目前中国所进行的大改革必须根据世界技术创新模式、分工模式、交换模式的变换情况来进行演化调整，加快经济发展方式的转变，积极推进改革和结构调整，通过淘汰落后、产业转移、海外转移、扩大内需等途径化解过剩产能，提高质量和效益。

2. 充分发挥市场的作用

完善市场建设的基础，使结构调整呈现市场主导的趋势性变化，处理好政府与市场之间的关系，寻找结构转型的市场支点，培育结构转型的市场力量。

3. 深化金融体制改革

积极推进利率市场化改革和汇率浮动机制改革，改善民营企业投资环境，高度重视"民间融资困局"的扩散，增强金融市场功能。

4. 推进收入分配改革，调整政府部门与居民部门的国民收入分配比例

要发挥消费对经济的促进作用，构建扩大消费的长效机制。逐步降低居民的税负水平，确保居民收入增长幅度不低于 GDP 增速，调整政府部门与居民部门的收入分配关系，有效地提高居民收入，培育新的消费增长点，扩大居民消费。

5. 资源要素和公共服务价格改革

利用市场的力量，将各类生产要素的价格上调到合理区间，让参与市场的各类要素获得应有的收入分配，调动参与各方的积极性和消费能力。

参 考 文 献

[1] 王双成，杜瑞杰，刘颖. 连续属性完全贝叶斯分类器的学习与优化[J]. 计算机学报，2012，35(10).

[2] WANG S C，XU G L，DU R J. Restricted bayesian classification networks. Science China Information Sciences，2013，56(7).

后　　记

经过《中国经济运行风险研究报告 2014》(以下简称本报告)项目研究团队的辛勤工作，作为集体智慧的结晶，本报告终于定稿付梓，这是我们自《中国经济运行风险研究报告 2007》出版以来，连续公开出版的第八本关于中国宏观经济运行风险的研究成果。

作为中国立信风险管理研究院的标志性科研成果之一，本报告以校内学术骨干为主体，并整合了校外研究学者的力量；不论报告框架的构建和研究思路的确定，还是研究主题的选择和具体内容的撰写，无不凝结着本报告项目组全体成员的辛勤耕耘和智慧。

在本报告出版之际，要特别感谢上海市教委领导和相关部门的资助和支持，同时也对学校各位领导的关心支持及为报告研究工作创造了良好的环境表示诚挚的谢意；学校学科办、科研处和财务处等职能部门对本报告的研究工作也提供了莫大的帮助，这些支撑和帮助都是本报告得以顺利完成的根本保证。另外，立信会计出版社的领导及编辑为本报告的顺利出版、发行付出了大量卓有成效的劳动，他们的工作态度和敬业精神尤其值得尊敬，在此一并表示最诚挚的谢意。

本报告的出版，是我们继 2013 年工作的进一步探索，欢迎风险管理领域的同仁批评指正，也非常希望风险管理研究领域的专家学者们提出宝贵建议，并提供无私帮助。我们希望本报告的出版，能为有志于风险管理研究和实践的同行们提供一个交流平台，也非常愿意看到我们的工作能够使得越来越多的人关注中国经济运行中的风险问题，关心风险管理相关领域的学术研究工作。虽然本报告有可能在许多方面仍存有瑕疵，但我们会尽力在 2015 年的研究报告中继续改进和完善，并且，我们坚信能在中国经济运行风险研究这条路上走得更远。

后 记